Edition KWV

Die „Edition KWV" beinhaltet hochwertige Werke aus dem Bereich der Wirtschaftswissenschaften. Alle Werke in der Reihe erschienen ursprünglich im Kölner Wissenschaftsverlag, dessen Programm Springer Gabler 2018 übernommen hat.

Weitere Bände in der Reihe http://www.springer.com/series/16033

Sebastian Däs

Compliance-konforme Einbindung biometrischer Authentifizierungssysteme in das betriebliche IT-Sicherheitsmanagement

 Springer Gabler

Sebastian Däs
München, Deutschland

Bis 2018 erschien der Titel im Kölner Wissenschaftsverlag, Köln
Dissertation, Universität Regensburg, 2014

Edition KWV
ISBN 978-3-658-23465-2   ISBN 978-3-658-23466-9   (eBook)
https://doi.org/10.1007/978-3-658-23466-9

Die Deutsche Nationalbibliothek verzeichnet diese Publikation in der Deutschen Nationalbibliografie; detaillierte bibliografische Daten sind im Internet über http://dnb.d-nb.de abrufbar.

Springer Gabler
© Springer Fachmedien Wiesbaden GmbH, ein Teil von Springer Nature 2014, Nachdruck 2018
Ursprünglich erschienen bei Kölner Wissenschaftsverlag, Köln, 2014

Springer Gabler ist ein Imprint der eingetragenen Gesellschaft Springer Fachmedien Wiesbaden GmbH und ist
ein Teil von Springer Nature
Die Anschrift der Gesellschaft ist: Abraham-Lincoln-Str. 46, 65189 Wiesbaden, Germany

Für meine Eltern

für ihr Vertrauen und ihre Unterstützung

Geleitwort

Seit die Fingerabdruck-Erkennung ihren Weg ins Smartphone gefunden hat, sind biometrische Authentifizierungen zu Breitenanwendungen geworden. Und spätestens in dem Moment, in dem diese Funktion im Unternehmensumfeld – also im beruflich genutzten Smartphone – eingesetzt werden soll, ist die Frage zu klären, wie man sie Compliance-konform in das betriebliche IT-Sicherheitsmanagement einbinden kann.

Dies aber stellt die Entscheider vor eine echte Hürde: Inwieweit biometrische Authentifizierungsverfahren die diversen Compliance-Vorschriften erfüllen bzw. wie die Verfahren gestaltet sein müssen, um die Vorschriften zu erfüllen, ist bisher nicht systematisch untersucht worden. Hier besteht also eine Lücke in der wissenschaftlichen Analyse und in der praktischen Anwendung, die den Einsatz dieser vielversprechenden Verfahren verhindern kann.

Herr Däs hat sich die Schließung dieser Lücke zum Ziel gesetzt und dieses Ziel mit der vorliegenden Arbeit erfolgreich erreicht. Er legt einen umfassenden Katalog von Anforderungen an den Compliance-konformen Einsatz von Authentifizierungsverfahren vor. Er entwickelt auf dieser Basis ein strukturiertes Bewertungsschema. Und er weist durch beispielhaften Einsatz nach, dass das Bewertungsschema in der betrieblichen Praxis sinnvoll eingesetzt werden kann. Schließlich gibt er auch den Aufsehern wertvolle Hinweise, wie die entsprechenden Vorschriften zielgerecht weiterentwickelt und konkretisiert werden können.

Damit leistet Herr Däs nicht nur einen wissenschaftlich weiterführenden Beitrag, sondern beseitigt auch eine praxisrelevante Hürde, die dem Compliance-konformen „Rollout" biometrischer Authentifizierungs-Verfahren entgegenstand. Damit dieses Wissen durchdringt, wünsche ich der Arbeit eine weite Verbreitung und viele interessierte Leser!

Regensburg, im April 2014

Prof. Dr. Hans-Gert Penzel
ibi research an der Universität Regensburg GmbH

Vorwort

Die vorliegende Arbeit entstand in den Jahren von 2010 bis 2014 und beschäftigt sich auf den folgenden 280 Seiten mit der Einbindung biometrischer Authentifizierung in das betriebliche IT-Sicherheitsmanagement. An dieser Stelle möchte ich auf weitere inhaltliche Ausführungen verzichten und mich stattdessen bei den zahlreichen Personen bedanken, die mich während der Anfertigung dieser Arbeit unterstützt haben.

Für die Übernahme der Begutachtung sowie die wissenschaftliche Begleitung der Arbeit möchte ich mich bei Herrn Prof. Dr. Hans-Gert Penzel und Frau Prof. Dr. Susanne Leist bedanken. Sie konnten mir durch ihre Expertise in vielen konstruktiven Gesprächen wichtige Hilfestellung und fachlichen Rat geben.

Weiterhin geht mein besonderer Dank an Dr. Florian Dotzler, der meine Arbeit stets förderte, immer der richtige Ansprechpartner war und ohne den ich diese Hürde nie genommen hätte. Ganz herzlich danke ich auch Dr. Karl Mühlbauer, der beim Lesen der Arbeit akribisch und ausdauernd jedem Satz und jedem Wort auf den Zahn fühlte sowie meinen weiteren Freunden und Kollegen, die sich die Zeit für die Unterstützung bei der Erstellung der Arbeit genommen haben: Andreas Baumer, Michael Berchtold, Andreas Ebnet und Rafael Oremek.

Mein größter Dank gilt schließlich meiner Familie: Meiner Schwester Anja Däs und meinen Eltern Patricia und Karl Däs. Meine Eltern haben mich mein ganzes Leben bis zur Promotion immer uneingeschränkt unterstützt und mir das größtmögliche Vertrauen entgegengebracht. Sie waren mir stets ein Vorbild und haben mir Werte vermittelt und vorgelebt, auf die ich bis heute stolz bin. Ohne ihren Beistand und ihre liebevolle Unterstützung wäre diese Arbeit nicht entstanden.

Ihnen widme ich diese Arbeit.

Regensburg, im April 2014

Dr. Sebastian Däs

Inhaltsübersicht

Inhaltsverzeichnis

Abbildungsverzeichnis

Tabellenverzeichnis

Abkürzungsverzeichnis

AFIS	Automatisiertes Fingerabdruckidentifizierungssystem
AktG	Aktiengesetz
API	Application Programming Interface
ARM	Attack via Record Multiplicity
BaFin	Bundesanstalt für Finanzdienstleistungsaufsicht
BDSG	Bundesdatenschutzgesetz
BEM	Biometric Evaluation Methodology
BilMoG	Gesetz zur Modernisierung des Bilanzrechts (Bilanzrechtsmodernisierungsgesetz)
BSI	Bundesamt für Sicherheit in der Informationstechnik
BSP	Biometric Service Provider
BVMPP	Biometric Verification Mechanisms Protection Profile
bzw.	beziehungsweise
CBEFF	Common Biometric Exchange Format Framework
CC	Common Criteria
CCTA	Central Computer and Telecommunications Agency
cGMP	current Good Manufacturing Practices
CRD	Capital Requirements Directive
DAC	Discreationary Access Control
DCGK	Deutscher Coporate Governance Kodex
DET	Detection Error Tradeoff
d. h.	das heißt
DOMEA	Dokumentenmanagement und elektronische Archivierung im IT-gestützten Geschäftsgang
DoS	Denial-of-Service
EER	Equal Error Rate
EHUG	Gesetz über elektronische Handelsregister und Genossenschaftsregister sowie das Unternehmensregister
ERM	Enterprise Risk Management

et al.	et alii
etc.	et cetera
EU	Europäische Union
evtl.	eventuell
e. V.	eingetragener Verein
f.	folgende Seite
FAR	False Acceptance Rate (Falschakzeptanzrate)
FDA	Food and Drug Administration
ff.	folgende Seiten
FIBE	Fuzzy-based Identity Encryption
FIR	Falschidentifikationsrate
FMR	False Match Rate
FNMR	False Non-Match Rate
FRR	False Rejection Rate (Falschrückweisungsrate)
FTA	Failure To Acquire Rate
FTE	Failure To Enroll Rate
GDPdU	Grundsätze zum Datenzugriff und zur Prüfbarkeit digitaler Unterlagen
GmbH	Gesellschaft mit beschränkter Haftung
GmbHG	Gesetz betreffend die Gesellschaften mit beschränkter Haftung
GoB	Grundsätze ordnungsmäßiger Buchführung
GoBS	Grundsätze ordnungsmäßiger DV-gestützter Buchführungssysteme
GRC	Governance, Risk, Compliance
GroMiKV	Großkredit- und Millionenkreditvorschriften des Gesetzes über das Kreditwesen
GxP	Good (Anything...) Practice
HGB	Handelsgesetzbuch
HIPAA	Health Insurance Portability and Accountability Act
Hrsg.	Herausgeber
ID	identifier (Identifikator)

IDW	Institut der Wirtschaftsprüfer in Deutschland e. V.
IEC	International Electrotechnical Commission
IFAC	International Federation of Accountants
IKS	Internes Kontrollsystem
ISACA	Information Systems Audit and Control Association
ISMS	Informationstechnologie-Sicherheitsmanagement-System
ISO	International Organization for Standardization
IT	Informationstechnologie
ITIL	Information Technology Infrastructure Library
ITSMF	Information Technology Service Management Forum
KonTraG	Gesetz zur Kontrolle und Transparenz im Unternehmensbereich
KWG	Kreditwesengesetz
MAC	Mandatory Access Control
MaRisk	Mindestanforderungen an das Risikomanagement
o. Ä.	oder Ähnliche(s)
PCI DSS	Payment Card Industry Data Security Standard
PDCA	Plan, Do, Check, Act
RACU	Responsible, Accountable, Consulted, Informed
ROC	Receiver Operating Characteristic
ROSI	Return on Security Investment
PIN	Persönliche Identifikationsnummer
SAS	Statement on Auditing Standards
SigG	Gesetz über Rahmenbedingungen für elektronische Signaturen (Signaturgesetz)
SigV	Verordnung zur elektronischen Signatur
SIM	Subscriber Identity Module
SLA	Service Level Agreement
SOF	Strength-of-Function
sog.	sogenannt(e)

SolvV	Verordnung über die angemessene Eigenmittelausstattung von Instituten, Institutsgruppen und Finanzholding-Gruppen (Solvabilitätsverordnung)
SOX	Sarbanes-Oxley Act
SSO	Single-Sign-On
TAN	Transaktionsnummer
TCC	Total Cost of Compliance
TCnC	Total Cost of Non-Compliance
u. a.	unter anderem
US	United States
USA	United States of America
USD	United States Dollar
v. a.	vor allem
vgl.	vergleiche
VPN	Virtual Private Network
z. B.	zum Beispiel

Management Summary

Die technische Entwicklung von Informationstechnologie und die damit zunehmende Bedeutung als Unterstützung im Wertschöpfungsprozess oder als Ergänzungsfunktion in Unternehmen zieht den Bedarf einer Regulierung durch Gesetze und Vorschriften, aber auch die Notwendigkeit von Best-Practice Ansätzen durch Standards und Normen nach sich. Die IT nimmt dabei eine Doppelrolle als Unterstützer und Gegenstand der Einhaltung dieser Gesetze, Vorschriften, Standards und Normen ein. Diese Arbeit untersucht diese Doppelrolle bei einer in diesem Zusammenhang bisher vernachlässigten Informationstechnologie, nämlich den biometrischen Authentifizierungssystemen.

Ziel ist dabei die Bewertung biometrischer Authentifizierungssysteme im betrieblichen Einsatz hinsichtlich ihrer Unterstützung und als Gegenstand von Compliance-Regularien. Hierzu identifiziert diese Arbeit als erstes die relevanten Gesetze, Vorschriften, Standards und Normen, die Anforderungen an Authentifizierungssysteme im Unternehmen stellen. Es zeigt sich dabei, dass die Anforderungen aus diesen Compliance-Regelwerken an Authentifizierungssysteme im Unternehmen in drei Schutzziele eingeteilt werden können: Den Informationsschutz, den Anlegerschutz und den Mitarbeiterschutz. Diese Ziele sind nicht unabhängig zueinander und beeinflussen sich gegenseitig.

Mit Hilfe dieser Anforderungen lassen sich Bewertungskriterien für das biometrische Merkmal und das biometrische System bestimmen. Die beschriebenen Abhängigkeiten zwischen den Schutzzielen können mithilfe der Bewertungskriterien auch genauer identifiziert werden. So kann sich die gewünschte Ausprägung eines Bewertungskriteriums je nach Zielsetzung unterscheiden.

Das entwickelte Bewertungsschema wird an drei Systemen aus der Praxis angewandt: Einem Fingerabdruckserkennungssystem, einem Iriserkennungssystem und einem Handvenenerkennungssystem. Dabei zeigt sich, dass pauschal kein System allen Zielen eine optimale Unterstützung liefern kann. Die Iriserkennung besitzt leichte Vorteile beim Informationsschutz und Mitarbeiterschutz, während die Handvenenerkennung besonders im Bereich des Anlegerschutzes positiv abschneidet.

Schließlich überprüft die Arbeit die Qualität des Bewertungsschemas anhand bestimmter Kriterien: Es erfüllt die erwarteten Ziele, indem es den Beitrag der Biometrie zu relevanten Compliance-Regelwerken bewertbar macht. Es ist hinsichtlich Inhalt sowie Vorgehen vollständig und widerspruchsfrei. Es weist keine unnötigen Überschneidungen und doppelten Erhebungen auf und eine Prüfung ist praktisch auch tatsächlich realisierbar.

Aus den Bewertungsergebnissen lassen sich mehrere Schlussfolgerungen für unterschiedliche Zielgruppen ableiten:

Für die Hersteller biometrischer Authentifizierungssysteme sind besonders die Verwendung von Standards sowie die erweiterte technische Speicherung und Löschung der biometrischen Referenzdaten von Bedeutung.

Die Arbeit weist außerdem die Urheber der Gesetze, Vorschriften, Standards und Normen auf eine Reihe von Mängeln in Bezug auf die Besonderheiten biometrischer Authentifizierungssysteme hin. So beachten die betrachteten Regelwerke bisher keine biometriespezifischen Probleme wie natürliche Schwankungen bei der Aufnahme biometrischer Daten und setzen stattdessen einen starken Fokus auf Authentifizierung durch Passwort.

Schließlich werden am Vorbild der IT-Grundschutzkataloge noch Maßnahmen für das Sicherheitsmanagement vorgestellt, die den Bewertungsergebnissen Rechnung tragen und den korrekten Einsatz biometrischer Authentifizierungssysteme für das IT-Sicherheitsmanagement ermöglichen sollen.

Durch das Ergebnis dieser Arbeit lassen sich die Auswirkungen und das Potential biometrischer Authentifizierungssysteme beim Einsatz im Unternehmen bewerten. Die bisherige Lücke in diesem Bereich wird dadurch geschlossen und eine Verwendung dieser Art der Authentifizierung im Kontext rechtlicher und regulatorischer Rahmenbedingungen ermöglicht.

1   Einleitung

1.1   Treiber für die Bedeutung der IT-Compliance

Der Einsatz der auf Besitz, Wissen und Biometrie basierenden Verfahren zur Authentifizierung im Unternehmen hat aufgrund enormer Qualitätsfortschritte in den letzten Jahren deutlich zugenommen [IBG 2009a]. Die Hauptmotivation für den Einsatz dieser Authentifizierungssysteme im privatwirtschaftlichen Bereich ist dabei neben der Erhöhung der Sicherheit und speziellen Einsatzszenarien besonders die Umsetzung gesetzlicher und regulatorischer Anforderungen.

Unter Compliance wird die Einhaltung dieser aufsichtsrechtlichen und internen Vorgaben, von Normen, von Standards sowie von Gesetzen oder Regularien verstanden [BITKOM 2009, S. 38; Teubner/Feller 2008, S. 400]. Rath und Sponholz[1] teilen die Treiber für die IT-Compliance in die folgenden drei Hauptkategorien ein [Rath/Sponholz 2009, S. 55]:

- Prüfungswesen
- Staatliche Zwecke und Ziele
- Technologische und wirtschaftliche Entwicklung

Grundsätzliche Entstehungsursache der Compliance waren im Prüfungswesen der Anlegerschutz und die korrekte steuerliche Erfassung, die durch die Grundsätze ordnungsgemäßer Buchführung in 1980er und 1990er Jahren realisiert wurden [Rath/Sponholz 2009, S. 58 f.]. Besonders die Vorkommnisse und Skandale um Enron, Worldcom oder Flowtex haben seit Anfang der Jahrtausendwende zu zahlreichen staatlichen und einzelwirtschaftlichen Initiativen zur Förderung von Compliance geführt [Lahti/Peterson 2007, S. 130; Müller/Terzidis 2008, S. 341; Weill/Ross 2004, S. 4]. Aus diesem Grund wurden weitaus strengere und größere Anforderungen und ein internes Kontrollsystem zur Erfüllung ordnungsmäßiger Buchführung verlangt, welches in heutigen Unternehmen sowieso nur noch durch die Unterstützung der IT erfüllt werden kann [Rath/Sponholz 2009, S. 62 f.]. Der technische Fortschritt hat bewirkt, dass die Kommunikation und der Informationsaustausch mittels IT nahezu alle Bereiche im Unternehmen berühren. Dies führt dazu, dass besonders durch den Wegfall von Papierdokumenten die IT zusätzliche Auflagen erfüllen muss oder gleichzeitig hilft, Regularien einzuhalten [Rath/Sponholz 2009, S. 63 f.].

Gleichzeitig sollen neben dieser Unterstützung der Buchführung aber auch „E-Crime"-Delikte durch die IT-Compliance eingedämmt werden. Laut einer KPMG-Studie[2] sind

---

[1] [Rath/Sponholz 2009, S. 55]
[2] [Geschonneck 2010, S. 1 ff.]

© Springer Fachmedien Wiesbaden GmbH, ein Teil von Springer Nature 2014
S. Däs, *Compliance-konforme Einbindung biometrischer Authentifizierungssysteme in das betriebliche IT-Sicherheitsmanagement*, Edition KWV,
https://doi.org/10.1007/978-3-658-23466-9_1

Mitarbeiter und Insider eines Unternehmens die Hauptgefahrenquellen für „E-Crime", die durch bessere interne Kontrollen abgemildert werden können [Geschonneck 2010, S. 6, S. 24 ff.]. Die Studie nennt den Diebstahl von Kunden- und Arbeitnehmerdaten, den Diebstahl von geschäftskritischem Knowhow, die Manipulation von Finanzdaten und das vorsätzliche Stören oder Lahmlegen der Geschäftstätigkeit oder der IT-Systeme, jeweils durch eigene Mitarbeiter unter Verwendung der unternehmerischen IT-Infrastruktur [Geschonneck 2010, S. 10]. Die Verletzung von Schutz- und Urheberrechten zieht dabei Schäden von über einer Million Euro pro Vorfall nach sich [Geschonneck 2010, S. 18]. Ein wesentlicher Treiber für IT-Compliance-Anforderungen und ein internes Kontrollsystem ist deshalb die Minimierung dieser „E-Crime"-Risiken. Unabdingbar ist hier das Verständnis der Mitarbeiter, weshalb gewisse Regeln zum Schutz der Unternehmensinteressen eingehalten werden müssen.

Schließlich ist neben dem Schutz der Anleger auch den Schutz der im Unternehmen tätigen Personen zu betrachten. Dies erfolgt durch die Sichtweise der Haftungsrisiken für Unternehmen. BITKOM teilt dabei die Aufgaben für Unternehmen in strategische, konzeptionelle und operative ein [BITKOM 2005, S. 8 ff.]. Für unterschiedliche Pflichten müssen der Vorstand, der betriebliche Datenschutzbeauftragte und der IT-Leiter gegenüber dem Unternehmen selbst oder gegenüber Dritten haften [BITKOM 2005, S. 7 ff.]. Der Treiber für die IT-Compliance ist also auch das Bestreben eines Unternehmens, die Haftungsrisiken für seine Mitarbeiter zu verringern.

Ein weiterer Treiber ist die zunehmende Globalisierung und damit die Abhängigkeiten zwischen den Unternehmen [Rath/Sponholz 2009, S. 66]. Durch internationale Geschäfte, Tochtergesellschaften und Notierung an ausländischen Börsen sind für deutsche Unternehmen immer neue, auch internationale Regeln und Compliance-Anforderungen hinzugekommen [Rath/Sponholz 2009, S. 66]. Allein für den IT-Bereich global agierender Unternehmen bedeutet dies die Erfüllung nationaler und internationaler Anforderungen aus Regelwerken, wie dem Sarbanes-Oxley Act (SOX und Euro-SOX), dem Gesetz zur Kontrolle und Transparenz im Unternehmensbereich (KonTraG), der Baseler Eigenkapitalvereinbarung (Basel II und bald Basel III), Solvency II sowie dem Bundesdatenschutzgesetz (BDSG) [BITKOM 2009, S. 38 ff.; Müller/Terzidis 2008, S. 341; Taeger/Rath 2007, S. 7 ff.; Teubner/Feller 2008, S. 400].

Wurde früher IT-Compliance noch als Hürde betrachtet und der Weg der Deregulierung bevorzugt, so ist sie heute auch aus strategischer Sicht als Chance zu verstehen [Cleven/Winter 2008, S. 174]. Gründe hierfür lassen sich direkt aus den Treibern erschließen:

- Erstens ist IT-Compliance eine vertrauensbildende Maßnahme gegenüber den Kunden, den Anlegern und allen Stakeholdern (vgl. [BITKOM 2005, S. 8 ff.]).

- Zweitens hilft die IT-Compliance, Risiken vorab zu erkennen und darauf folgende Risiken dann zu vermindern oder zu verringern, was generell die IT-Sicherheit erhöht und den Wertbeitrag der IT für das Unternehmen steigert (vgl. [Rath/Sponholz 2009, S. 66]).

- Drittens lässt die IT-Compliance zwar die Kosten durch die Maßnahmen für die Einhaltung steigen, langfristig können aber IT-Kosten gesenkt werden, da die Zentralisierung und die Bildung von Synergien gefördert wird (vgl. [Dierlamm 2010, S. 1 f.]).

- Schließlich lassen sich durch die IT-Compliance die Haftungsrisiken für das Unternehmen deutlich reduzieren (vgl. [BITKOM 2005, S. 5]).

1.2 Motivation der Untersuchung biometrischer Authentifizierungssysteme und die daraus resultierende Problemstellung

Aus den Zielen und Treibern der IT-Compliance kann nun die Motivation zur Untersuchung biometrischer Authentifizierungssysteme und die daraus resultierende Problemstellung betrachtet werden.

Biometrische Authentifizierungssysteme stellen eine spezielle Klasse unter den IT-Systemen dar, bei der untersucht werden soll, ob das Potential besteht, dass diese Systeme besonders gut die Vorschriften der IT-Compliance umsetzen können oder ob durch ihren Einsatz zusätzliche Hindernisse entstehen. Insbesondere für die Minimierung von „E-Crime"-Risiken, die Minimierung von Haftungsrisiken und für die korrekte Buchführung bieten sich für Unternehmen durch biometrische Authentifizierungssysteme neue Möglichkeiten. In der Praxis werden bereits eine Reihe biometrischer Lösungen eingesetzt: So setzt die Deutsche Sparkassen Verlag GmbH bereits seit 2005 für den Zugang zu Sicherheitsräumen ein Fingerprint Verfahren in Kombination mit einer Chipkarte ein [BITKOM 2008, S. 13]. Die Schweizer Privatbank Pictet & Cie Banquiers benutzt seit 2007 ein Zutrittskontroll- und Zeiterfassungssystem, welches auf Iriserkennung und 3D-Gesichtserkennung basiert [BITKOM 2008, S. 15]. Außendienstmitarbeiter der Volksfürsorge Versicherungsgruppe können seit 2007 per Stimmverifikation auf ein Informationsportal zugreifen [BITKOM 2008, S. 18]. Die HNO Klinik Tübingen verwendet Fingerprintauthentifizierung zur Absicherung von PCs und Anwendungen [BITKOM 2008, S. 20].

Während eine Reihe von Ansätzen für das allgemeine IT-Compliance-Management, etwa in COBIT, ITIL, den IDW-Standards und den IT-Grundschutzkatalogen des BSI, bereits Unterstützung für das IT-Sicherheits- und Risikomanagement geben, weisen diese jedoch eine gemeinsame Lücke auf: Sie beschreiben keine speziellen Maßnahmen für den Einsatz biometrischer Lösungen im Zusammenhang mit den Compliance-

Anforderungen und dem Risikomanagement (vgl. [BITKOM 2009, S. 34 ff.; IDW 2002b; ISACA 2012; Johannsen/Goeken 2007]).

Unternehmen sehen sich deshalb mit der Herausforderung konfrontiert, aufgrund der Heterogenität und der Vielzahl nationaler sowie internationaler Compliance-Anforderungen den Beitrag von biometrischen Systemen zur Einhaltung dieser Vorschriften nicht richtig einschätzen zu können. Hierfür fehlt ein klarer und umfassender Kriterienkatalog, der speziell die Vorteile und die Nachteile der biometrischen Authentifizierung aus den Anforderungen der verschiedenen Vorschriften ableitet. Ferner existieren keine spezifischen Empfehlungen, wie der Einsatz im Unternehmen und die Integration biometrischer Authentifizierungssysteme in das IT-Sicherheitsmanagement zu erfolgen haben, um einen compliance-konformen oder sogar compliance-unterstützenden Einsatz zu garantieren und damit die IT-Sicherheit nachhaltig zu verbessern.

1.3 Stand der Forschung und Einordnung der Arbeit in den aktuellen wissenschaftlichen Kontext

Bevor die Zielsetzung und die Forschungsfragen dieser Dissertation dargelegt werden, sind die Vorstellung des Stands der Forschung und die Einordnung in den aktuellen wissenschaftlichen Kontext erforderlich.

Die Informationstechnologie wurde bereits als eines der wichtigsten Instrumente in der Unterstützung von Compliance erkannt und zieht auch mit seinen Prozessen im Unternehmen eigene Regelungen nach sich [Teubner/Feller 2008, S. 401 ff.]. Bisher betrachtete die Forschung die Themen IT-Governance und IT-Compliance ausgiebig (vgl. z. B. [Cleven/Winter 2008; Fröhlich/Glasner 2007; Klotz 2007; Klotz/Dorn 2008; Rath/Sponholz 2009; Taeger/Rath 2007; Teubner/Feller 2008; Van Grembergen/Haes 2009; Wallace et al. 2011]). Dabei standen zum einen die Bewertung der existierenden Anforderungen aus Gesetzen und Regularien im Vordergrund, zum anderen wurde auch die Fragestellung der praktischen Umsetzung im Unternehmen berücksichtigt (vgl. z. B. [Fröhlich/Glasner 2007]).

Die Betrachtung erfolgte in der Vergangenheit hauptsächlich fokussiert auf die von Skandalen betroffenen Branchen, da die Gesetze meist zu einem bestimmten Sektor gehören. Besonders hervorzuheben sind der Finanzsektor und der Bereich Medizin, aus denen traditionell die meisten Gesetze und Regularien stammen (vgl. z. B. [Kuthe et al. 2008; Scherer/Fruth 2009]). Dies ist durch das hohe Schadenspotential von „E-Crime"-Vorgängen und damit durch die besondere Bedeutung eines internen Kontrollsystems begründet [Geschonneck 2010, S. 14]. Trotzdem ist durch die ständige Neuentwicklung der gesetzlichen Lage auch in diesen Bereichen eine Neubewertung wichtig.

Die Forschung hat bisher kaum Compliance-Fragestellungen bezogen auf spezielle Technologien wie die Biometrie betrachtet, die mit der Authentifizierung einen der wichtigsten Vorgänge zur Sicherstellung von IT-Compliance berührt. Entweder wurde biometrische Authentifizierung nur im Hinblick auf den Datenschutz untersucht (vgl. z. B. [Busch 2007; Dotzler 2010; Meints 2007; Meints 2008; Meints et al. 2008; Probst 2002; Probst/Köhntopp 1999; Sowa 2010; Zorkadis/Donos 2004]), oder es wurden Compliance-Anforderungen für die Authentifizierung allgemein (bzw. wissens- und besitzbasierte Verfahren) analysiert (vgl. z. B. [DeLuccia 2008; Lahti/Peterson 2007; Sowa 2007; Wallace et al. 2011; Wright 2008]). Diese Arbeit zeigt die bedeutendsten nordamerikanischen, europäischen und deutschen Compliance-Anforderungen auf und analysiert diejenigen, welche beim Einsatz von biometrischen Systemen im Unternehmen relevant sind. Ein besonderes Augenmerk liegt hierbei auf dem bewertbaren positiven oder negativen Beitrag, den biometrische Systeme in diesem Zusammenhang zur Erfüllung dieser Vorschriften leisten.

1.4 Zielsetzung und Forschungsfragen

Nach einer Einordnung der Arbeit werden nun deren Zielsetzung und die verwendeten Forschungsfragen beschrieben.

Der vorhergehende Abschnitt 1.3 verdeutlicht die Lücke in der Betrachtung umfassender Compliance-Anforderungen speziell an biometrische Authentifizierungssysteme. Diese Arbeit soll aufzeigen, ob der Einsatz biometrischer Systeme bei der Erfüllung der Compliance-Vorschriften für das IT-Sicherheitsmanagement im Unternehmen einen positiven Beitrag leisten kann, oder ob biometrische Authentifizierung zusätzliche Probleme verursacht. Durch die zahlreichen Compliance-Vorschriften im Bereich der Informationstechnologie existieren auch diverse Referenzmodelle und Frameworks, wie beispielsweise COBIT[3] und ITIL[4], die jedoch nicht auf die speziellen Anforderungen biometrischer Systeme eingehen. Diese Forschungsarbeit entwickelt Prüfkriterien für biometrische Authentifizierungssysteme, insbesondere validiert und verwendet sie aber angepasste Evaluationskriterien für biometrische Lösungen für den Einsatz im Unternehmensbereich. Daraus wird im Umkehrschluss die Compliance-Konformität einer biometrischen Authentifizierungslösung bestimmt. Das Hauptaugenmerk der Bewertung der Güte des biometrischen Systems liegt auf der Erfüllung einer Compliance-Anforderung.

Für die Praxis entsteht ein Kriterienkatalog, der verschiedene biometrische Systeme in ihrer Eigenschaft zur Umsetzung von Compliance-Anforderungen gegenüberstellt.

---

[3] Control Objectives for Information and Related Technology, siehe Abschnitt 5.2.3
[4] Information Technology Infrastructure Library, siehe Abschnitt 5.2.2

Gleichzeitig listet der Katalog alle relevanten Compliance-Vorschriften auf, die beim Einsatz biometrischer Systeme relevant sind. Ein besonderer Vorteil zeigt sich für Unternehmen beim praktischen Einsatz biometrischer Verfahren und Systeme durch den Maßnahmenkatalog, welcher eine speziell auf biometrische Systeme zugeschnittene Ergänzung zu bereits vorhandenen IT-Empfehlungen darstellt. Ferner können die Ergebnisse der Arbeit auch zukünftig als eine Komponente in vorhandene technische und regulatorische Compliance-Tools oder auf einem höheren Abstraktionsniveau in Risikomanagement-Tools integriert werden, welche Unternehmen beim Aufbau eines Informationsmanagementsystems im Bereich der IT-Governance unterstützen.

Zur Umsetzung dieser Zielsetzung behandelt diese Arbeit folgende vier Forschungsfragen:

Forschungsfrage 1:

Welche Compliance-Anforderungen und -Vorschriften sind besonders relevant für den betrieblichen Einsatz biometrischer Authentifizierungssysteme?

Seit einigen Jahren erschwert es eine Vielzahl verschiedener Vorschriften und Regularien den Unternehmen, in der komplexen Compliance-Landschaft alle Anforderungen abzudecken. Die Arbeit zeigt, welche Vorschriften die Unternehmen beim Einsatz biometrischer Systeme beachten müssen und welche in einer direkten Wechselbeziehung zu den Vorteilen und den Nachteilen biometrischer Verfahren und Systeme stehen. Zusätzlich gilt es, die herausgearbeiteten Vorschriften auf ihre Priorität und Zielsetzung hin zu analysieren.

Forschungsfrage 2:

Welchen Beitrag leisten einzelne biometrische Verfahren und Systeme zur Einhaltung der Compliance-Vorschriften im Unternehmen? Wie können bereits vorhandene biometrische Systeme auf ihre Compliance-Konformität und ihre Compliance-Vorteile bzw. -Nachteile hin bewertet werden?

Es ist zu untersuchen, inwiefern die konkreten Möglichkeiten biometrischer Systeme die abgeleiteten Anforderungen und Vorschriften einhalten und unterstützen. Viele gesetzliche Vorschriften bezüglich der Arbeitsprozesse in Wirtschaftsprüfungsunternehmen oder im Bereich des Jugendschutzes setzen beim Einsatz von Informationstechnologie eine Sicherstellung der persönlichen Identität voraus. Die Arbeit präzisiert, wie die Personenbindung biometrischer Systeme diese Problematik lösen kann. Sie untersucht, ob vorhandene Bewertungsmethoden den Einsatz einer biometrischen Lösung bereits ausreichend berücksichtigen.

Forschungsfrage 3:

Welche Maßnahmen sind zu ergreifen, um den Compliance-konformen und Compliance-unterstützenden Einsatz biometrischer Systeme im Unternehmen zu gewährleisten?

In Anlehnung an bereits existierende Empfehlungen und Richtlinien zur Umsetzung von IT-Compliance wird speziell für biometrische Systeme ein Maßnahmenkatalog herausgearbeitet, welcher bestehende Defizite beseitigt und die positiven Ansätze der vorhandenen Regularien zusammenfasst. Zusätzlich bieten die Maßnahmen den Unternehmen eine Hilfestellung beim Einsatz biometrischer Systeme zur Umsetzung von Compliance-Vorschriften.

Forschungsfrage 4:

Welche Erkenntnisse können aus dem compliance-konformen Einsatz biometrischer Authentifizierung zur Verbesserung bestehender Compliance-Vorschriften gewonnen werden? Welche Konsequenzen ergeben sich für die Hersteller dieser biometrischen Systeme?

Schließlich untersucht dieses Werk, wie sich der Einsatz biometrischer Systeme und ihre Unterstützung von Compliance-Zielen für die Hersteller biometrischer Authentifizierungssysteme auswirken. Dadurch ergeben sich eventuell auch Konsequenzen für die Sinnhaftigkeit von IT-Compliance-Vorschriften.

1.5   Forschungsmethode und wissenschaftliches Vorgehen

Zur Beantwortung der Forschungsfragen stellt der folgende Abschnitt die verwendete wissenschaftliche Vorgehensweise vor.

Die Wahl der Forschungsmethode ist abhängig von dem Forschungsziel, den Forschungsfragen und der Forschungsthematik [Heinrich 1995, S. 30]. Um den Beitrag biometrische Verfahren und Systeme zur Einhaltung der Compliance-Vorschriften im Unternehmen zu bestimmen, muss dieser durch Kriterien messbar sein (siehe Forschungsfrage 2). Anhand dieser Bewertungskriterien können Maßnahmen abgeleitet werden, die Unternehmen beim compliance-konformen Einsatz biometrischer Authentifizierungssysteme unterstützen. Ergebnis der Untersuchung bilden also die Bewertungskriterien und die darauf basierenden Maßnahmen, welche die Interaktion zwischen Menschen, Technologien und Organisationen dahingehend lenken, dass ein IT-System seinen vorgegebenen Zweck erfüllt und damit die Effektivität und Effizienz einer Organisation steigert (vgl. [Hevner et al. 2004, S. 76]). Wissenschaftlich lässt sich damit die Ableitung der Bewertungskriterien und des daraus resultierenden Bewertungsframeworks als Entwicklung eines informationstechnischen Artefakts bezeichnen (vgl. [Hevner et al. 2004, S. 77, S. 83]). Nach Hevner, March und Park[5] ist die Untersuchung folglich als Problemstellung der Design Science in Information Systems Research zuzuordnen.

Für das Design eines Bewertungsframeworks zur Validierung biometrischer Authentifizierungssysteme zum Zweck der Compliance-konformen Einbindung in das IT-Sicherheitsmanagement wird das Vorgehen von Peffers et al.[6] verwendet. Dieses Vorgehen ist konsistent zur bisherigen Literatur [Peffers et al. 2007, S. 46 ff., S. 50 ff.]. Es beschreibt außerdem ein „nominal process model" für die Forschung der Design Science (einen möglichen Vorschlag einer Roadmap für gestaltungsorientierte Forschung, welcher außerdem hilft, das Vorgehen zu legitimieren) [Peffers et al. 2007, S. 46 ff., S. 50 ff.]. Schließlich bietet es auch ein „mental model" für die Präsentation und Evaluation von Design Science (nach Johnson-Laird und Ruth Byrne[7] sind Mentale Modelle kleine Modelle der Realität, welche durch die Aktivitäten „perception", „imagination" und „comprehension of discourse" erzeugt werden) [Johnson-Laird/Byrne 2012; Peffers et al. 2007, S. 46 ff., S. 50 ff.]. Es gliedert sich in die 6 Schritte Problemidentifikation und Motivation (problem identification and motivation), Definition der Zielsetzung der Lösung (objectives of solution), Design und Entwicklung (design and development), Demonstration (demonstration), Bewertung (evaluation) und Kommunikation (communication) [Peffers et al. 2007, S. 46 ff.].

Die folgende Abbildung 1.1 verdeutlicht das wissenschaftliche Vorgehen, in dem den einzelnen Schritten das jeweilige Kapitel zugeordnet wird:

---

[5] [Hevner et al. 2004, S. 1 ff.]
[6] [Peffers et al. 2007, S. 45 ff.]
[7] [Johnson-Laird/Byrne 2012]

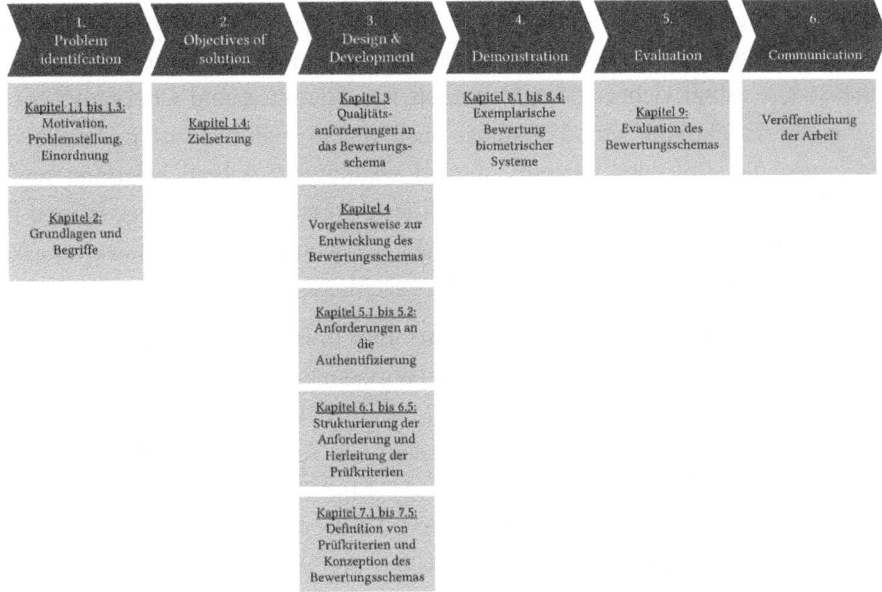

Abbildung 1.1: Wissenschaftliches Vorgehen
basierend auf [Peffers et al. 2007]

Der erste Schritt „Problem identification and motivation" beschreibt die Ausgangslage, das daraus resultierende Problem und die Motivation der Arbeit [Peffers et al. 2007, S. 52 ff.]. Dies geschieht in den Abschnitten 1.1 bis 1.3. Außerdem werden die Grundlagen und die Definitionen in Bezug auf die Biometrie und die IT-Compliance in Kapitel 2 abgehandelt.

Aus der Problemidentifikation sind im nächsten Schritt „Objectives of Solution" die Ziele der Lösung abzuleiten [Peffers et al. 2007, S. 55]. Abschnitt 1.4 behandelt dies, indem die Ziele als Forschungsfragen formuliert werden.

Im dritten Schritt „Design and Development" wird das Artefakt designt und entwickelt [Peffers et al. 2007, S. 55]. Der dritte Schritt schließt die Bestimmung der gewünschten Funktionalität des Artefakts ein [Peffers et al. 2007, S. 55]. Hierzu stellt Kapitel 3 zunächst Qualitätsanforderungen an das Bewertungsframework auf. Kapitel 4 beschreibt anschließend die Entwicklung des Bewertungsframeworks. Außerdem werden die wichtigsten Vorschriften der Compliance und die notwendigen Standards, die einen Einfluss auf den Einsatz der Authentifizierungssysteme im Unternehmen ausüben, identifiziert. Diese Schritte legen die Grundlagen für die Beantwortung der Forschungsfrage 1. Anschließend analysiert Kapitel 5 die zuvor identifizierten Gesetze, Vorschriften, Standards sowie Normen und leitet daraus Anforderungen ab. Dieser Schritt beantwortet die Forschungsfrage 1 vollständig und liefert erste Grundlagen für die Beantwortung der 2. Forschungsfrage. Kapitel 6 leitet aus den Anforderungen Prüfkriterien ab, anhand derer eine anschließende Bewertung vorzunehmen ist. Diese Vorgehensweise stützt sich auf das Vorgehen von Hamilton und Chervany[8] zur Bestimmung der Effektivität eines Systems nach einem zielorientierten Ansatz. Hier werden zuerst die Ziele des Systems anhand erkannter Gefahren bestimmt und anschließend Prüfkriterien festgelegt. Die detaillierte Beschreibung der jeweiligen Prüfkriterien erfolgt anschließend in Kapitel 7. Mit der Konzeption des Bewertungsschemas ist der dritte Schritt nach Peffers et al.[9] abgeschlossen.

Nach seiner Erstellung ist ein entwickeltes Artefakt immer einer Evaluation zu unterziehen, um den Nutzen, die Qualität und die Wirksamkeit beurteilen zu können [Hevner et al. 2004, S. 82 f.; Peffers et al. 2007, S. 55]. Hierzu kann eine einfache Demonstration des Artefakts durchgeführt werden, um seine Wirksamkeit und seinen Nutzen zu beweisen [Peffers et al. 2007, S. 55]. Eine etwas formalere Evaluation ist jedoch auch möglich [Peffers et al. 2007, S. 55]. Diese Arbeit enthält sowohl eine Demonstration als auch eine Evaluation, um neben der Wirksamkeit und dem Nutzen auch die Qualität des Artefakts zu beweisen (vgl. [Nunamaker et al. 1991, S. 100; Peffers et al. 2007, S. 55 f.]).

Im vierten Schritt „Demonstration" untermauert die Demonstration des Artefakts seinen Nutzen, in dem es in einer oder mehreren Instanzen des Problems demonstriert wird [Peffers et al. 2007, S. 55]. Zu diesem Zweck wird in Kapitel 8 das Bewertungsframework an drei konkreten biometrischen Authentifizierungssystemen angewendet. Damit stellt die relative Bewertung verschiedener Lösungen gleichzeitig einen Test für die Effektivität der Prüfkriterien dar. Nach Bucher et al.[10] handelt es sich hierbei auch um eine Evaluation gegen die Realwelt. Der Nutzen sollte dabei in Veränderungen bzw. Verbesserungen von Informationssystemen resultieren [Vaishnavi/Kuechler 2004].

Der fünfte Schritt „Evaluation" bewertet, wie gut das Artefakt die Lösung des definierten Problems unterstützt [Peffers et al. 2007, S. 56]. Damit wird die noch ausstehende zur Beurteilung der Qualität durch die Evaluation gegen die Forschungslücke nach Bucher et al.[11] gelöst, bei der auf gegebene oder erarbeitete Anforderungen geprüft wird. In Kapitel 9 wird deshalb das erstellte Bewertungsframework anhand der zuvor in Kapitel 3 erarbeiteten Qualitätsanforderungen bewertet (vgl. [Vaishnavi/Kuechler

---

[8] [Hamilton/Chervany 1981, S. 55 ff.]
[9] [Peffers et al. 2007, S. 55]
[10] [Bucher et al. 2008, S. 75]
[11] [Bucher et al. 2008, S. 75]

2004]). Damit wird der fünfte Schritt abgeschlossen und die Forschungsfrage 2 vollständig beantwortet.

Peffers et al.[12] nennen als letzten Schritt noch die Kommunikation der Ergebnisse [Peffers et al. 2007, S. 56]. Dies geschieht durch die Veröffentlichung dieser Arbeit.

Zur Beantwortung der weitergehenden Forschungsfragen 3 und 4 leitet diese Arbeit anschließend aus dem erstellten Bewertungsframework noch Schlussfolgerungen für drei Zielgruppen ab: So ergeben sich auch für den Hersteller biometrischer Systeme neue Anforderungen (Kapitel 10.1). Zusätzlich werden die Mängel in aktuellen Compliance-Vorschriften und -Standards klar, wenn es um die speziellen Eigenschaften biometrischer Authentifizierung geht (Kapitel 10.2). Schließlich leiten sich Maßnahmen für das IT-Management eines Unternehmens ab, die einen optimalen Einsatz des biometrischen Authentifizierungssystems im jeweiligen Kontext vorgeben (Kapitel 10.3). Als Vorlage dienen bereits bestehende Anweisungen aus den IT-Grundschutzkatalogen des Bundesamts für Sicherheit in der Informationstechnik und den Vorschriften des Informationssicherheitsmanagements. Die Sammlung dieser verschiedenen Maßnahmen stellt dann einen Leitfaden dar, der als zusätzliches Modul bereits bestehende Standards ergänzen kann. Diese Kapitel beantworten damit die Forschungsfragen 3 und 4.

1.6   Aufbau der Arbeit

Zum Abschluss dieses einleitenden ersten Kapitels beschreibt dieser Abschnitt den grundsätzlichen Aufbau der Arbeit.

Die vorliegende Arbeit orientiert sich an den zuvor definierten fünf Schritten des wissenschaftlichen Vorgehens und gliedert sich in 11 Kapitel. Das 1. Kapitel beschreibt die Problemstellung sowie die Notwendigkeit des Themas und gibt anschließend einen Überblick zur Vorgehensweise sowie zum Aufbau der Arbeit. Das folgende Kapitel 2 geht auf die Grundlagen der biometrischen Systeme und der Compliance ein. Kapitel 3 stellt die Qualitätsanforderungen für die nachfolgende Entwicklung des Bewertungsschemas auf. Anschließend grenzt Kapitel 4 die relevanten IT-Compliance Regelwerke ein und beschreibt die weitere Vorgehensweise zur Entwicklung des Bewertungsschemas. Hier schließt sich Kapitel 5 an, in dem die Anforderungen aus Vorschriften an die Authentifizierung herausgearbeitet und analysiert werden. Diese Anforderungen werden in Kapitel 6 strukturiert um daraus Prüfkriterien für die Biometrie herzuleiten, welche dann anschließend Kapitel 7 detailliert beschreibt. Eine exemplarische Bewertung biometrischer Authentifizierungssysteme zur Demonstration des Bewertungs-

---

[12] [Peffers et al. 2007, S. 46 ff.]

schemas findet in Kapitel 8 statt. Das Bewertungsschema wird in Kapitel 9 einer Evaluation hinsichtlich der zuvor definierten Qualitätsanforderungen unterzogen. Kapitel 10 bietet anhand der Bewertungsergebnisse Verbesserungsvorschläge für Hersteller biometrischer Systeme, überprüft bestehende Compliance-Vorschriften auf Mängel bezüglich biometrischer Besonderheiten und leitet Maßnahmen des IT-Sicherheitsmanagements für die Unternehmensführung ab. Den Abschluss bildet Kapitel 11 mit einem Fazit und einem Ausblick.

Abbildung 1.2 zeigt den Aufbau der Arbeit:

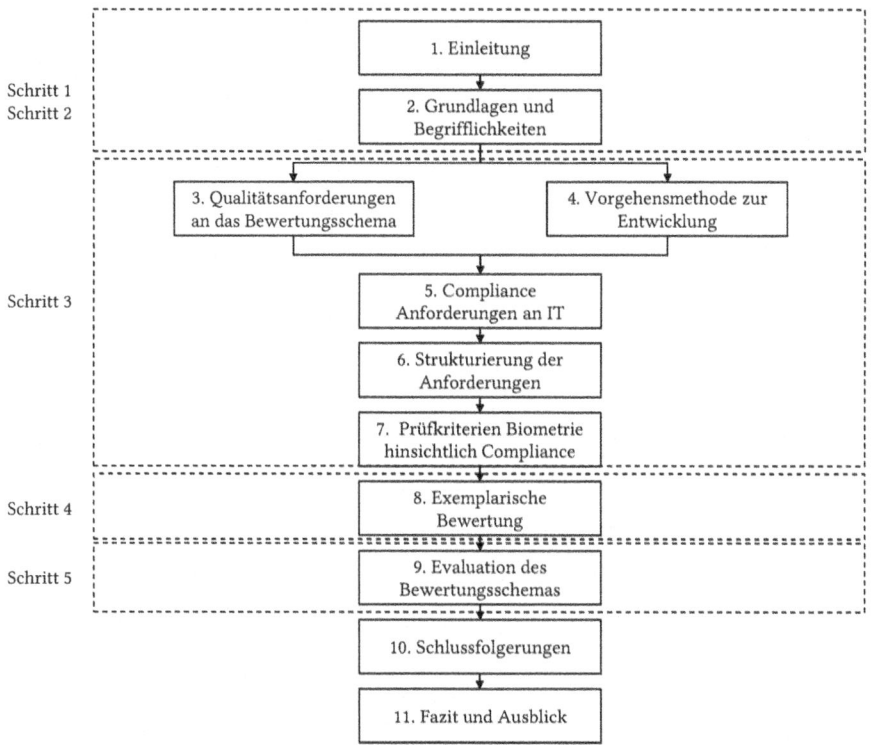

Abbildung 1.2: Aufbau der Arbeit
[eigener Entwurf]

2 Grundlagen und Begrifflichkeiten

Dieses Kapitel behandelt die notwendigen Grundlagen für das weitere Verständnis der Arbeit und klärt in diesem Zusammenhang wichtige Begriffe. Der erste Abschnitt befasst sich mit den Grundlagen der Biometrie, während der zweite Abschnitt den Themenbereich um IT-Compliance zum Inhalt hat. Daraus werden Zusammenhänge zum IT-Sicherheitsmanagement klar, welches im nächsten Abschnitt definiert wird. Das Kapitel schließt mit einer Beschreibung des Zusammenspiels der verschiedenen Themengebiete.

2.1 Grundlagen und Begrifflichkeiten der Biometrie

Der folgende Abschnitt beschäftigt sich mit den Grundlagen biometrischer Authentifizierung. Zunächst werden die wichtigsten Begriffe der Authentifizierung definiert und verschiedene Verfahren klassifiziert. Hieran schließt sich eine Definition, eine Klassifikation sowie eine Beschreibung des Aufbaus und der typischen Funktionsweise biometrischer Authentifizierungssysteme an. Eine Beschreibung der aktuellen Marktsituation der Biometrie Industrie bildet den Abschluss.

2.1.1 Begriffe und Klassifikation der Authentifizierung

Zur Einordnung biometrischer Verfahren ist zunächst ist zunächst der Begriff der Authentifizierung allgemein zu klären.

Die Authentizität bezeichnet „die Echtheit und Glaubwürdigkeit des Objekts bzw. Subjekts, die anhand einer eindeutigen Identität und charakteristischen Eigenschaften überprüfbar ist" [Eckert 2012, S. 8]. Authentifikation stellt die Maßnahmen zur Überprüfung dieser Authentizität dar [Eckert 2012, S. 8]. Authentifizierung bezeichnet „[…] die nachweisliche Identifikation eines Benutzers oder Kommunikationspartners" [Hansen/Neumann 2002, S. 175]. Dies entspricht dem englischen „authentication". Im Deutschen werden oftmals auch die Begriffe Authentifikation, Authentikation und Authentisierung verwendet, wobei sich bisher keine einheitliche Übersetzung durchgesetzt hat. Die Einordnung der Authentifizierung in den größeren Kontext des IT-Sicherheitsmanagements erfolgt in Abschnitt 2.3. Grundsätzlich können Authentifizierungsverfahren in die drei Gruppen Wissen, Besitz und Biometrie eingeteilt werden [Brown/Stallings 2008, S. 75; Nolde 2002, S. 21; TeleTrusT 2006, S. 1].

Besitzbasierte Verfahren prüfen, ob die zu authentifizierende Person im Besitz eines bestimmten Gegenstandes ist. Das trivialste Beispiel hierfür stellt der Schlüssel dar. In der Informationsgesellschaft finden jedoch auch maschinell verarbeitbare Gegenstände, wie Chipkarten, eine immer weitere Verbreitung bei der Authentifizierung durch den Besitz. [Bolle et al. 2004, S. 4 f.; Jain et al. 2011, S. 2; Nolde 2002, S. 21]

© Springer Fachmedien Wiesbaden GmbH, ein Teil von Springer Nature 2014
S. Däs, *Compliance-konforme Einbindung biometrischer Authentifizierungssysteme in das betriebliche IT-Sicherheitsmanagement*, Edition KWV,
https://doi.org/10.1007/978-3-658-23466-9_2

Bei der Authentifizierung durch Wissen muss die zu identifizierende Person ein bestimmtes Wissen wie beispielsweise Passwörter, PINs oder TANs vorweisen, um als berechtigt zu gelten. Mittlerweile wird in der Praxis auch eine Kombination aus besitz- und wissensbasierten Verfahren verwendet, so müssen beispielsweise am Geldautomaten einer Bank deren Kunden eine Chipkarte besitzen und zusätzlich eine PIN-Nummer eingeben. [Bolle et al. 2004, S. 4 f.; Eckert 2012, S. 462 ff.; Jain et al. 2011, S. 2; Nolde 2002, S. 21]

Schließlich setzen biometrische Authentifizierungsverfahren auf personenbezogene Merkmale zur Verifikation oder Identifikation [Bolle et al. 2004, S. 4 f.; Eckert 2012, S. 488 ff.; Jain et al. 2011, S. 2 f.; Nolde 2002, S. 21].

2.1.2 Begriffe und Klassifikation biometrischer Verfahren

Nach der generellen Authentifizierung sind nun biometrische Authentifizierungsverfahren zu definieren und zu klassifizieren. Anschließend werden die Betriebsarten, der Verfahrensablauf und der Aufbau eines biometrischen Authentifizierungssystems behandelt.

Der Begriff Biometrie ist aus dem Griechischen abgeleitet und setzt sich aus „bios" (Leben) und „metron" (Maß) zusammen [Eckert 2012, S. 488]. Die Biometrie ist somit die Wissenschaft der Körpermessung von Lebewesen [Nolde 2002, S. 20]. Ursprünglich war der Begriff der Biometrie deutlich weiter gefasst, mittlerweile ist damit aber im allgemeinen Sprachgebrauch meistens die biometrische Authentifizierung, also die „automatische Identifikation oder Verifikation der Identität einer Person, basierend auf deren physiologischen und verhaltenstypischen Merkmalen", gemeint [Allen et al. 2004, S. 21; Nanavati et al. 2002, S. 9]. Wenn in folgenden Teilen dieser Arbeit der Begriff „Biometrie" verwendet wird, bezieht sich diese auf die „biometrische Authentifizierung".

An das biometrische Merkmal werden bestimmte Anforderungen gestellt, die es mindestens erfüllen sollte [Bromba 2013a; BSI 2004a, S. 4; Bolle et al. 2004, S. 5 f.; Eckert 2012, S. 489 f.; Prabhakar et al. 2003, S. 33; Zorkadis/Donos 2004, S. 127]:

- **Universalität**: Möglichst viele Personen müssen das Merkmal besitzen.
- **Einmaligkeit**: Zwei oder mehr Personen mit dem gleichen Merkmal dürfen nicht existieren.
- **Konstanz**: Das Merkmal sollte sich im Laufe der Zeit in einem möglichst geringen Umfang verändern.
- **Messbarkeit**: Das Merkmal ist mit technischen Möglichkeiten auch quantitativ messbar.

- **Akzeptanz**: Die Messung des Merkmals soll anwenderfreundlich sein, um so von der Mehrheit der Benutzer akzeptiert zu werden.

Die biometrischen Merkmale selbst sind mittlerweile sehr vielfältig und sind grundsätzlich in zwei Hauptkategorien einzuteilen: Die sogenannten passiven oder auch physiologischen Merkmale, beispielsweise das Gesicht, das Irismuster oder der Fingerabdruck, werden in statischen Verfahren verwendet. Dynamische Verfahren hingegen verwenden aktive oder auch verhaltensbasierte Merkmale, wie z. B. die Stimme, das Tippverhalten oder die Unterschriftendynamik. [Eckert 2012, S. 489; Nolde 2002, S. 21]

Es existieren jedoch auch Verfahren, die sowohl physiologische als auch verhaltensbasierte Charakteristika einsetzen [Nanavati et al. 2002, S. 10; Zorkadis/Donos 2004, S. 128]. Beispielsweise ist bei der Betrachtung der Merkmale in einem Sicherheitskontext besonders die Anforderung der Einmaligkeit von erhöhter Bedeutung. Grundsätzlich gibt es drei Ursachen für die Einmaligkeit biometrischer Merkmale [Bromba 2013a]: Genotypisch ausgeprägte Merkmale sind vererbbar, wie beispielweise das Gesicht. Zufällig ausgebildete Merkmale während der embryonalen Entwicklung, beispielweise die Retina, werden als randotypisch bezeichnet. Schließlich können die Merkmale auch konditioniert sein, wie beispielsweise das Tippverhalten. [Bromba 2013a; Daugman 1999, S. 104; Graevenitz 2006, S. 36 f.]

2.1.2.1 Betriebsarten biometrischer Authentifizierungssysteme

Die biometrische Authentifizierung zielt entweder auf die Identifikation oder die Verifikation einer natürlichen Person [Behrens/Roth 2001, S. 21 f.; Bolle et al. 2004, S. 5; Mansfield/Wayman 2002, S. 4; Nanavati et al. 2002, S. 12 f.; Petermann/Sauter 2002, S. 20].

Bei der Identifikation wird das biometrische Merkmal „mit allen im biometrischen System gespeicherten Referenzmerkmalen" verglichen [BSI 2004a, S. 1]. Es handelt sich also um einen 1:n-Vergleich, auch „one-to-many"-Vergleich genannt. Dies ist nötig, falls das System ohne weitere Angaben tatsächlich eine Identität aus einer Menge biometrisch registrierter Personen nachweisen soll [Jain et al. 2011, S. 11 f.; Nanavati et al. 2002, S. 12 ff.; Petermann/Sauter 2002, S. 20; Wayman et al. 2004, S. 6]. Die Person ist zunächst unbekannt und soll mit Hilfe der Datenbank identifiziert werden [Nolde 2002, S. 22].

Im Gegensatz dazu wird bei der Verifikation vom User vorab eine Probe des biometrischen Merkmals abgegeben und das System führt nur noch einen 1:1-Vergleich, auch „one-to-one"-Vergleich genannt, mit einem passenden Merkmal durch [BSI 2004a, S. 1]. Es wird also geprüft, „ob eine Person, die behauptet eine bestimmte zu sein, auch den physiologischen Beweis erbringen kann" [Nolde 2002, S. 22]. Die aktuellen biometrischen Daten werden nur mit der Referenz verglichen und nicht mit denen der gesamten Datenbank, wie es bei der Identifikation der Fall ist [Jain et al. 2011, S. 10; Petermann/Sauter 2002, S. 20].

Neue Überwachungs- und Zugriffssysteme, die m:n-Vergleiche durchführen, erschweren jedoch die klassische Einteilung in Identifikation und Verifikation [Wayman et al. 2004, S. 7].

2.1.2.2   Aufbau biometrischer Systeme

Biometrische Verfahren bestehen aus drei Komponenten: An der ersten Stelle stehen technische Einrichtungen zur Erfassung des individuellen biometrischen Merkmals, diese werden auch Sensor genannt. Die Art des Merkmals ist ausschlaggebend dafür, welcher Sensor verwendet wird, beispielsweise Kameras für die Aufnahme optischer Merkmale oder Mikrophone für die Aufnahme akustischer Merkmale. Anschließend abstrahieren mathematische und statistische Methoden die erfassten Rohdaten und speichern sie als Referenzmuster, dem sogenannten Template. Als letztes werden schließlich die Vergleichsalgorithmen erstellt. [Nanavati et al. 2002, S. 15; Nolde 2002, S. 20; Ratha et al. 2001, S. 618]

Abbildung 2.1 stellt den Aufbau eines biometrischen Systems grafisch dar:

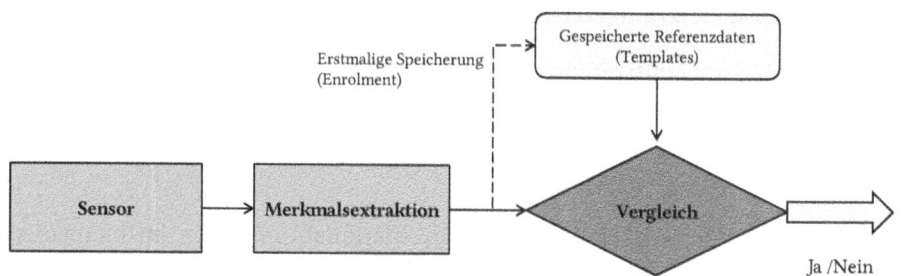

Abbildung 2.1: Aufbau eines biometrischen Systems
[Ratha et al. 2001, S. 618]

2.1.2.3   Biometrischer Verfahrensablauf

Biometrische Systeme lassen sich in die funktionalen Komponenten Datenaufnahme, Merkmalsextraktion, Referenzbildung und Vergleich einteilen [BSI 2004a, S. 1; Jain et al. 2008, S. 1 ff.].

Bei der Datenaufnahme erzeugt ein Sensor ein biometrisches Sample. Ein Sample definiert sich als „[...] eine analoge oder digitale Repräsentation eines biometrischen Charakteristikums vor dem Prozess der biometrischen Merkmalsextraktion" [Bromba

2013a]. Im biometrischen Sample sind normalerweise mehr Informationen enthalten, als eine Erkennung benötigt.

Anschließend extrahiert das System aus diesen Rohdaten das zu untersuchende Merkmal und speichert es zum Zweck des Vergleichs als Template ab [BSI 2004a, S. 1 f.]. Dieses Template stellt die Basis für die Referenzbildung dar. Es entspricht somit der reduzierten Fassung der Rohdaten und enthält nur noch die sogenannten Features des Merkmals, welche der Vergleich benötigt [Bromba 2013a; Bromba 2013b].

Bei der Referenzbildung - oder auch dem Enrolment - wird für die zu erfassende Person ein Datensatz erstellt und in der Enrolment-Datenbank gespeichert [Nanavati et al. 2002, S. 16 f.]. Der Datensatz stellt das Referenzprofil des Nutzers dar, das sich meist aus einer Kombination mehrerer Messungen zusammensetzt und anschließend mit der Identität des Benutzers verknüpft wird [Nanavati et al. 2002, S. 16 ff.; Nolde 2002, S. 22]. Dieser Datensatz besteht schließlich aus den biometrischen Referenzen und beliebigen nicht-biometrischen Daten (Namen, Nutzerkennung, etc.) [BSI 2004a, S. 1].

Der Vergleich (das sog. Matching) führt die oberen drei Schritte erneut durch und stellt die biometrischen Daten den gespeicherten Referenzdaten gegenüber [BSI 2004a, S. 1 f.]. Hierzu wird das beim Enrolment gespeicherte Template mittels eines (meist proprietären) mathematischen Algorithmus mit dem gerade erstellten Template verglichen [Nanavati et al. 2002, S. 15 f., S. 20]. Der Grad der Übereinstimmung wird durch einen Wert ausgedrückt (Matching Score) und mit einer zuvor bestimmten Akzeptanzschwelle verglichen [Nanavati et al. 2002, S. 20 f.]. Je nachdem, ob der Wert der Akzeptanzschwelle erreicht wurde, trifft das System dann eine Entscheidung ob eine Übereinstimmung, keine Übereinstimmung oder kein Ergebnis vorliegt [Nanavati et al. 2002, S. 21]. Die Verifikation zielt hierbei entweder auf die Akzeptanz oder die Zurückweisung eines einzelnen Nutzers [BSI 2004a, S. 1 f.]. Im Gegensatz dazu liefert die Identifikation alle Einträge in der Datenbank, bei denen der Vergleich mit den Referenzdaten über der bestimmten Akzeptanzschwelle lag [BSI 2004a, S. 1 f.; Nanavati et al. 2002, S. 16 ff.].

Die nachfolgende Abbildung 2.2 fasst den biometrischen Verfahrensablauf zusammen:

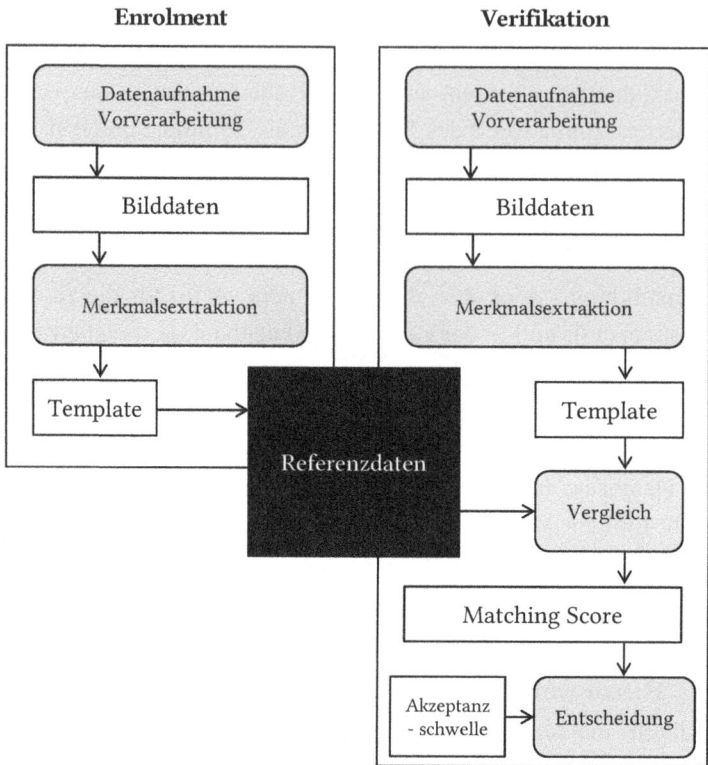

Abbildung 2.2: Komponenten und Ablauf eines biometrischen Verfahrens
[BSI 2004a, S. 2]

Das Verständnis des grundlegenden Verfahrensaufbaus biometrischer Authentifizierungsverfahren besitzt eine große Bedeutung bei der Beurteilung ihrer Eignung für die
Unterstützung der IT-Compliance. Hauptaugenmerk liegt hier beim Enrolment, also
bei der Bildung des Referenztemplates sowie den sich daraus ergebenden Abhängigkeiten beim Vergleich. Viele Verfahren setzen auf verschlüsselte oder abgewandelte
Templates [Prabhakar et al. 2003, S. 33 ff.; Zorkadis/Donos 2004, S. 129]. Natürliche
Schwankungen der Umwelt führen dazu, dass bei der Aufnahme niemals absolut identische Samples und damit Templates erzeugt werden [Nanavati et al. 2002, S. 19]. Der
proprietäre Algorithmus der Erkennung beim Vergleich hat die Aufgabe, dennoch
möglichst zuverlässig per Ähnlichkeitswert eine Übereinstimmung zu finden [Nana-
vati et al. 2002, S. 19]. Die Qualität und Stärke eines biometrischen Erkennungssys-
tems hängen maßgeblich auch von der Leistungsfähigkeit dieses Vergleichsalgorithmus beim Vergleich ab, der in den Kriterien in Kapitel 7 beschrieben wird.

2.1.3 Derzeitige Marktsituation der Biometrie Industrie

Um die Bedeutung der Biometrie Industrie zu unterstreichen, beschäftigt sich dieser Abschnitt mit einer Vorstellung der derzeitigen Marktsituation in der Biometrie Industrie.

Der globale Markt für Biometrie betrug im Jahr 2012 etwa 7,1 Milliarden USD und wird laut Biometrics Research Group[13] bis 2015 eine Größe von 15 Milliarden USD erreicht haben [BRG 2012]. Demnach lässt sich für die kommenden Jahre ein überproportional starkes Wachstum prognostizieren.

Einen Überblick über die jährlichen Umsätze der globalen Biometrie Industrie bis ins Jahr 2015 gibt die folgende Abbildung 2.3:

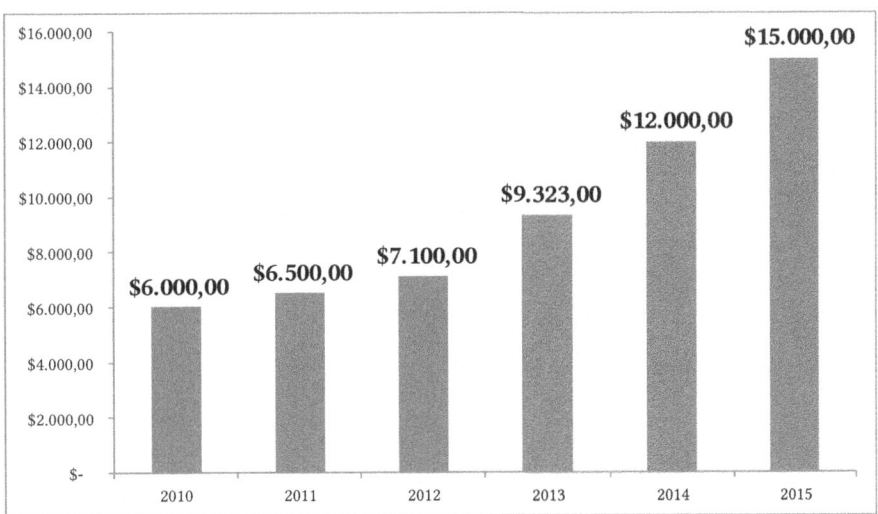

**Abbildung 2.3: Jährliche Umsätze der Biometrie Industrie 2010-2015
(in Millionen USD)
[BRG 2012]**

In der derzeitigen Analyse des Marktes und der Industrie für Biometrie ist nach wie vor der Haupteinsatzzweck die kriminaltechnische Analyse von Fingerabdrücken zur Verbrechensbekämpfung durch das „Automatisierte Fingerabdruckidentifizierungssystem" (AFIS), welches mit 5 Milliarden USD den größten Anteil am Markt im Jahr 2012 hatte [BRG 2012]. Dieser Bereich wird bis 2015 auf 10 Milliarden USD anwachsen [BRG 2012].

---

[13] [BRG 2012]

Für die zukünftige Entwicklung lässt sich auf einen Anstieg der Technologien „Gesichtserkennung" für den privatwirtschaftlichen Bereich und „Iriserkennung" für sicherheitskritische Bereiche spekulieren, wenn diese Technologien weiter technisch reifen und ihnen eine höhere Akzeptanz entgegenkommen wird. So waren Gesicht, Iris, Venen und Stimme bereits 2012 die biometrischen Technologien, die mit 2 Milliarden USD hinter AFIS folgen und bis 2015 auf 5 Milliarden USD anwachsen könnten [BRG 2012].

Bezogen auf das biometrische Merkmal bedeutet dies, dass 71% des gesamten Umsatzes der biometrischen Industrie durch Fingerabdrucksanalyse zustande kommt [BRG 2012; IBG 2009a]. Trotz geringer Akzeptanz in der Bevölkerung lässt sich dies durch leichte Merkmalsaufnahme sowie die hohe Qualität der Analyse durch die weit fortgeschrittene technische Reife erklären (vgl. [Breitenstein 2002, S. 40; Graevenitz 2006, S. 233; Nanavati et al. 2002, S. 45]).

Die Abbildung 2.4 zeigt die Umsatzanteile biometrischer Technologien im Jahr 2012 und den prognostizierten Umsatz im Jahr 2015:

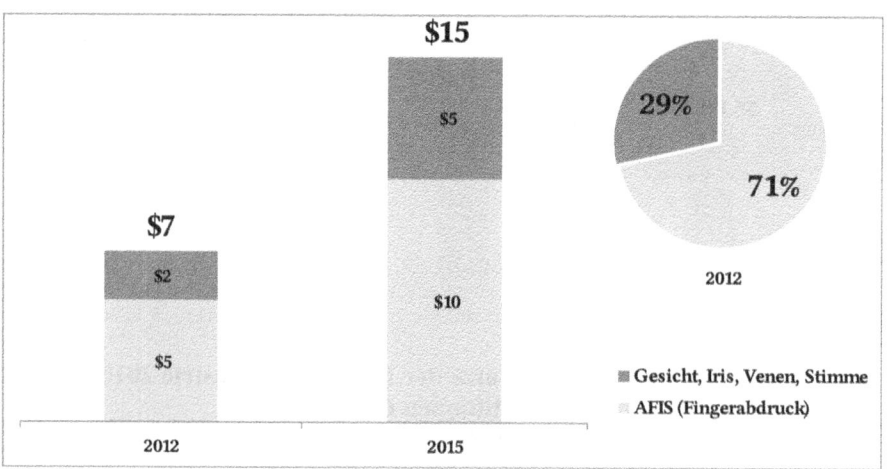

**Abbildung 2.4: Umsatzanteile und Wachstum biometrischer Technologien 2012
und 2015 (in Milliarden USD)**
[BRG 2012]

Die vertikalen Märkte für die biometrische Technologie liegen neben der Kriminalitätsbekämpfung besonders im öffentlichen Sektor, in der Finanzindustrie, beim Militär, in der High-Tech-Industrie und im Gesundheitswesen [IBG 2009a; Nanavati et al. 2002, S. 210]. Eine untergeordnete Rolle spielen das Transportwesen, der Einzelhandel und die industriellen Fertigung [IBG 2009a; Nanavati et al. 2002, S. 210]. Im Verwendungsweck sind dementsprechend besonders die Identifizierung von Kriminellen, die Zutrittskontrolle sowie die Zugriffskontrolle für Geräte und Systeme ausschlaggebend (vgl. [Breitenstein 2002, S. 41; Nanavati et al. 2002, S. 144 f.]).

Da diese Arbeit die Bewertung biometrischer Systeme hinsichtlich der Erfüllung der Compliance-Vorschriften im Unternehmen verfolgt (siehe Abschnitt 1.4), betrachtet sie nur die biometrische Authentifizierung für Geräte und Systeme im Unternehmen.

2.2 Grundlagen der IT-Compliance

Im hoheitlichen und öffentlichen Sektor besitzt die Einhaltung spezieller Gesetze und Regularien schon immer eine große Bedeutung, für den privatwirtschaftlichen Sektor wurde dies jedoch erst im letzten Jahrzehnt zu einem sehr wichtigen Themenbereich [Taeger/Rath 2007, S. 2].

Die Informationstechnologie unterstützt einen Großteil der Geschäftsprozesse im Unternehmen und hat sich von einem Kostentreiber zu einem Wertreiber weiterentwickelt [Buchta et al. 2004, S. 15]. Da die IT nun den Wertprozess des Unternehmens direkt beeinflusst, ergeben sich neben den Steuerungsaufgaben durch unsachgemäßen Einsatz auch gewisse Risiken für das Unternehmen (vgl. [Meyer et al. 2003, S. 445]). Gesetzgeber und Konsortien versuchen deshalb, diese Risiken durch Gesetze und Regularien einzudämmen.

Gerade aufgrund seiner Aktualität existieren keine einheitlichen Begriffsdefinitionen für die IT-Compliance. Auch verwendet die Fachwelt verschiedene Begriffe in unterschiedlicher Weise. Dabei werden die Zusammenhänge zwischen den verschiedenen Themenfeldern nicht immer klar dargestellt. Für den weiteren Verlauf der Arbeit ist deshalb zunächst ein Überblick über die Begriffe, deren Zusammenhang und eine anschließende genaue Abgrenzung und Definition notwendig. Zum tieferen Verständnis leitet ein Top-Down Ansatz die Herkunft des Begriffs IT-Compliance durch Interdependenzen mit anderen Begriffen her.

2.2.1 Der Zusammenhang zwischen der Governance, dem Risikomanagement und der Compliance

Dieser Abschnitt stellt die Verbindungen verschiedener Begriffe im Bereich der IT-Compliance vor und begründet die nachfolgende Definition dieser Begriffe.

Der Begriff „Compliance" im Unternehmen ist eng verbunden mit den Begriffen „Governance" und „Risikomanagement", wird oftmals sogar als Bestandteil dieser Themengebiete verstanden [Klotz/Dorn 2008, S. 7]. Besonders zwischen Governance und Compliance bestehen so enge Bezüge, dass die Praxis oftmals keine Unterscheidung vornimmt (vgl. [Taeger/Rath 2007, S. 2; Teubner/Feller 2008, S. 400]). Eine wissenschaftliche Untersuchung muss jedoch deren unterschiedliche Schwerpunkte aufzeigen [Teubner/Feller 2008, S. 400]. Während die Governance sich mit der Führungsebene eines Unternehmens befasst und dort auch Funktionen der Compliance beachtet, betrachtet die eigenständige Compliance alle Unternehmensmitglieder auf allen Ebenen [Klotz/Dorn 2008, S. 6 ff.].

In diesem Zusammenhang spielt die Informationstechnologie in zweierlei Hinsicht eine sehr wichtige Rolle: Die innerbetrieblichen Informationen werden überwiegend IT-gestützt erfasst, außerdem nutzt das Management die IT zur Entscheidungsfindung [Teubner/Feller 2008, S. 401]. Sehr bedeutsam ist die Erkenntnis, dass die IT eine Doppelrolle einnimmt [Taeger/Rath 2007, S. 3]: „Sie ist zum einen ein wichtiges Instrument zur Ausgestaltung einer effektiven Governance und Compliance und zum anderen auch Gegenstand derselben" [Teubner/Feller 2008, S. 401]. Die IT-spezifischen Funktionen von Governance, Risk und Compliance können wiederum als Untereinheiten dieser Gebiete verstanden werden, die eng mit dem IT-Sicherheitsmanagement zusammenhängen [Klotz/Dorn 2008, S. 7].

Abbildung 2.5 zeigt diesen Zusammenhang:

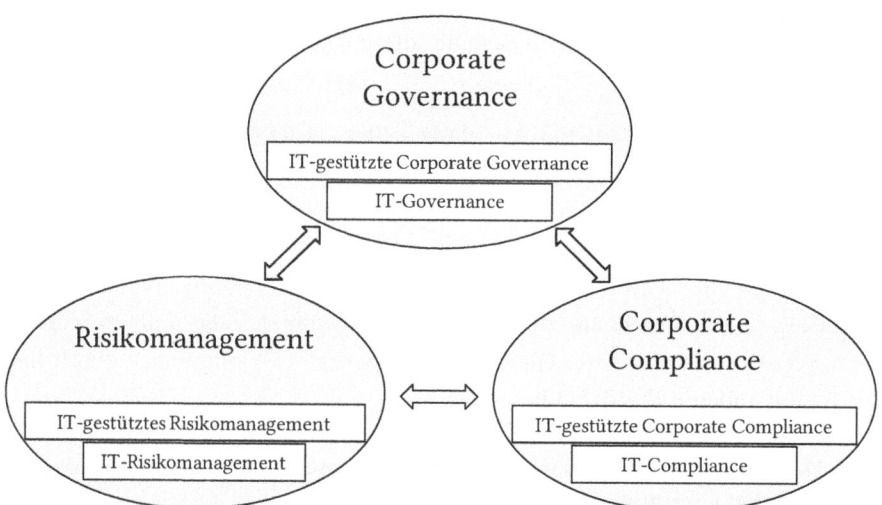

Abbildung 2.5: Zusammenhang Governance, Risikomanagement und Compliance
angelehnt an [Klotz/Dorn 2008, S. 7; Teubner/Feller 2008, S. 400 ff.]

Durch die Abhängigkeit dieser drei Felder definieren die folgenden beiden Abschnitte zuerst die Governance und das Risikomanagement mit ihren jeweiligen IT-spezifischen Unterfunktionen. Die letzte Definition befasst sich mit der IT-Compliance, zu der zuvor alle Abhängigkeiten geklärt wurden. Da insbesondere das

IT-Risikomanagement eng mit dem IT-Sicherheitsmanagement zusammenhängt, definiert dieses dann der nächste Abschnitt 2.3.

2.2.2 Herleitung des Begriffs IT-Governance

Dieser Abschnitt befasst sich mit der Herleitung des Begriffs der IT-Governance. Dazu wird zuerst die Corporate Governance ohne IT-Bezug definiert, anschließend wird die Corporate Governance mit IT als Instrument zur Unterstützung betrachtet und schließlich die Definition falls die IT der eigentliche Gegenstand des Themengebiets ist.

2.2.2.1 Der Begriff Corporate Governance

Die Begriffe „Governance" und „Compliance" stammen aus der Politikwissenschaft und wurden von den Wirtschaftswissenschaften übernommen. Ursprünglich bezeichnete Governance in der Volkswirtschaftslehre gewisse institutionelle Regelungen des Unternehmens, die zur Verringerung von Transaktionskosten dienen.

Der Begriff hat sich mittlerweile durch veränderte Organisations- und Leitungsstrukturen sowie die veränderten Beziehungen zwischen Eigentümern und Management weiterentwickelt zur Corporate Governance [Rath/Sponholz 2009, S. 25]. Gemeint ist damit, dass aufgrund der Trennung von Eigentum und Führungsverantwortung das Ziel der Maximierung des Unternehmenswertes durch Steuerungs- und Kontrollmechanismen für Shareholder[14] sichergestellt werden muss. Derzeit wird der Begriff sogar noch weiter gefasst und damit eine verantwortungsvolle Unternehmensführung in Bezug auf alle Stakeholder[15] bezeichnet [Taeger/Rath 2007, S. 5; Teubner/Feller 2008, S. 400]. Zur Durchsetzung dieser Forderung und zur Einschränkung opportunistischen Verhaltens existiert eine Reihe von Gesetzen und Richtlinien (sog. „soft laws"), deren Einhaltung zur Compliance zählt (siehe Abschnitt 2.2.4).

Hier lässt sich erkennen, dass die betroffene Zielgruppe und die betrachteten Gesetze und Richtlinien Dimensionen für eine enge bzw. weite Auffassung des Begriffs Corporate Governance dienen können. Eine weitere Dimension stellen die Aktivitäten der Unternehmensführung dar, nämlich ob dieser für die Corporate Governance neben reinen Kontrollaufgaben auch Planungsaufgaben umfassen sollten (vgl. [Teubner/Feller 2008, S. 400]).

Tabelle 2.1 fasst diese Dimensionen der Corporate Governance zusammen (vgl. [Müller/Guth 2001, S. 52 f.; Teubner/Feller 2008, S. 400; Weill/Ross 2004, S. 5 f.]):

---

[14] Anteilseigner
[15] Anspruchsgruppen, beispielsweise Investoren, Mitarbeiter, Bürger und Staat, etc.

Dimension	Ausprägungen	
	Enge Auffassung	Weite Auffassung
Betroffene Zielgruppe	Shareholder	Stakeholder
Betroffene Gesetze	Juristische Vorgaben	Alle Vorgaben
Betroffene Aktivitäten	Kontrollzyklus	Planungs- und Kontrollzyklus

Tabelle 2.1: Dimensionen der Corporate Governance
[eigener Entwurf]

Die Prinzipien für die Corporate Governance sind Accountability, Responsibility, Transparency und Fairness [Fröhlich/Glasner 2007, S. 38]. In Deutschland wurde im Jahr 2000 eine Regierungskommission zum Thema Corporate Governance gegründet, die unter der Berücksichtigung von Best Practices den „Deutschen Corporate Governance Kodex" (DCGK) herausgegeben hat. Der DCGK hat sich zum Ziel gesetzt, Regeln und Werte für eine gute und verantwortungsvolle Unternehmensführung vorzugeben und gleichzeitig diese Regeln so transparent zu machen, um das Vertrauen in die Führung deutscher Unternehmen zu stärken [BMJ 2012, S. 1 f.]. Die zuständige Regierungskommission veröffentlichte den Kodex erstmalig im Jahr 2002, jährlich findet jedoch eine Überprüfung und bei Bedarf eine Überarbeitung statt. Inhaltlich behandelt der Kodex [BMJ 2012, S. 1-16]:

- Die Aktionäre und die Hauptversammlung
- Das Zusammenwirken zwischen dem Vorstand und dem Aufsichtsrat sowie deren Aufgaben
- Die Transparenz der Gesellschaft gegenüber den Aktionären und der Öffentlichkeit
- Die Rechnungslegung und Abschlussprüfung

Corporate Governance als Teilgebiet der Unternehmensführung bezeichnet den rechtlichen und faktischen Ordnungsrahmen für die Leitung und die Überwachung eines Unternehmens, insbesondere bezüglich der Einbindung des Unternehmens in sein Umfeld [Gabler 2013; Hoffmann/Schmidt 2010, S. 355 f.; Taeger/Rath 2007, S. 24 f.]. Die folgende allumfassendere Definition wird im Rahmen dieser Arbeit verwendet:

„Corporate Governance ist die verantwortliche und auf langfristige Wertschöpfung ausgerichtete Organisation der Unternehmensleitung und -kontrolle" [Meyer et al. 2003, S. 445; Rosen 2001, S. 283 f.; Witt 2000, S. 159].

2.2.2.2 Der Begriff IT-gestützte Corporate Governance

Die Informationstechnologie unterstützt, dokumentiert und steuert Geschäftsprozesse, darunter auch Managementprozesse [Teubner/Feller 2008, S. 401]. Damit ist sie auch von wesentlicher Bedeutung als Instrument bei der Umsetzung von Corporate Governance [Teubner/Feller 2008, S. 401]. Konkret bedeutet das beispielsweise auch die Unterstützung der Aufsichtsräte. Außerdem bieten sich zum Informationsaustausch der Aufsichtsratsmitglieder (Termin-, Kontakt-, Dokumentenmanagement, Web-Konferenzen und E-Mail Sicherheit) spezielle Groupware-Systeme an [Teubner/Feller 2008, S. 401]. Die Informationstechnologie ermöglicht auch eine zeitnahe Übermittlung von Informationen an alle Anteilseigner.

IT-gestützte Corporate Governance bezeichnet also die Umsetzung der Corporate Governance mit Hilfe der Informationstechnologie (vgl. [Teubner/Feller 2008, S. 401]).

2.2.2.3 Der Begriff IT-Governance

Die eben beschriebene IT-gestützte Corporate Governance ist nicht zu verwechseln mit dem Begriff der IT-Governance. Letztere ist ein Teilbereich der Corporate Governance und bezieht sich auf den Einsatz der Informationstechnologie im Unternehmen. Während die Zielgruppe bei der Corporate Governance die Unternehmensführung ist, hat die IT-Governance das IT-Management als Zielgruppe [Hoffmann/Schmidt 2010, S. 355; Teubner/Feller 2008, S. 404; Van Grembergen/Haes 2009, S. 2 f.; Weill/Ross 2004, S. 8 ff.].

Die Bedeutung der IT in Bezug auf die Corporate Governance ergibt sich aus den hohen IT-Kosten, so dass sichergestellt werden muss, dass diesen Kosten ein angemessener Wertbeitrag für das Unternehmen gegenübersteht [Teubner/Feller 2008, S. 404]. Das IT-Governance Institute (ITGI)[16] nennt folgende fünf Ziele der IT-Governance [ITGI 2011]:

- Ausrichtung der IT an den Erfordernissen des Unternehmens
- Realisierung des versprochenen Nutzens
- Steigerung des Unternehmenswertes und des Nutzens der IT
- Verantwortungsvoller Umgang mit IT-Ressourcen
- Angemessenes Management von IT-Risiken und verwandten Risiken

Eine detaillierte Auskunft über die derzeitigen Kontrollziele für IT-Prozesse im Sinne der IT-Governance gibt das vom ITGI mitentwickelte Referenzmodell COBIT wieder,

---

[16] 1998 gegründet von der Information Systems Audit and Control Association.

welches in Abschnitt 5.2.3 betrachtet wird. Außerdem befasst sich die Information Technology Infrastructure Library (ITIL) mittlerweile mit dem Thema (siehe Abschnitt 5.2.2). Auch die International Organization of Standardization (ISO) hat sich dem Thema IT-Governance angenommen und im Jahr 2008 den Standard ISO/IEC 38500:2008(E) „Corporate Governance of Information Technology" veröffentlicht (vgl. [Van Grembergen/Haes 2009, S. 3 f.]). Der Standard berücksichtigt als Prinzipien für IT-Governance die Verantwortung, die Strategie, die Akquisition, die Performance, die Erfüllung von Konformität (in Bezug auf Compliance) und das menschliche Verhalten [ISO 2008, S. 9 ff.]. Seinen Zweck sieht der Standard erstens als eine Informationsquelle und Anleitung für die Unternehmensleitung, zweitens in der Versicherung für Stakeholder, was die Anwendung von IT-Governance im Unternehmen angeht und drittens als Basis für eine objektive Bewertung von Corporate Governance in der IT [ISO 2008, S. 1 ff.].

Aktuelle Rahmenbedingungen und Entwicklungen beeinflussen die konkrete Ausgestaltung von IT-Governance ständig. Nach Meyer, Zarnekow und Kolbe[17] sind dies zusammengefasst [Meyer et al. 2003, S. 446 ff.]:

- **Wertorientierung:** Die IT-Governance betrachtet die IT in erster Linie als Wertlieferant, während Kosten- und Investitionsbetrachtungen in den Hintergrund treten.
- **Prozessorientierung:** Die Modellierung der Geschäftsprozesse ist für Managemententscheidungen essentiell und deshalb für die IT-Governance bedeutend, um die strategische Ausrichtung des IT-Bereichs sicherzustellen.
- **Dienstleistungsorientierung:** Die IT-Governance betrachtet die Informationstechnik als Dienstleistung innerhalb des Unternehmens mit Liefer- und Leistungsbeziehungen und marktähnlichen Mechanismen.
- **Risikomanagement:** Um das Ziel der Wertschöpfung zu erreichen, muss die IT-Governance auch IT-Risikomanagement betreiben.

IT-Governance steht in einem engen Zusammenhang mit dem Informationsmanagement, ist von diesem jedoch abzugrenzen. Informationsmanagement beschäftigt sich „als Führungsaufgabe mit der Erkennung und Umsetzung der Potentiale der Informations- und Kommunikationstechnik in betrieblichen Lösungen" [Krcmar 2010, S. 360 f.] (vgl. auch [Brenner 1994, S. 5; Griese 1990; Österle 1987; Schwarze 1990]).

Nach dieser Definition ist IT-Governance ein Teil des Informationsmanagements. Tatsächlich sind jedoch in der Praxis verteilte Aufgaben des Informationsmanagements relevant für die IT-Governance. Während das Informationsmanagement hauptsächlich

---

[17] [Meyer et al. 2003, S. 445 ff.]

26

das Management der Planung, der Entwicklung und des Betriebes von IT-Systemen betrachtet, erweitert die IT-Governance die IT um die Sicht als Dienstleistung mit den Prozessen Beschaffung, Auslieferung und Unterstützung. [Meyer et al. 2003, S. 448]

In dieser Arbeit ist **IT-Governance** definiert als *„die Organisation, Steuerung und Kontrolle der IT eines Unternehmens zur konsequenten Ausrichtung der IT-Prozesse an der Unternehmensstrategie"* [Fröhlich/Glasner 2007, S. 17].

2.2.3 Herleitung des Begriffs IT-Risikomanagement

Dieser Abschnitt befasst sich mit der Herleitung des Begriffs IT-Risikomanagement. Analog zum letzten Abschnitt werden zuerst das Risikomanagement und anschließend seine Unterstützung durch die IT behandelt. Zuletzt erfolgt die Definition des IT-Risikomanagements.

2.2.3.1 Der Begriff Risikomanagement

Der Begriff Risiko (engl.: risk), wie er im Folgenden verwendet wird, bezeichnet „die Wahrscheinlichkeit (oder die relative Häufigkeit) des Eintritts eines Schadensereignisses und die Höhe des potentiellen Schadens, der dadurch hervorgerufen werden kann" [Eckert 2012, S. 18]. Die Kategorisierung von Risiken erfolgt auf verschiedene Arten, so teilt Basel II die Risiken in Marktrisiken, Adressrisiken, Operationelle Risiken, Geschäftsrisiken, Finanz- und Kreditrisiken und Immobilienrisiken ein [BAfB 2004]. Für die Erfassung von Risiken gibt es eine Vielzahl von Methoden, gängig sind u. a. Expertenbefragungen und die Delphi-Methode[18] (vgl. [Hindel et al. 2009, S. 176 ff.]). Bei der Risikobewertung kann eine Festlegung der Risikoparameter mittels a priori[19] und a posteriori[20] Eintrittswahrscheinlichkeit sowie Schadenshöhe stattfinden [Hindel et al. 2009, S. 178 f.].

Das Ziel des Risikomanagements ist die Reduktion des Gesamtrisikos bis zu einem akzeptablen Restrisiko (siehe Abbildung 2.6) [BITKOM 2009, S. 29].

Als erster Schritt wird bei der Risikovermeidung dem Risiko ausgewichen, falls dies möglich ist. Die Planung von Gegenmaßnahmen lässt sich in präventive Maßnahmen (engl.: risk mitigation plans) vor dem Eintreten des Risikos und in Notfallmaßnahmen (engl.: contingency plans) nach dem Eintreten des Risikos einteilen [Hindel et al. 2009, S. 182]. Die Risikoverminderung akzeptiert Risiken und steuert durch geeignete Maßnahmen Risiken entgegen, bevor sie eintreten. Bei der Risikobegrenzung ist der

---

[18] Die Delphi-Methode ist ein mehrstufiges Befragungsverfahren, bei dem Experten in mehreren Durchgängen unabhängig voneinander einen Sachverhalt schätzen.
[19] Die Eintrittswahrscheinlichkeit des Risikos ist im Voraus bekannt.
[20] Das Risiko ist bereits eingetreten und der Eintritt wird auf zukünftige Aussagekraft untersucht.

Schaden bereits eingetreten und dieser wird durch die Notfallmaßnahmen begrenzt. Die letzte Möglichkeit bildet die Risikoabwälzung, bei der das Risiko teilweise oder vollständig auf Dritte übertragen wird. Typisches Beispiel hierfür sind Versicherungen. [BITKOM 2009, S. 29]

Die folgende Abbildung 2.6 fasst die Vorgehensweise des Risikomanagements zusammen:

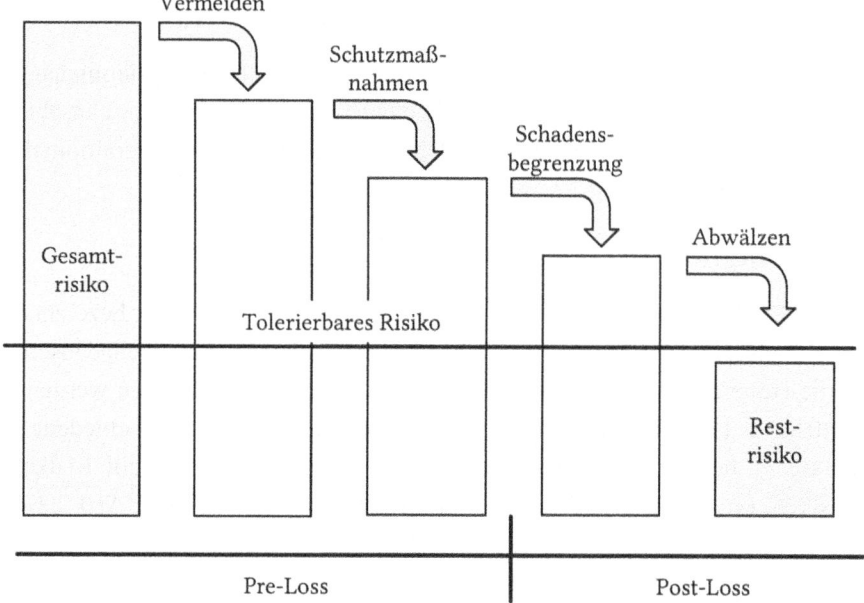

Abbildung 2.6: Ziel und Vorgehensweise des Risikomanagements
[BITKOM 2009, S. 29]

Insgesamt stellt das Risikomanagement einen kontinuierlichen Prozess und einen wichtigen Bestandteil von Projektmanagementaktivitäten dar [Hindel et al. 2009, S. 173]. Risikomanagement ist außerdem mit Governance und Compliance dahingehend verknüpft, dass der Gesetzgeber mittlerweile die Bedeutung eines systematischen Risikomanagements erkannt und deshalb eine rechtliche Verpflichtung hierzu geschaffen hat (Gesetz zur Kontrolle im Unternehmensbereich, GmbHG § 43 I und II, AktG § 91 II, HG § 317 Abs. 4) [Taeger/Rath 2007, S. 24]. Aus diesem Grund wird das Risikomanagement wie folgt definiert:

*„**Risikomanagement** ist der Führungsprozess zur Erfassung, Klassifizierung und Bewertung der in einem Unternehmen entstehenden Risiken (Risikoanalyse) sowie die anschließende Steuerung der Gegenmaßnahmen und Kontrolle der Risiken"* [BIT-KOM 2009, S. 29; Hoffmann/Schmidt 2010, S. 359 f.].

2.2.3.2 Der Begriff IT-gestütztes Risikomanagement

Das Risikomanagement kann IT-gestützt sein, indem spezielle Tools und Programme bei den Aufgaben des Risikomanagements unterstützen. Eine spezielle Definition hierfür existiert nicht, deshalb soll für den Verlauf der Arbeit folgende Erklärung gelten:

IT-gestütztes Risikomanagement bezeichnet die Umsetzung des Risikomanagements mit Hilfe der Informationstechnologie.

2.2.3.3 Der Begriff IT-Risikomanagement

Aus der Risikostrategie der IT-Governance lässt sich das IT-Risikomanagement ableiten [Seibold 2006, S. 7].

Ein IT-Risiko ist „die Unfähigkeit, anforderungsgerechte IT-Leistungen effektiv und effizient erbringen zu können" [Seibold 2006, S. 11]. IT-Risiken sind meist nicht selbst ein Schadensfall sondern vielmehr eine Risikoursache für die eigentlichen Geschäftsabläufe [Seibold 2006, S. 11]. IT-Risiken weisen also einen Querschnittscharakter auf, da sie auch Risiken einschließen, die aus der Bereitstellung, dem Betrieb und der Wartung von Systemen zum Geschäftsbetrieb hervorgehen [Kronschnabl 2008, S. 16]. Sämtliche IT-Risiken zählen zu den operationellen Risiken, die als „Risiken aufgrund von menschlichen und technischem Versagen oder externen Ereignissen" definiert sind [BAfB 2004; Hechenblaikner 2006, S. 1 f.; Seibold 2006, S. 10]. Bei der Bewertung lässt sich verallgemeinern, dass im IT-Risikomanagement a priori Wahrscheinlichkeiten kaum eine Rolle spielen [Seibold 2006, S. 11].

Grundsätzlich unterscheidet die Fachwelt zwischen originären IT-Risiken und Anwender bezogenen IT-Risiken, die IT-Grundschutzkataloge des BSI kategorisieren IT-Risiken noch genauer in Form von fünf Gefahrenquellen [BSI 2008a]:

- Organisatorische Mängel
- Technisches Versagen
- Menschliche Fehler
- Vorsätzliche Handlungen
- Höhere Gewalt

Durch die Erklärung des IT-Risikos lässt sich folgende Definition für das IT-Risikomanagement ableiten:

*Das **IT-Risikomanagement** bezeichnet das Risikomanagement einer bestimmten Risikokategorie, den IT-Risiken. Es besteht aus Schaffung einer IT-Risikotransparenz, die durch IT-Krisenmanagement, IT-Risikosteuerung und IT-Risikokultur geschaffen wird* (vgl. hierzu [Seibold 2006, S. 7 f.]).

2.2.4   Herleitung des Begriffs IT-Compliance

Der Begriff der IT-Compliance ist von essentieller Bedeutung für die Zielsetzung dieser Arbeit (siehe Abschnitt 1.4). Auch dieser Abschnitt handelt zuerst die Corporate Compliance und die IT-gestützte Corporate Compliance ab. Für die Begriffsbestimmung der IT-Compliance wird eine Vielzahl von Definitionen betrachtet und anschließend Eine ausgewählt.

2.2.4.1   Der Begriff Corporate Compliance

Der englische Begriff Compliance bedeutet „Befolgung" bzw. „Einhaltung", gleichzeitig kann er mit einem erreichten Zustand der Regeltreue bzw. Übereinstimmung übersetzt werden (vgl. [Hauschka 2007, S. 2; Rath/Sponholz 2009, S. 22]). Als Stichwort im Zusammenhang mit der Privatwirtschaft hat es erst seit dem Jahr 2001 größere Bedeutung erlangt, als im Zuge des Enron-Bilanzfälschungsskandals[21] die US-Regierung zusätzliche Vorschriften schuf, die auf eine verantwortungsvolle Unternehmensführung zielen [Klotz/Dorn 2008, S. 6].

Die Corporate Compliance ist einerseits ein Teilaufgabengebiet der Corporate Governance, andererseits geht sie jedoch über dessen Regelungsbereich hinaus. Während sich Corporate Governance mit dem Handeln der Führungsebene beschäftigt, befasst sich die Corporate Compliance mit dem Unternehmenshandeln im Allgemeinen und dem Handeln aller Unternehmensmitglieder auf allen Ebenen [Klotz/Dorn 2008, S. 6 ff.]. Dabei sind nicht nur externe Gesetze von Bedeutung, sondern auch interne Regelwerke. Mit seiner Bedeutung für Risikobereiche im Unternehmen schlägt die Corporate Compliance die Brücke zum Risikomanagement (vgl. [Taeger/Rath 2007, S. 8]). Die Compliance-Konformität von betrieblichen Prozessen zu entsprechenden Regularien kann durch Audits überprüft und durch Zertifikate bestätigt werden.

Corporate Compliance bezeichnet die Einhaltung aufsichtsrechtlicher und interner Vorgaben, von Normen, von Standards sowie von Gesetzen oder Regularien [BIT-KOM 2009, S. 38; Hoffmann/Schmidt 2010, S. 359; Klotz/Dorn 2008, S. 8 f.; Taeger/Rath 2007, S. 24; Teubner/Feller 2008, S. 400; Wecker/Van Laak 2008, S. 30].

2.2.4.2   Der Begriff IT-gestützte Corporate Compliance

Da eine Vielzahl von Vorgaben die Managementebene in die Verantwortung nimmt, überschneiden sich hier die Aufgaben mit der Corporate Governance. Aus diesem Grund fassen die Softwarehersteller meist ihre Produkte unter den Begriffen Gover-

---

[21] Der Energiekonzern Enron musste im Jahr 2001 aufgrund von Bilanzfälschungen Insolvenz anmelden.

nance, Risk und Compliance (GRC) zusammen, ohne eine spezielle Unterscheidung zu treffen. [Taeger/Rath 2007, S. 7; Teubner/Feller 2008, S. 402]

IT-gestützte Corporate Compliance bezeichnet die Unterstützung und Umsetzung von Regularien mit der Hilfe von Software [Klotz/Dorn 2008, S. 9].

2.2.4.3 Der Begriff IT-Compliance

Auch in der IT-Governance ist die Übereinstimmung mit gesetzlichen Vorgaben und externen Richtlinien ein zentraler Grundsatz und wird als IT-Compliance bezeichnet [Klotz/Dorn 2008, S. 8]. Dies wird besonders deutlich, da die IT in den gesetzlichen Regeln eine feste Rolle einnimmt, besonders was die Transparenz, die Sicherheit und die Korrektheit der Informationsverarbeitung im Unternehmen angeht [Teubner/Feller 2008, S. 403]. Die IT ist in diesem Zusammenhang ein Instrument, um Ziele der Compliance zu erreichen (siehe Abschnitt 2.2.4.2). Gleichzeitig sind die IT und ihr Einsatz (etwa angelehnt an Standards und Frameworks) selbst Gegenstand der IT-Compliance.

Fröhlich und Glasner[22] fanden in Interviews heraus, dass IT-Manager kein einheitliches Verständnis von IT-Governance und IT-Compliance besitzen. So wird IT-Governance teilweise als Instrument zur Erreichung von Compliance, teilweise zur Verbesserung des operativen Betriebes oder auch als Instrument zur Kostenreduktion gesehen [Fröhlich/Glasner 2007, S. 111 f.]. Rath und Sponholz[23] stellen die These auf, dass dieses uneinige Verständnis durch das unsaubere Marktumfeld statt durch die Forschung geprägt wurde, da Softwarehersteller mit den Begriffen „IT-Governance" und „IT-Compliance" werben, um zusätzliche Verkaufsargumente zu generieren [Rath/Sponholz 2009, S. 30]. Die Berichterstattung der Medien über Sanktionen bei Nichterfüllung von Compliance-Richtlinien leistet zusätzlichen Vorschub [Rath/Sponholz 2009, S. 30]. Diese Ausführungen zeigen bereits, dass es in der Praxis keine verbindlichen Definitionen für IT-Governance und IT-Compliance gibt. Aus diesem Grund werden nun verschiedene Definitionen gegenübergestellt.

Die folgende Tabelle 2.2 fasst in der Literatur zu findende Definitionen für IT-Compliance zusammen:

---

[22] [Fröhlich/Glasner 2007, S. 111 f.]
[23] [Rath/Sponholz 2009, S. 30]

[Fröhlich/Glasner 2007] indirekt S. 58	„Die in der IT etablierten und mit der IT unterstützten Prozesse müssen aber auch ‚compliant' sein, das heißt, den regulatorischen Anforderungen (SOX, KonTraG, usw.) entsprechen."
[Lensdorf 2007]	„IT-Compliance bedeutet zunächst generell, dass die IT eines Unternehmens die an sie gestellten rechtlichen Anforderungen erfüllt. Die Besonderheit der IT-Compliance gegenüber anderen Compliance Themen besteht in der Ubiquität der IT für die Geschäftsprozesse eines Unternehmens: Der IT kommt heute für praktisch alle Geschäftsprozesse *eine* zentrale Bedeutung zu. ‚IT-Compliance' im weiteren Sinn ist demnach eine über die speziell auf IT abzielenden Anforderungen hinausgehende technische Entsprechung aller das Unternehmen betreffenden Rechtspflichten, soweit Compliance mit Hilfe von IT hergestellt wird."
[Rath 2007]	„Einhaltung und Umsetzung von regulatorischen Anforderungen im weitesten Sinne mit dem Ziel eines verantwortungsvollen Umgangs mit allen Aspekten der Informationstechnik (IT)."
[Taeger/Rath 2007]	„Der Begriff IT-Compliance ist letztlich doppeldeutig. […] Insofern haben der Vorstand wie die Geschäftsführung dafür Sorge zu tragen, dass sich die IT-immanenten Risiken nicht realisieren. Die Compliance als Sicherstellung der Einhaltung von Gesetzen und Regelwerken schließt auch ein, dass die Normen und Standards der IT-Sicherheit beachtet werden. […] Die Informationstechnik ist aber andererseits auch unabdingbar, wenn es darum geht, effiziente Risikomanagementsysteme zu implementieren, die ohne ‚intelligente' IT nicht realisierbar sind. Mit dem Wissensmanagement und Kommunikationstechniken lassen sich auch die Informationen vorhalten und verbreiten, die für die erforderliche Transparenz im Unternehmen sorgen. Insofern erweist sich die Informationstechnik auch als Motor oder Garant für Compliance."
[Klotz/Dorn 2008]	**Enge Auffassung:** „[...] Zustand, in dem alle für die IT des Unternehmens relevanten, allgemein geltenden rechtlichen Vorgaben (d. h. Rechtsnormen, Rechtsprechung und Verwaltungsvorschriften sowie hierin jeweils in Bezug genommene sonstige Regelwerke) nachweislich eingehalten werden." **Weite Auffassung:** „[…] Zustand, in dem alle für die IT des Unternehmens relevanten bzw. als relevant akzeptierten internen und externen Regelwerke nachweislich eingehalten werden."
[Teubner/Feller 2008]	**IT-gestützte Corporate Compliance:** „Dedizierte Softwareprodukte für die Corporate-Compliance bieten […] Unterstützung für die Umsetzung konkreter gesetzlicher Vorgaben und Richtlinien." **IT-Compliance:** „Die IT nimmt in gesetzlichen Regelungen eine feste Rolle ein, insbesondere in Bezug auf Transparenz, Sicherheit und Korrektheit technikgestützter Informationsverarbeitung."

[Haas/Schreck 2009]	„Erfassung, Überwachung und Verbesserung der Einhaltung von Vorschriften in IT-Systemen und der IT-Organisation."
[Rath/Sponholz 2009]	„Die Kenntnis und Einhaltung sämtlicher regulatorischer Vorgaben und Anforderungen an das Unternehmen, die Aufgabe und die Einrichtung entsprechender Prozesse und die Schaffung eines Bewusstseins der Mitarbeiter für Regelkonformität sowie die Kontrolle und Dokumentation der Einhaltung der relevanten Bestimmungen gegenüber internen und externen Adressaten."
[Hoffmann/Schmidt 2010]	„IT-Compliance bezieht sich in einem weiten Verständnis nicht nur auf die Einhaltung rechtlicher Vorschriften, wie des Bundesdatenschutzgesetzes (BDSG), des Signaturgesetzes (SigG) oder der Grundsätze zum Datenzugriff und zur Prüfbarkeit digitaler Unterlagen (GDPdU), sondern auch auf die Erfüllung weiterer unternehmensexterner Regularien (z. B. Verträge wie Service Level Agreements oder Frameworks, wie die IT Infrastructure Library (ITIL) sowie unternehmensinterner Vorgaben (z. B. selbst auferlegte Regelwerke wie eine IT-Sicherheitsrichtlinie)."
[Heinrich/Stelzer 2011]	*Erwähnt als Teilbereich der IT-Governance, S. 56 f. und S. 64 f.*
[Falk 2012]	„IT-Compliance bezeichnet den Zustand der Anforderungskonformität der IT selbst und die Umsetzung von Anforderungskonformität mit IT-Unterstützung."

Tabelle 2.2: Zusammenfassung der Begriffsdefinitionen für IT-Compliance
[eigener Entwurf]

Neben einer reinen normativen Begriffsdefinition erweitern Rath und Sponholz[24] den Begriff der IT-Compliance noch um eine handlungsorientierte und nachweisorientierte Dimension: Wie bereits die Übersetzung aus dem Englischen aufzeigt, handelt es sich bei der IT-Compliance nicht nur um einen Zustand, sondern um einen fortlaufenden Prozess. Dieser beginnt bereits bei präventiven Maßnahmen, um Rechtsverstöße zu vermeiden. Besonders beim Faktor „menschliches Verhalten" ist dies nicht einfach, weshalb auch die Information von Mitarbeitern und die Schaffung eines Bewusstseins zur regelkonformen Verwendung der IT zu den Aufgabenbereichen der IT-Compliance zählen [Rath/Sponholz 2009, S. 23]. Der tatsächliche Nachweis für die Befolgung und Einhaltung der Regeln gehört auch zum Aufgabenbereich der IT-Compliance. Auch dies kann softwaregestützt erfolgen.

---

[24] [Rath/Sponholz 2009, S. 25]

Diese Arbeit bevorzugt deshalb die Definition von Rath und Sponholz[25] weil in ihr sowohl der Zustand als auch der Prozess zur Einhaltung regulatorischer Vorgaben enthalten sind und die Berücksichtigung der Mitarbeiter gefordert wird:

„(IT)-Compliance bezeichnet die Kenntnis und Einhaltung sämtlicher regulatorischer Vorgaben und Anforderungen an das Unternehmen, die Aufgabe und die Einrichtung entsprechender Prozesse und die Schaffung eines Bewusstseins der Mitarbeiter für Regelkonformität sowie die Kontrolle und Dokumentation der Einhaltung der relevanten Bestimmungen gegenüber internen und externen Adressaten" [Rath/Sponholz 2009, S. 25].

2.2.4.4 Einteilung der IT-Compliance-Regelwerke

Ebenso unklar wie die Definition von IT-Compliance ist auch der Konsens über die zu betrachtenden Regelwerke. Diese sind abhängig von der Unternehmensgröße, dem Standort der Gesellschaft und nicht zuletzt der Governance-Zielsetzung des Unternehmens [Taeger/Rath 2007, S. 7, S. 23 f.]. Denn je nach Governance-Zielsetzung sind beispielsweise nur verpflichtende Gesetze und keine Standards ausschlaggebend (siehe Abschnitt 2.2.2.1). Durch die Aktualität des Themas verschärft die ständige Neuentwicklung und Änderung der Regelwerke die Problematik noch zusätzlich.

Im Folgenden werden die Regelwerke für IT-Compliance definiert, voneinander abgegrenzt und kategorisiert. Klotz und Dorn[26] nehmen dabei eine Einteilung in rechtliche Vorgaben, Verträge, unternehmensinterne IT-Regelwerke und unternehmensexterne IT-Regelwerke vor [Klotz/Dorn 2008, S. 11 f.]:

1. *Rechtliche Vorgaben bzw. Rechtsnormen:*
   - **Gesetze:** „1. Im formellen Sinn: Alle in einem förmlichen, meist in der Verfassung vorgeschriebenen Gesetzgebungsverfahren von den gesetzgebenden Körperschaften beschlossene Rechtsvorschriften [...]" [Gabler 2013]. Diese können von einem nationalen Gesetzgeber (z. B. BDSG, SigG) oder supranationalem Gesetzgeber (z. B. Euro-SOX) stammen.
   - **Rechtsverordnung:** „Eine Verordnung ist ein Verwaltungshandeln, das auf einer Delegation von Legislativgewalt durch das Parlament an die Verwaltung beruht. Sie dient der Entlastung des Gesetzgebers" [RWB 2013]. Kurz gesagt ist eine Verordnung im Gegensatz zum Gesetz ein Instrument zum Delegieren von Aufgaben mit einer höheren Flexibilität für Anpassungen.

---

[25] [Rath/Sponholz 2009, S. 25]
[26] [Klotz/Dorn 2008]; vgl. auch [Klotz 2009, S. 4]

- **Verwaltungsvorschriften, Ausführungsbestimmungen, Regularien, regulatorische Vorgaben:** „Regelwerke, die von zuständigen (Aufsichts-) Behörden zur Interpretation und Ausführung der Rechtsnormen aufgestellt oder erklärtermaßen herangezogen werden" [Klotz/Dorn 2008, S. 12]. Ausführungsbestimmungen bieten eine noch höhere Anpassungsflexibilität als Verordnungen. Beispiele sind die MaRisk der Bundesanstalt für Finanzdienstleistungsaufsicht (BaFin) oder die GoBS und GDPdU des Bundesministeriums für Finanzen.

2. *Verträge*
   - „Der Vertrag ist ein Rechtsgeschäft. Es besteht aus inhaltlich übereinstimmenden, mit Bezug aufeinander abgegebenen Willenserklärungen (Angebot und Annahme) von mindestens zwei Personen" [RWB 2013]. Hierunter fallen alle Verträge eines Unternehmens mit Marktpartnern, Kunden und Lieferanten, die IT-relevante Vereinbarungen enthalten [Klotz/Dorn 2008, S. 11].

3. *Unternehmensexterne (regulative) IT-Regelwerke und Richtlinien*
   - **Normen:** Normen werden von offiziellen Gremien verarbeitet und verabschiedet, sind öffentlich einsehbar und der Gesetzgeber kann ihre Anwendung vorschreiben [Dorfner 2012, S. 46 f.]. Im Gegensatz zu Standards sind sie an Richtlinien sowie Grundprinzipien[27] gebunden und rechtlich anerkannt [Bertele/Lehner 2008, S. 8; Dorfner 2012, S. 46; Hartlieb et al. 2009, S. 30 f.; Rath/Sponholz 2009, S. 73]
   - **Standards, Frameworks, Referenzmodelle, Best-Practice-Modelle:** Diese werden von einem kleinen Kreis von Unternehmen (einem sog. Konsortium) mit gemeinsamen Interessen beschlossen, die den Standard auf dem Markt etablieren wollen. Sie sind meist nicht öffentlich zugänglich [Dorfner 2012, S. 47 f.; VDI/VDE 2009, S. 193].

4. *Unternehmensinterne IT-Regelwerke*
   - **Zertifikate:** Ein Zertifikat bestätigt durch eine unabhängige externe Instanz, dass ein Produkt, eine Dienstleistung oder ein System eine im Vorfeld gestellte Anforderung erfüllt. Die Bestätigung besteht nach ISO/IEC 17000 aus dem „Erstellen einer Konformitätsaussage auf der Grundlage einer Entscheidung, welche der Bewertung folgt, dass die Erfüllung festgelegter Anforderungen dargelegt wurde" [ISO 2004] (vgl. [Dorfner 2012, S. 51]).
   - **Unternehmensrichtlinien („Policies"):** Unternehmensrichtlinien werden im Auftrag des Managements eines Unternehmens formal festgehalten und von diesem auch verantwortet. Das BSI beschreibt eine Security Policy für die IT

---

[27] Gemeint sind das Gemeinschaftsprinzip, das Konsensprinzip, das Demokratieprinzip und das Repräsentanzprinzip, die Möglichkeit der öffentlichen Stellungnahme sowie der ständigen Aktualisierung [Hartlieb et al. 2009, S. 30 f.].

wie folgt: „In einer Sicherheitsrichtlinie werden Schutzziele und allgemeine Sicherheitsmaßnahmen im Sinne offizieller Vorgaben eines Unternehmens oder einer Behörde formuliert. Detaillierte Sicherheitsmaßnahmen sind in einem umfangreicheren Sicherheitskonzept enthalten" [BSI 2011a, S. 48].

- **Service-Level-Agreements:** SLAs sind formell bzw. schriftlich festgehaltene Qualitätsanforderungen an eine Dienstleistung, die auf einer Kennzahl basieren [Berger 2005, S. 26].

- **Hausstandards:** In einem Hausstandard definiert ein Unternehmen selbstständig Anforderungen für das generelle Unternehmensgeschäft (z. B. Anforderungen an interne Dokumentationen, E-Mails etc.).

Die nachfolgende Abbildung 2.7 fasst die Einteilung in Form eines Zwiebelmodells zusammen:

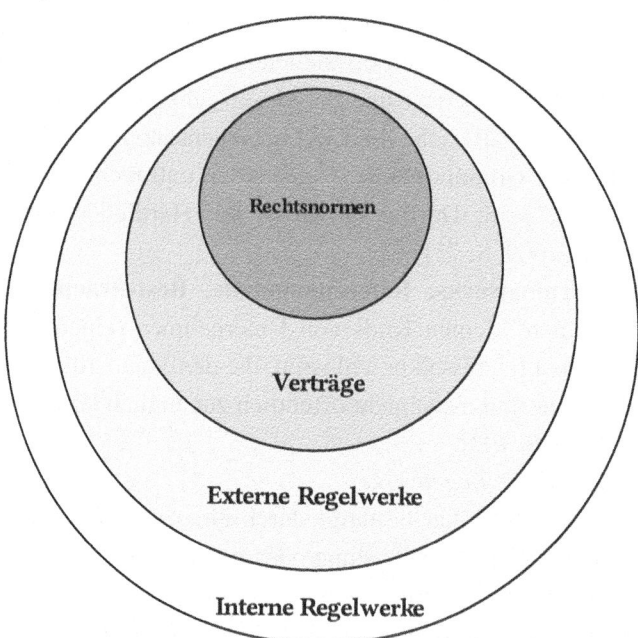

Abbildung 2.7: Zwiebelmodell für Compliance-relevante Regelwerke
[Klotz/Dorn 2008, S. 11]

Die obige Einteilung wurde nach dem Grad der Bindung für das Unternehmen getroffen. Einen kompletten Überblick über alle relevanten Regularien zu geben, stellt ein komplexes Vorhaben dar, denn nahezu alle Vorschriften und Gesetze sind von weiteren Faktoren abhängig. So sind auch Unternehmensfaktoren, wie Standort, Größe und Sektor, ausschlaggebend [Taeger/Rath 2007, S. 7, S. 23 f.].

Abbildung 2.8 gibt einen Überblick über eine alternative Einteilung Compliance-relevanter Regelwerke, indem Standort, Sektor, rechtliche Dimension, Zielgruppen und Urheber der Regelwerke Verwendung finden:

Abbildung 2.8: Überblick über die Einteilung Compliance-relevanter Regelwerke nach [Thelemann 2009]

Die obige Grafik ist keine Komplettübersicht über alle vorhandenen Anforderungen, sondern stellt bereits eine Reduktion auf die wichtigsten Vorschriften und Gesetze dar. Der Finanzsektor erhält aufgrund seiner hohen Bedeutung eine Sonderstellung, da aus ihm eine Vielzahl von Regularien hervorging. Eine vergleichbare Sonderstellung besitzt nur noch der medizinische Sektor. Bei der Einteilung von Standards und Normen kann noch nach dem Verfasser (Experten oder Industrie) unterschieden werden. Verschiedene Gesetze behandeln außerdem unterschiedliche Themenbereiche wie Steuerrecht, Datenschutz oder Anlegerschutz.

Während die Regelwerke für die IT-Compliance Ende der 1990er Jahre noch überschaubar waren, ist seit dem Jahr 2000 ein exponentieller Zuwachs festzustellen [Rath/Sponholz 2009 S. 63; Taeger/Rath 2007, S. 1]. Rath und Sponholz[28] machen den Regelungsbedarf durch neue Technologien und durch die Globalisierung sowie das gesteigerte Vertrauensbedürfnis der Anleger in Finanzzahlen und Märkte (verursacht durch Finanzkrisen und Insolvenzen) dafür verantwortlich [Rath/Sponholz 2009, S. 63].

Die Eingrenzung und sinnvolle Einteilung der Regelwerke wird in Abschnitt 4.1 vorgenommen.

---

[28] [Rath/Sponholz 2009, S. 63]

2.3   Der Begriff IT-Sicherheitsmanagement

Für das Management von IT-Sicherheit ist zuerst der Begriff der IT-Sicherheit zu bestimmen, der laut Bundesamt für Sicherheit in der Informationstechnik (BSI) vom Begriff der Informationssicherheit zu unterscheiden ist [BSI 2011a, S. 43]. „Die Informationssicherheit (engl. security) ist die Eigenschaft eines funktionssicheren Systems, nur solche Systemzustände anzunehmen, die zu keiner unautorisierten Informationsveränderung oder -gewinnung führen" [Eckert 2012, S. 6]. Die Informationssicherheit als eine strategische Komponente kann als Teil der Corporate Governance gesehen werden. Während sich also die Informationssicherheit umfassender mit dem Schutz von Informationen aller Art beschäftigt (egal, ob die Informationen analog, auf Rechnern oder in Köpfen gespeichert sind), befasst sich die IT-Sicherheit vornehmlich mit dem Schutz elektronisch gespeicherter Informationen [BSI 2011a, S. 43]. Genauer gesagt bezeichnet die IT-Sicherheit „einen Zustand, in dem die Risiken, die beim Einsatz von Informationstechnik aufgrund von Bedrohungen und Schwachstellen vorhanden sind, durch angemessene Maßnahmen auf ein tragbares Maß reduziert sind" [BSI 2011a, S. 44].

Die IT-Sicherheit schützt die Schutzziele Vertraulichkeit, Integrität und Verfügbarkeit von Informationen [BSI 2011a, S. 44]. Vertraulichkeit ist die Eigenschaft, dass Informationen nicht durch unautorisierte Personen, Instanzen und Prozesse eingesehen werden können [Shirey 2007, S. 94]. Integrität beschreibt die Sicherstellung der Korrektheit von Informationen und der Funktionsweise von Systemen durch Schutz vor einer unautorisierten Manipulation oder Zerstörung von Daten, Information oder Systemen [BSI 2011a, S. 44]. Die Datenintegrität beschreibt, dass Daten vollständig und unverändert sind, wohingegen die weitergehende Informationsintegrität auch die Korrektheit zusätzlicher Attribute von Daten (wie Autor oder Erstellungszeitpunkt) einschließt [BSI 2011a, S. 44; Shirey 2007, S. 95]. Verfügbarkeit bedeutet, dass autorisierte Benutzer Daten und Systeme wie vorgesehen verwenden können und dieser Zugriff nicht behindert wird [BSI 2011a, S. 49]. Diese drei Schutzziele sind nicht unabhängig voneinander und deren Wechselwirkungen analysieren die Literatur und die Praxis ausgiebig (vgl. z. B. [BaFin 2012, S. 23; Bedner/Ackermann 2010, S. 323 ff.; IDW 2002a, S. 1158 f.; Pfitzmann/Rost 2009, S. 353 ff.]).

Die Schutzziele werden durch verschiedene Schutzfunktionen erreicht. So spielen die Funktionen Authentifizierung und Autorisierung für das Schutzziel der Vertraulichkeit eine wichtige Rolle [Bedner/Ackermann 2010, S. 324; Nolde 2002, S. 30]. Zur technischen Umsetzung der Authentifizierung kann beispielsweise die Biometrie verwendet werden (vgl. Abschnitt 2.1.2). Hierbei sind die sicherheitstechnischen Themen Zutritt, Zugang und Zugriff von essentieller Bedeutung. Zutritt ist „das Betreten von abge-

grenzten Bereichen, wie z. B. Räumen oder geschützten Arealen in einem Gelände"
[BSI 2011a, S. 51]. Zugang ist hingegen „die Nutzung von IT-Systemen, System-
Komponenten und Netzen" [BSI 2011a, S. 51]. Während also vorher vergebene Zu-
trittsberechtigungen einer Person erlauben, bestimmte Umgebungen zu betreten, erlau-
ben Zugangsberechtigungen einer Person, bestimmte Ressourcen wie IT-Systeme bzw.
System-Komponenten und Netze zu nutzen. Nicht zu verwechseln ist diese Definition
mit dem Begriff Zugriff, der als „Nutzung von Informationen bzw. Daten" definiert ist
[BSI 2011a, S. 51]. Zugriffsberechtigungen regeln also, welche Personen oder welche
IT-Anwendungen bevollmächtigt sind, Informationen, Daten oder auch IT-
Anwendungen zu nutzen oder Transaktionen auszuführen. Bei einer erfolgreichen biometrischen Authentifizierung erlangt der Benutzer Zutritt oder Zugang, je nachdem,
ob das biometrische System eine Umgebung oder ein IT-System absichert. Oftmals ist
die erfolgreiche Authentifizierung auch mit einer Autorisierung verbunden, welche
dem Benutzer je nach seiner Berechtigung den Zugriff auf Informationen und Daten
gewährt. Die Autorisierung beschreibt dabei folglich sowohl die Erlaubnis für den Zugriff selbst, als auch den Prozess der Vergabe dieses Rechts [Shirey 2007, S. 29 f.]. An
allen Stellen, an denen das Unternehmen die Einhaltung von Gesetzen und Regularien
in Bezug auf Zutritt, Zugang und Zugriff erreichen will, kann die Biometrie als Authentifizierungsverfahren untersucht werden.

Schließlich ist das Informationssicherheitsmanagement ein kontinuierlicher Prozess
und umfasst „die Planungs-, Lenkungs- und Kontrollaufgabe, die erforderlich ist, um
einen durchdachten und wirksamen Prozess zur Herstellung von Informationssicherheit aufzubauen und kontinuierlich umzusetzen" [BSI 2011a, S. 43]. Die Strategien
und Konzepte des Informationssicherheitsmanagements sollten stets auf ihre Leistungsfähigkeit und Wirksamkeit überprüft und bei Bedarf weiterentwickelt werden
[BSI 2011a, S. 43].

Hierzu folgt das Informationssicherheitsmanagement einer Methodik die als Regel-
kreislauf des IT-Sicherheitsmanagement-Systems aus der ISO-Norm 27001[29] bekannt
ist. Er unterteilt sich in die Schritte Planen (Plan), Durchführen (Do), Überprüfen
(Check), Handeln bzw. Verbessern (Act) [ISO 2005a; Kersten et al. 2011, S. 41 ff.].

---

[29] [ISO 2005a]

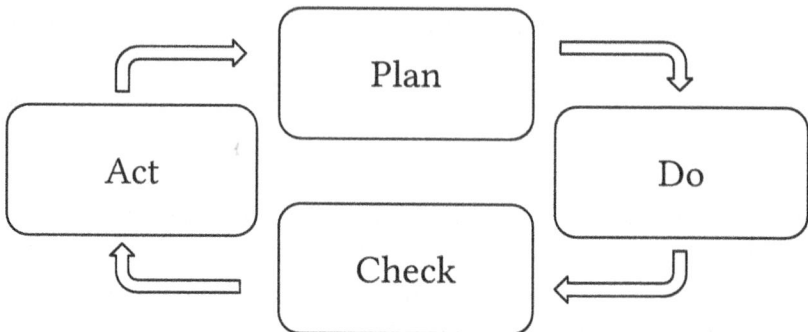

Abbildung 2.9: Regelkreis des ISMS: Plan, Do, Check, Act
[ISO 2005a]

Das PDCA-Modell ist das Gedankenparadigma nahezu aller Standards zum Thema IT-Sicherheitsmanagement. Diese vier Prozesse sollen im Sinne der Norm um Kontrollmechanismen erweitert werden, um so die ermittelten Risiken zu reduzieren. Die Geschäftsziele und die Sicherheitsanforderungen sind der Input in das ISMS, den Output stellt dann eine erreichte Informationssicherheit dar. [BITKOM 2009, S. 18; Kersten et al. 2001, S. 41 ff.]

Das Informationssicherheitsmanagement ist durch die nötige Risikoanalyse eng mit dem IT-Risikomanagement (Abschnitt 2.2.3) verbunden. Die Zusammenhänge und Auswirkungen von Regularien und dem IT-Compliance-Management auf das IT-Sicherheitsmanagement erläutert diese Arbeit genauer in Kapitel 10. Hier werden anschließend aus den gewonnenen Erkenntnissen Maßnahmen abgeleitet, die sich in IT-Sicherheitsmanagement-Standards eingliedern lassen.

2.4 Zusammenspiel der Begriffe

Nach der Klärung der Grundlagen der Bereiche Biometrie, IT-Compliance und IT-Sicherheitsmanagement erfolgt nun eine Analyse des Zusammenspiels der verschiedenen Bereiche. Dabei stellt der erste Abschnitt generell die Chancen und Risiken der IT zur Unterstützung von Compliance vor. Anschließend werden die verschiedenen Einsatzgebiete die Biometrie beschrieben. Daraus zieht dann der letzte Abschnitt Schlussfolgerungen für die Chancen der Biometrie im Zusammenspiel mit der IT-Compliance.

2.4.1 Chance und Risiken der IT zur Unterstützung von Compliance

Die öffentliche Wahrnehmung von Compliance auf Managementebene im Unternehmen weist Parallelen zur IT auf. Die Unternehmensführung sah die IT in den 1980er Jahren hauptsächlich als Kostenfaktor, bevor sie das enorme Potential eines positiven Beitrags zur Wertschöpfung im Unternehmen erkannte. Dies ist auch der technischen

Entwicklung zu verdanken, die immer mehr Möglichkeiten bot. In einem ähnlichen Stadium befindet sich im Moment das Compliance-Management, wobei hier nicht die technische Entwicklung, sondern die Konsolidierung der Anforderungen die positive Einschätzung vorantreibt. Zudem kann gerade die Informationstechnologie Potentiale und Risiken zur noch stärkeren Automatisierung des Compliance-Managements liefern. Neben der Unterstützung von Compliance-Richtlinien schließt dies für die IT auch das Aufdecken von Verstößen ein [Dierlamm 2010, S. 4]. Wichtig ist, dass diese Aufgabe der IT in das Gesamtkonzept der IT-Strategie des Unternehmens passt.

Wie bereits bei den Begriffsdefinitionen in Abschnitt 2.2.1 beschrieben, ist es von großer Bedeutung, dass die Informationstechnologie im Rahmen der Compliance eine Doppelrolle innehat. Sie ist zum einen Instrument für das Compliance-Management, in welchem die Unternehmensführung auf sog. Führungsinformationssysteme (FIS) und Entscheidungsunterstützungssysteme (EUS) zurückgreift [Teubner/Feller 2008, S. 401]. Zum anderen ist sie selbst aber auch Gegenstand und Bewertungsobjekt. Grundsätzlich überschneiden sich diese Funktionen natürlich auch. Welchen Beitrag die Informationstechnologie zur Umsetzung von Compliance liefern kann, wurde im Jahr 2009 bereits von der Experton Group und Microsoft[30] untersucht, hier wurden die Kernbereiche „Informationsschutz", „Risikomanagement", „Informationsmanagement", „internes Kontrollsystem" und „Mitwirkungs- und Informationspflicht" identifiziert [Kranawetter 2009, S. 16, S. 38]. Die Authentifizierung wird dabei in den Kernbereichen „Informationsschutz", „Informationsmanagement" und „Mitwirkungs- und Informationspflicht" direkt aufgeführt.

Als alternative Einteilung mit einer erweiterten bzw. veränderten Sichtweise lassen sich die folgenden fünf Einsatzmöglichkeiten der IT im Rahmen der IT-Compliance im Unternehmen festhalten:

1. *Als Informationsschutz*
   - durch Identitätsmanagement, Authentifizierung und Signierung in Unternehmensprozessen
2. *Als Softwarewerkzeug*
   - zur Unterstützung im Compliance-Managementprozess, im Risikomanagement, im internen Kontrollsystem und zur Informationspflicht
3. *Zur Unterstützung des Informationsmanagements*
   - durch Archivierung und Speicherung von Daten
4. *Zur Unterstützung der Finanzbuchhaltung*
   - durch Einsatz elektronischer Buchungssysteme

---

[30] [Kranawetter 2009]

5. *Zur Unterstützung der Unternehmenskommunikation*
- durch Einsatz von Nachrichten- und Kollaborationslösungen

Abbildung 2.10 illustriert diese fünf Einsatzmöglichkeiten:

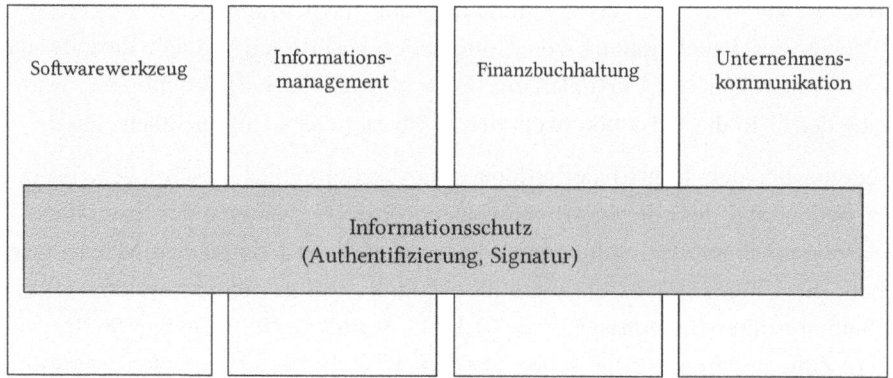

Abbildung 2.10: Chancen der IT zur Unterstützung von Compliance-Vorgaben
[eigener Entwurf]

Ziel der Authentifizierung und Signierung sollte auch die Steigerung der Nachvollziehbarkeit und der Transparenz der Geschäftsprozesse sein [Kranawetter 2009, S. 28]. Dieses Ziel weist natürlich wiederrum Schnittstellen zu den anderen fünf Einsatzmöglichkeiten auf. Die Authentifizierung erstreckt sich damit als Querschnittsfunktion über alle Unternehmensprozesse, da auch die verbleibenden vier Aufgabengebiete durch die Authentifizierung und die Signierung geschützt werden müssen. Diese Arbeit beschäftigt sich primär mit der ersten Einsatzmöglichkeit, der Authentifizierung und Signierung in Unternehmensprozessen[31].

Zur Verbesserung der Transparenz und Nachvollziehbarkeit von IT-basierten Prozessen spielt eine angemessene und wirksame Benutzerauthentifizierung eine zentrale Rolle (vgl. [Sowa 2007, S. 443 f.]). Benutzerauthentifizierung anhand eines eindeutigen Merkmals besitzt die Möglichkeit, die Wirksamkeit und Zuverlässigkeit der Authentifizierung zu steigern und auch die Chance, mit wenig Verwaltungsaufwand einen beträchtlichen wirtschaftlichen Vorteil zu erzielen. Die Benutzerauthentifizierung ist jedoch keine Einzelfunktion, die nur von einer bestimmten Anwendung durchgeführt wird, sondern zieht sich vielmehr als roter Faden durch alle Unternehmensfunktionen.

---

[31] Eine Analyse aller Teilbereiche der IT zu ihrem möglichen Beitrag zum Compliance-Management würde an dieser Stelle zu weit führen.

2.4.2 Einteilung und Einsatzgebiete der Biometrie

Der folgende Abschnitt stellt verschiedene Möglichkeiten zur Einteilung der Einsatzgebiete der Biometrie vor.

Biometrische Systeme besitzen eine Vielzahl an Anwendungsmöglichkeiten. Eine
Klassifikation der Einsatzgebiete gestaltet sich schwierig, da sowohl in der Forschung
als auch in der Praxis verschiedene Ansätze dazu existieren. Nanavati et al.[32] definieren dabei sieben Einsatzmöglichkeiten, die anhand der primären Nutzergruppe (Bürger, Mitarbeiter, Kunden) eingeteilt werden. Wayman[33] geht bei seiner Einteilung
deutlich abstrakter vor und teilt dabei biometrische Systeme nach ihrem Verhalten gegenüber dem Benutzer und der Umwelt in sieben binäre Paare ein. Behrens und Roth[34]
beschreiben die Verifikation genauer, indem sie für Räume, Geräte und Dienste neben
der Zugangssicherung auch eine Funktion der Personalisierung hinzufügen. Albrecht
und Probst[35] hingegen nehmen eine Einteilung der Einsatzgebiete anhand der rechtlichen Verpflichtung und des damit verbundenen Anbieters des biometrischen Systems
vor. TeleTrusT e. V.[36] gibt eine lose Beschreibung von vier möglichen Anwendungs-
feldern, die keiner bestimmten Logik folgt.

Einen Überblick über verschiedene Möglichkeiten der Kategorisierung bietet die folgende Tabelle 2.1:

---

[32] [Nanavati et al. 2002, S. 144]
[33] [Wayman 2002, S. 346 ff.]
[34] [Behrens/Roth 2001, S. 23 f.]
[35] [Albrecht/Probst 2001, S. 30]
[36] [TeleTrusT 2006, S. 31 f.]

Quelle	Kategorien
[Nanavati et al. 2002]	Nutzergruppe Bürger: - Identifikation im Rahmen der Strafverfolgung - Staatliche Bürgeridentifikation - Überwachung Nutzergruppe Mitarbeiter: - PC und Netzwerkzugang/-zugriff - Physischer Zutritt und Anwesenheitskontrolle Nutzergruppe Kunden: - Einzelhandel/Geldautomaten/Verkauf - E-Commerce/Telefonie
[Wayman 2002]	- Systeme mit kooperativem oder nicht-kooperativen Benutzer - Systeme mit offener oder verdeckter Erkennung - Systeme mit gewohnheitsmäßiger oder seltener Nutzung - Systeme mit begleiteter oder nicht-begleiteter Anwendung - Systeme in kontrollierter oder unkontrollierter Umgebung - Systeme mit öffentlicher oder privater Anwendung - Systeme mit offenem oder geschlossenem Datenaustausch
[Behrens/Roth 2001]	- Finden einer Identität - Verifikation einer Identität - Zugangssicherung für Räume, Geräte, Dienste - Personalisierung für Räume, Geräte, Dienste
[Albrecht/Probst 2001]	- Verpflichtender Einsatz durch öffentliche Hand - Angebot durch öffentliche Hand oder private Wirtschaft - Innerbetrieblicher oder innerbehördlicher Einsatz - Einsatz für private Zwecke
[TeleTrusT 2006]	- IT-Zugang (Login) - Zutrittskontrolle - Freigabe elektronischer Schlüssel - Bezahlen mit Biometrie

Tabelle 2.3: Mögliche Einteilung der Einsatzgebiete biometrischer Systeme
[eigener Entwurf]

Aufgrund der Zielsetzung aus Kapitel 1 setzt diese Arbeit den Fokus auf die Authentifizierung der Mitarbeiter im Unternehmen. Diese lässt sich traditionell in drei Kategorien einteilen [BMJ 1990, S. 36 f.; BSI 2008a, S. 58; Nanavati et al. 2002, S. 144 f.]:

- Anwendungen, in denen die Biometrie als logischer Zugangs- und Zugriffsschutz zu Daten oder Informationen verwendet wird [Nanavati et al. 2002, S. 144].
- Anwendungen, in denen die Biometrie als physischer Zutrittsschutz zu Gegenständen oder Räumen verwendet wird [Nanavati et al. 2002, S. 144].

- Anwendungen, in denen die Biometrie aus einer Datenbank oder aus mobilen Token ausgelesen wird, um die Identität einer Person zu identifizieren oder zu verifizieren [Nanavati et al. 2002, S. 144].

2.4.3 Biometrie im Zusammenspiel mit IT-Compliance

Dieser Abschnitt beschreibt kurz die Fragestellungen, die nach der Beschreibung der Grundlagen biometrischer Authentifizierungssysteme im Zusammenspiel mit der IT-Compliance auftreten.

Im Vergleich zu weiteren Authentifizierungsverfahren, die auf Besitz oder Wissen basieren, bietet die Biometrie eine starke Personenbindung. Vorteilhaft ist dabei zum einen die zusätzliche Sicherheit, da das Merkmal oftmals schwer fälschbar ist, nicht von der Person vergessen werden kann und außerdem nicht auf eine andere Person übertragbar ist. Im Hinblick auf die Einhaltung von Gesetzen und Standards bildet dieser Aspekt der nachweisbaren Sicherheit einen zentraler Punkt, denn bei einem richtigem Einsatz lassen sich somit alle Aktivitäten in IT-Systemen zuverlässig den handeln Personen zuordnen [Nanavati et al. 2002, S. 5 f.; Siemens 2009, S. 2]. Die Untrennbarkeit von der Person ist zum anderen jedoch auch gleichzeitig eine der größten Schwächen der Biometrie: Bei Diebstahl des Merkmals kann dieses nicht einfach durch ein neues Merkmal ausgetauscht werden. Hierfür sind geeignete Sicherheitsmaßnahmen zu ergreifen, die momentan noch nicht technisch ausgereift sind (siehe Kapitel 10.1). Gleichzeitig besitzt ein biometrisches Merkmal in der Regel kritische Informationen über die Person, was datenschutzrechtliche Probleme nach sich zieht. Hier wird deutlich, dass die biometrische Authentifizierung – wie die IT generell – im Zusammenspiel mit der IT-Compliance eine Doppelrolle einnimmt, da sie zum einen als Instrument für die Einhaltung von Vorgaben dienen kann, selbst jedoch auch Vorgaben unterworfen sein kann [Taeger/Rath 2007, S. 3; Teubner/Feller 2008, S. 401].

Neben diesen allgemeinen Vorteilen und Nachteilen der biometrischen Authentifizierung in Bezug auf die Einhaltung von Gesetzen und Standards im Unternehmen, kommen noch andere Aspekte erschwerend hinzu: Nicht alle biometrischen Lösungen sind hinsichtlich Qualität, Flexibilität und Skalierbarkeit identisch geartet [Siemens 2009, S. 4]. Sie unterscheiden sich auch in ihrer Ausprägung der Grundanforderungen an das Merkmal (siehe Abschnitt 2.1.2). Diese Unterschiede sind bei der Wahl einer Biometrie-Strategie für das Unternehmen zu berücksichtigen. So kann besonders die Einschränkung auf ein biometrisches Merkmal mit dem Endgerät eines einzigen Herstellers zu zusätzlichen Problemen führen. Kapitel 8 beschäftigt sich mit dieser Bewertung unterschiedlicher biometrischer Authentifizierungsverfahren.

Während dieses Kapitel sich mit den Grundlagen und Begriffen befasste, stellt das folgende Kapitel 3 die Qualitätsanforderungen an die Entwicklung eines Bewertungsschemas vor, welches der Zielsetzung der Arbeit folgt und das identifizierte Problem löst.

3 Qualitätsanforderungen an das Bewertungsschema

Bevor mit der Entwicklung des Bewertungsschemas begonnen wird, sind zunächst Qualitätsanforderungen an dieses zu stellen (vgl. [Hevner et al. 2004, S. 82 f.; Peffers et al. 2007, S. 56]). Dieses Kapitel leitet in Abschnitt 3.1 die nötigen Qualitätsanforderungen ab und beschreibt diese anschließend in Abschnitt 3.2.

3.1 Ableitung der Qualitätsanforderungen

Für die Evaluation eines Artefakts der Design Science existieren eine Reihe von Strukturierungsansätzen und Untersuchungen (vgl. z. B. [Bucher et al. 2008, S. 72 f., S. 78 f.; Cleven et al. 2009, S. 2; Fettke/Loos 2004, S. 7 ff.; Frank 2000, S. 40 ff.; Pfeiffer/Niehaves 2005, S. 459 ff.; Pries-Heje et al. 2008, S. 255 ff.; Siau/Rossi 1998, S. 314 ff.]). Zunächst sind die nötigen Qualitätskriterien für die Evaluation des zu entwickelnden Bewertungsschemas zu bestimmen. Hierzu werden im Folgenden verschiedene Quellen herangezogen.

Als oberstes Ziel der Evaluation ist die Feststellung, wie gut (bzw. effektiv und effizient) ein Artefakt die Lösung des Problems unterstützt [Peffers et al. 2007, S. 56]. Die wichtigste Qualitätsanforderung an das Bewertungsschema stellt deshalb die Zielerfüllung dar (siehe Abschnitt 3.2.1).

Grundsätzlich gibt es keine speziellen und allgemein gültigen und anerkannten Anforderungen an Bewertungskriterien für biometrische Systeme. Allgemein existieren in den oben genannten Untersuchungen der Design Science rudimentäre Anforderungen an ein IT-Artefakt wie beispielsweise Funktionalität, Vollständigkeit, Konsistenz, Genauigkeit, Leistungsfähigkeit, Zuverlässigkeit, Benutzbarkeit, Passgenauigkeit für das Unternehmen und Redundanzfreiheit (vgl. z. B. [Fettke/Loos 2004, S. 1; Hevner et al. 2004, S. 85].

Die hier vorgestellten Bewertungskriterien basieren auf zuvor erhobenen Anforderungen aus den betrachteten Compliance-Regelwerken und weisen aufgrund ihrer Zielsetzung gewisse Ähnlichkeiten zu Anforderungsspezifikationen für ein IT-System auf, wie die Schlüsse für die Entwicklung an ein biometrisches Authentifizierungssystem in Kapitel 10.1 verdeutlichen. Für die weitere Ableitung von Meta-Qualitätskriterien für die Evaluation des Bewertungsschemas müssen demnach die Anforderungen, auf denen die biometrischen Bewertungskriterien basieren, auch evaluiert werden. Deshalb können dafür Qualitätskriterien für Anforderungen und Anforderungsspezifikationen (Requirement Engineering) aus der Softwareentwicklung herangezogen werden. So

© Springer Fachmedien Wiesbaden GmbH, ein Teil von Springer Nature 2014
S. Däs, *Compliance-konforme Einbindung biometrischer Authentifizierungssysteme in das betriebliche IT-Sicherheitsmanagement*, Edition KWV,
https://doi.org/10.1007/978-3-658-23466-9_3

spricht Boehm[37] von den vier Kriterien „Vollständigkeit", „Konsistenz", „Realisierbarkeit" und „Prüfbarkeit" (vgl. auch [Davis et al. 1993; Röder et al. 2009]). Rupp[38] orientiert sich am IEEE Standard für Requirements Engineering[39], welcher Vollständigkeit, Korrektheit, Konsistenz, Prüfbarkeit, Eindeutigkeit, Verfolgbarkeit, Bewertbarkeit und Modifizierbarkeit als Qualitätskriterien für Anforderungen nennt. Diese werden um Klassifizierbarkeit bzgl. rechtlicher Verbindlichkeit, Verständlichkeit, Realisierbarkeit und Notwendigkeit ergänzt [Rupp 2007, S. 27 ff.].

Da sich das zu entwickelnde Bewertungsschema und die daraus resultierenden Maßnahmen für das IT-Sicherheitsmanagement durch eine hohe Praxisorientierung auszeichnen sollen, sind auch Anforderungen aus der Praxis zu berücksichtigen. Die Unternehmensberatung McKinsey setzt zur Problemlösung das MECE-Prinzip ein, welches für eine Abkürzung der beiden Prinzipien „mutually exclusive" und „collectively exhaustive" steht [Rasiel 1999, S. 6 ff.]. Damit werden auch in der Praxis für Problemlösungen Kriterien wie Vollständigkeit und Überschneidungsfreiheit beachtet.

Diese Arbeit verwendet zur Ableitung der Qualitätsanforderungen an die Evaluation also folgende Ausgangspunkte:

- Allgemeine Zielsetzung der Bewertung des Artefakts der Design Science
- Anforderungen aus der Praxis
- Kriterien für die Bewertung von Anforderungsspezifikationen aufgrund der Ableitung aus Gesetzesanforderungen

Die Zielerfüllung als wichtigstes Qualitätskriterium eines Artefakts der Design Science sollte in jedem Fall überprüft werden. Außerdem nennen sowohl die Literatur der Wirtschaftsinformatik (z. B. in Bezug auf Datenmodellqualität, Evaluation von Modellierungssprachen oder Qualität der Methodenkonstruktion) als auch Qualitätskriterien für Anforderungen nahezu immer Vollständigkeit, Redundanzfreiheit und Konsistenz als wichtige Qualitätskriterien (vgl. z. B. [Batini et al. 1992, S. 140; Brinkkemper et al. 1999, S. 219 f.; Greiffenberg 2003, S. 76; Fettke/Loos 2004, S. 1; Johannsen 2012, S. 115; Zelewski 1995, S. 124 ff.]). Insbesondere die Vollständigkeit und Überschneidungsfreiheit fordert auch die Praxis (MECE-Prinzip, vgl. z. B. [Rasiel 1999, S. 6 ff.]). Andere Kriterien werden nur in vereinzelten Quellen betrachtet und eignen sich eher für Anforderungsspezifikationen in der Softwareentwicklung. Lediglich die Prüfbarkeit scheint ein sinnvolles Kriterium für ein Bewertungsschema zu sein.

---

[37] [Boehm 1979, S. 7 f.]
[38] [Rupp 2007, S. 27]
[39] [IEEE 1998, S. 4 f.]

Aufgrund ihrer überdurchschnittlich hohen Nennung in den verschiedensten Bereichen, ergeben sich deshalb für die Betrachtung in dieser Arbeit die Qualitätsanforderungen Zielerfüllung, Vollständigkeit, Redundanzfreiheit, Konsistenz und Prüfbarkeit, welche in den folgenden Abschnitten abgehandelt werden.

Tabelle 3.1 listet diese Meta-Qualitätskriterien je nach Herkunft und Quelle nochmals auf:

Herkunft und Quelle	Kriterien
Allgemeine Zielsetzung der Bewertung des Artefakts nach Design Science [Fettke/Loos 2004, S. 1] [Peffers et al. 2007, S. 56]	Zielerfüllung
Weitere Ansätze nach DS und Praxis (MECE) [Fettke/Loos 2004, S. 1] [Hevner et al. 2004, S. 85] [IEEE 1998, S. 5 f.] [Rasiel 1999, S. 6 ff.] [Rupp 2007, S. 27]	Vollständigkeit Konsistenz Redundanzfreiheit
Weitere sinnvolle Kriterien für ein Bewertungsschema [IEEE 1998, S. 4 f.] [Rupp 2007, S. 27]	Prüfbarkeit

Tabelle 3.1: Meta-Qualitätskriterien für das Bewertungsschema
[eigener Entwurf]

3.2 Definition, Zielsetzung und Bewertbarkeit der einzelnen Anforderungen

Jede Anforderung wird definiert, anschließend werden das Ziel und die notwendigen Bedingungen des Kriteriums beschrieben. Das Bewertungsschema wird in Kapitel 9 einer Evaluation nach diesen Qualitätskriterien unterzogen.

3.2.1 Zielerfüllung

Die Zielerfüllung des konstruierten Artefakts lässt sich mit Hilfe der Zielsetzung der konstruktionsorientierten Wirtschaftsinformatik ableiten. Diese stellt die Konstruktion nützlicher Artefakte dar, welche relevante Probleme bei der Verwendung von Informationssystemen lösen [Becker/Pfeiffer 2006, S. 2; Gericke/Winter 2009, S. 195; Wilde/Hess 2007, S. 281]. Der Nachweis der Nützlichkeit kann durch die Bewertung erbracht werden, inwiefern das Artefakt die Lösung des (organisatorischen) Problems unterstützt [Fettke/Loos 2004, S. 1; Hevner et al. 2004, S. 77, S. 82 f., S. 87; Peffers et al. 2007, S. 56]. Daher sind sowohl die Problemstellung als auch die Zielsetzung der Arbeit zur Bewertung der Zielerfüllung entscheidend.

Tabelle 3.2 fasst die verwendeten Erläuterungen zusammen:

Quelle	Erläuterung der Zielerfüllung
[Peffers et al. 2007, S. 56]	Die zu erfüllenden Ziele können quantitativ (z. B. in welcher Weise ist die Lösung besser als aktuelle Probleme?) oder qualitativ (z. B. eine Beschreibung wie ein neues Artefakt Lösungen zu zuvor definierten Problemen unterstützt) sein. Bei qualitativen Zielen: Beobachtung und Messung wie sehr ein Artefakt die Lösung eines Problems unterstützt. Diese Aktivität schließt den Vergleich der Ziele der Lösung zu den beobachteten Resultaten ein.
[Hevner et al. 2004, S. 77, S. 82 f., S. 87]	Der Nutzen eines Artefakts muss durch gut durchgeführte Evaluationsmethoden demonstriert werden. IT-Artefakte versuchen identifizierte organisatorische Probleme zu lösen.
[Fettke/Loos 2004, S. 1]	Der Zweck einer Evaluierung ist es, den Wert und Nutzen eines Referenzmodells durch eine fachgebundene Bewertung zu bestimmen.
[Becker/Pfeiffer 2006, S. 2] [Gericke/Winter 2009, S. 195] [Wilde/Hess 2007, S. 281]	Primäres Gestaltungsziel der konstruktionsorientierten Wirtschaftsinformatik ist die Nützlichkeit, d. h. die konstruierten Artefakte […] sollen konkrete, relevante Probleme der Informationssystem-Anwendung lösen.
[Bucher et al. 2008, S. 73]	Das Evaluationsziel besteht darin, eine fundierte Entscheidung dahingehend zu ermöglichen, inwiefern das Artefakt geeignet ist, die zugrunde gelegte Problemklasse zu adressieren.

Tabelle 3.2: Ausgewählte Definitionen der Zielerfüllung in der Wirtschaftsinformatik
[eigener Entwurf]

Allen Definitionen ist gemein, dass eine Evaluation die Zielerfüllung des zuvor bestimmten Zwecks eines Artefakts zu einer identifizierten Problemlösung enthalten muss. Die Evaluation kann deshalb ein Vergleich der Funktionalität des Bewertungsschemas in Hinblick auf die Ziele und Forschungsfragen aus Kapitel 1.4 sein (vgl. [Peffers et al. 2007, S. 56]):

1. *Das Bewertungsschema berücksichtigt die wichtigen Compliance-Regelwerke für biometrische Authentifizierungssysteme.*
2. *Durch das Bewertungsschema lässt sich der Beitrag dieser Systeme zur IT-Compliance untersuchen.*

3.2.2   Vollständigkeit

Verschiedene Quellen im Bereich der Wirtschaftsinformatik befassen sich mit dem Begriff der Vollständigkeit:

Bei der Methodenkonstruktion und der Qualitätssicherung von Methoden ist erstens die Vollständigkeit einer Methode gewährleistet, wenn alle notwendigen Elemente und alle relevanten Komponenten der Methode dargelegt werden [Greiffenberg 2003, S. 76; Johannsen 2012, S. 116; Leist-Galanos 2006, S. 61]. Zweitens muss die sog. Input/Output-Vollständigkeit alle Ergebnisdokumente einer Methode berücksichtigen, die zur Methodenanwendung benötigt werden [Brinkkemper et al. 1999, S. 220; Johannsen 2012, S. 117]. Drittens muss das Vorgehen vollständig sein, d. h. es dürfen keine Ergebnisse bzw. Ergebnisdokumente aus dem Nichts entstehen, sondern die Schritte und spezifischen Aktivitäten zur Erarbeitung der Ergebnisse müssen klar erkenntlich sein [Brinkkemper et al. 1999, S. 220; Greiffenberg 2003, S. 76; Johannsen 2012, S. 117 f.].

Im Bereich der Software-Anforderungsspezifikation lässt sich Vollständigkeit dadurch überprüfen „ob das Dokument Aussagen zu allen als notwendig erachteten Aspekten enthält" [Röder et al. 2009, S. 3]. Als notwendig sind solche Aussagen zu bewerten, welche die vom Anwender geforderte Funktionalität vollständig beschreiben [Rupp 2007, S. 28; IEEE 1998, S. 5]. Boehm[40] meint mit Vollständigkeit, dass alle Teile einer Spezifikation vorhanden und vollständig entwickelt sind [Boehm 1979, S. 7]. Weiterhin werden fünf Forderungen genannt, die das sicherstellen sollen [Boehm 1979, S. 8]:

- Keine leeren Stellen, die auf später verschoben wurden („To be Determined")
- Keine Referenzen auf nicht vorhandene Funktionen, Input oder Outputs
- Keine fehlenden Spezifikationsteile des Standardformats
- Keine fehlenden Funktionen (die vom Anwender gewünscht ist)
- Keine fehlenden Produkte (die vom Anwender gewünschten sind)

Davis et al.[41] schließen sich dieser Definition weitestgehend an, erweitern jedoch außerdem um folgende Punkte [Davis et al. 1993, S. 142]:

- Das Verhalten der Software soll alle möglichen Eingaben und Situationen abdecken.
- Seiten, Grafiken sowie Tabellen sind zu nummerieren und referenzieren. Alle Begriffe sind zu definieren; alle Messeinheiten sind darzulegen. Alle Quellen und Referenzen müssen vorhanden sein.

---

[40] [Boehm 1979, S. 7]
[41] [Davis et al. 1993, S. 142 ff.]

In der Praxis wird die Vollständigkeit im MECE-Prinzip unklar mit der Frage „Wird jeder Aspekt eines Problems unter einem einzigen Punkt beschrieben? Wurde an alles gedacht?" betrachtet [Rasiel 1999, S. 6].

Tabelle 3.3 fasst diese Erläuterungen zusammen:

Quelle	Erläuterung der Vollständigkeit
[Brinkkemper et al. 1999, S. 220 f.] [Greiffenberg 2003, S. 76] [Johannsen 2012, S. 116 ff.] [Leist-Galanos 2006, S. 61]	- Alle notwendigen Elemente und alle relevanten Komponenten sind vorhanden. - Alle Ergebnisdokumente sind vorhanden. - Schritte und spezifischen Aktivitäten zur Erarbeitung der Ergebnisse müssen klar erkenntlich sein.
[IEEE 1998, S. 5] [Rupp 2007, S. 28]	Die vom Anwender geforderte Funktionalität ist vollständig beschrieben.
[Röder et al. 2009, S. 3]	„[…] die inhaltliche Vollständigkeit lässt sich zu einem gewissen Grad bewerten, indem überprüft wird, ob das Dokument Aussagen zu allen als notwendig erachteten Aspekten enthält."
[Boehm 1979, S. 7 f.]	„Alle Teile einer Spezifikation sind vorhanden und vollständig entwickelt." - Die Spezifikation enthält keine leeren Stellen, die auf später verschoben wurden („To be Determined"). - Keine Referenzen auf nicht vorhandene Funktionen, Input oder Outputs - Keine fehlenden Spezifikationsteile des Standardformats - Keine fehlenden Funktionen (im Hinblick auf die gewünschte Funktionalität) - Keine fehlenden Produkte (im Hinblick auf die gewünschten Produkte)
[Davis et al. 1993, S. 142 ff.]	- Das Verhalten der Software soll alle möglichen Eingaben und Situationen abdecken. - Seiten, Grafiken sowie Tabellen sind zu nummerieren und referenzieren. Alle Begriffe sind zu definieren; alle Messeinheiten sind darzulegen. Alle Quellen und Referenzen müssen vorhanden sein.
[Rasiel 1999, S. 6]	„Wird jeder Aspekt eines Problems unter einem einzigen Punkt beschrieben? Wurde an alles gedacht?"

Tabelle 3.3: Ausgewählte Definitionen der Vollständigkeit in der Wirtschaftsinformatik und Praxis
[eigener Entwurf]

Es lässt sich erkennen, dass die Definitionen der Vollständigkeit unterschiedlich sind und sich nicht alle für die Bewertung der Vollständigkeit des Bewertungsschemas eignen. Anwendbar scheinen jedoch Vollständigkeitskonzepte aus dem Bereich der Methodenkonstruktion zu sein, welche die drei Aspekte der inhaltlichen Vollständigkeit der Komponenten, der Vollständigkeit bezüglich des Vorgehens und der Vollständigkeit bezüglich der Ergebnisdokumente betonen (vgl. [Greiffenberg 2003, S. 76; Johannsen 2012, S. 115]). Im Sinne der bisherigen Definitionen ist deshalb das Bewertungsschema als vollständig zu bewerten, falls die folgenden drei Bedingungen erfüllt sind:

1. *Alle relevanten Compliance-Regelwerke werden behandelt und alle relevanten Kriterien zur Bewertung der Umsetzung der Anforderungen dieser Regelwerke sind vorhanden.*
2. *Die Beschreibung der Aktivitäten zur Entwicklung und die Beschreibung des Vorgehens des Bewertungsschemas sind komplett.*
3. *Alle relevanten Ergebnisse sind vorhanden.*

3.2.3 Konsistenz

Auch die Konsistenz wird in der Wirtschaftsinformatik unterschiedlich betrachtet.

Konsistenz des Vorgehens eines Ansatzes bei der Methodenentwicklung fordert eine korrekte zeitliche Anordnung der Aktivitäten [Brinkkemper et al. 1999, S. 220; Greiffenberg 2003, S. 76; Johannsen 2012, S. 120]. So kann beim Input einer Aktivität sichergestellt werden, dass er mit vorausgegangenen Schritten erstellt worden ist. Es ist zu prüfen ob bestimmte Aktivitäten auf Ergebnisse zurückgreifen, die erst in späteren Schritten erarbeitet werden [Brinkkemper et al. 1999, S. 220; Greiffenberg 2003, S. 76; Johannsen 2012, S. 120; Leist-Galanos 2006, S. 343].

Bei der Anforderungsspezifikation bedeutet Konsistenz, dass keine Widersprüchlichkeiten zwischen Anforderungen auftreten [IEEE 1998, S. 6; Rupp 2007, S. 28]. Konkurrenzen zwischen Anforderungen stellen jedoch keinen Widerspruch dar (vgl. [Johannsen 2012, S. 114; Schütte 1998, S. 127]). Boehm[42] und Davis et al.[43] sehen dies als die interne Konsistenz von Anforderungsspezifikationen an (vgl. [Boehm 1979, S. 7; Davis et al. 1993, S. 146 f.]). Unter externer Konsistenz wird die Widerspruchsfreiheit zu externen Dokumenten und Quellen verstanden [Boehm 1979, S. 7; Davis et al. 1993, S. 147]. Zudem können für die Bestimmung der Konsistenz auch noch die korrekte Nachverfolgbarkeit der Inhalte und die Freiheit von Fehlern beitragen [Boehm 1979, S. 7].

Tabelle 3.4 fasst diese Erläuterungen zusammen:

---

[42] [Boehm 1979, S. 9]
[43] [Davis et al. 1993, S. 146 f.]

Quelle	Erläuterung der Konsistenz
[Brinkkemper et al. 1999, S. 220] [Greiffenberg 2003, S. 76] [Johannsen 2012, S. 120] [Leist-Galanos 2006, S. 343]	- Die Aktivitäten besitzen eine zeitlich korrekte Anordnung. - Der Input einer Aktivität muss mit vorausgegangenen Schritten erstellt worden sein. - Keine Aktivitäten greifen auf Ergebnisse zurück, die erst in späteren Schritten erarbeitet werden.
[IEEE 1998, S. 6] [Rupp 2007, S. 28]	Es treten keine Widersprüchlichkeiten zwischen Anforderungen auf.
[Boehm 1979, S. 9]	- Es treten keine Widersprüchlichkeiten zwischen Anforderungen auf (interne Konsistenz). - Es treten keine Widersprüchlichkeiten zu externen Dokumenten und Quellen auf. - Die Nachverfolgbarkeit der Inhalte ist gewährleistet. - Es sind keine sinnverändernden Fehler und Tippfehler vorhanden.
[Davis et al. 1993, S. 146 f.]	- Es treten keine Widersprüchlichkeiten zwischen Anforderungen auf (interne Konsistenz). - Es treten keine Widersprüchlichkeiten zu externen Dokumenten und Quellen auf.

Tabelle 3.4: Ausgewählte Definitionen der Konsistenz in der Wirtschaftsinformatik
[eigener Entwurf]

Die externe Konsistenz kann aus Mangel an vergleichbaren Bewertungschemata für biometrische Authentifizierung nicht geprüft werden. Die inhaltliche Konsistenz (Widerspruchsfreiheit) und die Konsistenz im Vorgehen (korrekte Anordnung der Aktivitäten bei der Erstellung des Bewertungsschemas) sind jedoch sinnvoll. Im Sinne dieser Definitionen ist das Bewertungsschema als konsistent zu bewerten, falls folgende Bedingungen erfüllt sind:

1. *Die Entwicklung des Bewertungsschemas folgt einer korrekten zeitlichen Anordnung der Aktivitäten.*
2. *Es bestehen keine Widersprüchlichkeiten zwischen den Bewertungskriterien.*
3. *Die Nachverfolgbarkeit der Inhalte des Bewertungsschemas ist gegeben.*
4. *Das Bewertungsschema enthält keine sinnverändernden Fehler.*

3.2.4 Redundanzfreiheit

Die Redundanzfreiheit als Qualitätskriterium ist in verschiedenen Themengebieten der Wirtschaftsinformatik zu finden:

Besonders im Bereich Datenbankqualität spielt die Redundanzfreiheit eine bedeutende Rolle. Eine Redundanz bei Datenbank-Konzeptschemata ist eine Information, die von anderen Daten abgeleitet werden kann [Atzeni et al. 1999, S. 223]. Redundanz wird schon von Watson[44] als Problem von Datenmanagement im Unternehmen beschrieben und dort beschrieben als gleiche Daten die in verschiedenen Systemen oder Speicherorten gespeichert sind [Watson 1999, S. 22 f.].

Im Bereich der Methodenkonstruktion ist die Redundanzfreiheit ebenfalls ein Thema. Danach soll beispielsweise zur ontologischen Klarheit einer Meta-Modellsprache deren Grammatik kein Konzept enthalten, das sich mehreren ontologischen Konstrukten zuordnen lässt [Greiffenberg 2003, S. 72].

Eine Softwareanforderungsspezifikation ist dann redundant, wenn eine Anforderung mehr als einmal vorkommt [Davis et al. 1993, S. 149]. Redundanz ist in diesem Bereich nicht zwingend als Problem anzusehen, bei mehrmaliger Überarbeitung können Redundanzen jedoch zu Inkonsistenzen führen, falls die Anforderung nicht an allen vorkommenden Punkten geändert wird [Davis et al. 1993, S. 149].

In der Praxis wird die Redundanzfreiheit als „mutually exclusive" im MECE-Prinzip mit der Frage „Ist jeder Aspekt getrennt und eindeutig?" beachtet [Rasiel 1999, S. 6]. Hier ist jedoch mehr die Trennung, also die Überschneidungsfreiheit, gemeint.

Tabelle 3.5 fasst diese Erläuterungen zusammen:

Quelle	Erläuterung der Redundanzfreiheit
[Atzeni et al. 1999, S. 223]	Es existiert keine Information, die von anderen Daten abgeleitet werden kann.
[Watson 1999, S. 22 f.]	Es existieren keine gleichen Daten, die in verschiedenen Systemen bzw. Speicherorten gespeichert sind.
[Greiffenberg 2003, S. 72]	In der Grammatik existiert kein Konzept, das sich mehreren ontologischen Konstrukten zuordnen lässt.
[Davis et al. 1993, S. 149]	Jede Anforderung wird nur einmal beschrieben.
[Rasiel 1999, S. 6]	Als Überschneidungsfreiheit: Ist jeder Aspekt getrennt und eindeutig?

Tabelle 3.5: Ausgewählte Definitionen der Redundanzfreiheit in der Wirtschaftsinformatik und Praxis
[eigener Entwurf]

Bei der Definition der Redundanzfreiheit sind sich diese Quellen einig, dass es sich dabei um eine unnötige doppelte Verwendung einer Information handelt, wenngleich die Begründung für Redundanzfreiheit (Verhinderung von möglichen Inkonsistenzen, Performancesteigerung) sich je nach Themengebiet unterscheidet. Im Sinne der dieser Definitionen ist das Bewertungsschema als redundanzfrei zu bewerten, falls folgende Bedingung erfüllt ist:

---

[44] [Watson 1999, S. 22 f.]

1. Es existieren keine Überschneidungen und doppelten Bewertungskriterien. Jedes Kriterium ist eindeutig und einzigartig.

3.2.5 Prüfbarkeit

Das Kriterium der Prüfbarkeit findet sich insbesondere in der Evaluation von Anforderungsspezifikationen. Rupp[45] fordert, dass spezifiziert werden muss, wie sich eine Anforderung prüfen lässt (vgl. [Johannsen 2012, S. 114; Rupp 2007, S. 28 f.]).

Für Boehm[46] ist eine Anforderungsspezifikation testbar, sobald eine ökonomisch praktikable bzw. durchführbare Technik identifiziert werden kann, um festzustellen, ob eine Software eine Spezifikation erfüllt [Boehm 1979, S. 12]. Dabei muss die Spezifikation spezifisch, unmissverständlich und wann immer möglich quantitativ sein [Boehm 1979, S. 12 f.].

Tabelle 3.6 gibt hierzu einen Überblick:

Quelle	Erläuterung der Prüfbarkeit
[IEEE 1998, S. 7] [Rupp 2007, S. 28]	Es muss überprüfbar sein, ob eine Anforderung erfüllt ist oder nicht.
[Boehm 1979, S. 12 f.]	Identifikation einer ökonomisch praktikablen bzw. durchführbaren Technik, um festzustellen, ob eine Software eine Spezifikation erfüllt.

Tabelle 3.6: Ausgewählte Definitionen der Prüfbarkeit in der Wirtschaftsinformatik
[eigener Entwurf]

Für ein Bewertungsschema ist das Qualitätskriterium der Prüfbarkeit sinnvoll, lässt sich jedoch nicht komplett von der Anforderungsspezifikation übertragen, da das entwickelte Artefakt ein Bewertungsschema und keine Software ist. Im Sinne der dieser Definitionen ist das Bewertungsschema als prüfbar zu bewerten, falls folgende Bedingungen erfüllt sind:

1. Es ist spezifiziert, wie sich ein Kriterium überprüfen lässt.
2. Die Beschreibung eines Kriteriums ist verständlich.
3. Die Bewertung eines Kriteriums ist realisierbar.

---

[45] [Rupp 2007, S. 28 f.]
[46] [Boehm 1979, S. 12 f.]

4   Vorgehensmethode zur Entwicklung des Bewertungsschemas

Nach Vorstellung der Motivation und Zielsetzung der Arbeit in Kapitel 1 und der Klärung der Grundlagen in Kapitel 2 wird nun das Vorgehen zur Entwicklung des Bewertungsschemas beschrieben. Ziel in der Phase Design & Development ist die Entwicklung eines Bewertungsschemas, welches den Beitrag biometrischer Authentifizierungssysteme hinsichtlich ihrer IT-Compliance-Unterstützung bewertet.

Dazu grenzt der Abschnitt 4.1 die zu untersuchenden Regelwerke der IT-Compliance ein und nimmt eine sinnvolle Einteilung und Sortierung dieser Regelwerke für diese Arbeit vor. Der darauf folgende Abschnitt 4.2 ergänzt diese Liste um referenzierte Regelwerke. Abschnitt 4.3 beschreibt das Vorgehen bei der Gesetzanalyse. Das Kapitel schließt in Abschnitt 4.4 mit einer Beschreibung der Ableitung der Bewertungskriterien für biometrische Authentifizierung aus den betrachteten Compliance-Regelwerken.

4.1   Abgrenzung der IT-Compliance Regelwerke

Besonders die unklare Definition der IT-Compliance erschwert es, eine genaue Abgrenzung relevanter Vorschriften, Gesetze und Standards für biometrische Authentifizierung zu finden. Für den weiteren Verlauf dieser Arbeit soll deshalb eine bestimmte Untermenge an bedeutenden Compliance-Anforderungen als Referenzbasis dienen, um eine Bewertung von biometrischer Authentifizierung hinsichtlich der Compliance Unterstützung vorzunehmen. Aus diesem Grund erfolgt eine begründete Eingrenzung der betrachteten Gesetze und Regularien. Hierzu wurden die folgenden Methoden herangezogen (vgl. [Rath/Sponholz 2009, S. 137]):

-   Auswertung von Fachzeitschriften und Literatur
-   Auswertungen von Abhandlungen interner und externer Experten
    o   Interne Fachleute der Abteilungen
    o   Wirtschaftsprüfer
    o   Berater
    o   Verbände
    o   Aufsichtsbehörden

Die folgende Tabelle 4.1 listet die betrachteten Quellen und die in ihnen erwähnte Regelwerke auf (alphabetisch sortiert):

© Springer Fachmedien Wiesbaden GmbH, ein Teil von Springer Nature 2014
S. Däs, *Compliance-konforme Einbindung biometrischer Authentifizierungssysteme in das betriebliche IT-Sicherheitsmanagement*, Edition KWV,
https://doi.org/10.1007/978-3-658-23466-9_4

Quelle	Erwähnte Regelwerke
[Bertele/Lehner 2008]	KonTraG, Basel II, SOX, Euro-SOX, BDSG, GoBS, GDPdU, Impressumspflicht, Elektronischer Handel, Digitale Signatur, E-Mailifizierung, Allgemeines Vertragsrecht, Urheberrechte ISO 17799 (BS 7799) und ISO 27001, BSI IT-Grundschutz, COBIT, ITIL
[BITKOM 2009]	**Vorschriften:** KonTraG Basel II, SOX, Euro-SOX, BDSG **Standards:** COBIT, ITIL, IDW PS 330, MaRisk, ISO 2700x, BSI IT-Grundschutz, PCI DSS, VDI/VDE2182, ISO 180xx, ISO 15816. BS 25777:2008
[Falk 2012, S. 1 ff.]	SOX, Euro-SOX, HGB, AktG, KonTraG, BilMoG, GoB, BDSG, GDPdU, GoBS, BGB
[Fröhlich/Glasner 2007, S. 61]	**Standards und Normen:** ISO 2700x, ISO/IEC 17799:2005 **Regulatorische und gesetzliche Anforderungen:** SOX, SAS 70, PS 330 **Rahmenwerke für das IKS:** COSO, COBIT **Optimierung von IT-Prozessen:** ISO 20000, ITIL
[Haas/Schreck 2009, S. 90]	BSDG, LDSG, TKG, SOX, PCI DSS, MaRisk, IDW PS 330, GDPdU, GoBS; COBIT/COSO, ISO 27001, BSI 100-x
[Heinrich/Stelzer 2011, S. 56]	**Beispiele für Regularien:** SOX, KonTraG, Basel II, Solvency II
[Hoffmann/Schmidt 2010, S. 292 ff., S. 360 ff.]	BDSG, TMG, GoBS, GDPdU, KonTraG, SOX, Euro-SOX, Basel II, Solvency II, SigG BSI-Grundschutz, COBIT, ITIL, ISO/IEC 15408 (Common Criteria)
[Kampffmeyer 2007]	Basel II, SOX, EDiscovery, Euro-SOX, EHUG, GDPdU, GoBS **Branchenspezifisch:** FDA, DOMEA
[Kersten et al. 2011, S. 1 f.]	KonTraG, BilMoG, GDPdU, GoBS, SOX, COSO, Basel II, Solvency II, Kreditwesengesetz, BDSG **Sonstige:** ProdH, TDG, TDDSG, Wassenaar Abkommen, Grundgesetz, UrhG, SigG SÜG ISO 27001, ITIL, BSI IT-Grundschutz, COBIT
[Klotz/Dorn 2008, S. 11 ff.]	**Rechtliche Vorgaben:** BDSG, SigG, TMG, BetrVG, StGB, HGB (GoBS, GDPdU), Basel II, Euro-SOX, MaRisk, BSI IT-Grundschutz **Unternehmensexterne Regelwerke:** ITIL, CMMI, IDW PS 330, IDW RS FAIT 1 bis 3 **Verträge und unternehmensinterne Regelwerke**
[Lensdorf 2007, S. 413 ff.]	**Im engeren Sinn:** BDSG, GDPdU, GoBS **Im weiteren Sinn:** Basel II, Solvency II, AktG, SEPA, KWG, MaRisk, SOX **Zur Überwachung:** BSI IT-Grundschutz, ISO-17799, COBIT, ITIL, ISO 27001, IDW PS 330, 331, 880

[Rath 2007]	**Risiko-Management:** GmbHG, AktG
	Allgemein alle Standards und Frameworks zur IT-Security
	Sonderregeln für Finanzdienstleister: MaRisk
	Datenschutz: BDSG
	Elektronische Archivierung von Dokumenten: GoB, GoBS, GDPdU
[Rath/Sponholz 2009, S. 70 ff.]	BDSG, GoB, GoBS, GDPdU IDW, SOX, KonTraG, MaRisk, BSI IT-Grundschutz, ISO 2700x, EURO-SOX, Basel II, COBIT
[Sowa 2007]	BDSG, GoB, GoBS, MaRisk, BSI IT-Grundschutz
[Taeger/Rath 2007]	SOX, Euro-SOX, DCGKodex, MaRisk, HGB, AO, TMG, IAASB, KonTraG, GoB, GoBS, GDPdU, IDW PS 330, IDW FAIT COBIT, ITIL, BSI IT-Grundschutz, ISO 27001, CC
[Teubner/Feller 2008, S. 404]	BDSG, GoBS, GDPdU, KonTraG, SOX, TMG
	CMMI, ISO/IEC TR 13335, ISO 15489, ISO 17799, ISO 2000, ISO 2700x, ISO 38500, ITIL, BSI IT-Grundschutz, PMBOK, Prince2, TOGAF
[Walser et al. 2007, S. 30 ff.]	**Gesetzliche Anforderungen:** BDSG, GoBS, KonTraG, Euro-SOX, MiFID, SOX
	Standards: IDW FAIT 1, BSI IT-Grundschutz, Basel II, COBIT, ISO 27001, SAS 70, PCI DSS

Tabelle 4.1: Quellen und die in ihnen erwähnten Regelwerke
[eigener Entwurf]

Nachdem im ersten Schritt diese Quellen auf ihre erwähnten Regelwerke überprüft wurden, sortiert der zweite Schritt die Regelwerke nach Anzahl ihrer Nennungen und teilt diese in zwei Kategorien ein.

Es lässt sich bereits erkennen, dass trotz unterschiedlicher Definition und Kategorisierung im Zusammenhang mit Compliance immer wieder dieselben Regelwerke genannt werden. Gemeinsam sind vielen Quellen auch die grundsätzliche Trennung nach dem Autor bzw. Herausgeber des Regelwerks. Aus diesem Grund teilt auch diese Arbeit die Regelwerke in Gesetze/Regularien (erstellt vom Gesetzgeber bzw. öffentlichen Einrichtungen) sowie Standards/Normen (erstellt von Gremien und Konsortien) ein. Nach einer Auswertung ergibt sich folgende Rangfolge nach Anzahl der Nennungen (Minimum 4 Nennungen) der behandelten Gesetze, Regularien sowie der Standards und Normen:

Gesetz/Regularium	Anzahl Nennungen	Quellen
SOX	15	[Bertele/Lehner 2008] [BITKOM 2009] [Falk 2012] [Fröhlich/Glasner 2007] [Haas/Schreck 2009] [Heinrich/Stelzer 2011] [Hoffmann/Schmidt 2010] [Kampffmeyer 2007] [Kersten et al. 2011] [Klotz/Dorn 2008] [Lensdorf 2007] [Rath/Sponholz 2009] [Taeger/Rath 2007] [Teubner/Feller 2008] [Walser et al. 2007]
GoB/GoBS	14	[Bertele/Lehner 2008] [Falk 2012] [Haas/Schreck 2009] [Hoffmann/Schmidt 2010] [Kampffmeyer 2007] [Kersten et al. 2011] [Klotz/Dorn 2008] [Lensdorf 2007] [Rath 2007] [Rath/Sponholz 2009] [Sowa 2007] [Taeger/Rath 2007] [Teubner/Feller 2008] [Walser et al. 2007]
GDPdU	12	[Bertele/Lehner 2008] [Falk 2012] [Haas/Schreck 2009] [Hoffmann/Schmidt 2010] [Kampffmeyer 2007] [Kersten et al. 2011] [Klotz/Dorn 2008] [Lensdorf 2007] [Rath 2007] [Rath/Sponholz 2009] [Taeger/Rath 2007] [Teubner/Feller 2008]
BDSG	12	[BITKOM 2009] [Falk 2012] [Haas/Schreck 2009] [Hoffmann/Schmidt 2010] [Kersten et al. 2011] [Klotz/Dorn 2008] [Lensdorf 2007] [Rath 2007] [Rath/Sponholz 2009] [Sowa 2007] [Teubner/Feller 2008] [Walser et al. 2007]
KonTraG	10	[Bertele/Lehner 2008] [BITKOM 2009] [Falk 2012] [Heinrich/Stelzer 2011] [Hoffmann/Schmidt 2010] [Kersten et al. 2011] [Rath/Sponholz 2009] [Taeger/Rath 2007] [Teubner/Feller 2008] [Walser et al. 2007]
Basel II	9	[Bertele/Lehner 2008] [BITKOM 2009] [Heinrich/Stelzer 2011] [Hoffmann/Schmidt 2010] [Kampffmeyer 2007] [Kersten et al. 2011] [Lensdorf 2007] [Rath/Sponholz 2009] [Walser et al. 2007]
Euro-SOX	9	[Bertele/Lehner 2008] [BITKOM 2009] [Falk 2012] [Hoffmann/Schmidt 2010] [Kampffmeyer 2007] [Klotz/Dorn 2008] [Rath/Sponholz 2009] [Taeger/Rath 2007] [Walser et al. 2007]
MaRisk	8	[BITKOM 2009] [Haas/Schreck 2009] [Klotz/Dorn 2008] [Lensdorf 2007] [Rath 2007] [Rath/Sponholz 2009] [Sowa 2007] [Taeger/Rath 2007]

Standard/Norm	Anzahl Nennungen	Quellen
BSI IT-Grundschutz	11	[Bertele/Lehner 2008] [BITKOM 2009] [Hoffmann/Schmidt 2010] [Kersten et al. 2011] [Klotz/Dorn 2008] [Lensdorf 2007] [Rath/Sponholz 2009] [Sowa 2007] [Taeger/Rath 2007] [Teubner/Feller 2008] [Walser et al. 2007]
ISO 2700x	10	[Bertele/Lehner 2008] [BITKOM 2009] [Fröhlich/Glasner 2007] [Haas/Schreck 2009] [Kersten et al. 2011] [Lensdorf 2007] [Rath/Sponholz 2009] [Taeger/Rath 2007] [Teubner/Feller 2008] [Walser et al. 2007]
ITIL	8	[Bertele/Lehner 2008] [BITKOM 2009] [Fröhlich/Glasner 2007] [Hoffmann/Schmidt 2010] [Klotz/Dorn 2008] [Lensdorf 2007] [Taeger/Rath 2007] [Teubner/Feller 2008]
COBIT	8	[Bertele/Lehner 2008] [BITKOM 2009] [Fröhlich/Glasner 2007] [Hoffmann/Schmidt 2010] [Lensdorf 2007] [Rath/Sponholz 2009] [Taeger/Rath 2007] [Walser et al. 2007]
IDW PS 330	5	[Haas/Schreck 2009] [Klotz/Dorn 2008] [Lensdorf 2007] [Rath/Sponholz 2009] [Taeger/Rath 2007]
IDW FAIT	4	[Klotz/Dorn 2008] [Rath/Sponholz 2009] [Taeger/Rath 2007] [Walser et al. 2007]

Tabelle 4.2: Rangfolge der behandelten Gesetze, Regularien, Standards und Normen nach Anzahl ihrer Nennungen
[eigener Entwurf]

Aufgrund dieser Einteilung analysiert in Kapitel 5 der Abschnitt 5.1 die relevanten Vorschriften und Rechtsnormen der IT-Compliance, während sich Abschnitt 5.2 mit den relevanten Standards und Normen für ihre Umsetzung beschäftigt.

4.2 Ergänzung um referenzierte Regelwerke

Bei der Analyse der bisher gefundenen Regelwerke werden weitere Vorschriften erwähnt und referenziert, die im weiteren Verlauf in Kapitel 5 auch zu beachten sind. Bei den Rechtsnormen und Vorschriften sind dies die Richtlinie über Märkte für Finanzinstrumente (Markets in Financial Instruments Directive bzw. MiFID), das Signaturgesetz (SigG), die Signaturverordnung (SigV) und das Gesetz über elektronische Handelsregister und Genossenschaftsregister sowie das Unternehmensregister (EHUG). Bei den Standards und Normen werden der Payment Card Industry Data Security Standard (PCI DSS), das Biometric Verification Mechanisms Protection Profile (BVMPP) und ISO 38500 referenziert.

Die nachfolgende Abbildung 4.1 gibt nochmals einen Überblick über die relevanten Quellen für Anforderungen der IT-Compliance, die in Kapitel 5 betrachtet werden, um eine allgemeine Ausgangsbasis für die Bewertungskriterien biometrischer Systeme hinsichtlich ihrer Compliance-Unterstützung zu schaffen:

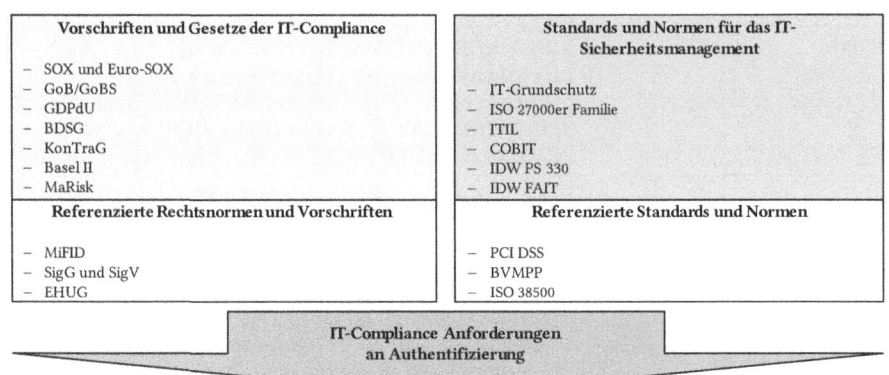

Abbildung 4.1: Quellen für IT-Compliance-Anforderungen an Authentifizierung in dieser Arbeit
[eigener Entwurf]

4.3   Vorgehen der Analyse der Regelwerke

Nach der Eingrenzung der zu untersuchenden Regelwerke stellt dieser Abschnitt die Vorgehensweise der Analyse der Regelwerke vor, welche folgende Struktur verwendet:

1. *Anlass und Zielsetzung des Regelwerks*
   - Im ersten Schritt werden der Anlass, das Entstehungsjahr und gegebenenfalls die aktuelle Version des Regelwerks sowie anschließend seine Zielsetzung geklärt. Dadurch kann das Regelwerk in den größeren Zusammenhang gesetzt werden.
2. *Wesentliche Inhalte des Regelwerks*
   - Im zweiten Schritt werden – basierend auf der Zielsetzung – kurz wesentliche Inhalte bzw. der Aufbau des Regelwerks beschrieben. So lassen sich die nachfolgenden Stellen zur IT bzw. Authentifizierung besser einordnen.
3. *Allgemeine Auswirkungen auf die IT*
   - Der nächste Schritt identifiziert die Stellen im Regelwerk, die sich mit der IT beschäftigen. Bei detaillierten Regelwerken zur Authentifizierung kann dieser Schritt entfallen und es kann sofort zu Schritt 4 übergegangen werden.

4. Spezielle Auswirkungen auf die Authentifizierung
- Der vierte Schritt untersucht die Auswirkungen oder sofort auch die Anforderungen für Authentifizierungssysteme. Dabei werden diese Anforderungen explizit beschrieben. Dieser Schritt kann – abhängig vom Detaillierungsgrad des untersuchten Regelwerks – mit dem dritten Schritt zusammenfallen oder diesen ersetzen.

5. Zusammenfassung der Anforderungen in einer Tabelle
- Schließlich endet jede Analyse eines Regelwerks mit einer Tabelle, welche die Anforderungen zusammenfasst.

Kapitel 5.1 führt diese Analyse für Vorschriften und Gesetze durch, während Kapitel 5.2 dieses Vorgehen bei Standards und Normen anwendet.

Die Anforderungen aus den jeweiligen Tabellen werden schließlich in Abschnitt 5.3 zusammengefasst.

Anhang A wendet nicht das detaillierte Vorgehen zur Analyse an, sondern setzt die Authentifizierung in Zusammenhang zu den Schnittstellen der Administrations-, Autorisierungs- und Audit-Funktionalitäten einer gesamten Identitätsmanagement-Strategie und behandelt kurz die Anforderungen die in diesem Zusammenhang noch zu beachten wären. Hierbei handelt es sich lediglich um einen Ausblick, die Anforderungen aus diesem Abschnitt werden nicht für die Ermittlung der Bewertungskriterien verwendet.

4.4 Ableitung der Bewertungskriterien für biometrische Authentifizierung aus den Compliance Regelwerken

Bei der Analyse der Gesetze in Kapitel 5.1 bis 5.2 werden diese auf Aussagen und Anforderungen an die Authentifizierung untersucht. Dies ist nötig, da die Gesetze, Regularien, Standards und Normen in der Regel zu unspezifisch sind, um daraus direkte Aussagen für die biometrische Authentifizierung zu erhalten. Es existieren hierzu einige Ausnahmen (insbesondere der BSI IT-Grundschutz und das BVMPP), aus denen sofort Bewertungskriterien abgeleitet werden können.

Nach einer Zusammenstellung aller Anforderungen werden diese in Abschnitt 5.3 zusammengefasst und anschließend in Kapitel 6 in verschiedene Schutzziele eingeteilt. Diese Einteilung ergibt sich entweder schon direkt aus dem Ziel des jeweiligen Regelwerks oder aus dem inhaltlichen Ziel der Anforderung. Einige Regelwerke liefern auch Anforderungen für mehrere Schutzziele.

Anschließend werden die speziellen Gefahren biometrischer Authentifizierung für die Verletzung der zuvor identifizierten Schutzziele herausgearbeitet. Diese Vorgehensweise orientiert sich am Vorgehen der BSI IT-Grundschutzkataloge, die zur Sicherstellung der Schutzziele der IT-Sicherheit ebenfalls Gefährdungen für diese identifizieren (vgl. [BSI 2011a, S. 13 ff., S. 44]).

Zur Bewertung, wie diese Gefahren ein biometrisches Authentifizierungssystem beeinträchtigen, bildet Kapitel 6 schließlich die Bewertungskriterien. Dabei kann nach gängigem Vorgehen die biometrische Authentifizierung in die Bewertung des Merkmals und die Bewertung des Systems eingeteilt werden (vgl. z. B. [Dotzler 2010, S. 131; Graevenitz 2006, S. 37 f., S. 49; Shen et al. 1997, S. 1464; TeleTrusT 2006, S. 6, S. 29; Wayman et al. 2004, S. 3, S. 9]). Die Herleitung der Bewertungskriterien für das Merkmal und das System ist dabei ein mehrstufiger Prozess:

Die Merkmalskriterien bewerten die Eigenschaften des biometrischen Merkmals, die zuvor identifizierten Gefahren zu verhindern.

1a. Identifizierung bekannter Kriterien (Kapitel 6.6.1)

In einem ersten Schritt werden die Eigenschaften eines biometrischen Merkmals (siehe Abschnitt 2.1.2) und bereits bekannte Kriterien zur Bewertung eines biometrischen Merkmals bezüglich verschiedener Zielsetzungen aus der Literatur und vorhandenen Untersuchungen zur Identifikation von Merkmalskriterien verwendet.

1b. Zuordnung der Compliance-Anforderungen und Ableitung weiterer Kriterien (Kapitel 7.1)

Der zweite Schritt ordnet die identifizierten Anforderungen und Gefahren den bereits bekannten Kriterien zu und identifiziert so die sinnvollen Kriterien. Treten Anforderungen auf, die sich keinem Kriterium zuordnen lassen, werden neue Kriterien abgeleitet, die sich ebenfalls je nach Art des eingesetzten biometrischen Merkmals unterscheiden und direkt durch Gefahren für die Schutzziele abgeleitet werden können.

Die Bestimmung der Systemkriterien folgt einem ähnlichen Ablauf:

2a. Identifizierung bekannter Kriterien (Kapitel 6.6.2)

In einem ersten Schritt werden der Aufbau und der Verfahrensablauf eines biometrischen Systems (siehe Abschnitt 2.1.2.2 und Abschnitt 2.1.2.3) sowie bereits bekannte Kriterien zur Bewertung eines biometrischen Systems aus der Literatur und vorhandenen Untersuchungen zur Identifikation von Systemkriterien verwendet.

2b. Zuordnung der Compliance-Anforderungen und Ableitung weiterer Kriterien (Kapitel 7.2)

Der zweite Schritt ordnet die identifizierten Anforderungen und Gefahren den bereits bekannten Kriterien zu und identifiziert so die sinnvollen Kriterien. Treten Anforderungen auf, die sich keinem Kriterium zuordnen lassen, werden neue Kriterien abgeleitet, die sich ebenfalls je nach Art des eingesetzten biometrischen Systems unterscheiden und direkt durch Gefahren für die Schutzziele abgeleitet werden können.

Abschließend wird noch ein dritter Schritt für Merkmals- und Systemkriterien durchgeführt:

3. *Zuordnung der Gefahren für Biometrie, Bestimmung bevorzugter Merkmalsausprägung und Identifizierung von Konflikten (Kapitel 7.4)*
   Schließlich werden die einzelnen Kriterien erneut den Gefahren der Biometrie zugeordnet (Abschnitt 7.4). So können deren optimale Ausprägung zur Unterstützung eines Schutzzieles und daraus resultierende Konflikte erkannt werden.

Nach einer Bestimmung der Kriterien werden diese in Kapitel 7 inklusive ihrer Relevanz für verschiedene Gesetze und den Ausprägungen zur Bewältigung der Gefahren für die Schutzziele detailliert beschrieben.

Die folgende Abbildung 4.2 fasst das Vorgehen zusammen:

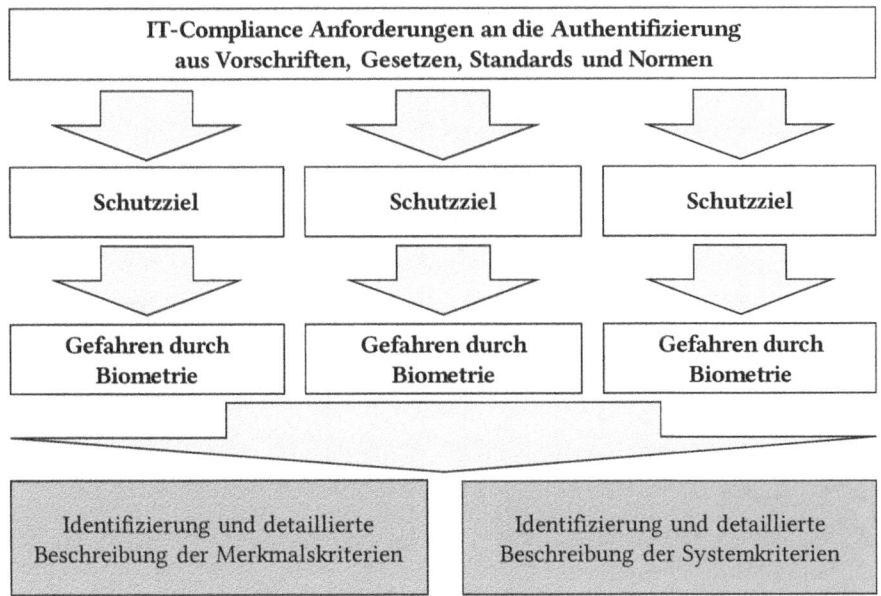

Abbildung 4.2: Vorgehen zur Ableitung der Bewertungskriterien für biometrische Authentifizierung aus den betrachteten Compliance-Regelwerken
[eigener Entwurf]

5   Compliance-Anforderungen an Authentifizierungssysteme

Das vorliegende Kapitel analysiert die Anforderungen der IT-Compliance an Authentifizierungssysteme. Die folgenden beiden Abschnitte untersuchen sowohl die rechtlichen Vorgaben und die Rechtsnormen als auch die Standards, die in Kapitel 4 eingegrenzt wurden (siehe Abschnitt 4.1 und 4.2). Dabei beziehen sich einige Ausführungsbestimmungen, Normen und Standards meist auf die zuvor betrachteten Gesetze und sind deshalb in ihren Anforderungen wesentlich konkreter.

5.1   Gesetzliche und regulative Anforderungen an die Authentifizierung

Abschnitt 4.1 hat Gesetze und Standards auf ihre Relevanz zur Authentifizierung eingegrenzt. Grundsätzlich hat diese Arbeit eine Eingrenzung auf den deutschen Raum vorgenommen, wobei SOX hier aufgrund seiner hohen Bedeutung und Initiierungswirkung für die restlichen Gesetze eine Ausnahme bildet. Ebenso wurde dem Finanzsektor aufgrund des hohen Risikos eine größere Bedeutung bei der Erstellung der Compliance-Vorschriften eingeräumt. Das Ergebnis sind die folgenden Gesetze und Regularien, welche als die wichtigsten für ein deutsches Unternehmen ab einer mittelständischen Größe anzusehen sind:

- Sarbanes-Oxley Act
- Euro-SOX und Bilanzrechtsmodernisierungsgesetz
- Grundsätze ordnungsmäßiger DV-gestützter Buchführungssysteme
- Grundsätze zum Datenzugriff und zur Prüfbarkeit digitaler Unterlagen
- Bundesdatenschutzgesetz
- Gesetz zur Kontrolle und Transparenz im Unternehmensbereich
- Basel II
- Mindestanforderungen an das Risikomanagement

Neben diesen allgemeinen Rechtsnormen haben sich im Zuge deren Analyse noch die folgenden Gesetze als bedeutend ergeben, da auf diese referenziert wurde (siehe Abschnitt 4.2):

- Richtlinie über Märkte für Finanzinstrumente
- Deutsches Signaturgesetz
- Verordnung zur Elektronischen Signatur
- Gesetz über elektronische Handelsregister und Genossenschaftsregister sowie das Unternehmensregister

Es folgt eine Analyse der Gesetze und Vorschriften auf ihre Compliance-Anforderungen an Authentifizierungssysteme wie sie in Abschnitt 4.3 beschrieben wurde.

© Springer Fachmedien Wiesbaden GmbH, ein Teil von Springer Nature 2014
S. Däs, *Compliance-konforme Einbindung biometrischer Authentifizierungssysteme
in das betriebliche IT-Sicherheitsmanagement*, Edition KWV,
https://doi.org/10.1007/978-3-658-23466-9_5

5.1.1   Gesetzesanalyse des Sarbanes-Oxley Acts

Anlass und Zielsetzung des Regelwerks:

Der Sarbanes-Oxley Act (SOX) vom 30. Juli 2002, benannt nach den Verfassern, dem U.S. Senator Paul Sarbanes und dem Mitglied des Repräsentantenhauses der Vereinigten Staaten Michael G. Oxley, war eine Reaktion auf Bilanzfälschungsskandale bei den Unternehmen WorldCom und Enron. Hier äußerte sich das von der Corporate Governance erkannte Problem der Trennung zwischen dem Eigentum und der Geschäftsleitung extrem, so dass Investoren durch Betrug der Geschäftsführung erhebliche Verluste hinnehmen mussten. Ziel des Gesetzes war deshalb der Investorenschutz und die Wiederherstellung von Vertrauen in die Geschäftsführung durch deren gesetzliche Verpflichtung. Das US-Gesetz gilt als mitunter die wichtigste Initiative zur Corporate Governance und Compliance. Betroffen sind alle Unternehmen, die an einer US-amerikanischen Wertpapierbörse notiert sind und unter bestimmten Auflagen auch deren Tochterfirmen. [BITKOM 2009, S. 40]

Wesentliche Inhalte des Regelwerks:

Grundsätzlich regelt und definiert SOX die Zusammenarbeit zwischen den Wirtschaftsprüfern und der Geschäftsleitung neu. Zusammengefasst sind dies [Speichert 2007, S. 256; Stults 2004, S. 3; USC 2002]:

- Verschärfte Rechnungslegungsvorschriften
- Definition und Festlegung von Unternehmensprozessen und Kontrollverfahren, um Bilanzfälschung zu verhindern
- Pflicht zur Archivierung von E-Mails und elektronischer Kommunikation
- Persönliche Verantwortlichkeit und Haftung des Managements

Allgemeine Auswirkungen auf die IT:

Die wesentlichen Inhalte zeigen bereits, dass viele in SOX geforderte Verpflichtungen auch die Nutzung der IT im Unternehmen betreffen. Die größte Relevanz im Zuge der IT-Sicherheit besitzt Sektion 404 („Assessment of internal control") des Sarbanes-Oxley Acts: Gefordert wird ein internes Kontrollsystem (IKS), welches die Verarbeitung und Integrität der Finanzdaten jederzeit gewährleistet, außerdem den ordnungsgemäßen Zugriff auf diese Finanzdaten speziell zu Zeiten von Jahresabschlüssen oder Quartalsberichten sicherstellt und zusätzlich eine Missbrauchserkennung ermöglicht. Sektion 404 schreibt deshalb folgende Prozesse vor [BITKOM 2009, S. 40; USC 2002]:

- Auswahl und Beurteilung eines Regelwerkes für ein internes Kontrollsystem
- Dokumentation des internen Kontrollsystems
- Überwachung des internen Kontrollsystems

Besonders der letzte Punkt verdeutlicht, dass nicht nur ein internes Kontrollsystem vorzuweisen ist, sondern auch seine effektive Umsetzung und Zielerreichung verlangt wird. Hierfür bietet sich die Orientierung des IKS für die IT an einem passenden Framework, wie beispielweise COBIT (siehe Abschnitt 5.2.3) an. SOX trifft keine direkten Aussagen über das Thema IT, die Forderungen zum IKS haben jedoch hier eine essentielle Bedeutung, da die IT mittlerweile in fast jedem Unternehmensprozess eine bedeutende Rolle spielt. Bestes Beispiel ist hier die bereits oben angesprochene Verarbeitung von Finanzdaten, die in jedem größeren Unternehmen heute mittels IT durchgeführt wird und auch nicht mehr anders zu bewältigen wäre. SOX benennt mit der Verarbeitung den zu schützenden Unternehmensprozess genauer und befasst sich nur mit diesem Gebiet im Speziellen. Als Konsequenz spricht demnach die Kontrolle des IKS die Vertraulichkeit, die Integrität und die Verfügbarkeit von Finanzinformationen auf einer technischen Ebene an, betrifft also die IT-Sicherheit direkt. Außerdem schließt dies auch den Zutritt, den Zugriff sowie den Zugang und damit eine sichere Authentifizierung innerhalb der im Unternehmen mit IT gestützten Prozesse der Finanzdatenverarbeitung ein. Der Sarbanes-Oxley Act erreicht dadurch sein ursprüngliches Ziel, die Verantwortlichen bei Finanzberichten zu identifizieren und schließlich bei eventuellem Missbrauch zur Verantwortung ziehen zu können. Zur genauen Bestimmung der IT-Risiken, die durch SOX beachtet werden sollen, kann das Statement on Auditing Standards (SAS) „The Effect of Information Technology on the Auditor's Considerations of Internal Control in a Financial Statement Audit" (SAS 94) herangezogen werden. Die dort identifizierten IT-Risiken sind [USC 2002]:

- Datenverlust
- Nicht autorisierter Datenzugang, der eine Zerstörung oder unrechtmäßige Veränderung der Daten herbeiführen kann
- Nicht autorisierte Änderung von Daten, Systemen oder Applikationen
- Unterlassung notwendiger Veränderungen an Systemen oder Programmen
- Unnötige manuelle Eingriffe
- Verlass auf Systeme oder Programme

Ein Datenverlust in der Finanzberichterstattung verursacht erhebliche Schäden, weil Unternehmen ihren Berichterstattungspflichten nicht mehr nachkommen können. Im Zuge von SOX-Kontrollen ist besonders der bewusst herbeigeführte Datenverlust als Risiko zu identifizieren, weil durch ihn bestimmte Nachweise unmöglich werden. Ein ähnliches Risiko beschreiben der nicht autorisierte Datenzugang sowie die nicht autorisierte Datenänderung, die jeweils auch eine genaue und rechtskräftige Verantwortungsermittlung bei erfolgtem Missbrauch in der Finanzberichterstattung verhindern können. Die Unterlassung notwendiger Veränderungen und unnötige manuelle Eingriffe zielen eher auf die notwendige einwandfreie technische Funktionsweise der Finanzberichterstattungssysteme ab, während der Verlass auf Systeme und Programme auf einem abstrakten Niveau das Vertrauen der Mitarbeiter in diese Systeme anschneidet. Zur Behandlung dieser Risiken sprechen Anwendungskontrollen (application controls) die Vollständigkeit von Finanzdaten an, während die generellen Kontrollen (general controls) auf Management-Ebene die Implementierung von IT-Sicherheit in Prozessen unterstützen sollen. SAS 94 schlägt also die Brücke von Kontrollen zur IT-Sicherheit zur Finanzberichterstattung, die durch den SOX behandelt wird. [NYSSCPA 2009; Stults 2004, S. 4; USC 2002]

Spezielle Auswirkungen auf die Authentifizierung:

SOX ist grundsätzlich in 11 Abschnitte unterteilt. Im Folgenden werden die Ausschnitte betrachtet, die speziell auf Fragestellungen der Authentifizierung im Unternehmen diverse Auswirkungen haben können. Während sich die Abschnitte 1 und 2 um eine unabhängige öffentliche Aufsichtsbehörde für Wirtschaftsprüfer sowie die Unabhängigkeit der Wirtschaftsprüfer kümmern und dort keine Auswirkungen zum Unternehmen und seiner IT auszumachen sind, ist dies erst in Abschnitt 3 der Fall. Dieser Abschnitt beschäftigt sich mit der Verantwortung des Unternehmens. Besonders der Finanzbuchhaltung wird eine hohe Bedeutung zugesprochen, da hier das größte Risikopotential für Missbrauch gegeben ist. Sektion 302 greift diese Tatsache mit der Verantwortung für die Finanzberichterstattung direkt auf:

Section 302: Corporate Responsibility for financial reports [USC 2002, S. 33 f.]:

> "*SEC. 302. CORPORATE RESPONSIBILITY FOR FINANCIAL REPORTS.*
> *(a) REGULATIONS REQUIRED.—The Commission shall, by rule,*
> *require, for each company filing periodic reports under section 13(a)*
> *or 15(d) of the Securities Exchange Act of 1934 (15 U.S.C. 78m,*
> *78o(d)), that the principal executive officer or officers and the principal*
> *financial officer or officers, or persons performing similar*
> *functions, certify in each annual or quarterly report filed or submitted*
> *under either such section of such Act that—*
> *(1) the signing officer has reviewed the report;*
> *(2) based on the officer's knowledge, the report does not*
> *contain any untrue statement of a material fact or omit to*
> *state a material fact necessary in order to make the statements*
> *made, in light of the circumstances under which such statements*
> *were made, not misleading;*
> *(3) based on such officer's knowledge, the financial statements,*
> *and other financial information included in the report,*
> *fairly present in all material respects the financial condition*
> *and results of operations of the issuer as of, and for, the*
> *periods presented in the report;*"

Besonders die Punkte 1 bis 3 sind hervorzuheben. Diese fordern, dass der unterschreibende Verantwortliche den Finanzreport geprüft hat. Die Prüfung soll auf Korrektheit und Vollständigkeit erfolgen. An diese Vorgaben schließen sich in Punkt 4 noch die

Pflichten der unterschreibenden Parteien an. Diese beinhalten unter anderem [USC 2002, S. 34]:

- Die Einrichtung interner Kontrollen
- Die Sicherstellung, dass diese Kontrollen die entscheidenden Informationen während der Finanzberichterstattung allen Verantwortlichen zukommen
- Die Überprüfung der Effektivität der internen Kontrollen in einem Zeitraum von 90 Tagen vor der Ausstellung des Finanzberichts
- Die schriftliche Festhaltung im Bericht über die Effektivität aus dem vorherigen Schritt; dabei ist auch der Zeitpunkt dieser Feststellung zu nennen

Schließlich werden die unterschreibenden Parteien in Absatz 5 dazu verpflichtet, den Wirtschaftsprüfern alle Schwachstellen in den internen Kontrollen mitzuteilen, welche die Erhebung, die Verarbeitung, die Zusammenfassung und die Berichterstattung von Finanzdaten beeinflussen könnten [USC 2002, S. 34]. Sollte bereits ein Missbrauch des Managements und der Mitarbeiter erkannt werden, ist dieser auch sofort den Wirtschaftsprüfern zu melden [USC 2002, S. 34]. Absatz 6 ergänzt dies durch die Forderung, dass auch Änderungen in den internen Kontrollen und korrigierende Änderungen in der Finanzberichterstattung mitgeteilt und offengelegt werden [USC 2002, S. 34].

Grundsätzlich lassen sich aus 302 zwei Ansatzpunkte erkennen, die im Zusammenhang mit den Authentifizierungsprozessen für das Unternehmen stehen:

Zum einen betrifft dies die Unterschrift des Vorstands aus Absatz 1. Die Notwendigkeit der eindeutigen Personenidentifikation für den Vorstand geht aus Sektion 302, Satz 1, 2 und 3 hervor. Zielsetzung dieser Regelung war offensichtlich, durch die Unterschrift zu gewährleisten, dass der Vorstand die Verantwortung übernimmt, indem er die persönliche Kontrolle der Finanzberichterstattung bestätigt. Die Unterschrift ist hier der einzige Beweis. Da in Unternehmen aber dazu übergegangen wird, den Papierverkehr zunehmend IT-basiert abzuwickeln, ist diese Formulierung entweder unzureichend formuliert oder lässt Spielraum für Interpretation. So kann der Nachweis allein durch die Unterschrift erhebliche Schwachstellen aufweisen und zwar in den folgenden zwei Punkten:

- Die Unterschrift kann gefälscht werden. Entscheidend ist hier die Rechtslage im entsprechenden Land. Oftmals ist die Unterschrift die einzige abgegebene Willenserklärung, die ein Gericht anerkennt. Für den tatsächlichen Nachweis können graphologische Gutachten notwendig werden. Mittlerweile gehen jedoch einige Länder schon so weit und erkennen IT-Authentifizierungen als einen Ersatz der Unterschrift an (in Deutschland siehe hierzu Abschnitt 5.1.10 in dieser Arbeit zur elektronischen Signatur). Die Anforderung an eine IT-Authentifizierung ist also, dass sie eine gerichtliche Anerkennung besitzt oder dass sie eine so hohe Merkmalssicherheit bietet, dass von einer Gleichwertig-keit ausgegangen werden kann. Das verwendete Authentifizierungsmerkmal muss eine eindeutige Personenidentifikation garantieren. In den deutschen Ge-setzen herrschen hier noch Defizite.

- Die Unterschrift sagt nichts darüber aus, ob der Unterschreibende wirklich den Bericht überprüft hat. Er gibt lediglich eine Behauptung ab. IT-gestützte Bewei-se wären in diesem Fall wünschenswert, beispielsweise durch die Integration einer Authentifizierung in den IT-gestützten Finanzberichterstattungsprozess. Zudem sind die Forderungen im Gesetz eng an die Nachweisbarkeit eines Zeit-punktes geknüpft. Die Anforderungen an eine IT-Authentifizierung wären also die personengebundene Archivierung des Zugriffs und der Zugriffszeitpunkte, um die tatsächliche Überprüfung der Finanzdaten im geforderten Zeitraum nachweisen zu können.

Zum anderen fordert der zweite Ansatzpunkt des Absatzes 4 bei den Punkten C und D den Vorstand auf, interne Kontrollen zu überprüfen und deren Effektivität festzuhal-ten. Eine Authentifizierung mittels IT würde in den Bereich dieser internen Kontrollen fallen. Hier ist also die Anforderung erneut, dass das Authentifizierungssystem eine zeitpunktgenaue Zugriffsarchivierung bietet.

Nach Abschnitt 3 richtet sich Abschnitt 4 an eine verbesserte Finanzberichterstattung, besonders an die zuvor erwähnten internen Kontrollen, die in Abschnitt 4 Sektion 404 beschrieben sind.

Section 404: Management Assessment of internal controls [USC 2002, S. 45 f.]:

> "*SEC. 404. MANAGEMENT ASSESSMENT OF INTERNAL CONTROLS.*
> *(a) RULES REQUIRED.—The Commission shall prescribe rules*
> *requiring each annual report required by section 13(a) or 15(d)*
> *of the Securities Exchange Act of 1934 (15 U.S.C. 78m or 78o(d))*
> *to contain an internal control report, which shall—*
> *(1) state the responsibility of management for establishing*
> *and maintaining an adequate internal control structure and*
> *procedures for financial reporting; and*
> *(2) contain an assessment, as of the end of the most recent*
> *fiscal year of the issuer, of the effectiveness of the internal*
> *control structure and procedures of the issuer for financial*
> *reporting.*
> *(b) INTERNAL CONTROL EVALUATION AND REPORTING.—With*
> *respect to the internal control assessment required by subsection*
> *(a), each registered public accounting firm that prepares or issues*
> *the audit report for the issuer shall attest to, and report on, the*
> *assessment made by the management of the issuer. An attestation*
> *made under this subsection shall be made in accordance with standards*
> *for attestation engagements issued or adopted by the Board.*
> *Any such attestation shall not be the subject of a separate engagement.*"

Auch hier wird das Management direkt in die Haftung genommen. Die Absätze 1 und 2 gehen in die gleiche Richtung wie zuvor Sektion 302 Absatz 4 Punkt C und Punkt D. Auch sind Kontrollreports verlangt, die eine angemessene Kontrollstruktur der Finanzberichterstattung beschreiben. Die Voraussetzungen und Anforderungen an diese internen Kontrollen sind nicht beschrieben. Da für sie aber in der Praxis Standards zum Einsatz kommen und in ihnen Authentifizierung mittels IT entscheidende Vorteile bietet, sei auf die Analyse der Standards in Abschnitt 5.2 verwiesen.

Die folgenden Abschnitte 5, 6, und 7 von SOX gehen auf Details für Buchhalter, auf die Kommission zur Überwachung der SOX Vorschriften und auf Vorgaben zu den Berichten ein. Erst in Abschnitt 8 zur Haftung bei Missbrauch finden sich in Sektion 802 „Strafen zur Veränderung von Dokumenten" wieder Schnittstellen zur Informationstechnologie.

Section 802: Criminal penalties for altering documents [USC 2002, S. 56 f.]:

> "SEC. 802. CRIMINAL PENALTIES FOR ALTERING DOCUMENTS.
> (a) IN GENERAL.—Chapter 73 of title 18, United States Code,
> is amended by adding at the end the following:
> "§ 1519. Destruction, alteration, or falsification of records
> in Federal investigations and bankruptcy
> "Whoever knowingly alters, destroys, mutilates, conceals, covers
> up, falsifies, or makes a false entry in any record, document, or
> tangible object with the intent to impede, obstruct, or influence
> the investigation or proper administration of any matter within
> the jurisdiction of any department or agency of the United States
> or any case filed under title 11, or in relation to or contemplation
> of any such matter or case, shall be fined under this title, imprisoned
> not more than 20 years, or both "

Diese Sektion geht direkt auf die Strafen bei der Veränderung, Vernichtung, Fälschung und Verschleierung von Dokumenten im Zusammenhang mit der Finanzbuchhaltung ein. Gleichzeitig bedeutet dies, dass vom Management gewisse Kontrollen einzurichten sind, die diese Verstöße verhindern, erschweren oder zumindest nachvollziehbar machen. Da diese Dokumente in der Regel hauptsächlich elektronisch gespeichert werden, sollte jede Änderung elektronisch nachvollziehbar sein. Der Zugriff auf diese Dokumente kann durch ein geeignetes Authentifizierungssystem sichergestellt werden. Dies ist auch eine Voraussetzung, um die Datensicherheit bzw. Integrität zu garantieren. Die Anforderung hierbei ist nicht nur, dass der Zugriff zu schützen ist (etwa durch ein Passwort), sondern dass dieser Schutz personengebunden erfolgen sollte. Nur so lässt sich die Fälschung einer Person zuordnen und nur so kann diese Person zur Rechenschaft gezogen werden. Um dies zu garantieren, muss das Authentifizierungssystem außerdem die Zugriffsdaten und Zugriffszeiten archivieren und gewährleisten, dass diese nicht gefälscht werden können.

Zusammenfassend lässt sich feststellen, dass in allen betrachteten Szenarien besonders die eindeutige Personenidentifikation eine wichtige Anforderung an ein Authentifizierungssystem darstellt. Der erste Grund dafür ist die Unterstützung bei der Feststellung der rechtlichen Haftung. Den zweiten Grund stellen der Zugriffschutz und dessen Kontrolle zu Dokumenten dar. Drittens sind aussagekräftige Zugriffsdaten für die Archivierung zu generieren, die zur Nachverfolgung verwendet werden können. Das schließt die weitere Forderung an das Authentifizierungssystem ein, die Zugriffsdaten protokollieren und archivieren zu können. Schließlich ist die gerichtliche Anerkennung eine weitere Anforderung an das Authentifizierungsmerkmal. Trotzdem ist abschließend festzustellen, dass SOX zu allgemein ist, um daraus konkretere Vorgaben für ein Authentifizierungssystem abzuleiten. Aus diesem Grund wird in Kapitel 5.2 auf die Standards eingegangen, die SOX umsetzen und konkrete Vorgaben für Informationstechnologie liefern.

Primäre Anforderungen aus SOX	Authentifizierungsschnittpunkte
Eindeutige Personenidentifikation zur Sicherstellung gerichtlich anerkannter Haftung	Authentifizierung mit möglichst zeitlich konstanter und unveränderlicher Personenbindung, die eine Person eindeutig identifiziert
Fälschungssichere, zeitgenaue Archivierung und Protokollierung der Zugriffsdaten auf Finanzdaten	Einfach speicherbare Authentifizierungsinformationen, die nicht manipulierbar in einem zentralen Archiv gespeichert sind

Tabelle 5.1: Anforderungen aus SOX
[eigener Entwurf]

5.1.2 Gesetzesanalyse des Euro-SOX

Anlass und Zielsetzung des Regelwerks:

Unter „Euro-SOX" wird die 8. EU-Richtlinie vom Juli 2006 verstanden, die eine international anerkannte Regelung für EU-Unternehmensabschlüsse zum Ziel hat. Motivation waren einerseits Bilanzskandale im europäischen Raum andererseits auch der Druck durch den Sarbanes-Oxley Act. Sie orientiert sich deshalb auch in vielen Punkten am Vorbild des SOX, besonders den Zielen zu mehr Transparenz in der Finanzberichterstattung und in der Forderung nach Einrichtung eines internen Kontrollsystems. Die 8. EU Richtlinie spricht in erster Instanz die Abschlussprüfer an, welche die Finanzberichterstattung von Unternehmen überprüfen. Indirekt hat dies Auswirkungen auf die Prozesse und eingesetzten Systeme zum Zweck der Finanzberichterstattung im Unternehmen, weil diese den Prüfungen standhalten müssen. Als Unterschied zum SOX ist die 8. EU-Richtlinie jedoch für alle Kapitalgesellschaften relevant, was auch den Mittelstand dazu zwingt, sich mit den Themen Governance, Compliance und Risikomanagement auseinanderzusetzen. [BITKOM 2009, S. 40 f.; Europäisches Parlament 2006a]

In Deutschland wird die 8. EU-Richtlinie durch das Gesetz zur Modernisierung des Bilanzrechts (Bilanzrechtsmodernisierungsgesetz, kurz: BilMoG) umgesetzt, welches im Mai 2009 in Kraft trat und verpflichtend für Geschäftsjahre ab dem 1. Januar 2010 ist. Es ist das aktuellste Regelwerk für die Finanzberichterstattung in Deutschland [Deutscher Bundestag 2009]. Wie von der 8. EU-Richtlinie gefordert, behandelt das BilMoG das IKS. Seine Wirksamkeit beschränkt sich auf die rechnungslegungsintensiven Prozesse [Thelemann 2009, S. 10].

Wesentliche Inhalte des Regelwerks:

Inhaltlich spricht die Linie alle Bereiche des Unternehmens an, welche für die Sicherstellung der Abschlussprüfung relevant sind. Darunter fällt selbstverständlich auch die IT.

Die wichtigsten Anforderungen an die Abschlussprüfer sind [Europäisches Parlament 2006a, S. 1 ff.]:

- Der Eintrag in ein öffentliches Register
- Die Verpflichtung zu höchsten ethischen Normen, beispielsweise angelehnt an den Ethik-Kodex der Internation Federation of Accountants (IFAC)
- Die Bewahrung von Stillschweigen und Wahrung von Neutralität, was die Abschlussprüfung und Informationen darüber angeht
- Die Gewährleistung einer gleichbleibenden hohen Qualität der Jahresabschlüsse, sichergestellt beispielsweise durch internationale Prüfungsstandards und/oder regelmäßige Kontrollen in Form eines Qualitätssicherungssystems
- Europäische Steuerung von Registrierung, Zulassung, Aus- und Weiterbildung, Berufsaufsicht und Qualitätskontrolle von Abschlussprüfern

An die Unternehmen selbst gelten außerdem folgende Vorgaben [Europäisches Parlament 2006a, S. 3 f.]:

- Der Abschlussprüfer ist von der Gesellschafter- oder Mitgliederversammlung zu bestellen und eine Abberufung sollte nur bei triftigen Gründen möglich sein, um die Unabhängigkeit zu schützen.
- Für Unternehmen von öffentlichem Interesse sollten strengere Anforderungen gelten, indem beispielsweise ein Prüfungsausschuss bestimmt wird.
- Der Prüfungsausschuss sollte sich aus Mitgliedern des Verwaltungsrates oder Aufsichtsrates zusammensetzen, um so eine vollständige Abkopplung der Geschäftsführung vom Prozess der Abschlussprüfung zu erreichen.
- Es ist sinnvoll, dass der Prüfungsausschuss neben der Bestellung und der Überprüfung des Abschlussprüfers selbst auch alle Rechnungslegungsprozesse, das IKS und das Risikomanagement überwacht und überprüft.

Allgemeine Auswirkungen auf die IT und spezielle Auswirkungen auf die Authentifizierung:

Zur Umsetzung dieser Forderungen müssen Unternehmen neue Ausschüsse schaffen oder neue Prozesse aufsetzen und diese durch IT unterstützen. Für die Informationstechnologie bietet sich für diese Aufgabe als Basis COBIT an (siehe Abschnitt 5.2.3) [ISACA 2006; Van Grembergen/Haes 2009, S. 160 f.]. Insgesamt werden der Prüfungsausschuss und ein wirksames internes Kontrollsystem als ausreichend gesehen, um das finanzielle und das betriebliche Risiko sowie das Risiko von Vorschriftsverstößen zu minimieren [Europäisches Parlament 2006a, S. 4].

In der 8. EU-Richtlinie lassen sich nur relativ wenige Bezüge zur Informationstechnologie und damit auch zur Authentifizierung erkennen. Dies ist dadurch begründet, dass sich die 8. EU-Richtlinie in erster Instanz an Abschlussprüfer richtet und föderale Aspekte der Europäischen Union betrachtet. Kapitel 1 nennt in Absatz 8 Punkt f die IT- und Computersysteme als Sachgebiet der theoretischen Prüfung [Europäisches Parlament 2006a, S. 8]. Anforderungen für Unternehmen ergeben sich indirekt dadurch, dass sie den erhöhten Anforderungen der Wirtschaftsprüfer standhalten müssen. Kapitel 5 Artikel 26 verweist auf Prüfungsstandards, weshalb in dieser Arbeit in Abschnitt 5.2.4 explizit auf die IDW Prüfungsstandards zum Thema IT eingegangen wird (vgl. [Europäisches Parlament 2006a, S. 12]).

Primäre Anforderungen aus Euro-SOX	Authentifizierungsschnittpunkte
Verwendung eines wirksamen internen Kontrollsystems	*siehe COBIT (Abschnitt 5.2.3) und IDW Prüfungsstandards (Abschnitt 5.2.4)*

Tabelle 5.2: Anforderungen aus „Euro-SOX"
[eigener Entwurf]

5.1.3 Analyse der Grundsätze ordnungsgemäßer Buchführungssysteme

Die bisher betrachteten Regularien sowie Gesetze befassen sich nur indirekt oder am Rand mit der IT und stellen damit keine konkreten Anforderungen an die Authentifizierung. Der hauptsächliche Berührungspunkt war in diesen Fällen die IT-gestützte Finanzberichterstattung. Aus diesem Grund gibt es jedoch spezielle, aus dem Handelsgesetzbuch und der Abgabenordnung abgeleitete Grundsätze ordnungsgemäßer Buchführungssysteme, welche direkt die IT ansprechen.

Anlass und Zielsetzung des Regelwerks:

Der § 238 Abs. 1 HGB verpflichtet Unternehmen zur Einhaltung der Grundsätze ordnungsmäßiger Buchführung (GoB) [BMJ 2013, S. 39]. Es verlangt außerdem in § 329 HGB im Rahmen einer ordnungsgemäßen Buchführung vollständige, richtige, fristengerechte, ordentliche, nachvollziehbare und unveränderliche Unterlagen [BMJ 2013,

S. 88]. Diese Grundsätze bestimmt das Handelsgesetzbuch nicht genau, sie leiten sich jedoch für Unternehmen aus Best Practices, Empfehlungen (beispielsweise aus denen des Instituts der Wirtschaftsprüfer) und erfolgter Rechtsprechung ab. Das bedeutet, dass Juristen diese Grundätze aus verschiedenen Paragraphen ableiten. Für den weiteren Verlauf dieser Arbeit sind viele dieser Grundsätze nicht relevant, mit Ausnahme des § 329 HGB, der im Rahmen einer ordnungsgemäßen Buchführung vollständige, richtige, fristengerechte, ordentliche, nachvollziehbare und unveränderliche Daten verlangt [BMJ 2013, S. 88]. Das Bundesministerium für Finanzen (BMF) gibt mit den „Grundsätzen ordnungsmäßiger DV-gestützter Buchführungssysteme" (GoBS) Verwaltungsanweisungen für die Privatwirtschaft und damit ein Regelwerk zur Erfüllung der Forderung des § 329 HGB und der daraus resultierenden Problematik heraus. Die GoBS stammen aus dem Jahr 1995 und sind aufgrund der technischen Weiterentwicklung als Präzision der „Grundsätze ordnungsmäßiger Speicherbuchführung (GoS)" aus dem Jahr 1987 zu verstehen [BMF 1995, S. 1].

Wesentliche Inhalte des Regelwerks:

Die GoBS beschreiben die Erfassung, die Übertragung, die Verwaltung und die revisionssichere Archivierung aufbewahrungspflichtiger (Finanz-)Daten mit Hilfe eines elektronischen Buchführungssystems. Damit sind beispielsweise sichere elektronische Dokumentmanagementsysteme oder Archivsysteme gemeint. Zudem ist auch die ständige Überwachung und Dokumentation des Betriebs des elektronischen Buchführungssystems gefordert, hierfür liefern die GoBS Vorgaben für die Verfahrensdokumentation. [BITKOM 2006, S. 10]

Die Grundsätze bestehen aus 9 Teilen, die alle direkten Bezug zur IT besitzen. Aus diesem Grund können direkt alle Teile auf Auswirkungen auf die IT und Authentifizierung betrachtet werden.

Allgemeine Auswirkungen auf die IT und spezielle Auswirkungen auf die Authentifizierung:

Teil 1 regelt den Anwendungsbereich der GoBS. Die GoBS ersetzen nicht die GoB, sondern ergänzen diese bei der Buchführung nach dem Handelsgesetzbuch (HGB) und der Abgabenordnung (AO) sowohl in der konventionellen Speicherbuchführung als auch bei ähnlichen Dokumentmanagementsystemen [BMF 1995, S. 1, S. 7]. Damit sind alle Buchführungsaktivitäten gemeint, die auf Software oder Hardware zugreifen. Die GoBS sollen aber auch „solche Prozesse [...] berücksichtigen, in denen außerhalb des eigentlichen Buchhaltungsbereiches buchführungsrelevante Daten erfasst, erzeugt, verarbeitet und/oder übermittelt werden" [BMF 1995, S. 7].

Teil 2 beschreibt die Beleg-, Journal- und Kontenfunktion. Die DV-gestützte Buchführung soll sicherstellen, dass Geschäftsvorfälle progressiv und retrograd prüfbar sind

[BMF 1995, S. 2]. Die progressive Prüfung des Geschäftsvorfalls ist die Vorwärtsprüfung vom Beleg bis zur Bilanzrechnung, während die retrograde Prüfung umgekehrt verläuft. In dreifacher Hinsicht ist dies für die IT kritisch: Erstens erfordert die eigentliche Buchführung bestimmte Daten, zweitens muss die Ordnungsmäßigkeit des Verfahrens belegt werden, drittens muss das DV-System die Gewähr auf Vollständigkeit und Unveränderlichkeit bieten [BMF 1995, S. 2]. Die Punkte zwei und drei verlangen Nachweise, die ohne eine Authentifizierung kaum zuverlässig zu bewerkstelligen sind. Die Belegfunktion ist die Basis für die Beweiskraft der Buchführung und seine Nachvollziehbarkeit und muss nach Punkt 2.2.5 der GoBS als Inhalt unter anderem die Bestätigung des Buchführungspflichtigen (Autorisation) sowie den Zeitpunkt des Vorgangs aufzeichnen, wobei hierfür nach Punkt 2.2.7 das interne Kontrollsystem zuständig ist [BMF 1995, S. 8 f.]. Die Journalfunktion fordert dazu in 2.3.1 GoBS die Protokollierung dieser Daten [BMF 1995, S. 9]. Die Kontenfunktion spricht die inhaltliche Ordnung der Geschäftsvorfälle an und hat keinen direkten Bezug zur Authentifizierung. Nach Teil 2 ist also eine Authentifizierung mit zeitpunktgenauer Protokollierung notwendig.

Teil 3 geht auf die Buchung ein und stellt somit viele Anforderungen an die Verarbeitung der Geschäftsvorfälle mittels IT (Ordnungsprinzip, Verarbeitungsfähigkeit, formale Richtigkeit, zeitgerechte Verbuchung), erwähnt aber wiederum Kontrollen, die mit einzubauen sind. Diese Kontrollen schließen explizit Authentifizierungssysteme ein: So sollen Buchungen „nicht unbefugt (d. h. nicht ohne Zugriffsschutzverfahren) und nicht ohne Nachweis des vorausgegangenen Zustandes verändert werden können" [BMF 1995, S. 10].

Es wird direkt weiter auf Teil 4 verwiesen, welcher das interne Kontrollsystem beschreibt. Der Begriff des internen Kontrollsystems zieht sich durch viele Compliance-Regularien und ist die Gesamtheit der Maßnahmen, welche die Kontrollen durchsetzen sollen. Hier werden die zuvor geforderten Aufgaben nochmals spezifiziert, nämlich u. a. die Sicherung vorhandener Informationen und die Bereitstellung zeitnaher Aufzeichnungen [BMF 1995, S. 11]. Für das IKS durch die Unterstützung mittels eines DV-Systems sind weiterhin laut GoBS zwei Punkte von zentraler Bedeutung: Zum einen muss die Zuständigkeit und Verantwortung für betriebliche Funktionen eindeutig geregelt werden, wobei auch das Prinzip der Funktionstrennung einzuplanen ist [BMF 1995, S. 11]. Um dies umzusetzen, ist nicht nur ein zuverlässiges Authentifizierungssystem notwendig, sondern auch ein daran geknüpftes Identitätsmanagement mit einer sinnvollen Rollenpolitik. Zum anderen ist die Programmidentität durch Richtlinien sicherzustellen. In diesen Richtlinien sind auch Zugriffs- und Zutrittsverfahren zu beschreiben [BMF 1995, S. 12].

Teil 5 behandelt die Datensicherheit. So ist nicht nur beim Buchungsprozess und bei der Speicherung für die Archivierung eine Authentifizierung notwendig, sondern auch nachträglich beim Zugriff auf diese historischen Daten, wenn es um die Datensicherheit geht [BMF 1995, S. 13]. Nach 5.5.1 der GoBS sind die Datenträger vor unberechtigten Veränderungen zu schützen, wie auch der eigentliche Zugriff über die IT und der physische Zugang zu den Räumen für Unberechtigte zu verhindern ist [BMF 1995, S. 13].

Teil 6 stellt keine neuen Anforderungen, sondern fasst diese nochmals zusammen und beschreibt die Dokumentationspflichten. Es müssen schlussfolgernd für die verwendete Authentifizierung das Verfahren, die Freigabekompetenzen und die sachgerechte Vergabe der Zugriffsberechtigungen dokumentiert sein (Verfahrensdokumentation nach GoBS) [BMF 1995, S. 16].

Teil 7 regelt mit den Aufbewahrungsfristen eine sehr wichtige Fragestellung. Daten mit Belegfunktion sind 6 Jahre, Aufzeichnungen zur Grundbuch- und Kontenfunktion 10 Jahre aufzubewahren [BMF 1995, S. 16]. Das bedeutet, die bei der Authentifizierung erhobenen Daten unterliegen diesen Fristen. Dies kann vielfältige Anforderungen an die Konstanz des jeweiligen Authentifizierungsmerkmals stellen. Auf jeden Fall muss eine zehnjährige zeitliche Konstanz gewahrt bleiben.

Teil 8 und 9 beschäftigen sich mit der Wiedergabe der Unterlagen sowie der Verantwortlichkeit und bieten keine weiteren Anforderungen.

Zusammenfassend sprechen die GoBS elektronische Buchführungssysteme und Dokumentmanagementsysteme an. Es werden auch alle anderen Unternehmensprozesse eingeschlossen, welche Finanzdaten verarbeiten. Laut Kampffmeyer[47] können diese Anforderungen besonders an die Dokumentation nicht nur den Bereich der Finanzberichterstattung betreffen, sondern auch andere Bereiche, die Regularien unterliegen [Kampffmeyer 2007, S. 17 f.]. Dies macht die Grundsätze ordnungsgemäßer Buchführungssysteme zu einem wichtigen Anforderungskatalog für die Authentifizierung in einem deutschen Unternehmen.

---

[47] [Kampffmeyer 2007, S. 17 f.]

Primäre Anforderungen aus GoBS	Authentifizierungsschnittpunkte
Sicherstellung der Ordnungsmäßigkeit, Vollständigkeit und Unveränderlichkeit eines Geschäftsvorfalls; Buchungen sollen nicht unbefugt (d. h. nicht ohne Zugriffsschutzverfahren) und nicht ohne Nachweis des vorausgegangenen Zustandes verändert werden können	Sichere Authentifizierung für den Zugriffsschutz
Die zugriffsgeschützte Journalfunktion fordert die Protokollierung und Dokumentation des Verfahrens zur Sicherstellung der Nachvollziehbarkeit und Prüfbarkeit bei gleichzeitiger Einhaltung der Aufbewahrungsfristen (6 bzw. 10 Jahre)	Langzeit-Speicherung der Authentifizierungsdaten mit zeitpunktgenauer Protokollierung und Dokumentation (Erhalt des Personenbezugs, Unveränderlichkeit, Konsistenz) Identitätsmanagement mit Rollenprinzip

Tabelle 5.3: Anforderungen aus den GoBS
[eigener Entwurf]

5.1.4 Analyse der Grundsätze zum Datenzugriff und zur Prüfbarkeit digitaler Unterlagen

Anlass und Zielsetzung des Regelwerks:

Die Grundsätze zum Datenzugriff und zur Prüfbarkeit digitaler Unterlagen (GDPdU) behandeln ebenfalls genauer den Zugriff von Prüfern und Finanzbehörden auf digitale Unterlagen, was für die betroffenen Unternehmen zu verschiedenen Pflichten führt [BMF 2001, S. 1 ff.]. Das Bundesministerium der Finanzen legte sie im Juli 2001 vor. Die GDPdU fordern eine maschinelle Auswertbarkeit elektronisch gespeicherter Finanzunterlagen und unterscheiden sich hier von den GoBS [BITKOM 2006, S. 10]. Die Regelung wurde notwendig, da seit 2002 Außenprüfer der Finanzverwaltung direkt durch elektronischen Datenzugriff prüfen können.

Wesentliche Inhalte des Regelwerks:

Die GDPdU gliedern sich in die vier Teile „Datenzugriff", „Prüfbarkeit digitaler Unterlagen", „Archivierung digitaler Unterlagen" und „Anwendung" [BMF 2001, S. 1 ff.]:

Der Teil „I. Datenzugriff" behandelt zusätzlich die drei Unterpunkte „1. Umfang und Ausübung des Rechts auf Datenzugriff nach § 147 Abs. 6 AO", „2. Umfang der Mitwirkungspflicht nach §§ 147 Abs. 6 und 200 Abs. 1 Satz 2 AO" sowie „3. Grundsatz der Verhältnismäßigkeit".

Teil „II. Prüfbarkeit digitaler Unterlagen" gliedert sich in „1. Elektronische Abrechnungen im Sinne des § 14 Abs. 4 Satz 2 UStG" und „2. Sonstige aufbewahrungspflichtige Unterlagen".

Teil III hat keine weiteren Unterpunkte und beschäftigt sich mit der „Archivierung digitaler Unterlagen"

Teil IV „Anwendung" beschreibt, ab wann und für welche Dokumente die GDPdU gelten.

Allgemeine Auswirkungen auf die IT und spezielle Auswirkungen auf die Authentifizierung:

Der Zugriff der Außenprüfer der Finanzverwaltung kann unmittelbar (Lese-Zugriff auf Finanzdaten und Auswertung vor Ort), mittelbar (Lese-Zugriff auf Finanzdaten vor Ort nach erfolgter Auswertung durch das Unternehmen) oder durch Datenträgerüberlassung (Finanzdaten werden auf einem Datenträger zur Verfügung gestellt) erfolgen [BMF 2001, S. 3 f.; Taeger/Rath 2007, S. 68 f.]. In jedem Fall ist eine remote-Prüfung über einen online Kanal ausgeschlossen. Für das Unternehmen bedeutet dies wiederum, dass das DV-System zur Verwaltung von Finanzdaten durch eine Authentifizierung zu schützen ist, die zudem ein Rollenkonzept beinhaltet. Nur so kann sichergestellt werden, dass der Prüfer bei einem unmittelbaren Datenzugriff die benötigten Rechteeinschränkungen (kein Kopieren, Ändern und Löschen der Finanzdaten) besitzt. Das Rollenkonzept und die Identitätsverwaltung benötigen auch einen feingranularen Datenzugriff, da die Beschränkung auf steuerrechtlich relevante Daten sehr komplex sein kann. Hier erweist sich die Authentifizierung als hilfreich: Sollten die Daten alle mit persönlichen Zugriffen durch die Mitarbeiterauthentifizierung angereichert sein, kann vorab eine grobe Filterung erfolgen, indem nur Daten für die weitere Rechtevergabe geprüft werden, auf die durch die berechtigten Personen zugegriffen wurde. So lässt sich auch bei einem gemischten Datenbestand vorab eine Abgrenzung durchführen. Dies stellt für das Unternehmen eine erhebliche Erleichterung dar, da der Datenzugriff nicht zweimalig vergeben werden muss (einmal für die Mitarbeiter des Unternehmens selbst und später bei der Prüfung für den Prüfer). Als erschwerende Tatsache kommt hinzu, dass im Zusammenhang mit den GDPdU nicht nur die Finanzdaten aus den Buchhaltungssystemen zu beachten sind, sondern mittlerweile auch E-Mails und eine Vielzahl von Dokumenten, Protokollen und Beschreibungen aus dem Dokumentmanagementsystem des Unternehmens. Das Unternehmen muss bei der Bereitstellung für die Prüfung den Zugriff auf diese Datenbestände kontrollieren [Kampffmeyer 2007, S. 15]. Auch hält neben reinen quantitativen Informationen die Verfahrensdokumentation Einzug in die Finanzprüfung, d. h. das Unternehmen muss eine ordnungsgemäße Verarbeitung, Nutzung und den ordnungsgemäßen Betrieb der Finanzverarbeitung nachweisen [Kampffmeyer 2007, S. 15]. Deshalb bieten sich zeitgenaue Zugriffsprotokolle des Authentifizierungsmechanismus an.

Punkt I.2 a) GDPdU fordert weiterhin die Unveränderlichkeit des Datenbestandes und lehnt sich dabei an die GoBS an [BMF 2001, S. 3]. Im Hinblick auf die gerade aufgezeigte Bedeutung von Authentifizierungsinformationen bei der Speicherung von Daten stellt dies, wie schon im vorherigen Abschnitt aufgezeigt, Anforderungen an die Unveränderlichkeit und zeitliche Konstanz des Merkmals der Authentifizierung.

Teil III der GDPdU geht deshalb nochmals auf die Archivierungspflichten des Unternehmens ein (vgl. [BMF 2001, S. 6]). Für die elektronische Archivierung ist es unabdinglich, dass die Informationen der Authentifizierung elektronisch zusammen mit den Finanzdaten abgespeichert werden können. Neben der in anderen Regularien schon erkannten Anforderung zur Universalität und Zeitbeständigkeit von 10 Jahren heißt das auch, dass die Größe der Authentifizierungsinformationen handhabbar sein sollte, da auch das Archivsystem noch maschinell auswertbar sein muss.

Eine besondere Bedeutung im Authentifizierungsbereich wird der qualifizierten elektronischen Signatur zugesprochen, da diese nach dem § 15 Abs. 1 des Signaturgesetzes ein Bestandteil der elektronischen Abrechnung ist. Auf der einen Seite dient sie zur Absicherung und Dokumentation der Finanzbuchhaltung, auf der anderen Seite muss sie selbst auf Integrität und Signaturberechtigung überprüft werden [BMF 2001, S. 5]. Es wird besonders gefordert, dass bei einem Einsatz einer Signatur oder eines anderen kryptographischen Verfahrens die verwendeten Schlüssel aufbewahrt werden [BMF 2001, S. 6]. Im Hinblick auf eine Authentifizierung ist die explizite Erwähnung der Signatur, gestützt durch das Signaturgesetz (siehe Abschnitt 5.1.10), doch ein sehr starkes Argument für dieses Verfahren. Die Kriterienentwicklung und Bewertung in dieser Arbeit stellt dies noch deutlicher heraus, obwohl hier auch technische Einschränkungen beachtet werden.

Bei der Zusammenfassung der Liste der Anforderungen stellten die GDPdU eine deutliche Herausforderung für die Unternehmens-IT dar. So wird von ihr verlangt, dass sie eine große Menge an elektronischen Dokumenten und elektronischer Kommunikation speichert und archiviert. Bei dieser Archivierung ist zudem noch auf die maschinelle Verarbeitbarkeit und auf die Zugriffsberichtigungen zu achten. Gleichzeitig soll die Speicherung auch an einem sicheren Ort stattfinden und vor Datenverlust geschützt sein [BW 2009, S. 5]. Ohne die Einbettung eines Authentifizierungs- und Berechtigungssystems lassen sich diese Vorgaben kaum einhalten.

Primäre Anforderungen aus GDPdU	Authentifizierungsschnittpunkte
(Remote-) Authentifizierung mit feingranularen Datenzugriff benötigt diesen Datenzugriff auch auf Finanzdaten	Authentifizierung, die sicher über einen Übertragungskanal abgewickelt werden kann und zudem an ein Rollenkonzept und eine Identitätsverwaltung gekoppelt ist
Unveränderliche elektronische Archivierung von Informationen der Authentifizierung zusammen mit den Finanzdaten	Einfach speicherbare unveränderliche Authentifizierungsinformationen, die nicht manipulierbar in einem zentralen Archiv gespeichert sind

Tabelle 5.4: Anforderungen aus den GDPdU
[eigener Entwurf]

5.1.5 Analyse des Bundesdatenschutzgesetzes

Anlass und Zielsetzung des Regelwerks:

Das Bundesdatenschutzgesetz (BDSG) ist ein deutsches Gesetz, welches ursprünglich aus dem Jahr 1977 stammt. Es wird jedoch ständig aktualisiert. Die letzte komplette Neufassung datiert auf das Jahr 2003. Der § 1 Abs. 1 BDSG beschreibt den Zweck des BDSG direkt: „Zweck dieses Gesetzes ist es, den Einzelnen davor zu schützen, dass er durch den Umgang mit seinen personenbezogenen Daten in seinem Persönlichkeitsrecht beeinträchtigt wird" [BMJ 1990, S. 3]. Darüber hinaus beschreibt § 3 Abs. 1 BDSG den Begriff der personenbezogenen Daten als „Einzelangaben über persönliche oder sachliche Verhältnisse einer bestimmten oder bestimmbaren natürlichen Personen" [BMJ 1990, S. 4; Kühling et al. 2008, S. 100]. Dabei ist der Personenbezug ein relativer Begriff, der vom Kontextwissen und den Ressourcen des Datenverwenders abhängt und sich im Laufe der Zeit verändern kann [Kühling et al. 2008, S. 102; Roßnagel 2003, S. 492]. Es soll also das Recht auf informationelle Selbstbestimmung geschützt werden, indem die Verbreitung personenbezogener Daten nur bei Einwilligung des Betroffenen oder bei Entsprechung rechtlicher Vorgaben zulässig ist [Albrecht 2002, S. 97; Probst 2002, S. 115].

Die gesetzliche Grundlage in Deutschland bildet das Bundesdatenschutzgesetz (BDSG) zusammen mit den Datenschutzgesetzen der einzelnen Länder. Die rechtliche Einordnung dieser Gesetze und die Einordnung von Authentifizierungsverfahren allgemein hängen von den generellen Prinzipien der jeweiligen Rechtsordnung ab. In Deutschland ist dies das Grundgesetz. Die Menschenwürde als Artikel 1 kann dadurch beeinträchtigt sein, dass beispielsweise bei biometrischen Verfahren der Körper instrumentalisiert und zum Objekt degradiert werden könnte [Albrecht 2002, S. 97]. Aus dem allgemeinen Persönlichkeitsrecht aus Artikel 2 des Grundgesetzes wurde für das BDSG das Recht auf informationelle Selbstbestimmung abgeleitet. Dieses Recht gewährt es dem Einzelnen, über die Preisgabe und Verwendung seiner persönlichen Daten zu bestimmen. Dieses Recht brachte das Volkszählungsurteil des Bundesverfassungsgerichts vom 15.12.1983 auf den Weg, 1991 wurde dann erstmals von einem Grundrecht auf Datenschutz gesprochen, welches unter dem Artikel 2 des Grundgesetzes zum allgemeinen Persönlichkeitsrecht mit abgedeckt ist [Dotzler 2010, S. 66 f.].

Wesentliche Inhalte des Regelwerks:

Das BDSG spricht die Verarbeitung personenbezogener Daten im privaten Sektor an, ist also direkt für alle Unternehmen relevant, welche solche Daten von Personen automatisch oder per Hand mit Hilfe von Systemen verarbeiten [BMJ 1990, S. 3]. Während KonTraG, SOX und Basel II für die Erhebung und Sicherheit von (Finanz-) Daten relevant sind, betrachtet das BDSG diese Daten aus der Sicht des Einzelnen und seinem Anspruch an schützenswerte personenbezogene Daten. Dabei behandelt das BDSG neben der Zulässigkeit im Umgang mit personenbezogenen Daten auch die Rechte der Betroffenen, die Kontrollrechte sowie Sanktionen bei Verstoß gegen das Gesetz [BITKOM 2009, S. 41].

Die Verbote, die im BDSG ausgesprochen werden, sind sogenannte Verbote mit Erlaubnisvorbehalt. Das bedeutet, dass die Nutzung von personenbezogenen Daten explizit erlaubt werden muss, beispielsweise durch andere Regelungen oder die Einwilligung der betroffenen Person selbst.

Die Einhaltung des Gesetzes wird im nicht-öffentlichen Bereich indirekt extern kontrolliert. So erfolgt sie zu allererst durch innerbetriebliche Selbstkontrolle, etwa durch die Benennung eines Datenschutzbeauftragten im Unternehmen, welcher dann in seinen Tätigkeiten von staatlichen Behörden kontrolliert wird [BITKOM 2009, S. 41]. Diese Verpflichtung zur Selbstkontrolle ist auch der Grund, warum der Datenschutz als Aufgabenfeld in die IT-Governance des Unternehmens fällt und seine Einhaltung ein Teil der IT-Compliance ist.

Die allgemeinen datenschutzrechtlichen Grundsätze werden wie folgt zusammengefasst [TeleTrusT 2008, S. 3 f.]:

- Die Erhebung, Verarbeitung und Nutzung personenbezogener Daten ist nur auf der Grundlage einer **Einwilligung oder Rechtsvorschrift** möglich.
- Der **Grundsatz der Zweckbindung** besagt, dass personenbezogene Daten nur zu vorher definierten Zwecken erhoben, verarbeitet und genutzt werden dürfen.
- Der **Grundsatz der Erforderlichkeit** besagt, dass die personenbezogenen Daten nur in dem Umfang erhoben, verarbeitet und genutzt werden dürfen, in dem es zur Erreichung der Verwendungszwecks erforderlich ist.
- Der **Grundsatz der Verhältnismäßigkeit** besagt, dass eine Abwägung zwischen den legitimen Interessen der Datenverwendung und den Risiken für den Betroffenen stattfinden muss.

- Der **Grundsatz der Transparenz und Direkterhebung** besagt, dass die betroffene Person das Recht hat zu wissen, welche Daten über sie zu welchen Zwecken erhoben, verarbeitet und genutzt werden und was mit ihnen passiert.
- Der **Grundsatz der Datenvermeidung und der Datensparsamkeit** besagt, dass sich die Gestaltung und die Auswahl von Systemen an dem Ziel auszurichten hat, keine oder so wenig wie möglich personenbezogene Daten zu erheben, zu verarbeiten und zu nutzen. Die Sicherstellung dieses Grundsatzes wird insbesondere durch den Gebrauch von Anonymisierung[48] und Pseudonymisierung[49] erreicht.
- Die **Rechte des Betroffenen** sind das Recht auf Auskunft, Benachrichtigung, Berichtigung, Sperrung sowie Löschung und können nicht ausgeschlossen bzw. beschränkt werden.
- Einen besonderen Schutz haben dabei die **sensiblen Daten**, wie etwa Angaben über rassische und ethnische Herkunft, politische Meinung, religiöse oder philosophische Überzeugungen, Gewerkschaftszugehörigkeit, Gesundheit und Sexualleben.
- Verantwortliche Stellen müssen **technische und organisatorische Maßnahmen** treffen, die erforderlich sind, um die Ausführung des BDSG zu gewährleisten.

Allgemeine Auswirkungen auf die IT und spezielle Auswirkungen auf die Authentifizierung:

Das Bundesdatenschutzgesetz ist damit eines der wenigen wichtigen Gesetze für die IT-Compliance, welches ganz konkrete Anforderungen an IT-Systeme stellt. Die rechtlichen Anforderungen an Authentifizierung sind dabei auch immer abhängig vom Anwendungsumfeld. Die Literatur unterscheidet hier zwischen dem staatlichen und dem privaten Einsatzgebiet. In staatlicher Hinsicht werden das Grundgesetz, die Strafverfolgung, das Ausweiswesen, die Asylverfahren, die Grenzkontrollvorschriften, das Sozialrecht, aber auch die allgemeine Verwaltung berührt. Für die private Wirtschaft lassen sich Rechtsverkehr, Geschäftsverkehr, Verwaltung, Automatenbanking, Zugangskontrollen oder Arbeitnehmermitbestimmungsrecht als Beispiele nennen. [Albrecht 2002, S. 98]

---

[48] „Anonymisieren ist das Verändern personenbezogener Daten derart, dass die Einzelangaben über persönliche oder sachliche Verhältnisse nicht mehr oder nur mit einem unverhältnismäßig großen Aufwand an Zeit, Kosten und Arbeitskraft einer bestimmten oder bestimmbaren natürlichen Person zugeordnet werden können" [BMJ 1990, S. 4].

[49] „Pseudonymisieren ist das Ersetzen des Namens und anderer Identifikationsmerkmale durch ein Kennzeichen zu dem Zweck, die Bestimmung des Betroffenen auszuschließen oder wesentlich zu erschweren" [BMJ 1990, S. 4].

Im digitalen Zeitalter ist es besonders wichtig, mit der Erfassung von Authentifizierungsdaten sensibel umzugehen, da diese Daten sehr persönlich und teilweise auch unveränderlich sind [Albrecht 2002, S. 98 f.; Gruner 2005, S. 118 f.].

Inhaltlich können die acht Regeln aus § 9 Satz 1 des BDSG als Referenz für die Datenverarbeitung im Unternehmen im Sinne des Datenschutzes gesehen werden. Diese sind Zutrittskontrolle, Zugangskontrolle, Zugriffkontrolle, Weitergabekontrolle, Eingabekontrolle, Auftragskontrolle, Verfügbarkeitskontrolle und gentrennte Verarbeitung [BMJ 1990, S. 36 f.].

Die wichtigsten Anforderungen an die Authentifizierung zum Schutz der informationellen Selbstbestimmung werden in der Anlage zum § 9 BDSG „Technische und organisatorische Maßnahmen" beschrieben [Albrecht 2003, S. 195; BMJ 1990, S. 36 f.; Graevenitz 2006, S. 245]:

- **Zutrittskontrolle:** Unbefugten ist der Zutritt zu Systemen, in denen personenbezogene Daten gespeichert und verarbeitet sind, zu verwehren.
- **Zugangskontrolle:** Unbefugte dürfen keine Systeme nutzen, in denen personenbezogene Daten gespeichert und verarbeitet sind.
- **Zugriffskontrolle:** Benutzer sollen nicht unbefugt personenbezogene Daten im System lesen, kopieren, verändern oder löschen können. Das bedeutet, dass Benutzer des Systems ausschließlich auf Daten zugreifen dürfen, zu denen sie eine Berechtigung besitzen.
- **Weitergabekontrolle:** Unbefugte dürfen keine personenbezogenen Daten während einer elektronischen Übertragung oder während der Speicherung auf einem Datenträger lesen, kopieren, manipulieren oder löschen können. Außerdem müssen die Einrichtungen bzw. Empfangsstellen zur Datenübertragung der personenbezogenen Daten überprüft und identifiziert werden können.
- **Eingabekontrolle:** Es muss nachträglich festgestellt werden können, ob und von wem personenbezogene Daten eingegeben, verändert oder entfernt wurden.
- **Auftragskontrolle:** Im Auftrag verwendete personenbezogene Daten dürfen nur entsprechend den Weisungen des Auftraggebers verarbeitet werden.
- **Verfügbarkeitskontrolle:** Die personenbezogenen Daten müssen gegen Zerstörung und Verlust geschützt sein.
- **Gentrennte Verarbeitung:** Daten, die für unterschiedliche Zwecke erhoben und verwendet werden, müssen getrennt bearbeitbar sein.

Zur rechtlichen Einordnung dieser Anforderungen sind aus Sicht des BDSG bei Authentifizierungssystemen die drei Punkte Informationsgehalt (siehe Kriterium in Abschnitt 7.1.3), Personenbindung (siehe Kriterium in Abschnitt 7.1.1) und Kontrolle des Betroffenen entscheidend [Albrecht 2002, S. 100; Gruner 2005, S. 129 ff.; Kühling et al. 2008, S. 102 ff.; Probst 2002, S. 117 ff.; Roßnagel 2003, S. 492 ff.]. Der letzte Punkt (Die Kontrolle des Betroffenen über seine Daten) ist komplexer und zielt zum einen indirekt auf die willentliche Beeinflussbarkeit (Kriterium in 7.1.6) und Ausspäh-barkeit (Kriterium in 7.1.4) der Authentifizierung, aber auch besonders auf die Daten-speicherung und die Datenverwaltung ab (siehe Art der Datenübertragung in 7.2.1, Art der Referenzspeicherung in 7.2.2 und Ort der Referenzspeicherung in 7.2.3).

Nach § 9a BDSG können das Datenschutzkonzept des Herstellers und die technischen Einrichtungen durch eine unabhängige Prüfung in Form eines Datenschutzaudits ver-bessert werden [BMJ 1990, S. 12 ff.]. Hieraus hätten sich für Authentifizierungssys-teme und deren Hersteller neue Anforderungen ergeben. Das in § 9a BDSG angespro-chene Gesetz für das Datenschutzaudit scheiterte am 3. Juli 2009. Aus diesem Grund wird auf den Inhalt der Gesetzesvorlage nicht genauer eingegangen. Eine freiwillige Prüfung nach § 9a ist jedoch möglich [BMJ 1990, S. 12 ff.].

Primäre Anforderungen aus dem BDSG	Betroffene Kriterien für Authentifizierung
- Zutrittskontrolle - Zugangskontrolle - Zugriffskontrolle - Weitergabekontrolle - Eingabekontrolle - Auftragskontrolle - Verfügbarkeitskontrolle - Gentrennte Verarbeitung	- Informationsgehalt - Personenbezug - Betriebsart des Authentifizierungssystems - Kontrolle des Betroffenen durch willentliche Beeinflussbarkeit, Ausspähbarkeit, Art und Ort der Datenspeicherung

Tabelle 5.5: Anforderungen aus den GDPdU
[eigener Entwurf]

5.1.6 Analyse des Gesetzes zur Kontrolle und Transparenz im Unterneh-mensbereich

Anlass und Zielsetzung des Regelwerks:

Das Gesetz zur Kontrolle und Transparenz im Unternehmensbereich (KonTraG) trat zum 1. Mai 1998 in Kraft und gilt als Reaktion auf die zunehmende Globalisierung und Internationalisierung der Kapitalmärkte und die damit einhergehenden zusätzli-chen Verpflichtungen für Kapitalgesellschaften [BITKOM 2009, S. 39]. Beim Kon-TraG handelt es sich um ein Artikelgesetz, das bedeutet, dass es bestehende Gesetze ergänzt, wie in diesem Fall beispielsweise das Aktiengesetz und das GmbH-Gesetz (§ 91 II AktG, § 116 AktG, § 43 GmbHG) [BITKOM 2009, S. 39]. Wie der Titel des Ge-setzes bereits andeutet, soll eine wirtschaftliche Kontrolle und Transparenz der Kapi-talgesellschaften erreicht werden. Deshalb fordert das Gesetz die Einführung eines Überwachungssystems zur Früherkennung Existenz gefährdender Entwicklungen durch die Verpflichtung zu einem unternehmensweiten Risikomanagement (inklusive IT-Risikomanagement) [BMJ 1998, S. 787].

Wesentliche Inhalte des Regelwerks:

Das KonTraG besteht aus 14 Artikeln, wobei sich die ersten 12 Artikel mit den Veränderungen bisheriger Gesetze und Verordnungen (Aktiengesetz, Handelsgesetzbuch, Publizitätsgesetzbuch, Genossenschaftsgesetz, Wertpapierhandelsgesetz, Börsenzulassungs-Verordnung, Wirtschaftsprüfungsverordnung, Gesetz über die Angelegenheiten der freiwilligen Gerichtsbarkeit, Gesetz über Kapitalanlagegesellschaften, GmbH-Gesetz, Einführungsgesetz zum Aktiengesetz, Einführungsgesetz zum Handelsgesetzbuch) beschäftigen. Die letzten beiden Artikel beschreiben die Rückkehr zum einheitlichen Verordnungsrang und das Inkrafttreten des KonTraG. [BMJ 1998, S. 786 ff.]

Allgemeine Auswirkungen auf die IT und spezielle Auswirkungen auf die Authentifizierung:

Das KonTraG kann als Impulsgeber für nachfolgende Gesetze im Bereich der Corporate Governance bewertet werden. Das Gesetz bewegt sich auf einem sehr abstrakten Niveau, seine Einhaltung kann durch den Verweis auf ein existierendes, dokumentiertes Risikomanagement-System sichergestellt werden. Hervorzuheben ist Artikel 1, Satz 9:

Artikel 1, Satz 9 ergänzt § 91 AktG Absatz 2 [BMJ 1998, S. 787]:

> *„Der Vorstand hat geeignete Maßnahmen zu treffen, insbesondere ein Überwachungssystem einzurichten, damit den Fortbestand der Gesellschaft gefährdende Entwicklungen früh erkannt werden".*

Die Maßnahmen sind nicht genauer beschrieben, sondern müssen nur „geeignet" sein. Hier stellt sich sofort die Frage, was „geeignet" bedeutet. Die Praxis greift dadurch einfach auf etablierte Standards wie COBIT zurück. Außerdem sind das Ziel, der Fortbestand der Gesellschaft sowie die frühzeitige Erkennung von Gefahren, relativ allgemein gewählt. Trotzdem lassen sich daraus zwei Sachverhalte entnehmen: Erstens ist die Verantwortung des Vorstands unmissverständlich festgehalten. Das bedeutet, eine Bindung der Personen im Vorstand an diese Verantwortung muss nachweisbar sein. Ähnlich zu den Forderungen im SOX kann diese Nachweisbarkeit durch die Authentifizierung in der IT-Infrastruktur des Unternehmens unterstützt werden. Zweitens ist ein Überwachungssystem gefordert, welches Gefahren für den Fortbestand der Gesellschaft erkennt. Diese Gefahren können unter anderem eine falsche Finanzberichterstattung, ein unbefugter Zugriff oder die Weitergabe von Geheimnissen sein. In jedem Fall ist sowohl für den präventiven Schutz als auch für die Zurückverfolgung bei einem bereits erfolgten Verstoß die Identifizierung des Nutzers ein entscheidendes Kriterium.

Primäre Anforderungen aus KonTraG	Authentifizierungsschnittpunkte
Eindeutige Personenidentifikation zur Sicherstellung der Haftung des Vorstands	Authentifizierung mit möglichst zeitlich konstanter und unveränderlicher Personenbindung, die eine Person eindeutig identifiziert
Fälschungssichere, zeitgenaue Archivierung und Protokollierung der Zugriffsdaten auf Finanzdaten	Einfach speicherbare Authentifizierungsinformationen, die nicht manipulierbar in einem zentralen Archiv gespeichert sind

Tabelle 5.6: Anforderungen aus KonTraG
[eigener Entwurf]

5.1.7 Analyse der Basel II Vorschriften

Anlass und Zielsetzung des Regelwerks:

Die neue Baseler Eigenkapitalvereinbarung von 2004, auch Basel II genannt, ist ein Rahmenwerk für interne Bankvorschriften. Sie geht auf die erste Baseler Eigenkapitalvereinbarung (Basel I) von 1998 zurück. Ursprünglich verfolgte Basel I das Ziel, die unterschiedlichen nationalen Bankenaufsichtssysteme zu harmonisieren und so zur Stabilität in den Finanzmärkten beizutragen. Dies erreicht die Vorschrift durch sehr allgemeine externe Kapitalempfehlungen. Besonders der Bereich des Kreditrisikos bleibt dabei unberührt, weshalb viele Banken hier ihr eigenes Risikomanagement entwickelten. Gleichzeitig wurden die bestehenden Kapitalanforderungen durch komplexe Transaktionen umgangen. [BITKOM 2009, S. 39]

Basel II wurde als internationale Richtlinie von einem internationalen Ausschuss, der Bank for International Settlements (BIS), erstellt. Auf europäischer Ebene setzte die Richtlinie zu Kapitalanforderungen (Capital Requirements Directive - CRD) Basel II um, besonders die Bankenrichtlinie (2006/48/EG) und die Kapitaladäquanzrichtlinie (2006/49/EG) [Europäisches Parlament 2006b; Europäisches Parlament 2006c]. Auf deutscher Ebene ist das Kreditwesengesetz (KWG) für eine Umsetzung der Richtlinien aus Basel II verantwortlich, genauer der § 10 für die Mindestkapitalanforderungen, der § 25a für den Überprüfungsprozess sowie für die Transparenz der § 26a. Die Solvabilitätsverordnung (SolvV), die überarbeitete Groß- und Millionenkreditverordnung (GroMiKV) und die Mindestanforderungen an das Risikomanagement (MaRisk) behandeln als Verordnung bzw. Ausführungsbestimmung die Umsetzung dieser Paragraphen des Kreditwesengesetzes (siehe 5.1.8). [BAfB 2004]

Derzeit wird – auch aufgrund der vorherrschenden Finanzkrise – eine Überarbeitung und Ergänzung der Baseler Vorschriften angestrebt, die im Dezember 2010 als Basel III in seiner Endfassung vorgestellt wurde. Basel III setzt seinen Schwerpunkt auf die Qualität des Eigenkapitals sowie auf die Begrenzung und die Reduzierung der Haftung der öffentlichen Hand und der Steuerzahler. Basel III sieht sich in erster Linie als Ergänzung zu bestehenden Verordnungen. Während die eigentlichen Adressaten von Basel II die Banken sind, haben diese Vorschriften auch indirekte Auswirkungen auf die Privatwirtschaft. Es ist anzunehmen, dass die umgesetzten Anforderungen von Basel II für Privatunternehmen auch eine Minderung des Kreditrisikos bedeuten und so die Geldbeschaffung für diese Unternehmen erleichtert wird. Der BITKOM e. V. stellt die These auf, dass dies in besonderem Maße für Unternehmen zutrifft, die stark von der IT abhängig sind. [BAfB 2010, S. 1 ff.; BITKOM 2009, S. 40]

Wesentliche Inhalte des Regelwerks:

Basel II setzt sich aus drei Säulen zusammen: Die erste Säule behandelt die Mindestkapitalanforderungen an das Unternehmen. Säule 2 beschäftigt sich mit dem bankenaufsichtlichen Überprüfungsprozess, während sich die letzte Säule mit der Transparenz der Finanzberichterstattung befasst. Im Gegensatz zum Vorgänger werden auch die Feststellung und Bewertung von Kreditrisiken und operationellen Risiken im Bankengeschäft behandelt. Das bedeutet, dass Basel II explizit die Einrichtung und Überprüfung eines internen Kontrollsystems verlangt. Außerdem wird noch eine Trennung von Weisungsbefugnissen gefordert, um Missbrauch zu verhindern. [BAfB 2004, S. 1 ff.]

Allgemeine Auswirkungen auf die IT und *spezielle Auswirkungen auf die Authentifizierung:*

Wie bereits bei anderen Vorschriften festgestellt, ist im Aufgabenbereich eines IKS auch die Informationssicherheit enthalten. Dies kann sogar den Endkunden betreffen, beispielsweise durch die Forderungen nach der Prozesssicherheit beim E-Banking. Zusätzlich zur Betrachtung operationeller Risiken umfasst dies laut Definition auch „[…] die Gefahr von Verlusten, die in Folge der Unangemessenheit oder des Versagens von internen Verfahren, Menschen und Systemen oder in Folge externer Ereignisse eintreten" [BAfB 2004, S. 157]. Darunter fallen auch die IT-Risiken, hier umschrieben mit „dem Versagen von Systemen" [BAfB 2004, S. 157].

Die IT kann auch indirekt die Auflagen von Basel II unterstützen. Das grundsätzliche Ziel von Basel II ist es, Kreditgebern eine Einschätzung zur Bonität basierend auf Rating-Systemen eines Unternehmens zu geben [BAfB 2004, S. 1 ff.]. Da Basel II eine sehr risikoorientierte Sichtweise pflegt, sind die Risiken im Unternehmen ein wichtiges Entscheidungskriterium. Neben der Bewertung von Kreditrisiken werden auch explizit operationelle Risiken genannt. Diese umfassen „[…] die Gefahr von Verlusten, die in Folge der Unangemessenheit oder des Versagens von internen Verfahren, Menschen und Systemen oder in Folge externer Ereignisse eintreten" [BAfB 2004, S. 157]. Also sind auch die IT-Risiken eingeschlossen. Die Aufgabe des IT-Sicherheitsmanagements ist es, diese Risiken zu minimieren, denn ein besseres Rating bedeutet bessere Konditionen für Kredite und damit niedrigere Zinsen. Die verschiedenen Risiken können alle durch die IT beeinflusst werden (vgl. [BAfB 2004, S. 255 ff.]):

- **Interner Betrug:** Hierunter fällt die fehlerhafte oder absichtlich gefälschte Finanzberichterstattung und Dokumentation. Der Zugriffsschutz und die Archivierung der Zugangsdaten für die IT-betriebene Berichterstattung spielen hier eine Rolle.
- **Externer Betrug:** Informationsdiebstahl durch Hacker-Angriffe von außen sind wiederrum durch geeignete Authentifizierung abzudecken.
- **Physische Störungen:** Außergewöhnliche Ereignisse
- **Systemfehler:** Ausfall von Software und Hardware durch technische Störungen
- **Prozessmanagement:** Eingabefehler, Buchhaltungsfehler, fehlerhaftes Reporting

Der schnelle Zugriff auf Finanzdaten ist für Unternehmen von entscheidendem Vorteil. Ein sauberer, schneller Aufruf früherer Dokumente, die zusätzlich geschützt und deren Entscheidungen durch archivierte Authentifizierungsinformationen angereichert sind, bringt eine zusätzliche Transparenz der Finanzberichterstattung und hat damit eine positive Auswirkung auf die Rating Entscheidungen. IT-Compliance und die damit einhergehende Prozessverbesserung bietet also Finanzierungsvorteile. [BW 2009, S. 2 f.]

Primäre Anforderungen aus Basel II	Authentifizierungsschnittpunkte
Minimierung des internen Betrugs	Einfach speicherbare Authentifizierungsinformationen, die nicht manipulierbar in einem zentralen Archiv gespeichert sind
	Absicherung der IT durch wirkungsvollen, sicheren Zugangs-, Zugriffs- und Zutrittsschutz
Minimierung des externen Betrugs	Absicherung der IT durch sicheren Zugangs-, Zugriffs- und Zutrittsschutz, der konsequent Angriffe erschwert

Tabelle 5.7: Anforderungen aus Basel II
[eigener Entwurf]

5.1.8 Analyse der Mindestanforderungen an das Risikomanagement

Anlass und Zielsetzung des Regelwerks:

Die Mindestanforderungen an das Risikomanagement (MaRisk) für Banken aus dem Jahr 2005 stammen von der Bundesanstalt für Finanzdienstleitungsaufsicht und basieren auf § 25a Abs. 1 des Kreditwesengesetzes. Zwar gelten die MaRisk bisher nur für den Finanzsektor, sie können jedoch als Initiative für zukünftige Gesetze für alle Unternehmen und Behörden gesehen werden [Speichert 2007, S. 266]. Dies zeigt sich dadurch, dass es seit 2009 mit MaRisk Va bereits eine Version für Versicherungen gibt

[BaFin 2009]. Die Bundesanstalt für Finanzdienstleistungsaufsicht (BaFin) überarbeitet die MaRisk in regelmäßigen Abständen. So wurde zuletzt am 26.04.2012 der aktuelle Entwurf der MaRisk vorgestellt.

Das grundsätzliche Ziel stellt die Ausgestaltung des Risikomanagements für Finanzdienstleistungsunternehmen dar. Damit ist MaRisk auch ein gesetzlich verbindliches Regelwerk, um Informationssicherheit zu schaffen [Speichert 2007, S. 266]. Allgemein fordert das Gesetz die Festlegung einer Risikostrategie mit aufbau- und ablauforganisatorischen Regelungen sowie ein internes Kontrollsystem zur Erkennung und Minimierung dieser Risiken [BaFin 2012; BITKOM 2009, S. 30; Speichert 2007, S. 265 f.]. Dazu soll ein internes Kontrollsystem (IKS) verwendet werden [BaFin 2012, S. 13]. Compliance schreiben die MaRisk als besondere Funktion jedem Institut in Punkt „AT 4.4.3" vor [BaFin 2012, S. 19].

Wesentliche Inhalte des Regelwerks:

Die MaRisk gliedern sich in zwei große Module [BaFin 2012, S. 4]:

Das Modul AT stellt den allgemeinen Teil zur Ausgestaltung des Risikomanagements dar. Es besteht aus den 9 Teilen „AT 1 Vorbemerkung", „AT 2 Anwendungsbereich", „AT 3 Gesamtverantwortung der Geschäftsleitung", „AT 4 Allgemeine Anforderungen an das Risikomanagement", „AT 5 Organisationsrichtlinien", „AT 6 Dokumentation", „AT 7 Ressourcen", „AT 8 Anpassungsprozesse" und „AT 9 Outsourcing". [BaFin 2012, S. 1 ff.]

Das Modul BT behandelt spezifische Anforderungen an die Organisation des Kredit- und Handelsgeschäfts. Dabei werden „Besondere Anforderungen an das interne Kontrollsystem" (BT 1) und „Besondere Anforderungen an die Ausgestaltung der Internen Revision" (BT 2) behandelt. [BaFin 2012, S. 1 ff.]

Allgemeine Auswirkungen auf die IT und spezielle Auswirkungen auf die Authentifizierung:

Für die IT und die Authentifizierung lassen sich nur im Modul AT Anforderungen finden.

Besonders der Punkt „AT 7.2 - Technisch organisatorische Ausstattung" stellt Anforderungen an die IT-Sicherheit. Konkret sollen die IT-Systeme und IT-Prozesse „die Integrität, die Verfügbarkeit, die Authentizität sowie die Vertraulichkeit der Daten sicherstellen" [BaFin 2012, S. 23]. Die Vertraulichkeit und in gewissem Umfang auch die Authentizität von Daten können durch den Nachweis der Identität des bearbeitenden Benutzers garantiert werden. Hierfür ist ein Authentifizierungssystem nötig. Die Benutzerberechtigung soll organisatorische Zuordnungen berücksichtigen und Funktionstrennungen ermöglichen [BaFin 2012, S. 23].

Um diese Anforderungen umzusetzen, sind gängige Standards heranzuziehen. Die Berechtigungsvergabe ist durch ein Rollenmodell zu realisieren und die IT-Systeme sowie IT-Prozesse sind ständig fachlich und technisch zu prüfen [BaFin 2012, S. 23]. MaRisk erwähnt als geeignete Standards sogar explizit die IT-Grundschutzkataloge des BSI und den internationalen Standard ISO/IEC 2700X (vgl. [BaFin 2012, S. 23]). MaRisk fordert außerdem in Punkt 3 und 4 von „AT 7.2" Tests der IT-Systeme vor dem erstmaligen ausführen bzw. nach sehr gravierenden Änderungen in diesen. Zu diesen Tests können auch Testate Dritter herangezogen werden, was auf eine Zertifizierung hindeutet [BaFin 20012, S. 24]. Aus diesem Grund wird in Abschnitt 5.2.6 das Biometric Verification Mechanisms Protection Profile (BVMPP) als gängige Zertifizierungsvorschrift auf weitere Anforderungen an die Authentifizierung untersucht. Außerdem sind für speziell zeitkritische Aktivitäten und ihre unterstützenden IT-Systeme gewisse Notfallkonzepte zu erstellen [BaFin 2012, S. 24 f.]. Dies gilt auch falls die zeitkritischen Aktivitäten ausgelagert sind [BaFin 2012, S. 24 f.]. Besonders durch den Fokus auf das Management der Informationssicherheit und die namentliche Nennung von Standards zur Umsetzung kommt den MaRisk eine hohe Bedeutung zu. Direkte weitere Anforderungen lassen sich demnach aus den nachfolgenden Standards ableiten, die zur Erfüllung von MaRisk dienen (siehe Abschnitte 5.2.1 und 5.2.2).

Primäre Anforderungen aus MaRisk	Authentifizierungsschnittpunkte
Sicherstellung der Integrität, der Verfügbarkeit, der Authentizität sowie der Vertraulichkeit von Finanzdaten	Siehe IT-Grundschutz und ISO 2700X (Abschnitte 5.2.1 und 5.2.2).

Tabelle 5.8: Anforderungen aus MaRisk
[eigener Entwurf]

5.1.9 Analyse der Richtlinie über Märkte für Finanzinstrumente

Anlass und Zielsetzung des Regelwerks:

Die Richtlinie 2004/39/EG über Märkte für Finanzinstrumente der Europäischen Union (Markets in Financial Instruments Directive, MiFID) wurde am 21. April 2004 veröffentlicht und trat 2007 in Kraft. Sie hat das Ziel, innerhalb der EU den Betrieb der Wertpapierfirmen und Banken zu harmonisieren, um so ein hohes Schutzniveau für Anleger zu erreichen [Europäisches Parlament 2004, S. 1]. Im Zuge der Finanzkrise soll die MiFID überarbeitet werden und noch weitere Anforderungen an die Transparenz des Finanzmarktes stellen [Europäische Kommission 2011, S. 1 ff.].

Wesentliche Inhalte des Regelwerks:

MiFID besteht aus 5 Titeln mit insgesamt 73 Artikeln und 2 Anhängen. Artikel 13 regelt organisatorische Anforderungen für die Zulassung von Wertpapierfirmen und liefert damit Aussagen zur Authentifizierung.

Allgemeine Auswirkungen auf die IT und spezielle Auswirkungen auf die Authentifizierung:

Forderungen nach Authentifizierung finden sich indirekt in Artikel 13, Absatz 5 [Europäisches Parlament 2004, S. 14]:

> *„Eine Wertpapierfirma muss über eine ordnungsgemäße Verwaltung und Buchhaltung, interne Kontrollmechanismen, effiziente Verfahren zur Risikobewertung sowie wirksame Kontroll- und Sicherheitsmechanismen für Datenverarbeitungssysteme verfügen".*

Die Protokollierung dieser Daten fordert indirekt der Artikel 13, Absatz 6 [Europäisches Parlament 2004, S. 14]:

> *„Eine Wertpapierfirma sorgt dafür, dass Aufzeichnungen über alle ihre Dienstleistungen und Geschäfte geführt werden, die ausreichen, um der zuständigen Behörde zu ermöglichen, die Einhaltung der Anforderungen diese Richtlinie zu überprüfen und sich vor allem zu vergewissern, dass die Wertpapierfirma sämtlichen Verpflichtungen gegenüber den Kunden oder potenziellen Kunden nachgekommen ist".*

Basierend auf Artikel 13, Absatz 10 hat die Kommission im Jahr 2006 Durchführungsmaßnahmen erlassen, die konkrete organisatorische Anforderungen beschreiben [Europäisches Parlament 2004, S. 15; Europäisches Parlament 2006d; Europäisches Parlament 2006e].

In der Verordnung 1287/2006 werden die Protokollierung nach Artikel 13, Absatz 6 der Richtlinie 2004/39/EG abgehandelt in den Artikeln 7 und 8 [Europäisches Parlament 2006d, S. 5 f.]. Bei der Aufzeichung von Geschäften hat nach Artikel 8 Absatz 1 b) eine Identifikation der Gegenpartei stattzufinden [Europäisches Parlament 2006d, S. 6]. Es finden sich jedoch keine direkten Anforderungen nach einer IT-gestützten Authentifizierungslösung. In der Richtlinie 2006/73/EG werden in Grund 16 der Schutz personenbezogener Daten sowie in Artikel 5 die Forderung nach angemessenen internen Kontrollmechanismen angesprochen [Europäisches Parlament 2006e, S. 2, S. 9]. Auch hier sind die Ausführungen zu vage und abstrakt, es bietet sich an, hier auf die speziellen Bestimmungen wie die GoBS und das BDSG zu verweisen.

Primäre Anforderungen aus MiFID	Authentifizierungsschnittpunkte
Ordnungsgemäße Verwaltung und Buchhaltung, interne Kontrollmechanismen, effiziente Verfahren zur Risikobewertung sowie wirksame Kontroll- und Sicherheitsmechanismen für Datenverarbeitungssysteme	Siehe GoBS und GDPdU (Abschnitt 5.1.3 und 5.1.4)
Schutz personenbezogener Daten	Siehe BDSG (Abschnitt 5.1.5)
Sicherstellung der Identität der Gegenparteien bei der Aufzeichnung von Finanzgeschäften	Sicherstellung der Personenidentität

Tabelle 5.9: Anforderungen aus MiFID
[eigener Entwurf]

5.1.10 Analyse des elektronischen Signaturgesetzes und der Signaturverordnung

Anlass und Zielsetzung des Regelwerks:

Das Signaturgesetz (SigG) und die Signaturverordnung (SigV) aus dem Jahr 2001 waren die logische Konsequenz aus den immer wiederkehrenden Forderungen nach Authentizität im elektronischen Schriftverkehr und wurden durch eine EG Richtlinie von 1999 angestoßen. Durch die zunehmende Abwicklung von Rechtsgeschäften über das Internet wächst der Bedarf an einer gesetzlich geregelten eindeutigen elektronischen Identifizierung und rechtsverbindlichen Willenserklärung der Vertragspartner [Albrecht 2003, S. 19 ff.; Speichert 2007, S. 19 ff.]. Hierfür wurde die elektronische Signatur konzipiert [BMJ 2001a, S. 2 ff.; BMJ 2001b, S. 2 ff.; EG 1999, S. 12 ff.; Peterman/Sauter 2002, S 80 ff.; Speichert 2007, S. 19 ff.]. Während im Schriftverkehr mit Unterschrift bereits eine biometrische Handlung als Willenserklärung verwendet wird, soll unter dem Begriff der elektronischen Signatur die Rechtsverbindlichkeit der Willenserklärungen und die Authentizität der Vertragspartner auf dem elektronischen Kommunikationsweg gewährleistet werden. [Albrecht 2003, S. 19 ff.; BMJ 2001a, S. 2 f.; BMJ 2001b, S. 2 f.; EG 1999, S. 12 ff.; Petermann/Sauter 2002, S. 80 ff.; Speichert 2007, S. 19 ff.]

Aufgrund der gesetzlichen Rückendeckung (§ 126a BGB) ist es für ein Unternehmen in Deutschland vorteilhaft, wenn das verwendete Authentifizierungssystem als elektronische Signatur nach dem Signaturgesetz (SigG) und der Signaturverordnung (SigV) eingesetzt werden kann. Die Forderungen, z. B. aus SOX, nach einer Haftung können durch die Identitätsfeststellung mittels einer qualifizierten digitalen Signatur gesetzlich anerkannt sein. Deshalb sind in Deutschland das SigG und die SigV essentiell für die Einhaltung der IT-Compliance. Hierfür stellt das Signaturgesetz mehrere Anforderungen, die im Folgenden beschrieben werden.

Wesentliche Inhalte des Regelwerks:

Das Signaturgesetz besteht aus den 6 Abschnitten „Allgemeine Bestimmungen", „Zertifizierungsdiensteanbieter", „Freiwillige Akkreditierung", „Technische Sicherheit", „Aufsicht" und „Schlussbestimmungen". Insbesondere die allgemeinen Bestimmungen und die Technische Sicherheit enthalten Anforderungen an die Authentifizierung.

Die Signaturverordnung ist eine Ergänzung des SigG und besteht aus 19 Paragraphen und 2 Anhängen. Dabei werden insbesondere Anforderungen an das Zertifikat, Festsetzung und Erhebung von Kosten im Zusammenhang mit der Signatur und die Prüfung von Produkten für qualifizierte elektronische Signaturen behandelt.

Allgemeine Auswirkungen auf die IT und spezielle Auswirkungen auf die Authentifizierung:

Die Authentifizierung der Person für die elektronische Signatur kann durch biometrische Systeme erfolgen. Beispielsweise ist es möglich, entweder den Zugang zur Signaturerstellung an eine Person zu binden (erfordert eine wiederholte Authentifizierung) oder das biometrische Merkmal permanent in die Signatur als Identifizierung einzubetten (erfordert einmalige Authentifizierung).

Entscheidend ist die Art der elektronischen Signatur. Das Gesetz unterscheidet zwischen der „elektronischen Signatur", der „fortgeschrittenen elektronischen Signatur" und der „qualifizierten elektronischen Signatur" [BMJ 2001a, S. 2]. Diese elektronischen Signaturen unterscheiden sich in ihrem Sicherheitsniveau und stellen deshalb unterschiedliche Anforderungen an Authentifizierungssysteme. Als elektronische Signatur gelten alle an andere elektronische Daten hinzugefügten oder verknüpften Daten zur Authentifizierung [BMJ 2001a, S. 2].

Demnach können alle Authentifizierungssysteme als elektronische Signatur verwendet werden, sofern sie technisch an die zu verarbeitenden Daten gebunden werden können. Um als fortgeschrittene elektronische Signatur eingesetzt zu werden, sind nach § 2 Satz 2 SigG noch folgende Anforderungen zu erfüllen [BMJ 2001a, S. 2 f.]:

- Die Ausschließliche Zuordnung zum Signaturinhaber
- Die Identifizierung, also die Feststellung der Identität des Signaturschlüsselinhabers
- Die alleinige Kontrolle der Mittel zur Erzeugung der Signaturen
- Die nachträgliche Erkennung von Veränderungen der Signaturdaten (siehe § 10 Abs. 1 SigG)

Die ersten zwei Punkte sprechen erforderliche Funktionen einer Authentifizierung an. Die ausschließliche Zuordnung und die Identifizierung erfordern erneut die Personenbindung und die Einmaligkeit eines Authentifizierungsmerkmales. Der dritte Punkt ist schwer als Anforderung an ein Authentifizierungssystem stellbar. Jedoch hat die Merkmalsspeicherung von Authentifizierungsdaten einen unmittelbaren Einfluss auf die Verfügungsgewalt über diese Daten. Wichtig ist im vierten Punkt außerdem, dass zwar nicht die Unveränderlichkeit der Signaturdaten erforderlich ist, aber eine Veränderung im Nachhinein erkennbar sein muss. Dies kann nicht direkt durch ein Authentifizierungsverfahren gelöst werden, sondern ist vielmehr die Aufgabe der technischen Algorithmen, welche die Verknüpfung der Authentifizierungsdaten mit den zu signierenden Daten realisieren. Trotzdem spricht der Paragraph auch die technische Merkmalssicherheit an.

Schließlich müssen nach § 2 Satz 3 SigG qualifizierte elektronische Signaturen als die höchste Stufe der Sicherheit nochmals zusätzlich zwei Kriterien erfüllen [BMJ 2001a, S. 3]:

- Zum Zeitpunkt der Erzeugung muss die Signatur auf einem gültigen Zertifikat beruhen.
- Die Signatur muss mit einer sicheren Signaturerstellungseinheit erzeugt werden.

Besonders die Ausstellung eines gültigen qualifizierten Zertifikats bietet den größten Zuwachs in Sachen Sicherheitsqualität. Das Zertifikat muss nach § 7 SigG neben den Inhabernamen und weiteren Informationen einen zugeordneten Signaturprüfschlüssel enthalten. Die Zuordnung und damit die Sicherstellung der Identität einer Person können inhärent mit Authentifizierungsmechanismen verknüpft sein. Außerdem muss das Zertifikat von einem Zertifizierungsdiensteanbieter ausgestellt werden, der u. a. auch nach § 14 SigG gewissen Datenschutzrestriktionen unterliegt. Nach § 15 Abs. 1 Satz 4 SigG können sich diese Zertifizierungsdienste in Bezug auf ihre technische und administrative Sicherheit von Behörden akkreditieren lassen [BMJ 2001a, S. 7 f.]. Dies schließt die sichere Authentifizierung bei der Autorisierung der Signatur ein. Die eingesetzten Authentifizierungsmechanismen müssen der Prüfung der Behörde standhalten, was die technische und die administrative Sicherheit angeht.

Der zweite Punkt fordert zudem eine sichere Signaturerstellungseinheit. Hierbei handelt es sich um „Software oder Hardwareeinheiten zur Speicherung und Anwendung des jeweiligen Signaturschlüssels" [BMJ 2001a, S. 3]. Die allgemeinen Anforderungen hieran werden in den §§ 17 bis 23 SigG behandelt [BMJ 2001a, S. 8 ff.]:

- Zuverlässige Erkennung von Fälschungen (§ 17 Abs. 1)
- Schutz gegen unberechtigte Nutzung (§ 17 Abs. 1)
- Einmaligkeit bei der Erzeugung (§ 17 Abs. 3 Satz 1)
- Geheimhaltung bei der Erzeugung (§ 17 Abs. 3 Satz 1)
- Ausschließen der Speicherung außerhalb der Signaturerstellungseinheit (§ 17 Abs. 3 Satz 1)
- Schutz vor unbefugter Veränderung und Abruf (§ 17 Abs. 3 Satz 2)

Die Authentifizierung kann besonders die Weitergabe der sicheren Signaturerstellungseinheit und ihre unbefugte Nutzung abdecken [Bundesregierung 2000, S. 28 ff.]. Auch kann die Forderung nach Geheimhaltung und nach Einmaligkeit unterstützt werden. Diese Aussagen sind also direkt als eine Forderung nach einem Authentifizierungssystem zu verstehen. Noch konkreter wird die Signaturverordnung (SigV) in § 15 „Anforderungen an Produkte für qualifizierte elektronische Signaturen". In § 15 Abs. 1 Satz 1 SigV steht [BMJ 2001b, S. 7]:

„Sichere Signaturerstellungseinheiten [...] müssen gewährleisten, dass der Signaturschlüssel erst nach Identifikation des Inhabers durch Besitz und Wissen oder durch Besitz und ein oder mehrere biometrische Merkmale angewendet werden kann."

Die Signaturverordnung legt bei der Prüfung dieser Sicherheit der Produkte gewisse Vorgaben zu Grunde, nämlich in Anlage 1 die „Gemeinsamen Kriterien für die Prüfung und Bewertung der Sicherheit in der Informationstechnik"[50] oder die „Kriterien für die Bewertung der Sicherheit von Systemen in der Informationstechnik"[51] [BMJ 2001b, S. 10 ff.; Petermann/Sauter 2002, S. 8 ff.].

Primäre Anforderungen aus SigV und SigG	Authentifizierungsschnittpunkte
Erzeugung von hinzufügbaren oder verknüpfbaren elektronischen Authentifizierungsdaten, welche die ausschließliche Zuordnung zum Signaturinhaber bzw. die Identifizierung, also die Feststellung der Identität des Signaturschlüssel-Inhabers, gewährleisten	Authentifizierungsdaten mit einer hohen Personenbindung und Einmaligkeit; mit geringer Veränderbarkeit, zeitlicher Variabilität, Beeinflussbarkeit und Fälschbarkeit
Alleinige Kontrolle der Mittel zur Erzeugung der Signaturen	Kontrolle des Orts der Merkmalsspeicherung von Authentifizierungsdaten durch den Merkmalsträger
Nachträgliche Erkennung von Veränderungen der Signaturdaten	Verhinderung oder Erkennung von Veränderungen durch die Art der Speicherung von Authentifizierungsdaten
Qualifizierte elektronische Signaturen erfordern eine sichere Signaturerstellungseinheit	- Zuverlässige Erkennung von Fälschungen - Schutz gegen unberechtigte Nutzung - Einmaligkeit bei der Erzeugung - Geheimhaltung bei der Erzeugung - Ausschließen der Speicherung außerhalb der Signaturerstellungseinheit - Schutz vor unbefugter Veränderung und Abruf

Tabelle 5.10: Anforderungen aus SigV und SigG
[eigener Entwurf]

5.1.11 Analyse des Elektronischen Handels- und Genossenschaftsregisters

Anlass und Zielsetzung des Regelwerks:

Im Januar 2007 trat das elektronische Handels- und Genossenschaftsregister (EHUG) in Kraft, welches die Umstellung des Handelsregisters auf eine IT-gestützte Version regelt [Bundesregierung 2006]. Als Konsequenz der EU-Richtlinie 2003/58/EG verlangt es, „dass die offenlegungspflichtigen Daten über ein Unternehmen spätestens ab dem 1. Januar 2007 über ‚eine Akte' zentral elektronisch abrufbar sind" [Bundesregie-

---

[50] Common Criteria for Information Technology Security Evaluation, BAnz. 1999 S. 1945, - ISO/IEC 15408
[51] ITSEC - GMBl vom 8. August 1992, S. 545

rung 2006, S. 1]. Danach müssen nun Kapitalgesellschaften ihre Abschlüsse digitalisieren und beim elektronischen Bundesanzeiger einreichen [Kampffmeyer 2007, S. 13].

Wesentliche Inhalte des Regelwerks:

Das EHUG besteht in der 2007er Version aus 13 Artikeln, welche u. A. das Handelsgesetzbuch, das Genossenschaftsgesetz, das Publizitätsgesetz, das Aktiengesetz, das Gesetz betreffend die GmbHG und das Kreditwesengesetz ändern.

Allgemeine Auswirkungen auf die IT und spezielle Auswirkungen auf die Authentifizierung:

Für Kapitalgesellschaften ist also eine IT-gestützte Buchführung mittlerweile Pflicht. Dies hat jedoch nicht wirklich eine hohe Bedeutung, da die Jahresabschlüsse der heutigen Kapitalgesellschaften ohnehin nicht mehr ohne IT zu realisieren wären. Das EHUG stellt außerdem klar, dass E-Mails eine Form von Geschäftsbriefen sind, deshalb Pflichtangaben enthalten müssen und einer Aufbewahrungspflicht unterliegen. Unternehmensinterne und private Kommunikation sind ausgeschlossen. [Kampffmeyer 2007, S. 13]

Die Gesetzesbegründung hierzu [Bundesregierung 2006, S. 47]:

„Die EU-Publizitätsrichtlinie schreibt in Artikel 4 nunmehr ausdrücklich vor, dass die Pflichtangaben auf Geschäftsbriefen und Bestellscheinen unabhängig von der Form dieser Dokumente zu machen sind. Dies soll künftig auch für § 37a und alle vergleichbaren Vorschriften über Geschäftsbriefangaben durch einen möglichst geringfügigen Einschub in den vorhandenen Gesetzestext klargestellt werden. Die EU-Publizitätsrichtlinie erfasst zwar nur Kapitalgesellschaften. Eine einheitliche Regelung für alle nach deutschem Recht insoweit Verpflichteten erscheint aber unumgänglich und notwendig. Der Geschäftsverkehr soll sich nicht auf verschiedene Standards bei Personen, Personengesellschaften und Kapitalgesellschaften einstellen müssen. Hinzu kommt, dass nach der herrschenden Meinung im Schrifttum bereits heute von der Geltung des § 37a und vergleichbarer Vorschriften auch für Telefaxe, E-Mails etc., also ohne Unterscheidung nach der äußeren Form der Schreiben, ausgegangen wird."

Seit Inkrafttreten des Elektronische Handels- und Genossenschaftsregisters werden E-Mails zunehmend archiviert. Eine reine Archivierung von E-Mails reicht jedoch nicht aus, sondern ist aufgrund der Nachvollziehbarkeit und Vollständigkeit an andere Dokumente zu koppeln, die den Geschäftsfall betreffen. Alle Mitarbeiter des Unternehmens müssen durch technische Maßnahmen zu dieser nachvollziehbaren Archivierung gebracht werden, hier empfiehlt sich der Einsatz einer unternehmensweiten Authentifizierungslösung. [Kampffmeyer 2007, S. 13 f.]

Das EHUG ist ein Beispiel für die Anpassung bisheriger Gesetze an die Anforderungen der Informationsgesellschaft [Kampffmeyer 2007, S. 13]. Da das EHUG eine Reihe neuer Anforderungen an Unternehmen stellt und bei Nichteinhaltung auch Strafen drohen, ist es definitiv zu den wichtigen Rechtsnormen der IT-Compliance zu zählen [Kampffmeyer 2007, S. 13].

Primäre Anforderungen aus EHUG	Authentifizierungsschnittpunkte
Fälschungssichere, zeitgenaue Archivierung und Protokollierung von Geschäftsbriefen	Einfach speicherbare Authentifizierungsinformationen, die nicht manipulierbar in einem zentralen Archiv gespeichert sind

Tabelle 5.11: Anforderungen aus EHUG
[eigener Entwurf]

5.1.12   Weitere branchenspezifische Regularien

Neben den allgemein gültigen Regularien existiert noch eine Reihe von branchenspezifischen Regularien. Der Sektor der Banken und Kapitalanlagegesellschaften sowie der Versicherungen wurde durch die bisherigen Regularien bereits abgedeckt. Das ist darauf zurückzuführen, dass aus diesem Sektor der Impuls für die meisten Compliance-Vorschriften kam. Im Folgenden werden weitere branchenspezifische Regularien angeschnitten, um ihre Anforderungen mit den bisherigen Anforderungen abzugleichen.

In der Pharma- und Lebensmittelindustrie können die Kriterien cGMPs[52] der FDA[53] aus den USA als wegweisend bezeichnet werden. Auf europäischer Ebene sind diese unter den Richtlinien für „gute Arbeitspraxis" (GxP) zusammengefasst. In den Regeln geht es hauptsächlich darum, dass für Medikamente bestimmte Testnachweise und Produktionsverfahren dokumentiert sein müssen. Laut FDA müssen „elektronische Aufzeichnungen äquivalent zu Papieraufzeichnungen sein und elektronische Unterschriften die gleiche Aussagekraft und Eindeutigkeit wie handgeschriebene Unterschriften haben" [Kampffmeyer S. 20 ff.]. Dies deckt sich mit den Forderungen nach einer elektronischen Signatur. Es gelten deshalb die gleichen Anforderungen wie in Abschnitt 5.1.10.

Der Gesundheitssektor ist ebenfalls ein wichtiges Feld in Bezug auf Compliance-Regularien. Besonders im Zusammenhang mit der Authentifizierung sind die persönlichen und gesundheitsbezogenen Informationen über Patienten schützenswert, da sie nach § 3 Abs. 9 BDSG zu den sensiblen Daten zählen. Allerdings kann die Authentifizierung im Gesundheitssektor selbst bei der Identifizierung und Weiterverfolgung von Betrug und Missbrauch unterstützen [Kampffmeyer S. 20 ff.]. Ein Beispiel für eine umfassende Regelung ist der HIPAA[54] aus den USA, der viele Dokumentations- und Vertraulichkeitsanforderungen stellt [Kampffmeyer S. 20 ff.]. HIPAA spricht im Teil 2 den Missbrauch an. Zur Umsetzung vieler dieser Gesetze, müssen Personen beim Verstoß identifiziert werden (Subtitle C), um sie zu bestrafen (Subtitle B und D) [USC 1996, S. 69, S. 75, S. 78]. Zum physischen und technischen Schutz des Zugriffs

---

[52] Current Good Manufacturing Practices
[53] Food and Drug Administration
[54] Health Insurance Portability and Accountability Act

und der Übertragung der Patientendaten, ist also eine Authentifizierung mit hoher Personenbindung – insbesondere zur Nachverfolgbarkeit – die wichtigste Forderung.

Außerhalb des privatwirtschaftlichen Bereichs existiert eine Vielzahl von Compliance Regularien in der öffentlichen Verwaltung. Auch hier hatten die USA im militärischen Umfeld mit den DoD 5015.2[55] eine prägende Wirkung. In Deutschland ist das DO-MEA[56]-Konzept zu nennen, welches 2012 durch das „Organisationskonzept elektronische Verwaltungsarbeit" abgelöst wurde und sich gerade in der Entwicklung befindet. Es befasst sich hauptsächlich mit dem Dokumentmanagement und der Archivierung in der Verwaltung [Kampffmeyer S. 20 ff.]. Hierbei spricht es auch an, dass behördliche Unterlagen „[...] auch in elektronischer Form den Kriterien Vollständigkeit, Integrität und Authentizität, […]" entsprechen müssen [BMI 2005, S. 16]. Zum Nachweis der Authentizität der Kommunikationspartner muss ein Authentifizierungssystem genannt werden. Direkte Anforderungen an dieses außer der Personenbindung finden sich jedoch nicht.

5.2 Anforderungen der IT-Management-Standards an die Authentifizierung

Das vergangene Unterkapitel lieferte einen Überblick über die bedeutendsten gesetzlichen Rechtsnormen und Vorschriften, die heute für Unternehmen wichtig sind, um IT-Compliance zu erreichen. Durch diese Auswahl sollte schon deutlich werden, dass die rechtlichen Bestimmungen an das Unternehmen sehr vielfältig sind. Wie sich gezeigt hat, sind die meisten Gesetze und Vorschriften für die IT-Compliance im Unternehmen zum Großteil nicht IT-spezifisch. Aus den Gesetzen abgeleitete Regeln und Standards lassen jedoch den Verweis auf Unternehmensfunktionen zu, die durch die IT gestützt sind. Die Umsetzung und damit die Erreichung der IT-Compliance-Konformität ist dann unter anderem eine Aufgabe des IT-Sicherheitsmanagements.

Mittlerweile existiert eine Reihe von Standards, die Unternehmen ein Framework für das IT-Sicherheitsmanagement als Hilfe zur Verfügung stellen. Darin enthalten sind auch Maßnahmen zur IT-Governance und dadurch letztendlich zur Unterstützung der IT-Compliance. Ziele dieser Standards sind dabei hauptsächlich die Kostensenkung, die Einführung eines angemessenen Sicherheitsniveaus und die Realisierung von Wettbewerbsvorteilen [BITKOM 2009, S. 5]. Abschnitt 4.1 hat hierzu bereits folgende Standards und Normen identifiziert:

- IT-Grundschutzkataloge des BSI
- ISO 27000er Familie

---

[55] ELECTRONIC RECORDS MANAGEMENT SOFTWARE APPLICATIONS DESIGN CRITERIA STANDARD
[56] Dokumentenmanagement und elektronische Archivierung im IT-gestützten Geschäftsgang

- IT Infrastructure Library
- Control Objectives for Information and Related Technology
- Prüfungsstandards und Ausführungsbestimmungen des Instituts der Wirtschaftsprüfer in Deutschland e. V.

Neben diesen Standards und Normen haben sich im Zuge deren Analyse noch die folgenden Regularien als bedeutend ergeben, da auf diese referenziert wurde (siehe Abschnitt 4.2):

- Payment Card Industry Data Security Standard
- Biometric Verification Mechanisms Protection Profile
- ISO 38500

Grundsätzlich legen die verschiedenen Standards ihre Schwerpunkte auf unterschiedliche Bereiche und behandeln nicht alle umfassend die verschiedenen Aspekte des IT-Sicherheitsmanagements. Da diese Standards jedoch trotzdem meist noch sehr umfangreich sind, werden nachfolgend nur diejenigen vorgestellt, die einen Bezug zu den vorher vorgestellten Regeln ausweisen. Im Zuge der eben erwähnten Zertifizierung wird außerdem das Biometric Verification Mechanisms Protection Profile (BVMPP) betrachtet, welches bei einer Zertifizierung biometrischer Authentifizierungssysteme nach Common Criteria[57] essentiell ist.

Viele der bereits angesprochenen Anforderungen sind sehr allgemein und unspezifisch. Es liegt also nach wie vor eine große Verantwortung auf der Einzelfallbeurteilung eines Gerichts, ob ein Verstoß gegen die Pflichten vorliegt. In einigen Gesetzen sind jedoch schon sehr genaue Forderungen an die Authentifizierung auszumachen (z. B. im Bundesdatenschutzgesetz). Trotzdem haben sich zur Erfüllung vieler dieser Anforderungen in der Praxis bestimmte Standards etabliert. So wird beispielsweise behauptet, wenn sich ein Unternehmen an COBIT oder ISO 27001 orientiert und dort die Kontrollziele erreicht, dass es verantwortungsvoll im Sinne der allgemeinen Vorschriften, beispielsweise aus SOX, gehandelt hat [Van Grembergen/Haes 2009, S. 160 f.]. Dies hat insbesondere mit einer Minimierung der Haftungsrisiken in Bezug auf die IT-Sicherheit zu tun. Die Authentifizierung hat dabei Schnittstellen sowohl zu konzeptionellen als auch zu operativen Aufgaben zur Minimierung dieser Haftungsrisiken [BITKOM 2005, S. 9, S. 11]. Zudem liefern die Kommentare und Standards des IDW konkretisierte Beschreibungen der GoB und GDPdU für das Feld der Informati-

---

[57] Die Common Criteria for Information Technology Security Evaluation (CC) stellen den bedeutendsten internationalen Standard zur Prüfung und Bewertung der Sicherheit in der Informationstechnik dar. Ihr Hauptziel ist das Erreichen einer Vergleichbarkeit der Ergebnisse unabhängiger Sicherheitsevaluationen durch das Bereitstellen gemeinsamer Anforderungen an die Sicherheit von Hardware, Firmware und Software. [Common Criteria 2012, S. 10; Herrmann 2003, S. 1]

onstechnologie. Daher stellt der nächste Schritt die weitere Ableitung von Anforderungen an die Authentifizierung aus diesen Standards und Ausführungsbestimmungen dar. Diese nächste Ebene kann erneut durch den Gesetzgeber bzw. Behörden wie das BSI[58] (IT-Grundschutzkataloge und BVMPP[59]) erlassen sein. Meist stammen die betrachteten Standards und Ausführungsbestimmungen jedoch von Interessengemeinschaften wie dem IDW[60] (IDW Standards), der ISACA[61] (COBIT) oder dem ITSMF[62] (ITIL). Auch diese Standards und Ausführungsbestimmungen weisen – wie bereits die Gesetze und Regularien – Defizite und ungenaue Formulierungen auf. Abschnitt 10.3 geht anhand des Beispiels der IT-Grundschutzkataloge darauf ein, welche Maßnahmen beim Einsatz dieser Standards zusätzlich noch für die biometrische Authentifizierung von Bedeutung sind.

Es folgt eine Analyse der Standards und Normen auf ihre Compliance-Anforderungen an Authentifizierungssysteme, wie sie in Abschnitt 4.3 beschrieben wurde.

5.2.1 Analyse der IT-Grundschutzkataloge

Anlass und Zielsetzung des Regelwerks:

Das Bundesamt für Sicherheit in der Informationstechnik (BSI) stellt in Deutschland die zentrale Institution für das IT-Sicherheitsmanagement dar. Für den IT-Grundschutz gibt das BSI bisher vier Standards heraus, die Empfehlungen zu Methoden, Prozessen und Verfahren sowie Vorgehensweisen und Maßnahmen mit Bezug zur Informationssicherheit enthalten [BSI 2013]:

- BSI-Standard 100-1: Managementsysteme für Informationssicherheit (ISMS)
- BSI-Standard 100-2: IT-Grundschutz-Vorgehensweise
- BSI-Standard 100-3: Risikoanalyse auf der Basis von IT-Grundschutz
- BSI-Standard 100-4: Notfallmanagement

Die Zielgruppe bilden neben den Anwendern von IT auch IT-Hersteller und IT-Dienstleister, die eine sichere Nutzung der IT gewährleistet haben wollen. Die Standards leisten in Deutschland auch einen sehr wichtigen Beitrag zur einheitlichen Definition und Verwendung von Fachbegriffen. [BITKOM 2009, S. 20; BSI 2013]

Die Standards sind im Zusammenhang mit den IT-Grundschutzkatalogen des BSI zu verwenden, auf die auch mehrmals referiert wird. Die IT-Grundschutzkataloge (ehemals das BSI IT-Grundschutzhandbuch) sind ein 4000 Seiten starkes Werk, wel-

---

[58] Bundesamt für Sicherheit in der Informationstechnik
[59] Biometric Verification Mechanisms Protection Profile
[60] Institut der Wirtschaftsprüfer in Deutschland e. V.
[61] Information Systems Audit and Control Association
[62] IT Service Management Forum

ches bereits seit 1994 entwickelt wird und sich seit 2006 auch an die ISO 27001 an-lehnt[63]. Dadurch ist es auch vollständig kompatibel zur ISO 27001 und berücksichtigt die Anforderungen aus der ISO 27002. Das Ziel der IT-Grundschutzkataloge laut ihrer eigenen Definition besteht darin, in einem ganzheitlichen Ansatz einen angemessenen Schutz für alle Informationen einer Institution durch die Empfehlung von Standard-Sicherheitsmaßnahmen für typische Geschäftsprozesse, Anwendungen und IT-Systeme zu erreichen [BSI 2011a, S. 13]. Weiterhin wird „durch die geeignete Kombination von organisatorischen, personellen, infrastrukturellen und technischen Standard-Sicherheitsmaßnahmen […] ein Sicherheitsniveau erreicht, das für den normalen Schutzbedarf angemessen und ausreichend ist, um geschäftsrelevante Informationen zu schützen" [BSI 2011a, S. 13 f.].

Wesentliche Inhalte des Regelwerks:

Die Kataloge ordnen sich in [BSI 2011a, S. 7]:

- Bausteine (Kurzbeschreibung für die betrachteten Komponenten, Vorgehensweisen und IT-Systeme)
- Gefährdungskataloge (ausführliche Beschreibungen der Gefährdungen für die einzelnen Bausteine)
- Maßnahmenkataloge (ausführliche Aufstellung der Sicherheitsmaßnahmen für die einzelnen Bausteine)

Zusätzlich ergänzen weitere Hilfsmittel (Checklisten, Formulare, Musterbeispiele, Studien, Dokumentationen) die Kataloge [BSI 2011a, S. 7].

Das BSI bietet seit 2006 eine ISO/IEC 27001-Zertifizierung nach IT-Grundschutz an. Die Besonderheit hierbei ist, dass neben der Prüfung des IT-Sicherheitsmanagements auch die IT-Sicherheitsmaßnahmen anhand des IT-Grundschutzes bewertet werden [BITKOM 2009, S. 21; BSI 2011a, S. 23, S. 50]. Während die ISO-Standards eher für große Organisationen geeignet sind, verfolgen die BSI IT-Grundschutzkataloge einen ähnlichen Ansatz, sind jedoch schlanker und somit auch leichter für kleine Organisationen beherrschbar. Sie berücksichtigen die Empfehlungen der Standards der ISO 27000er-Familie [BSI 2011a, S. 18].

Allgemeine Auswirkungen auf die IT und spezielle Auswirkungen auf die Authentifizierung:

Die IT-Grundschutzkataloge sind eines der umfassendsten Werke mit der Zielsetzung IT-Sicherheit. Anforderungen an die Benutzerauthentifizierung zur Sicherstellung der IT-Sicherheit und der Informationssicherheit lassen sich in den IT-

---

[63] Zum Zeitpunkt dieser Arbeit war die aktuellste Version die 12. Ergänzungslieferung vom September 2011.

Grundschutzkatalogen des BSI[64] direkt in den Maßnahmenkatalogen finden. Die meisten dieser Maßnahmen gehen dabei auf vorher definierte Bedrohungen in den Gefährdungskatalogen zurück. Zentrale Sammlung der Anforderungen an Authentifizierung ist die Maßnahme „M 4.133: Geeignete Auswahl von Authentikationsmechanismen". Grundsätzlich nennt diese Maßnahme zwei Ziele:

- „Die Identifikations- und Authentikationsmechanismen von IT-Systemen bzw. IT-Anwendungen müssen so gestaltet sein, dass Benutzer eindeutig identifiziert und authentisiert werden" [BSI 2011a, S. 2762].
- „Die Authentisierungsinformationen müssen so gespeichert sein, dass nur autorisierte Benutzer darauf Zugriff haben (sie prüfen oder ändern können)" [BSI 2011a, S. 2762].

Es wird also vom Authentifizierungssystem die eindeutige Personenzuordnung gefordert, außerdem muss die Merkmalsspeicherung geschützt sein und eine Ausspähbarkeit verhindert werden. Für sicherheitskritische Anwendungen wird eine Kombination von zwei Authentifizierungstechniken empfohlen, d. h. es muss grundsätzlich eine Kombinierbarkeit des Systems gegeben sein [BSI 2011a, S. 2762]. Die IT-Grundschutzkataloge stellen auch fest, dass nicht alle Authentifizierungssysteme für einen sicheren Einsatz geeignet sind und nennen folgende 12 Kriterien [BSI 2011a, S. 2762]:

1. *Administration der Authentikationsdaten*
   - Nur Benutzer sollen ihre Authentikationsdaten selbstständig anlegen und verändern können. Diese Anforderungen werden in den Kriterien „Art der Referenzspeicherung" und „Ort der Referenzspeicherung" abgebildet.
   - Außerdem ist eine Mindestlebensdauer für Passwörter vorzugeben. Diese Anforderung bildet das Kriterium „Art der Referenzspeicherung" ab.
   - Die Zeit und der Ort der letzten erfolgreichen Anmeldung sollten vom Benutzer erkennbar sein. Diese Anforderung wird durch das Kriterium „Informationsfeedback" abgedeckt.

2. *Schutz der Authentikationsdaten gegen Veränderung*
   - Die Authentikationsdaten müssen verschlüsselt und getrennt von den Applikationsdaten gespeichert werden, um gegen Ausspähung, Veränderung und Zerstörung geschützt zu sein. Diese Anforderung – besonders die Möglichkeit zur Verschlüsselung der Authentifizierungsreferenzen – wird beeinflusst die „Art der Datenübertragung" aber besonders die „Art der Referenzspeicherung" und der „Ort der Referenzspeicherung".

---

[64] Betrachtet wird die 12. Ergänzungslieferung aus dem Jahr 2011

3. *Systemunterstützung*
    -   Die Server, auf denen ein Authentifizierungssystem betrieben wird, sollen „adäquaten Schutz gegen Manipulationen" bieten und plattformübergreifend sein [BSI 2011a, S. 2763]. Was als adäquat zu verstehen ist, beschreibt das BSI in der Maßnahme „M 4.250: Auswahl eines zentralen, netzbasierten Authentisierungsdienstes". Im Unternehmen wird die Authentifizierung meist nicht nur für einen einzelnen Dienst oder ein einzelnes System verwendet, sondern für unterschiedliche Systeme, welche auf dieselben Authentisierungsdaten eines zentralen, netzbasierten Authentisierungsdienstes zurückgreifen [BSI 2011a, S. 3097]. Für diesen zentralen Dienst gelten Kriterien, die indirekt das Authentifizierungssystem selbst betreffen, da dieses in einen solchen zentralen Authentisierungsdienst eingebunden werden kann.
    -   Eine Verschlüsselung der Netz-Protokolle ist notwendig, da kritische Authentifizierungsinformationen mit Hilfe von Netzwerken übertragen werden. Zur Beurteilung der Verschlüsselungsfähigkeit dieser Informationen können die Kriterien „Art der Referenzspeicherung", „Authentifikationsdauer" und „Referenzspeichergröße" herangezogen werden.
    -   Der Schutz des Authentisierungsservers muss sichergestellt sein. Dies ist durch das Authentifizierungsverfahren nicht bewertbar.
    -   Die Protokollierung der Vorgänge muss wie im nachfolgenden Punkt 10 erfolgen.
4. *Fehlerbehandlung bei der Authentikation*
    -   Nach einer gewissen Anzahl von Fehlversuchen sollte das Authentifizierungssystem die Anmeldemöglichkeit entweder sperren oder verzögern. Dies wird direkt im Kriterium „Sperrmechanismus" bewertet. Auch spielen die Kriterien „Authentifikationsdauer", „restriktive Informationsabgabe" und „Informationsfeedback" eine Rolle.
5. *Administration der Benutzerdaten*
    -   Veränderung der Benutzerdaten sollte nur durch einen Administrator erfolgen. Dieser sollte auch Benutzern verschiedene Voreinstellungen zuweisen können. Dadurch, dass dies über einen Kommunikationskanal geschehen kann, sind als Kriterien die „Art der Datenübertragung", „Art der Referenzspeicherung", der „Ort der Referenzspeicherung" und die „Referenz-Speichergröße" von Bedeutung.
6. *Definition der Benutzereinträge*
    -   Für jeden Benutzer sollen verschiedene Sicherheitseinstellungen wählbar sein. Hierzu ist ein Rollenkonzept erforderlich. Außerdem soll das Authentifizierungsverfahren kombinierbar sein. Dies wird direkt im Kriterium „Erweiterbarkeit" geprüft. Dazu verweist das BSI auf die Maßnahme „M 5.34: Einsatz von

Einmalpasswörtern", welche direkt Einmalpasswörter mit Token empfiehlt. Die Vorteile und Nachteile eines Verfahrens werden genau in allen Kriterien zur Merkmalsqualität überprüft.

7. *Umfang der Benutzerdaten*

- Dieser Punkt beschreibt die Notwendigkeit, dass neben dem Benutzernamen und seinem Rechteprofil weitere Informationen über den Benutzer (Namen, Kontaktdaten, Gültigkeit der Benutzerkennung) vorliegen sollten. Dies betrifft nicht den Authentifizierungsvorgang selbst.

8. *Passwortgüte, Biometrie, Authentisierung mit Token*

- Für die Biometrie wird die Güte durch die 11 Kriterien der Merkmalsqualität in dieser Arbeit beurteilt. Beim Passwort existieren als Sonderform noch Regelungen aus der Maßnahme „M 2.11: Regelung des Passwortgebrauchs" und „M 2.22: Hinterlegen des Passwortes". Für Biometrie und Token liegen jedoch auch keine Empfehlungen vor. Diese für Biometrie zu definieren, ist ein Hauptziel dieser Arbeit (siehe Kapitel 10.3).

9. *Anforderungen an Authentikationsmechanismen für Benutzer*

- Die Benutzeridentität muss vor jeder weiteren Benutzerauthentifikation überprüft werden. Hierzu ist die Authentifikationsdauer essentiell.

- Wiedereinspielen von Authentifikationsdaten (Replay) oder das Einspielen von gefälschten und kopierten Authentifikationsdaten soll verhindert werden. Dies behandeln die Kriterien „Lebenderkennung" und „Replayschutz". Das BSI empfiehlt hierzu auch Einmalpassörter in der Maßnahme „M 5.34: Einsatz von Einmalpasswörtern".

- Die Zugriffsoptionen (Ort und Zeit) müssen für den Benutzer einstellbar sein. Dies wird indirekt durch das Kriterium „Informationsfeedback" berührt.

10. *Protokollierung der Authentisierungsmechanismen*

- Die Authentisierungsvorgänge sind zu protokollieren, wobei dabei jeder Vorgang Datum, Uhrzeit, Art des Ereignisses, Bezeichnung des Subjektes sowie Erfolg bzw. Misserfolg der Authentifizierung beinhalten sollte. Hierzu ist das Merkmal „Informationsfeedback" teilweise betroffen.

Des Weiteren zieht sich die Authentifikation als Querschnittsfunktion durch eine Reihe von Anwendungsfällen, zu denen die vom BSI genannten Maßnahmen weitere Anforderungen stellen:

In Bezug auf die Infrastrukturen wird in der Maßnahme „M 1.23: Abgeschlossene Türen" ein Zutrittsschutz gefordert, der durch Authentifizierung erfolgen kann [BSI 2011a, S. 1054]. Ob ein Authentifizierungssystem dafür geeignet ist, wird durch die Kriterien „Ausspähbarkeit", „Referenz-Speichergröße" und „Authentifikationsdauer" bestimmt. Auch ist die Betriebsart des Authentifizierungssystems entscheidend, da bei einer Verifikation meist die Angabe einer Nutzerkennung erforderlich ist.

Die Verwendung von Fax, Drucker und Multifunktionsgeräten im Unternehmen ist das Thema mehrerer Maßnahmen („M 4.299: Authentisierung bei Druckern, Kopierern und Multifunktionsgeräten", „M 4.300: Informationsschutz bei Druckern, Kopierern und Multifunktionsgeräten", „M 4.301: Beschränkung der Zugriffe auf Drucker, Kopierer und Multifunktionsgeräte"). Die Eignung der Authentifizierungssysteme wird ähnlich zur physischen Zutrittsbeschränkung durch Kriterien wie die „Referenz-Speichergröße", die „Authentifikationsdauer" und die „Betriebsart des Authentifizierungssystems" bestimmt. [BSI 2011a, S. 3218 ff.]

Die Maßnahme „M 2.400: Sichere Außerbetriebnahme von Druckern, Kopierern und Multifunktionsgeräten" sowie „M 2.371: Geregelte Deaktivierung und Löschung ungenutzter Konten", „M 4.306: Umgang mit Passwort-Speicher-Tools" und „M 2.402: Zurücksetzen von Passwörtern" gehen näher auf die Problematik ein, dass auch Benutzer und Authentifizierungsinformationen löschbar sein müssen. Besonders eine starke Authentifizierung mit einer hohen Personenbindung muss durch die Kriterien „zeitlichen Variabilität" und „Einmaligkeit" in dieser Hinsicht beurteilt werden. [BSI 2011a, S. 2038, S. 2105, S. 2109, S. 3235]

Die drei Maßnahmen „M 2.6: Vergabe von Zutrittsberechtigungen", „M 2.7: Vergabe von Zugangsberechtigungen" und „M 2.8: Vergabe von Zugriffsrechten" befassen sich mit dem Berechtigungsmanagement, welches ein Identitätsmanagement bzw. ein Rollenkonzept voraussetzen. Laut „M 2.220: Richtlinien für die Zugriffs- bzw. Zugangskontrolle" muss dazu eine Identifikation der Person durch ein Authentifizierungssystem erfolgen. Erneut spricht dies für die Personenbindung und Einmaligkeit eines Authentifizierungsmerkmals. [BSI 2011a, S. 1166 ff., S. 1608]

Die Authentifizierung stellt auch an den Mitarbeiter gewisse Pflichten, u. a. können diese in den Maßnahmen „M 2.37: Der aufgeräumte Arbeitsplatz", „M 2.11: Regelung des Passwortgebrauchs" und „M 2.22: Hinterlegen des Passwortes" gefunden werden. Die Umsetzung dieser Empfehlungen (wie das nicht öffentliches Hinterlegen) bestimmt die Merkmalsqualität, v. a. durch die Personenbindung, den Informationsgehalt und die Ausspähbarkeit. [BSI 2011a, S. 1175, S. 1188, S. 1211]

Die Maßnahme „M 2.220: Richtlinien für die Zugriffs- bzw. Zugangskontrolle" fordert für den Zugriff die Identifikation einer Person durch Authentifikation, bei externen Nutzern sogar eine starke Authentifizierung [BSI 2011a, S. 1680]. Nach BSI ist eine starke Authentifizierung eine Kombination von Verfahren; außerdem zählen auch Einmalpasswörtern und Chipkarten dazu [BSI 2011a, S. 1680]. Generell stellt die Anforderung also auf alle Fälle die Kombinierbarkeit des Verfahrens dar, allerdings ist die Empfehlung von besitzbasierten Verfahren sehr einseitig und nicht direkt begründet. Weiterhin fordert die Maßnahme [BSI 2011a, S. 1680]:

-   Keine Herausgabe von Informationen über das IT-System oder die Anmeldeprozedur vorab
-   Einen Hinweis drauf, dass nur bestimmten Benutzern der Zugriff erlaubt ist
-   Überprüfung der Authentifikationsdaten erst nach vollständiger Eingabe

Die Maßnahme „M 4.15: Gesichertes Login" beschreibt erneut die Anforderungen an ein Login-Programm, also für ein Authentifizierungssystem. Diese sind [BSI 2011a, S. 2550]:

-   Eine eigene Kennung und ein Passwort für jeden Benutzer. Statt Passwörtern werden auch elektronische Signaturen, Pass-Tickets „oder Ähnliches" erwähnt. Im Prinzip fordert das die Einmaligkeit der Authentifizierung.
-   Eine Beschränkung der Anzahl erfolgloser Login-Versuche mit anschließender Verzögerung oder Sperrung des Login-Vorgangs. Dazu existiert direkt das Kriterium „Sperrmechanismus".
-   Eine Meldung des Zeitpunkts der letzten erfolgreichen Anmeldung, Abmeldung und Anzahl der erfolglosen Login-Versuche (siehe Kriterium „Informationsfeedback").

Ein weiteres Anwendungsfeld behandelt die Kommunikation mit den Mitarbeitern, die von außerhalb des Firmennetzes (remote) auf Ressourcen zugreifen. Es kommen Notebooks („M 2.442: Einsatz von Windows Vista auf mobilen Rechnern", „M 4.27: Zugriffsschutz am Laptop" und „M 5.122: Sicherer Anschluss von Laptops an lokale Netze") sowie VPN-Lösungen („M 2.419: Geeignete Auswahl von VPN-Produkten" und „M 2.469: Geregelte Außerbetriebnahme von Komponenten einer Terminalserver-Umgebung") zum Einsatz. Hier sind spezielle Anforderungen zu berücksichtigen. Dazu werden Art und Ort der Merkmalsspeicherung, die Authentifikationsdauer sowie v. a. die Referenz-Speichergröße der Authentifizierungsinformationen herangezogen. [BSI 2011a, S. 2158, S. 2215, S. 2277, S. 2567, S. 3672]

Bezüglich der Archivierung ergeben sich auch mehrere Probleme: Die Daten bei einer langen Lagerung müssen regelmäßig aufbereitet und neu verschlüsselt werden (siehe „M 2.264: Regelmäßige Aufbereitung von verschlüsselten Daten bei der Archivierung"). Das schließt auch Authentifizierungsinformationen ein. Die IT-Grundschutzkataloge beschreiben dies in der Maßnahme „M 2.265: Geeigneter Einsatz digitaler Signaturen bei der Archivierung", wobei schon festgestellt wurde, dass die Authentifizierung als Signatur tauglich sein kann. Die „Einmaligkeit" und die „zeitliche Variabilität" des Authentifizierungsmerkmals sind entscheidende Kriterien, um eine zuverlässig lange Archivierung der Daten zu garantieren und eine erneute Verschlüsselung zu ermöglichen. Diese Anforderung überschneidet sich im Wesentlichen mit denen aus dem SigG und den IDW Standards, welche die Anforderungen sogar genauer beschreiben. [BSI 2011a, S. 1726 f.]

Inhaltliche Probleme bei archivierten Protokolldaten bezüglich Authentifikationsereignissen, wie in „M 2.64: Kontrolle von Protokolldateien" gefordert, setzen beim Authentifizierungssystem ebenfalls ein funktionierendes Informationsfeedback voraus. [BSI 2011a, S. 1244]

Auch sind durch „M 2.110: Datenschutzaspekte bei der Protokollierung" die protokollierten Authentifizierungsdaten betroffen, die den Anforderungen aus dem BDSG unterliegen [BSI 2011a, S. 1346]. Wichtiges Kriterium ist hier der „Informationsgehalt" der Authentifizierungsdaten.

Die Anforderungen der IT-Grundschutzkataloge fasst die Tabelle 5.12 zusammen:

Sicherheitsanforderung aus M 4.133	Betroffene Kriterien für Authentifizierung
Eindeutige Benutzeridentifizierung und Authentifizierung	- Personenbindung - Ausspähbarkeit - Willentliche Beeinflussbarkeit - Universalität - Einmaligkeit - Lebenderkennung - Mechanismenstärke
Nur autorisierte Benutzer sollen auf Authentisierungsdaten Zugriff haben.	- Art der Referenzspeicherung - Ort der Referenzspeicherung
Für hohe Sicherheit sollen Kombinationen verschiedener Authentifizierungstechniken verwendet werden.	- Erweiterbarkeit
Administration der Authentikationsdaten	- Art der Referenzspeicherung - Ort der Referenzspeicherung - Informationsfeedback
Schutz der Authentikationsdaten gegen Veränderung	- Art der Datenübertragung - Art der Referenzspeicherung - Ort der Referenzspeicherung
Systemunterstützung (in Ablehnung an M 4.250)	- Art der Referenzspeicherung - Authentifikationsdauer - Referenzspeichergröße
Fehlerbehandlung bei der Authentikation	- Sperrmechanismus - Authentifikationsdauer - Restriktive Informationsabgabe - Informationsfeedback
Administration der Benutzerdaten	- Art der Datenübertragung - Art der Referenzspeicherung - Ort der Referenzspeicherung - Referenzspeichergröße

Definition der Benutzereinträge	- Alle Merkmalskriterien - Erweiterbarkeit
Passwortgüte, Biometrie, Authentisierung mit Token	- Alle Merkmalskriterien
Anforderungen an Authentikationsmechanismen für Benutzer	- Informationsfeedback - Authentifikationsdauer - Lebenderkennung - Replayschutz
Protokollierung der Authentisierungsmechanismen	- Informationsfeedback
Sonstige Sicherheitsanforderung	Betroffene Kriterien für Authentifizierung
Zutrittsschutz bei Türen (M 1.23) Authentisierung bei Druckern, Kopierern und Multifunktionsgeräten (M 4.299) Beschränkung der Zugriffe auf Drucker, Kopierer und Multifunktionsgeräte (M 4.301)	- Ausspähbarkeit - Referenz-Speichergröße - Authentifikationsdauer - Betriebsart des Authentifizierungssystems
Berechtigungsmanagement (M 2.6, M 2.7, M 2.8)	*N/A - abhängig von organisatorischer IT*
Sichere Außerbetriebnahme bzw. geregelte Deaktivierung und Löschung (M 2.400, M 3.71) Zurücksetzen von Passwörtern (M 2.402)	- Personenbindung - Zeitliche Variabilität - Einmaligkeit
Der aufgeräumte Arbeitsplatz (M 2.37) Regelung des Passwortgebrauchs (M 2.11) Hinterlegen des Passwortes (M 2.22)	- Personenbindung - Informationsgehalt - Ausspähbarkeit
Richtlinien für die Zugriffs- bzw. Zugangskontrolle (M 2.220)	- Restriktive Informationsabgabe - Informationsfeedback
Gesichertes Login (M 4.15)	- Einmaligkeit - Sperrmechanismus - Informationsfeedback
Zugriffsschutz am Laptop (M 4.27)	- Art der Datenübertragung - Art der Referenzspeicherung - Ort der Referenzspeicherung - Authentifikationsdauer - Referenzspeichergröße
Kontrolle von Protokolldateien (M 2.64)	- Informationsfeedback
Datenschutzaspekte bei der Protokollierung (M 2.110)	- Informationsgehalt
Aufbereitung von Authentifizierungsdaten in der Archivierung und Einsatz von Signaturen (M 2.264 und M 2.265)	- Einmaligkeit - Zeitliche Variabilität

Tabelle 5.12: Sicherheitsanforderungen an Authentifizierungssysteme aus den BSI IT-Grundschutzkatalogen
[eigener Entwurf]

5.2.2 Analyse des Standards ISO 27001 und der Information Technology Infrastructure Library

Anlass und Zielsetzung der Regelwerke:

Die Information Technology Infrastructure Library (ITIL) ist ein angesehener und verbreiteter Standard für das IT-Servicemanagement und behandelt als solcher die Gestaltung, die Implementierung und das Management der Steuerungsprozesse in der IT mit dem Ziel der Planung, der Erbringung und der Optimierung von IT-Serviceleistungen [BITKOM 2009 S. 35; BSI 2005c, S. 5]. ITIL ist dabei eine Bibliothek von Verfahren, die auf Best Practices basieren und fasst folglich bewährte Vorgehensweisen aus der Praxis zusammen [Beims 2010, S.12 f.; BSI 2005c, S. 5; Wischki 2008, S. 119].

ITIL hat seinen Ursprung in den achtziger Jahren, als die britische Central Computer and Telecommunications Agency (CCTA) bestimmte Verfahren zur Stärkung der Qualität, der Sicherheit und der Wirtschaftlichkeit von IT-Services dokumentieren wollte. Die CCTA wurde ab 2001 eingegliedert in das Office of Government Commerce (OGC). Da zu ihren Aufgaben die Modernisierung der IT-Services in der britischen Regierung gehörte, wurde ITIL weiterentwickelt und durch die Erfahrungen in der Praxis ergänzt. Seitdem hat sich ITIL als angesehener Standard etabliert. Neben dem OGC spielt noch das in Großbritannien gegründete Information Technology-Service-Management-Forum eine große Rolle, das in vielen Ländern als ITIL User Group präsent ist. [BSI 2005c, S. 6 f.]

Von großer Bedeutung für das Informationssicherheitsmanagement und das Vorgehen dazu in ITIL sind die ISO Normen um die ISO/IEC 27000. Die 27000er Familie ist größtenteils aus den britischen Standards der Familie 7799 aus den 1990er Jahren hervorgegangen und wurde mit dem Ziel der internationalen Standardisierung in die ISO-Normen übernommen. Die Norm ISO/IEC 27001 richtet sich an die Geschäftsleitung und beschäftigt sich mit den Anforderungen an das ISMS. Weil die Norm generisch anwendbar sein soll, besitzen die Anforderungen einen niedrigen technischen Detaillierungsgrad, die Anforderungen an die Prozesse sind jedoch wohl definiert [BITKOM 2009, S. 18].

Wesentliche Inhalte der Regelwerke:

Zentrale Bestandteile von ITIL sind die Services, also die IT-Dienstleitungen, welche dem Kunden angeboten werden und diesem Nutzen sowie Gewähr bringen [Beims 2010, S. 25]. Der Aufbau von ITIL in der Version 3 deckt mit den Bereichen Service Strategy, Service Design, Service Transition, Service Operations und Continual Service Improvement den kompletten Lebenszyklus einer IT-Dienstleistung ab [Beims 2010, S. 14]: Für einen neuen Service ist also zuerst eine Servicestrategie zu schaffen, anschließend wird der neue Service konzipiert (Service Design) und realisiert (Service

Transition). Danach wird der Service operativ eingesetzt (Service Operations) und ständig verbessert (Continual Service Improvement). [APM 2007; Beims 2010, S. 16 ff.; BITKOM 2009, S. 36; Wischki 2008, S. 123 ff.]

ITIL beschreibt inhaltlich die Rollen und die Zusammensetzung der Prozesse sowie deren Schnittstellen und Management Prinzipien. Damit will ITIL keine Prozesse diktieren, sondern stattdessen eine Hilfestellung auf dem geringstmöglichen Granularitätsgrad geben, der noch sinnvoll ist. So ist in einem Unternehmen noch immer das spezifische Prozesswissen ausschlaggebend, um ITIL in seiner optimalen Effizienz einzusetzen [ISACA 2008, S. 14].

Zusammenfassend ist zu folgern, dass ITIL ein sehr umfassendes Rahmenwerk mit starker Kunden- und Serviceorientierung darstellt, welches durch seinen Best Practice Ansatz auch noch praxiserprobt und deshalb sehr verbreitet und akzeptiert ist. Das BSI bescheinigt ITIL erhebliche Chancen für das Sicherheitsmanagement, besonders durch die frühzeitige Berücksichtigung von Sicherheitsanforderungen, durch die Messbarkeit und Objektivierbarkeit der IT-Leistung und da mehr Transparenz in den Zusammenhängen zwischen Anforderungen, Services, IT-Prozessen und Infrastrukturnutzung geschaffen wird [BSI 2005c, S. 9].

Im Überblick gehören zur ISO 27000er-Reihe unter anderem (Auszug) [ISO 2005a]:

- ISO/IEC 27000 — Informationssicherheitsmanagementsysteme — Übersicht
- ISO/IEC 27001 — Informationssicherheitsmanagementsysteme — Anforderungen
- ISO/IEC 27002 — Leitfaden zum Informationssicherheitsmanagement
- ISO/IEC 27003 — Leitfaden zur Implementierung von Informationssicherheitsmanagementsystemen
- ISO/IEC 27004 — Informationssicherheitsmanagement — Messbarkeit
- ISO/IEC 27005 — Risikomanagement der Informationssicherheit
- ISO/IEC 27006 — Anforderungen an Stellen, die Auditierung und Zertifizierung von Informationssicherheitsmanagementsystemen bereitstellen
- ISO/IEC 27007 — Richtlinien für das Audit des Informationssicherheitsmanagements (Mit Fokus auf das Managementsystem)
- ISO/IEC 27008 — Richtlinien für die Prüfer der Informationssicherheitsmanagement-Kontrollen (Mit Fokus auf die Kontrollen zur Informationssicherheit)
- ISO/IEC 27011 — Informationssicherheitsmanagement-Leitlinien für Telekommunikationsunternehmen basierend auf ISO/IEC 27002
- ISO/IEC 27013 — Richtlinie für die integrierte Implementierung von ISO/IEC 20000-1 und ISO/IEC 27001
- ISO/IEC 27014 — Informationssicherheits Governance Framework

- ISO/IEC 27015 — Richtlinien für das Informationssicherheitsmanagement im Finanz- und Versicherungssektor

Die hier oben angegebene Liste stellt nur ein Auszug dar, da mehrere Standards sich noch in Bearbeitung oder in der Entwurfsphase befinden. Der generische Charakter der Normen hat zur Folge, dass diese untereinander sehr verzweigt sind und sich jeweils gegenseitig referenzieren. Dabei gehen die Normen stufenartig immer detaillierter auf Aspekte des Informationssicherheitsmanagements ein. Die ISO/IEC 27000 gibt einen Überblick über ISMS insgesamt und ordnet die weiteren Standards der Reihe ein. Außerdem finden sich hier die Begriffsdefinitionen, welche die Standards verwenden.

Da sich ITIL in den für die Authentifizierung relevanten Bereichen direkt an ISO 27001 anlehnt, ist nur eine einmalige Betrachtung des ISO-Standards nötig, um auch die Anforderungen aus ITIL abzudecken.

Allgemeine Auswirkungen auf die IT und spezielle Auswirkungen auf die Authentifizierung:

Der Standard ISO/IEC 27001 befasst sich im Abschnitt „A.11: Access control" mit der Zugriffskontrolle [ISO 2005a, S. 31]. Dabei lassen sich viele Parallelen sowohl zu den IT-Grundschutzkatalogen des BSI, als auch zu COBIT erkennen. Im Service Operation Book von ITIL existiert ein Prozess „Access Management", der an den Abschnitt A.11 von ISO/IEC 27001 angelehnt werden kann. Aus diesem Grund deckt die Analyse von ISO/IEC 27001 auch die Anforderungen von ITIL ab.

Im Folgenden werden die sieben Bereiche von „A.11: Zugangskontrolle" aus ISO/IEC 27001 betrachtet [ISO 2005a, S. 31 ff.]:

- Der Punkt „A.11.1: Geschäftsanforderungen an Zugangskontrolle" definiert die Zugangskontrolle als „jede Art von Kontrolle der Ausübung von Rechten" [ISO 2005a, S. 31; Kersten et al. 2011, S. 213]. Er beschreibt hauptsächlich das Regelwerk zur Zugangskontrolle mit seinen Meta-Forderungen sowie bestimmte Begriffe der Zugangskontrolle. Es ergeben sich keine direkten Anforderungen an ein Authentifizierungssystem. Es wird jedoch darauf hingewiesen, dass die Rechteverteilung dezentral durch den Dateierzeuger (Discreationary Access Control, DAC) oder zentral (Mandatory Access Control, MAC) erfolgen kann, was durch das Authentifizierungssystem abbildbar sein muss. [Kersten et al. 2011, S. 214 f.]
- Der Aspekt „A.11.2: Benutzerverwaltung" behandelt zuerst die Benutzerregistrierung (Abschnitt A.11.2.1) [ISO 2005a, S. 31]. Für Authentifizierungssysteme bedeutet dies, dass die Registrierung und das Löschen durch den Benutzer selbst durchgeführt werden kann [Kersten et al. 2011, S. 215 f.]. Meist stellt das einen ersten und einmaligen Schritt in einem Authentifizierungsprozess (bei der

Biometrie beispielsweise das sog. „Enrolment") dar und wird durch mehrere Faktoren, wie die Authentifikationsdauer und die Merkmalsspeicherung bestimmt. Die Verwaltung von Sonderrechten (Abschnitt A.11.2.2.) und die Überprüfung von Benutzerberechtigungen (Abschnitt A.11.2.4) setzen beim Authentifizierungssystem eine Benutzerkontenverwaltung und ein Identitätsmanagement voraus [ISO 2005a, S. 31 f.]. Die Verwaltung von Benutzerpasswörtern (Abschnitt A.11.2.3) stellt genaue Anforderungen an die Benutzung von Passwörtern [ISO 2005a, S. 31]. Wie schon beim IT-Grundschutz des BSI ist es ungünstig, dass hier nur explizit auf Passwörter eingegangen wird und andere Mechanismen nicht genau beschrieben sind. Für alle Authentifizierungsverfahren ist jedoch gültig, dass Authentifizierungsinformationen nicht in unverschlüsselter Form gespeichert werden dürfen. Das Kriterium hierzu ist die „Art der Referenzspeicherung".

- Der Punkt „A.11.3: Benutzerverantwortung" spricht die Pflichten des Benutzers an und behandelt erneut fast ausschließlich die Thematik der Passwörter [ISO 2005a, S. 32; Kersten et al. 2011, S. 219 f.]. Bei der Qualität des Authentifizierungsmerkmals ist allenfalls die „willentliche Beeinflussbarkeit" ein Kriterium für diesen Punkt ausschlaggebend.

- „A.11.4: Zugangskontrolle für Netze" beschreibt mehrere technische und organisatorische Maßnahmen zur Netzwerksicherheit [ISO 2005a, S. 32]. Für die Authentifizierung ist jedoch der Punkt „A.11.4.2: Benutzerauthentisierung für externe Verbindungen" von Bedeutung. Neben der selbstverständlichen eindeutigen Feststellung der Identität der Person (Qualität des Merkmals) sind für die Übertragung der Daten besonders zertifikatsbasierte und verschlüsselte Kanäle zu benutzen [Kersten et al. 2011, S. 221 ff.]. Hier sind nahezu alle Kriterien des Authentifizierungssystems entscheidend. Die Identifikation von Geräten (Abschnitt A.11.4.3) als Mittel zur Authentifizierung ist jedoch problematisch, da sich keine direkte Personenbindung herstellen lässt.

- In „A.11.5: Zugriffskontrolle auf Betriebssysteme" werden relativ gut Anforderungen an ein sicheres Anmeldeverfahren (Abschnitt A.11.5.1) gestellt, die für das Authentifizierungssystem bedeutend sind [ISO 2005a, S. 33; Kersten et al. 2011, S. 227 ff.]: Natürlich soll neben der Forderung der Benutzeridentität die Anmeldung nicht beobachtet werden können (zudem sind Replay-Attacken ausgeschlossen). Außerdem ist die Zahl der Anmeldeversuche zu begrenzen (Sperrmechanismus). Weiterhin soll es keine Informationen über die Authentifizierung (Restriktive Informationsabgabe) geben und die Anmeldeinformationen nicht offen übertragen werden (Art der Datenübertragung). Schließlich müssen Anmeldeversuche aufgezeichnet werden (Protokollierung). Von Bedeutung in diesem Zusammenhang ist der Punkt „A.11.5.2: Benutzeridentifikation und Authentisierung" [ISO 2005a, S. 33]. Dieser fordert für das Betriebssystem eine Verifikation mittels Nutzerkennung (Betriebsart des Authentifizierungssystems), wobei die ID nicht geheim gehalten werden muss [ISO 2005a, S. 33]. Ebenfalls wird die Kombinierbarkeit verschiedener Verfahren mit einer Erhöhung des Sicherheitsniveaus verknüpft (Erweiterbarkeit). Der „Session Timeout" (Abschnitt A.11.5.5) und die „Begrenzung der Verbindungszeit" (Abschnitt A.11.5.6) fordern erstmals eine Sperrung bei Inaktivität (Sperrmechanismus) [ISO 2005a, S. 33].

- Analog zum vorherigen Punkt beschäftigt sich der Aspekt „A.11.6: Zugangskontrolle zu Anwendungen und Information" statt mit dem Betriebssystem nun mit den Anwendungen [ISO 2005a, S. 34; Kersten et al. 2011, S. 231].
- Schließlich thematisiert „A.11.7: Mobile Computing und Telearbeit" erneut externe Arbeitsstationen, jedoch eher oberflächlich [ISO 2005a, S. 34]. Die entscheidenden Berührungspunkte zur IT und zur Authentifizierung sind in Abschnitt A.11.4 zu finden [Kersten et al. 2011, S. 233].

Weitere zu beachtende Maßnahme des Standards ist der Aspekt „A.8.3.3: Aufheben von Zugangsrechten", da hier die Löschung von Authentifizierungsdaten betroffen ist [ISO 2005a, S. 28]. Besonders bei einer starken Personenbindung oder einem hohen Informationsgehalt kann dies kritisch sein [Kersten et al. 2011, S. 169].

In „A.9.1.2: Zutrittskontrolle" wird gefordert, dass auch die Zutrittskontrolle immer aufgezeichnet, also protokolliert werden muss [ISO 2005a, S. 29]. Es sind stets mindestens der Name der Person, die Bezeichnung der Kontrollstelle, die Uhrzeit des Einlasses und des Verlassens zu speichern.

Alle Anforderungen fasst die nachfolgende Tabelle 5.13 zusammen:

Anforderungen aus „A.11: Access control"	Betroffene Kriterien für Authentifizierung
Dezentrale oder Zentrale Rechteverteilung (A.11.1: Geschäftsanforderungen an Zugangskontrolle)	- Ort der Referenzspeicherung
Eigenständiges Registrieren, Verwalten und Löschen der Benutzerregistrierung Verschlüsselte Authentifizierungsinformationen (A.11.2: Benutzerverwaltung)	- Mechanismenstärke - Authentifikationsdauer - Art der Referenzspeicherung - Ort der Referenzspeicherung
Der Benutzer unterliegt einer Verantwortung bei der ordnungsgemäßen Authentifizierung (A.11.3: Benutzerverantwortung)	- Willentliche Beeinflussbarkeit
Übertragung der Daten durch zertifikatsbasierte und verschlüsselte Kanäle (A.11.4: Zugangskontrolle für Netze)	- Art der Datenübertragung - Referenz-Speichergröße - Authentifikationsdauer
Nachweis der Benutzeridentität durch Authentifizierung Nicht beobachtbare Anmeldung Begrenzung der Anmeldeversuche Keine Informationsausgabe über die Authentifizierung Versteckte Übertragung der Authentifizierungsinformationen Aufzeichnung der Anmeldeversuche Verifikation und Identifikation Session Timeout und Begrenzung der Verbindungszeit Kombinierbarkeit mit anderen Verfahren (A.11.5: Zugriffskontrolle auf Betriebssysteme, A.11.6: Zugangskontrolle zu Anwendungen und Information)	- Art der Datenübertragung - Authentifikationsdauer - Sperrmechanismus - Replayschutz - Betriebsart des Authentifizierungssystems - Informationsfeedback - Restriktive Informationsabgabe - Erweiterbarkeit

Tabelle 5.13: Anforderungen aus ISO/IEC 27001
[eigener Entwurf]

5.2.3 Analyse der Control Objectives for Information and Related Technology

Anlass und Zielsetzung des Regelwerks:

SOX und andere Vorgaben verlangen ein internes Kontrollsystem (IKS). Für die Umsetzung dieses IKS wird oftmals das COSO-Framework herangezogen. Das COSO Enterprise Risk Management (ERM) Framework weist einen geringen Detaillierungsgrad und keinen direkten IT-Bezug auf. Um diese Schwachstellen zu bereinigen, wurde das COBIT-Framework entwickelt. Die „Control Objectives for Information and related Technology" (COBIT) sind ein Rahmenwerk, welches die Steuerung und Kontrolle der IT durch das Management ermöglichen soll. Es wurde von der Information Systems Audit and Control Association (ISACA) 1993 entwickelt und wird mittlerweile in der Version 5 gepflegt (Stand Juni 2012)[65]. COBIT beschreibt also die Umsetzung eines internen Kontrollsystems (IKS), wie es in der 8. EU-Richtlinie sowie im SOX gefordert wird und konzentriert sich dadurch auf die Erreichung der Anforderungen an die IT-Governance. Es werden dabei verschiedene nationale wie internationale Standards berücksichtigt.

Wesentliche Inhalte des Regelwerks:

COBIT 5 teilt sich in die zwei Prozessdomänen „Governance" und „Management" ein [ISACA 2012, S. 32]. In „Governance" existieren fünf Prozesse, die unter „Evaluate, Direct and Monitor" (EDM) zusammengefasst werden [ISACA 2012, S. 32]. Management wird nochmals in vier Domänen unterteilt: „Align, Plan and Organise" (APO), „Build, Acquire and Implement" (BAI), „Deliver, Service and Support" (DSS) sowie „Monitor, Evaluate and Assess" (MEA), welche wiederum eigene Prozesse enthalten [ISACA 2012, S. 32]. COBIT dient als Rahmenwerk für interne und externe Audits, ein Zertifizierungsschema gibt es nicht [BSI 2009c, S. 20].

Abbildung 4.5 gibt dazu einen Überblick:

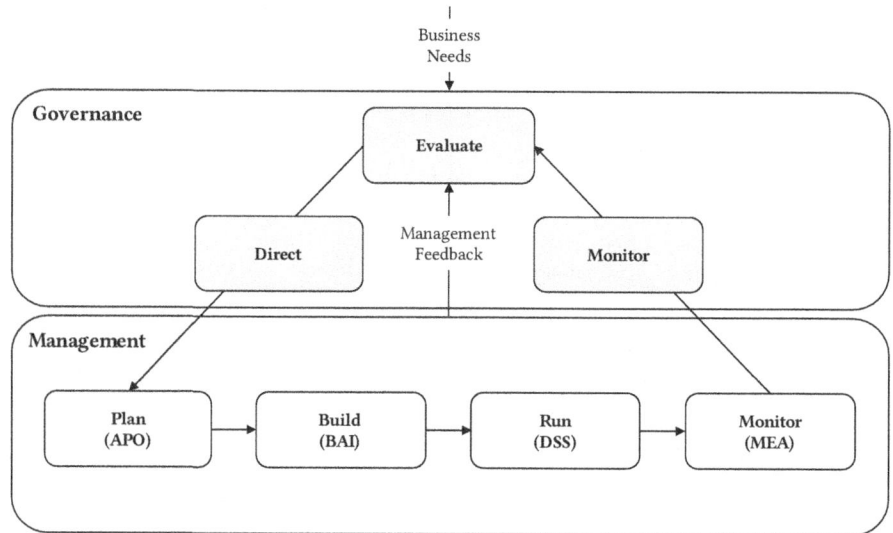

Abbildung 5.1: COBIT 5 Governance und Management Überblick
[ISACA 2012, S. 32]

Die IT-Prozesse werden relativ detailliert im COBIT-Prozessmodell beschrieben. In diesem finden sich neben den Prozessbeschreibungen auch die Kontrollziele, die

---

[65] zum Überblick siehe [ISACA 2012]

Prozesseingaben und die Prozessausgaben, die RACI[66]-Informationen, die Ziele, die Metriken und eine Beschreibung zur Reifegradbestimmung [BSI 2009c, S. 19; ISACA 2012, S. 58, S. 69, S. 72]. Ein Steuerungskreislauf überprüft Bottom-Up die Errei-chung der geforderten Ziele anhand von Messgrößen und durch ein Reifegradmodell [BSI 2009c, S. 18; ISACA 2012, S. 58]. Die Reife des Prozesses kann dabei in fünf Stufen bewertet werden [ISACA 2012, S. 28 ff.]. Bereiche im Prozess, die zu berück-sichtigen sind, um das Unternehmensziel zu erreichen, werden Control Objectives ge-nannt und stellen demnach das zentrale Kontrollinstrument für die Umsetzung eines unternehmensweiten IKS dar. Ausgehend von diesen Kontrollinformationen werden Maßnahmen abgeleitet.

Die nachfolgende Abbildung 4.6 zeigt das COBIT 5 Referenzmodell:

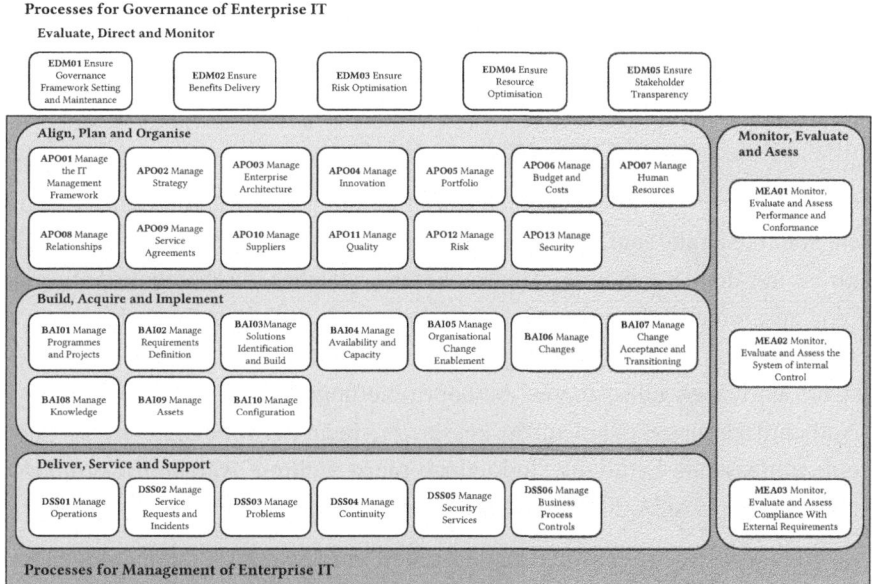

Abbildung 5.2: Das COBIT 5-Referenzmodell
[ISACA 2012, S. 33]

Allgemeine Auswirkungen auf die IT und spezielle Auswirkungen auf die Authentifizie-rung:

Inhaltlich behandelt in COBIT 5 die Domäne „Deliver, Service and Support" das Thema Authentifizierung direkt. Während sich in der COBIT-Version 4.1 der Bereich

---

[66] RACI legt für einen Task eine Rolle nach folgender Einteilung fest: Responsible, Accountable, Consulted und Informed (vgl. [ISACA 2012, S. 57])

„DS 5: Secure System Security" und dort DS 5.3 und DS 5.4 auf die Authentifizierung und das Identitätsmanagement beziehen, gibt es in COBIT 5 den neuen Prozess „DSS05: Manage Security Services" und hier genauer „DSS 05.04: Identity Management" und „DSS 05.05: Physical Access to IT Assets".

„DSS 05.04: Manage user identity and logical access" stellt folgende acht Aktivitäten fest [ISACA 2012a, S. 194]:

1. Die Benutzerrechte müssen an die Geschäftsfunktion und Prozess-Notwendigkeiten angepasst werden. Die Administration soll nach dem Need-to-know-Prinzip die Benutzerrechte verteilen. Diese Anforderung setzt ein Identitäts-management und eine Administration der Benutzerkonten beim Authentifizierungs-system voraus. Ähnlich den Forderungen aus dem BDSG fordert COBIT speziell für personenbezogene Daten einen strengen Zugriff, dessen ausdrückliche Notwen-digkeit nachgewiesen sein muss. [ISACA 2012a, S. 194]

2. Die Rollen im Identitätsmanagement sollen genau anhand der für sie benötigten Informationen überprüft werden. Diese Anforderung betrifft nicht direkt das Au-thentifizierungssystem. [ISACA 2012a, S. 194]

3. Jeglicher Zugriff zu Informationen durch Applikationen und innerhalb von Pro-zessen soll basierend auf ihrer Sicherheitsklassifizierung authentifiziert werden. Hierzu ist mit dem Bereich des Unternehmens, welcher die Authentifikation admi-nistriert, zusammenzuarbeiten. Grundsätzlich sind alle Kriterien relevant, welche die Qualität des Authentifizierungssystems bewerten. Im Prinzip fordert dieser Punkt ein universell einsetzbares Authentifizierungssystem. In der Praxis ist aber ein Authentifizierungssystem umso besser, je mehr Anwendungsfälle es abdeckt. Für eine umfassende Erfüllung sind jedoch meist mehrere Authentifizierungslösun-gen notwendig. [ISACA 2012a, S. 194]

4. Das Anlegen, das Ändern und das Löschen von Zugriffsrechten soll zeitgerecht und nur anhand erlaubter und dokumentierter Transaktionen durch die Administra-toren erfolgen. Dieser wichtige Punkt zeigt, dass nicht nur die Authentifizierung selbst, sondern auch die Administration der Zugriffsrechte protokolliert werden muss. Dies schließt sowohl den Zeitpunkt als auch die verantwortlichen Adminis-tratoren ein. Die Zeitgerechtheit fordert auch, dass nicht mehr benötigte Profile zu löschen sind. [ISACA 2012a, S. 194]

5. Privilegierte Benutzeraccounts sollen getrennt und verwaltet werden. Dies ist keine direkte Anforderung an das Authentifizierungssystem, sondern an die Admi-nistratoren des Identitätsmanagements. [ISACA 2012a, S. 194]

6. Die Accounts und ihre Rechte sollen in regelmäßigen Abständen überprüft werden. Bei diesem Punkt handelt es sich ebenfalls nicht um eine direkte Anforderung an das Authentifizierungssystem. [ISACA 2012a, S. 194]

7. Alle internen, externen und temporären Benutzer und ihre Aktivität in der IT (Anwendung, IT-Infrastruktur, Systemanwendung, Systementwicklung und Systeminstandhaltung) sowie ihre Informationsverarbeitungsprozesse sollen eindeutig identifizierbar sein. Dies zielt auf eine Nachweisbarkeit der getätigten Transaktionen ab. Hierzu ist sowohl die Protokollierung notwendig, als auch eine hohe Qualität des eingesetzten Authentifizierungsmerkmals. [ISACA 2012a, S. 194]

8. Zugriff zu hochsensiven Informationen soll revisionssicher nachvollziehbar sein. Dies erreicht die Protokollierung der Authentifizierung. [ISACA 2012a, S. 194]

Der Prozess „DSS 05.05: Manage physical access to IT assets" stellt folgende sieben Aktivitäten fest [ISACA 2012a, S. 194]:

1. Der Zutritt zu IT-Einrichtungen soll administriert werden. Anfragen für den Zutritt sind zu protokollieren und es sind die Zonen zu identifizieren, zu denen der Zutritt gewährt wurde. [ISACA 2012a, S. 194]

2. Zutrittsprofile sollen aktuell sein und für IT-Bereiche (Serverräume, Gebäude, Gebiete und Zonen) auf der Jobfunktion und den Verantwortlichkeiten basieren. Dabei handelt es sich um keine Anforderung an das Authentifizierungssystem, sie ist jedoch für die Umsetzung eines rollenbasiertes Identitätsmanagement nötig. [ISACA 2012a, S. 194]

3. Alle Zugangspunkte zu IT-Bereichen müssen überwacht und die Zutritte protokolliert werden, was eine Protokollierung der Authentifizierung voraussetzt. [ISACA 2012a, S. 194]

4. Mitarbeiter müssen jederzeit eine sichtbare Identifikation ausweisen. Dies hat keinen direkten Einfluss auf ein Authentifizierungssystem. [ISACA 2012a, S. 194]

5. Besucher müssen eskortiert werden. Unbekannte ohne Identifikation sind sofort zu melden. Dies hat ebenfalls keinen direkten Einfluss auf ein Authentifizierungssystem. [ISACA 2012a, S. 194]

6. Der Zutritt zu sensiblen IT-Bereichen ist durch physische Schutzmaßnahmen wie Zäune, Mauern und Sicherheitssysteme an Türen herzustellen. Sicherheitssysteme sollen den Zutritt aufzeichnen und Alarm bei unautorisiertem Zugriff geben. Das Authentifizierungssystem kann Teil dieses Sicherheitssystems sein (es werden Token und Biometrie als Beispiele erwähnt). Auch hier ist als Anforderung wieder die Protokollierung des Zutritts zu nennen. [ISACA 2012a, S. 194]

7. Es sind regelmäßige Trainings zur physischen Sicherheit durchzuführen. Dies hat keinen direkten Einfluss auf ein Authentifizierungssystem. [ISACA 2012a, S. 194]

COBIT bewegt sich mit seiner Ausrichtung auf der organisatorischen Ebene und befasst sich im Zusammenhang mit der Authentifizierung mehr mit dem Identitätsmanagement, der Rechtevergabe und der Benutzerverwaltung. Deshalb existieren keine direkten Anforderungen an ein Authentifizierungssystem. Zwar ist die Informationssicherheit in DSS 05 direkt beschrieben, durch ihre Querschnittsfunktion sind jedoch auch andere Domänen betroffen. Da sich COBIT generell auf einer sehr hohen abstrakten Ebene bewegt, sind mehrere Überschneidungen zur Norm ISO/IEC 27001 vorhanden, die in einigen Punkten auf die technischen Anforderungen genauer eingeht.

Sicherheitsanforderungen „DSS 05.04: Identity Management"	Betroffene Kriterien für Authentifizierung
Jeglicher Zugriff zu Informationen durch Applikationen und innerhalb der Prozesse soll authentifiziert erfolgen	- Authentifikationsdauer - Referenzspeichergröße - Erweiterbarkeit
Zugriff zu hochsensiblen Informationen soll revisionssicher nachvollziehbar sein	- Personenbindung - Unveränderlichkeit - Zeitliche Variabilität - Willentliche Beeinflussbarkeit - Einmaligkeit - Art der Referenzspeicherung - Ort der Referenzspeicherung
Sicherheitsanforderungen „DSS 05.05: Physical Access to IT Assets"	Betroffene Kriterien für Authentifizierung
Alle Zugangspunkte zu IT-Bereichen müssen überwacht und die Zutritte protokolliert werden	- Authentifikationsdauer - Referenzspeichergröße
Zutritt aufzeichnen und Alarm bei unautorisiertem Zugriff geben	- Informationsfeedback

Tabelle 5.14: Anforderungen an Authentifizierung aus COBIT 5
[eigener Entwurf]

5.2.4 Analyse der Standards des Instituts der Wirtschaftsprüfer in Deutschland

Die GoB und die GDPdU haben deutlich gemacht, dass besonders im Bereich der Buchhaltung spezielle Regeln für die IT zu beachten sind. Das Institut der Wirtschaftsprüfer in Deutschland e. V. (IDW) ist ein Zusammenschluss von Wirtschaftsprüfern und deren Gesellschaften mit dem Ziel, die Facharbeit der Wirtschaftsprüfer zu unterstützen. Das IDW und seine Fachgremien veröffentlichen und aktualisieren dabei verschiedene Publikationen: Standards und Prüfungsstandards (IDW S und IDW PS), Stellungnahmen zur Rechnungslegung (IDW RS) und Hinweise zur Prüfungs- und Rechnungslegung (IDW PH und IDW RH). Die Betrachtung dieser Publikationen gibt Aufschluss über die Aufgaben und Vorgehensweise der Wirtschaftsprüfer und lässt so auf die Anforderungen an das Unternehmen schließen. Gleichzeitig bieten diese Standards auch einen allgemeinen Blickwinkel, der über die reine Betrachtung der Rechnungslegung hinausgeht. Einige dieser Publikationen behandeln dabei die Informationssicherheit. Auszugsweise finden sich nachfolgend die Wichtigsten [BSI 2009c, S. 20]:

- Abschlussprüfung bei Einsatz von Informationstechnologie (IDW PS 330)
- Checkliste zur Abschlussprüfung bei Einsatz von Informationstechnologie (IDW PH 9.330.1)
- Prüfung des internen Kontrollsystems beim Dienstleistungsunternehmen für auf das Dienstleistungsunternehmen ausgelagerte Funktionen (IDW PS 951)
- Grundsätze ordnungsmäßiger Buchführung bei Einsatz von Informationstechnologie (IDW RS FAIT 1)
- Grundsätze ordnungsmäßiger Buchführung bei Einsatz von Electronic Commerce (IDW RS FAIT 2)
- Grundsätze ordnungsmäßiger Buchführung beim Einsatz elektronischer Archivierungsverfahren (IDW RS FAIT 3)

Im Folgenden wird die Analyse auf die wichtigen Prüfungsstandards PS 330 und PS 951 sowie die Stellungnahmen RS FAIT 1, 2 und 3 beschränkt, da nur in diesen direkte Anforderungen an die Authentifizierung zu finden sind.

5.2.4.1 IDW RS FAIT 1: Grundsätze ordnungsgemäßer Buchführung bei Einsatz von Informationstechnologie

Anlass, Zielsetzung und wesentliche Inhalte des Regelwerks:

Die Stellungnahme „IDW RS FAIT 1: Grundsätze ordnungsgemäßer Buchführung bei Einsatz von Informationstechnologie" aus dem Jahr 2002 fasst die gesetzlichen Anforderungen aus den GoB an ein IT-gestütztes Rechnungslegungssystem zusammen, kommentiert diese und liefert Definitionen für die Prüfungsstandards PS 330 und PS 951 [BSI 2009c, S. 20]. Da die GoB, wie oben festgestellt, zu allgemein sind, konkretisiert FAIT 1 die Anforderungen. Zur IT werden die Elemente der IT-gestützten Geschäftsprozesse, die IT-Anwendungen und die IT-Infrastruktur gezählt. Authentifizierung gehört dabei zu den IT-Kontrollen des internen Kontrollsystems (IKS) und betrifft alle drei Teilbereiche [IDW 2002a, S. 1157, S. 1163 f.]:

- **IT-Anwendungen - Eingabe-, Verarbeitungs- und Ausgabekontrollen:** Authentifizierung kontrolliert zwar nicht die Vollständigkeit und die Richtigkeit von Geschäftsvorfällen, sehr wohl aber die Berechtigung zur Eingabe, Verarbeitung und Ausgabe.

- **IT-gestützte Geschäftsprozesse - Prozessintegrierte Kontrollen:** Funktionsübergreifend kann die Authentifizierung die Transaktionsberechtigungen und den berechtigten Datenaustausch kontrollieren.
- **IT-Infrastruktur - Physische Zugangskontrollen und logische Zugriffskontrollen:** Dies ist der Bereich, zu dem die physische Authentifizierung und die logische Authentifizierung selbst gehören.

Allgemeine Auswirkungen auf die IT und spezielle Auswirkungen auf die Authentifizierung:

Sicherheit ist als eine Voraussetzung für die ordnungsmäßige IT-gestützte Rechnungslegung zu sehen, weshalb rechnungslegungsrelevante Daten laut FAIT 1 den folgenden Sicherheitsanforderungen unterliegen [IDW 2002a, S. 1158 f.]:

- **Vertraulichkeit:** Die Daten sollen nicht von Dritten unberechtigt gelesen und weitergegeben werden können. Zur Erreichung dieser Maßnahmen sind Verschlüsselungstechniken anzuwenden. Die Authentifizierung kommt hier ins Spiel, wenn es darum geht, die Berechtigung zur Weitergabe oder zur Entschlüsselung nachzuweisen. FAIT 1 fordert die eindeutige Identifizierung und Verifizierung des Empfängers [IDW 2002a, S. 1158]. Gleichzeitig sind für die Vertraulichkeit auch gültige Gesetze wie das BDSG zu beachten, die nichts unmittelbar mit der Finanzbuchhaltung zu tun haben [IDW 2002a, S. 1159]. Das BDSG wird nicht automatisch erfüllt in dem nur die Sicherheitsanforderungen an rechnungslegungsrelevante Daten beachtet werden. Es fordert beispielsweise in § 5 das Datengeheimnis von in der Datenverarbeitung beschäftigten Personen [BMJ 1990, S. 9 f.].
- **Integrität:** Die Daten sollen vollständig und richtig zur Verfügung stehen, weshalb sie vor Manipulation und ungewollten bzw. fehlerhaften Änderungen zu schützen sind. Nur bei ersterem kann Authentifizierung unterstützen. [IDW 2002a, S. 1158 f.]
- **Verfügbarkeit:** Die Daten sowie die IT-Anwendungen und die IT-Infrastruktur sollen aufrechterhalten und immer verfügbar sein [IDW 2002a, S. 1159]. Authentifizierung hat für diesen Bereich keine Bedeutung.
- **Autorisierung:** Nur im Voraus festgelegte Personen sollen Daten lesen, anlegen, ändern und löschen können [IDW 2002a, S. 1159]. Damit soll eine „genehmigte Abbildung von Geschäftsvorfällen im System" erreicht werden [IDW 2002a, S. 1159]. Die Autorisierung ist eigentlich die direkte Forderung nach einer Authentifizierung für den physischen, logischen und technischen Zugriffsschutz. FAIT 1 erwähnt hier sogar Identitätskarten und Biometrie als Beispiele.
- **Authentizität:** Ein Geschäftsvorfall soll dem Verursacher eindeutig zuzuordnen sein. Das bedeutet, dass die Authentifizierung protokolliert und archiviert

werden muss und das Merkmal eindeutig an eine Person gebunden sein soll. [IDW 2002a, S. 1159]

- **Verbindlichkeit:** IT-Verfahren sollen gewollte Rechtsfolgen herbeiführen können. Das bedeutet, dass für den Verfasser die Vorfälle nicht abstreitbar sind [IDW 2002a, S. 1159]. Durch eine personengebundene Authentifizierungspflicht kann dies unterstützt werden.

Es zeigt sich, dass die Authentifizierung zu allen Zielen beiträgt und gleichzeitig durch den Datenschutz gewissen Anforderungen unterliegt, die nicht direkt die Buchhaltung betreffen. Außerdem wird gefolgert, dass die Grundsätze ordnungsmäßiger Buchführung nur dann erfüllt sind, wenn das Rechnungslegungssystem diese Grundsätze unterstützt. Dies ist nach dem HGB eine Sicherstellung der Vollständigkeit, der Richtigkeit, der Zeitgerechtheit, der Ordnung, der Nachvollziehbarkeit und der Unveränderlichkeit für die Geschäftsfälle. Hier kann eine Authentifizierung nur indirekt bei den Anforderungen der Nachvollziehbarkeit und Unveränderlichkeit unterstützen. Die Nachvollziehbarkeit schließt die Prüfbarkeit ein. Authentifizierungsinformationen bei der Erfassung der Geschäftsvorfälle erleichtern dem Prüfer seine Pflichten. Die Unveränderlichkeit kann nur gewährleistet werden, wenn das System die Aufzeichnungen und die Archivierung vor einem Zugriff durch Unbefugte schützt. Neben rein technischen Lösungen dieses Problems (Änderungen sind immer feststellbar und die ursprüngliche Version bleibt archiviert) muss aber auch zu jeder Zeit eine Authentifizierungslösung präsent sein.

Des Weiteren sind für die Finanzbuchhaltung noch die aus § 238 HGB geforderte Belegfunktion, Kontenfunktion, Journalfunktion und Dokumentation zu beachten. Bei der Belegfunktion unterstützt die Authentifizierung die Autorisierung der Buchung. IDW FAIT 1 unterscheidet hier nach der Entstehung des Belegs [IDW 2002a, S. 1160 f.]:

- Bei Papierbelegen erfolgt die Autorisierung durch die Unterschrift.
- Bei Belegen, die automatisch von einem Mitarbeiter erfasst werden, ist der Mitarbeiter für die Benutzeridentifikation verantwortlich. Der Mitarbeiter selbst unterliegt einem Zugriffsberechtigungsverfahren. Für die Identifikation des Benutzers bedarf es einer Remote-Authentifizierungslösung.
- Bei Belegen, die nur vom Kunden ausgehen (beispielsweise über das Internet) und automatisch ausgewertet werden, ist auch eine Remote Authentifizierung notwendig. Etwas voreilig verweist FAIT 1 hier auf ein Signaturverfahren als Beispiel.
- Belege, die per Datenfernübertragungsverfahren erfasst werden, benötigen auch ein Autorisierungsverfahren. Die Authentifizierung muss auch auf dem Übertragungsweg geschützt sein.

- Buchungen, die programmintern stattfinden, müssen durch die IT-Anwendung selbst autorisiert werden. Hier ist normalerweise keine Benutzerauthentifizierung notwendig.

Die Journalfunktion stellt eher Anforderungen an die Speichermöglichkeiten des IT-Systems und nicht an seine Authentifizierung. Trotzdem sind natürlich auch die Authentifizierungsinformationen aus der Belegfunktion zu speichern. Dadurch wird die Kontenfunktion betroffen, die eine vollständige Speicherung der Kontenangaben (dort unter anderem Beleginformationen) fordert. Die Dokumentation erfordert eine Beschreibung der Freigabeverfahren, während die Aufbewahrungspflichten auch Systemprotokolle und technische Aufzeichnungen einschließen und 10 Jahre aufbewahrt werden müssen.

FAIT 1 nennt in Abschnitt 4 mehrere Vorschläge zur Umsetzung des IT-Systems mit einem Rechnungslegungsbezug und geht in Punkt 4.2 direkt auf die logischen Zugriffkontrollen ein (vgl. [IDW 2002a, S. 1164]). Leider gibt es hier noch einen Fokus auf die Passwortauthentifizierung. Aus den Anforderungen lassen sich jedoch auch Rückschlüsse für biometrische Authentifizierung ziehen. So sind „Änderung, Entziehung und Sperrung von Berechtigungen, Protokollierung der Aktivitäten, Gestaltung des Passwortes hinsichtlich der Mindestlänge und Ablaufdatum sowie Festlegung von aufgabenbezogenen Berechtigungsprofilen" erwähnt [IDW 2002a, S. 1164].

5.2.4.2 IDW RS FAIT 2: Grundsätze ordnungsmäßiger Buchführung bei Einsatz von Electronic Commerce

Anlass, Zielsetzung und wesentliche Inhalte des Regelwerks:

Die Stellungnahme „IDW RS FAIT 2: Grundsätze ordnungsmäßiger Buchführung bei Einsatz von Electronic Commerce" ist als Ergänzung zu den FAIT 1 zu sehen und befasst sich mit dem Spezialfall der E-Commerce-Unternehmen [IDW 2003, S. 1259]. Folgende Ergänzung ist hervorzuheben: Durch die Wahl des Internets als Vertriebskanal erhält die informationelle Selbstbestimmung und der Schutz der personenbezogenen Daten eine besondere Bedeutung.

Allgemeine Auswirkungen auf die IT und spezielle Auswirkungen auf die Authentifizierung:

Bei der Erhebung dieser personenbezogenen Daten durch ein Authentifizierungsverfahren muss das Unternehmen das BDSG und das SigG beachten. Auch birgt laut FAIT 2 der Transfer über das Internet für die Daten besondere Kommunikationsrisiken, welche die Sicherheitsanforderungen (Integrität, Vertraulichkeit, Verfügbarkeit, Authentizität, Autorisierung, Verbindlichkeit) bedrohen [IDW 2003, S. 1260]:

-   Integritätsverlust durch einen unzureichenden Fälschungsschutz kann durch unberechtigte oder fehlerhafte Zugriffe von Mitarbeitern eintreten. Innerhalb des Unternehmens sind deshalb physische und logische Zugriffsschutzmaßnahmen zu ergreifen. Außerdem muss erstens die Authentifizierung durch eine Berechtigungsverwaltung erweitert werden. Zweitens ist eine regelmäßige Überprüfung dieser Berechtigungen durchzuführen und drittens müssen die Zugriffe protokolliert werden. Zugriffsschutz von außen ist dagegen durch Konzepte wie Firewalls und Virenschutz zu erledigen. [IDW 2003, S. 1267]
-   Vertraulichkeitsverlust durch unzureichende Verschlüsselung hängt nur insofern mit Authentifizierung zusammen, als dass auch die Identitätsinformationen zu verschlüsseln sind.
-   Verfügbarkeitsverlust durch Schadprogramme ist meist ein Problem der IT-Infrastruktur, nicht der Authentifizierung, und entspricht einem Integritätsverlust bei einem unerlaubten Zugriff von außen [IDW 2003, S. 1268].
-   Verlust der Authentizität durch unwirksame Authentisierungsmechanismen ist dagegen die primäre Aufgabe für Authentifizierung. FAIT 2 macht hier mit den Beispielen Address-Spoofing[67] und DNS-Spoofing[68] schon deutlich, dass eine herkömmliche Authentifizierung über den Internet-Kanal unzureichend ist. Die Anforderung ist hier also klar eine sichere Authentifizierung über das Internet, welche die Urheberschaft und Unverfälschtheit garantiert. [IDW 2003, S. 1269 f.]
-   Autorisierungsverlust durch Lücken in Hilfsprogrammen machen ein Problem deutlich: Die sicherste Authentifizierung ist nutzlos, solange das Berechtigungssystem Lücken aufweist. Die eindeutige Feststellung der Identität vor der Zuweisung von Rechten ist essentiell [IDW 2003, S. 1270].
-   Verlust der Verbindlichkeit soll durch eine ausreichende Protokollierung vermieden werden. Zu den Nachweisen gehört auch die Feststellung der zugriffsberechtigten Personen, um eine rechtliche Nachverfolgbarkeit zu garantieren. Die Autorisierungsprozeduren des vorhergehenden Punktes und das Garantieren aller Sicherheitsanforderungen (insbesondere Integrität und Authentizität) sind notwendig. [IDW 2003, S. 1270 f.]

Die Anforderungen an die Ordnungsmäßigkeit (Vollständigkeit, Richtigkeit, Zeitgerechtheit, Ordnung, Nachvollziehbarkeit und Unveränderlichkeit) werden neben den

---

[67] Spoofing bezeichnet einen Maskierungsangriff, mit dem Ziel eine falsche Identität vorzuspiegeln [Eckert 2012, S. 19]. „Beim Address-Spoofing erzeugt der Angreifer synthetisch hergestellte IP-Pakete mit gefälschter IP-Sendeadresse [...]" [Eckert 2012, S. 117].
[68] Spoofing bezeichnet einen Maskierungsangriff, mit dem Ziel eine falsche Identität vorzuspiegeln [Eckert 2012, S. 19]. „Unter DNS-Spoofing versteht man Angriffe, bei denen es dem Angreifer gelingt, die Zuordnung zwischen IP-Adresse und Domänennamen zu fälschen" [Eckert 2012, S. 135].

Kommunikationsrisiken auch von den Verarbeitungsrisiken bedroht. Bei diesen ist vor allem der Grundsatz der Richtigkeit durch eine mangelnde Authentizität und Autorisierung bedroht, da sonst Geschäftsvorfälle inhaltlich unzutreffend erfasst werden [IDW 2003, S. 1260]. Außerdem stellt FAIT 2 nochmals klar, dass eine Dokumentation einem „autorisierten Änderungsverfahren [...] (u. a. Zugriffsschutz) [...]" zu unterliegen hat [IDW 2003, S. 1262]. Auch für die Zeitgerechtheit muss der Versand einer Transaktion festgehalten werden, was z. B. durch einen Zeitstempel nach Signaturgesetz geschehen kann. Wichtig ist jedoch für die Belegfunktion, dass die Buchung eines E-Commerce-Geschäftsvorgangs nicht durch eine elektronische Unterschrift oder Transaktion begründet wird, sondern durch die Anerkennung des Empfängers [IDW 2003, S. 1262]. Das bedeutet, dass die elektronische Authentifizierung und Signatur nicht zwingend vorgeschrieben, trotzdem aber empfehlenswert sind [IDW 2003, S. 1262]. In der Praxis kann es trotzdem sein, dass eine Verwendung notwendig ist, weil einfach der Empfang der übermittelten Daten nur so akzeptiert wird. Wie beschrieben, bleibt dies also in der Entscheidungsgewalt des Empfängers. Für die Journalfunktion ist die Autorisierung auch zwingend erforderlich, denn ohne Autorisierung in einem E-Commerce-System zählen die erfassten Daten nicht als Journale [IDW 2003, S. 1262].

5.2.4.3 IDW RS FAIT 3: Grundsätze ordnungsmäßiger Buchführung beim Einsatz elektronischer Archivierungsverfahren

Anlass, Zielsetzung und wesentliche Inhalte des Regelwerks:

Die Stellungnahme „IDW RS FAIT 3: Grundsätze ordnungsmäßiger Buchführung beim Einsatz elektronischer Archivierungsverfahren" ist eine weitere Ergänzung zur RS FAIT 1. Da hier das Archivierungssystem im Vordergrund steht, existieren jedoch nur wenige Schnittpunkte zur Authentifizierung.

Allgemeine Auswirkungen auf die IT und spezielle Auswirkungen auf die Authentifizierung:

Hauptaugenmerk bleiben die GDPdU, die dem Finanzprüfer einen Zugriff gewähren müssen. Das Absichern des Archivs durch Vergabe der nötigen Zugriffsrechte ist deshalb eine Aufgabe der Authentifizierung [IDW 2006, S. 1467]. Weiterhin ist anzumerken, dass zur Erfüllung der Authentizität bei der Speicherung eine eindeutige Verbindung zum Original bestehen muss [IDW 2006, S. 1470]. Diese ist etwa durch ein Wasserzeichen aus einer Authentifizierung denkbar. Darüber hinaus sind zur Sicherung der Nachvollziehbarkeit auch der Zugriff und die Kontrollen im Archiv zu speichern [IDW 2006, S. 6]. Enthalten die Daten personenbezogene Informationen, dann verweist FAIT 3 nochmals darauf, dass auch das BDSG zu beachten ist [IDW 2006, S. 1467].

5.2.4.4 IDW PS 951

Anlass, Zielsetzung und wesentliche Inhalte des Regelwerks:

Der Prüfungsstandard „IDW PS 951: Die Prüfung des internen Kontrollsystems beim Dienstleistungsunternehmen für auf das Dienstleistungsunternehmen ausgelagerte Funktionen" beschreibt allgemein die Prüfung eines internen Kontrollsystems bei Dienstleistungsunternehmen. Der Standard gibt also einen Prüfleitfaden zu einem IKS, wie es in vielen Governance- und Compliance-Vorschriften (z. B. SOX) gefordert wird. Er basiert auf dem amerikanischen Auditing Standard SAS 70 des American Institute of Certified Public Accountants (AICPA), das als amerikanisches Pendant des IDW angesehen werden kann. IDW PS 951 berücksichtigt jedoch auch deutsche Besonderheiten. [BSI 2009c, S. 24]

Grundsätzlich kann ein Dienstleistungsunternehmen als vertrauensbildende Maßnahme gegenüber den Kunden und den Anlegern eine Prüfung nach PS 951 des eigenen internen Kontrollsystems durch Wirtschaftsprüfer anstreben. Nach der Prüfung kann der Prüfer eine Bescheinigung auf zwei Arten vorlegen: Typ A beurteilt die Darstellung und Angemessenheit des IKS. Es werden also in einer Momentaufnahme hauptsächlich Beschreibungen der internen Kontrollen und ihrer Angemessenheit zur Erreichung der definierten Kontrollziele geprüft. Die Bescheinigung vom Typ B trifft zusätzlich durch eine Funktionsprüfung eine Aussage über die Wirksamkeit der Kontrollen. Hierzu wird über einen Zeitraum anhand von Detailinformationen und Tests das IKS betrachtet. [BSI 2009c, S. 24]

Allgemeine Auswirkungen auf die IT und spezielle Auswirkungen auf die Authentifizierung:

IDW PS 951 beschreibt das Vorgehen bei der Prüfung eines internen Kontrollsystems und stellt keine direkten Anforderungen an die IT oder die Authentifizierung.

5.2.4.5 IDW PS 330: Abschlussprüfung bei Einsatz von Informationstechnologie

Anlass, Zielsetzung und wesentliche Inhalte des Regelwerks:

Der Prüfungsstandard „IDW PS 330: Abschlussprüfung bei Einsatz von Informationstechnologie" ist der wichtigste Standard für deutsche Abschlussprüfer im Zusammenhang mit der IT. Er enthält Anforderungen, die Wirtschaftsprüfer bei der IT-Systemprüfung aufgrund von Gesetzen zu erfüllen haben. Im Standard beschrieben sind Ziele, Umfang, Durchführung, Prüftechniken und die Dokumentation der Prüfung. [BSI 2009c, S. 21; IDW 2002b, S. 1167 ff.]

Dabei legt er die Anforderungen und Definitionen des RS FAIT 1 zugrunde. Prüfgegenstand ist das unternehmensweite IT-System, wenn dieses Finanzdaten verarbeitet. Da dies in nahezu fast allen Unternehmen der Fall ist, hat dieser Prüfungsstandard eine hohe Relevanz. Das IT-Kontrollsystem ist ein wesentlicher Bestandteil des IKS und gewinnt im Rahmen der Jahresabschlussprüfungen immer mehr an Bedeutung. Deshalb müssen die Prüfergebnisse in den Abschlussbericht einfließen. [IDW 2002b, S. 1168]

Bei der Prüfung sollen Angemessenheit und Wirksamkeit beachtet werden [BSI 2009c, S. 22; IDW 2002b, S. 1167 ff.]. Das bedeutet, dass die IT-Systeme den Anforderungen des Unternehmens entsprechen müssen und die Maßnahmen auch wirklich greifen und gelebt werden sollten [BSI 2009c, S. 22]. Dazu wird das IT-Kontrollsystem auf seine Risiken für die Erreichung der Unternehmensziele geprüft. Hierzu teilt das IDW die Risiken zunächst aus den Indikatoren (Abhängigkeit, Änderungen, Know-how von Ressourcen, Geschäftliche Ausrichtung) in die drei Gruppen IT-Infrastrukturrisiken, IT-Anwendungsrisiken und IT-Geschäftsprozessrisiken ein.

Zuerst erhebt die Aufnahme des IT-Systems die Informationen, die dann anschließend in der Aufbau- und Funktionsprüfung verwendet werden. In der Aufbauprüfung wird die Angemessenheit und Wirksamkeit des IT-Sicherheitskonzeptes durch die personellen, organisatorischen und technischen Maßnahmen geprüft. Die Prüfung kann durch Dokumentenstudien, Befragungen oder Beobachtung von Aktivitäten erfolgen. Sollte die Aufbauprüfung einen Bereich positiv bewerten, schließt sich die Funktionsprüfung an. Diese beurteilt den Beitrag der Kontrollen zur Verminderung der drei Risikogruppen. Neben den vorhanden Materialen können noch Plausibilitätsbeurteilungen und Unterlagen Dritter hinzugezogen werden. [BSI 2009c, S. 23; IDW 2002b, S. 1170 ff.]

Als Hilfestellung zur Prüfung hat der IDW auch eine Checkliste veröffentlicht (IDW PH 9.330.1). In Kombination mit FAIT 1 ergibt sich dann folgender Überblick in Abbildung 5.3:

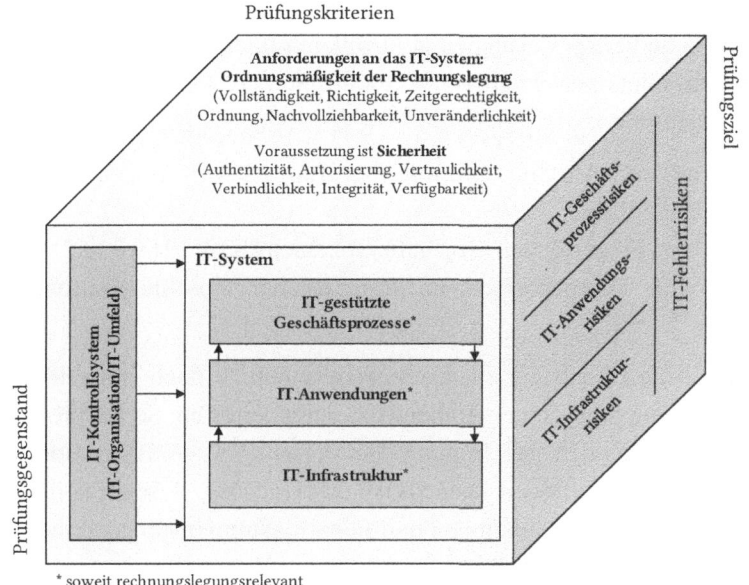

Abbildung 5.3: Ansatz der IT-Systemprüfung nach IDW PS 330
[IDW 2002b, S. 1168]

Allgemeine Auswirkungen auf die IT und spezielle Auswirkungen auf die Authentifizierung:

Authentifizierung im Unternehmen fällt auch in den Prüfbereich von IDW PS 330. Zum einen kann sie zu den physischen Sicherungsmaßnahmen (Zugangskontrollen), zum anderen zu den logischen Sicherungsmaßnahmen (Zugriffskontrollen) gehören [IDW 2002b, S. 1173]. Für die logischen Zugriffskontrollen nimmt PS 330 dabei erstmals eine Einteilung in Anwendungsgebiete vor: Erstens in die Anmeldung auf Betriebssystemebene und gegenüber einem Netzwerk, zweitens in die Anmeldung an IT-Anwendungen [IDW 2002b, S. 1173]. Die Zugriffskontrollen sind laut PS 330 angemessen, wenn die Berechtigungsverwaltung und die Systemrechte dem Sicherheitskonzept entsprechen und damit [IDW 2002b, S. 1173]:

- unberechtigte Zugriffe verhindern
- unberechtigte Veränderung der Daten verhindern
- die Identität des Benutzers eindeutig feststellen

Die Identitätsfeststellung des Benutzers ist hier eher selbstverständlich erwähnt. Sie stellt aber die größte Anforderung an das Authentifizierungssystem dar und fordert eine starke Personenbindung und Eindeutigkeit einer Authentifizierung. Die Maßnahmen des Prüfers zur Überprüfung der Wirksamkeit sowohl physischer als auch logischer Kontrollen werden allerdings zu allgemein und damit unzureichend beschrieben.

Der Prüfer muss nur stichprobenartig die Benutzerberechtigungen anhand der Berechtigungen laut Sicherheitsanweisungen kontrollieren und feststellen, ob das Aufgabengebiet des Mitarbeiters korrekt ist [IDW 2002b, S. 1172 ff.]. Dem Standard sind drei Checklisten zugeordnet:

- Checkliste zur Abschlussprüfung bei Einsatz von Informationstechnologie (IDW PH 9.330.1)
- Prüfung von IT-gestützten Geschäftsprozessen (IDW PH 9.330.2)
- Einsatz von Datenanalysen im Rahmen der Abschlussprüfung (IDW PH 9.330.3)

Besonders die dritte Ergänzung zur Datenanalyse enthält noch Hinweise, welche das Berechtigungssystem hinter einer Authentifizierung betreffen. So hat die Datenanalyse einer gespeicherten Zugriffsberechtigung den Vorteil, dass zeitraum- und personengebundene Auswertung stattfinden kann [IDW 2011, S. 43]. Besonders im Zusammenhang mit Berechtigungskombinationen und Funktionstrennungen sind diese Informationen entscheidend [IDW 2011, S. 43 f.]. Als Beispiel kann der Prüfer im Nachhinein die Benutzer mit administrativen Rechten in einem bestimmten Buchungszeitraum identifizieren [IDW 2011, S. 44]. Für den Beweis der Revision und Verantwortung (wie etwa in SOX gefordert) und damit die Nachweisbarkeit vor Gericht sind dies zentrale Vorteile.

5.2.4.6 Zusammenfassung

Es ist also festzustellen, dass das IDW besonders die GoB und GDPdU, aber auch das BDSG aufgreift und bezüglich der Anforderungen an IT-Systeme kommentiert und konkretisiert, wie die nachfolgende Tabelle 5.15 zusammenfasst:

Sicherheitsanforderungen	Authentifizierungsschnittpunkte
Integrität	- Rechnungsdaten vor ungewollter Manipulation schützen (FAIT 1) - Ordnungsgemäße Berechtigungsverwaltung, regelmäßige Berechtigungsüberprüfung und Zugriffsprotokollierung (FAIT 2)
Vertraulichkeit	- Eindeutige Identifizierung und Verifizierung des Empfängers bei Weitergabe oder Entschlüsselung rechnungslegungsrelevanter Daten (FAIT 1) - Verschlüsselte Authentifizierungsdaten und -übertragung (FAIT 1 & 2) - Physische und logische Zugriffsmaßnahmen des Archivs (FAIT 3)
Authentizität	- Eindeutige Zuordnung von Geschäftsvorfällen durch personengebundene, eindeutige und sichere Authentifizierungsmerkmale (FAIT 1) - Verhinderung von IP-Spoofing und DNS-Spoofing (FAIT 2) - Eindeutige Verbindung zwischen original und Abbild kann Authentifizierung sein (FAIT 3)
Autorisierung	- Wirksame physische und logische Zugriffsmaßnahmen sind erforderlich (FAIT 1)
Verbindlichkeit	- Eindeutige Zuordnung von Geschäftsvorfällen durch personengebundene und eindeutige Authentifizierungsmerkmale und deren Protokollierung (FAIT 1 &2)
Ordnungsmäßigkeitsanforderungen	
Zeitgerechtheit	- Authentifizierung mit Zeitstempel
Unveränderlichkeit	- Wirksame physische und logische Zugriffsmaßnahmen sind erforderlich (FAIT 1)
Direkte Anforderungen an Authentifizierung	
Änderung, Entziehung und Sperrung von Berechtigungen	
Protokollierung der Aktivitäten	
Gestaltung des Passwortes hinsichtlich der Mindestlänge und Ablaufdatum	
Festlegung von aufgabenbezogenen Berechtigungsprofilen	

Tabelle 5.15: Zusammenfassung der IDW-Anforderungen an Authentifizierung
[eigener Entwurf]

5.2.5 Payment Card Industry Data Security Standard

Anlass, Zielsetzung und wesentliche Inhalte des Regelwerks:

Der Payment Card Industry Data Security Standard (PCI DSS), erstmals veröffentlicht im Jahr 2005 und aktuell in der Version 2.0 erschienen, ist ein Sicherheitsrahmenwerk mit Anforderungen an die physische und logische IT-Sicherheit [BITKOM 2009, S. 23]. Entwickelt wurde er von Kreditkartenunternehmen und hat auch das Ziel, die

Sicherheit des Zahlungsverkehrs im Internet zu erhöhen. PCI DSS stellt deshalb Anforderungen an die IT von Kreditkartenunternehmen, da in dieser Branche besonders die Daten der einzelnen Kreditkarteninhaber schützenswert sind. Da einige Bereiche explizit die Beschränkung des Zugriffs sowie die Zuweisung einer eindeutigen Nutzerkennung für jede Person mit Computerzugriff fordern („Implement Strong Access Control Measures"), sind hier Wechselwirkungen zur biometrischen Authentifizierung und dem deutschen Signaturgesetz zu erkennen.

Allgemeine Auswirkungen auf die IT und spezielle Auswirkungen auf die Authentifizierung:

PCI DSS fordert ein sicheres Netzwerk, den Schutz der Daten der Kreditkarteninhaber, das Management von IT-Schwachstellen (z. B. Viren), starke Zugriffskontrollen, stetige Beobachtung und Tests des IT-Netzwerks und die Existenz einer Information Security Policy [PCI 2010, S. 5]. Die Authentifizierung spielt besonders bei der Bereitstellung eines sicheren Netzwerks und bei der Implementierung starker Zugriffskontrollmechanismen eine Rolle:

- PCI DSS 2.1 fordert die Änderung von Standard-Passwörtern der Hersteller. Dies würde bei Verwendung anderer Authentifizierungsmaßnahmen wie Biometrie entfallen. [PCI 2010, S. 24]
- PCI DSS 2.3 spricht die Verschlüsselung des Zugriffs an. Die Art der Datenübertragung bei der Authentifizierung wird hiervon berührt. [PCI 2010, S. 27]
- PCI DSS 8.1 und 8.2 fordern eine eindeutige Nutzerkennung (Betrieb im Verifikationsmodus) und beschreiben Passwort, Token oder Biometrie als geeignete Authentifizierungsmethoden [PCI 2010, S. 46].
- PCI DSS 8.3 fordert für einen Remote Access eine Zwei-Faktor Authentifizierung, was die Erweiterbarkeit eines Authentifizierungssystems voraussetzt [PCI 2010, S. 46].
- PCI DSS 8.4 fordert bei der Art der Datenübertragung und der Art der Referenzspeicherung von der Authentifizierung eine starke kryptographische Verschlüsselung [PCI 2010, S. 46].
- PCI DSS 8.5 stellt sehr viele Anforderungen an das Passwort und lässt andere Authentifizierungsmethoden außen vor. Die Abschnitte 8.5.13 bis 8.5.15 drehen sich jedoch um mögliche Sperrmechanismen, die für alle Authentifizierungsmethoden gültig sein können. [PCI 2010, S. 47 ff.]

Anforderungen	Betroffene Kriterien für Authentifizierung
Verschlüsselung des Zugriffs (PCI DSS 2.3)	- Art der Datenübertragung
Zwei-Faktor Authentifizierung bei Remote Access (PCI DSS 8.3)	- Erweiterbarkeit
Starke kryptographische Verschlüsselung (PCI DSS 8.4)	- Art der Datenübertragung - Art der Referenzspeicherung
Sperrmechanismen, Verzögerungen und automatischer Log-Out nach 15 Minuten Inaktivität (PCI DSS 8.5)	- Sperrmechanismus

Tabelle 5.16: Anforderungen aus PCI DSS
[eigener Entwurf]

5.2.6 Analyse des Biometric Verification Mechanisms Protection Profile

Anlass, Zielsetzung und wesentliche Inhalte des Regelwerks:

Will ein Unternehmen das von ihm eingesetzte biometrische Authentifizierungssystem zertifizieren lassen, bieten sich die Common Criteria an. Für die Zertifizierung wurde vom Bundesamt für Sicherheit in der Informationstechnik ein sog. Schutzprofil für biometrische Authentifizierungssysteme, das „Biometric Verification Mechanisms Protection Profile" (BVMPP) verfasst (vgl. [Tekampe/Leidner 2008, S. 1 ff.]). Die aktuellste Version 1.3 ist datiert auf das Jahr 2007. Das BVMPP stellt funktionale Sicherheitsanforderungen an ein biometrisches Verifikationssystem und ist deshalb im Rahmen der IT-Compliance besonders geeignet, um Kriterien für die Compliance-Konformität eines biometrischen Systems bezüglich der Informationssicherheit zu ermitteln.

Spezielle Auswirkungen auf die Authentifizierung:

Das BVMPP fordert in Kapitel 7 vor allem die folgenden Sicherheitsfunktionalitäten im direkten Zusammenhang mit der Identifikation und Authentikation [Tekampe/Leidner 2008, S. 26 f.]:

- Die Aspekte „Authentication failures: FIA_AFL.1(1) und FIA_AFL.1(2)" fordern eine Sperre für die Zugänge der Nutzer sowie der Administratoren nach einer gewissen Anzahl fehlgeschlagener Login-Versuche [Tekampe/Leidner 2008, S. 28].
- Der Abschnitt „User Attribute definition: FIA_ATD" beschreibt, dass ein biometrisches System für jeden Nutzer die Attribute Nutzer ID, biometrische Referenz und Rolle speichern muss [Tekampe/Leidner 2008, S. 29].
- Die Punkte „User authentication: FIA FIA_UAU.2(1) und FIA FIA_UAU.2(2)" fordern eine erfolgreiche biometrische oder nicht biometrische Authentifizierung (gemeint ist Verifikation), bevor ein Nutzer irgendwelche Aktionen aus-

führen darf [Tekampe/Leidner 2008, S. 29]. Gleiches gilt für die Identifikation im Abschnitt „User identification: FIA_UID.2(1) und FIA_UID.2(2)" [Tekampe/Leidner 2008, S. 31].

- Der Aspekt „Multiple authentication mechanisms: FIA_UAU.5" fordert von einem biometrischen Authentifizierungssystem, dass für Administratoren immer ein nicht biometrischer Authentifizierungsmechanismus verwendet wird [Tekampe/Leidner 2008, S. 30].
- Der Punkt „Protected authentication feedback: FIA_UAU.7" beschreibt die Notwendigkeit, dass der Nutzer während der Authentifizierung nur die Rückmeldung erhält, dass die Authentifizierung gerade durchgeführt wird [Tekampe/Leidner 2008, S. 30].
- Im Unterabschnitt zur Sicherung der Sicherheitsfunktionen (Protection of the Target of Evaluation Security Functionality) wird in „Replay Detection: FPT_RPL.1(1)" noch gefordert, biometrische Daten mit absoluter Übereinstimmung zu erkennen und zu ignorieren.

Anforderungen	Betroffene Kriterien für Authentifizierung
Sperre nach fehlgeschlagenen Login-Versuchen (FIA_AFL.1(1) und FIA_AFL.1(2): Authentication failures)	- Sperrmechanismus
Ignorierung biometrischer Daten mit absoluter Übereinstimmung (FPT_RPL.1(1): Replay Detection)	- Replayschutz
Keine Rückmeldungen während der Authentifizierung (FIA_UAU.7: Protected Authentication Feedback)	- Restriktive Informationsabgabe
Aktionen sind erst nach erfolgreicher Authentifikation ausführbar (FIA_UAU.1(2) und FIA_UAU.2(2): User Authentication; FIA_UID.2(1) und FIA_UID.2(2): User identification)	- Restriktive Informationsabgabe
Nicht biometrische Authentifizierung für Administratoren (FIA_UAU.5: User Authentication)	- Erweiterbarkeit

Tabelle 5.17: Anforderungen aus dem BVMPP
[eigener Entwurf]

5.2.7   Analyse des Standards ISO 38500

Einen sehr wichtigen Überblick zur IT-Governance gibt der ISO Standard „ISO/IEC 38500:2008: Corporate governance of information technology". Er richtet sich an das Management des Unternehmens und soll diesem beim Einsatz von Informationstechnologie im Unternehmen unterstützen [ISO 2008, S. 1 f.]. Dabei behandelt er die Prinzipien Verantwortung (Responsibility), Strategie (Strategy), Beschaffung (Acquisition), Leistung (Performance), Regelkonformität (Conformance) und menschliches Verhalten (Human Behavior) [ISO 2008, S. 9 ff.]. Die Benutzung von Authentifizierungssystemen fällt unter das 6. Prinzip „Menschliches Verhalten", jedoch bleibt ISO 38500 zu allgemein um daraus direkte Anforderungen für biometrische Authentifizierungssysteme ableiten zu können (vgl. [ISO 2008, S. 15]).

5.3 Zusammenfassung der resultierenden Anforderungen an Authentifizierungssysteme

Die in diesem Kapitel betrachteten Anforderungen der IT-Compliance haben gezeigt, dass sich die Vorschriften meist auf einem sehr hohen abstrakten Niveau bewegen oder sich auf allgemeine Empfehlungen ohne konkrete Details beschränken. Allerdings ist die Bedeutung der Authentifizierungssysteme in diesen Themengebieten nicht von der Hand zu weisen, da Berührungspunkte überall zu finden sind. Im Folgenden werden jetzt die betrachteten Anforderungen zusammengefasst und analysiert. Es wird deutlich, dass sich die Anforderungen in ihrer Granularität und Genauigkeit deutlich unterscheiden. Im ersten Schritt sind die Regularien und Gesetze meist allgemein gehalten, während im nächsten Punkt die Standards und Ausführungsbestimmungen oftmals auf die Gesetze genauer eingehen und Vorschläge liefern. Allerdings sind selbst viele Standards noch immer wenig konkret und eher allgemein, was das Thema Authentifizierung betrifft. Aus diesem Grund besteht eine Schwierigkeit darin, die Anforderungen zu filtern und aus ihnen die kleinsten gemeinsamen Kriterien zur Bewertung für ein Authentifizierungssystem zu identifizieren.

Geordnet nach dem Grad der Spezifität ergibt sich dadurch folgende Übersicht:

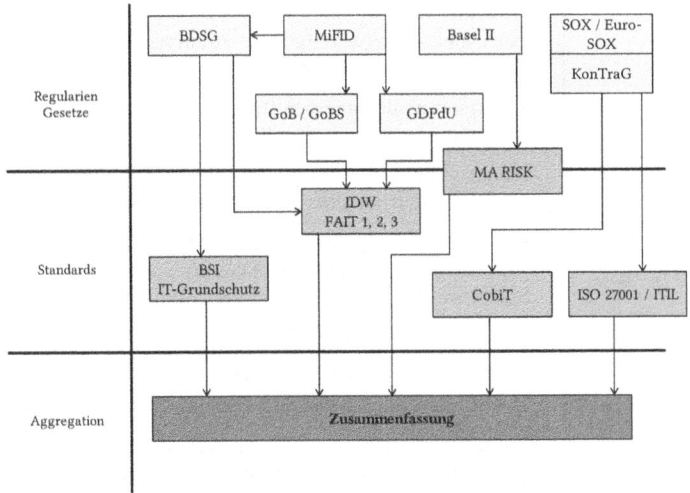

Abbildung 5.4: Resultierende Anforderungen der IT-Compliance
[eigener Entwurf]

In jedem Abschnitt wurden die Regelwerke detailliert auf ihre Anforderungen untersucht. Hier folgt eine Zusammenfassung der jeweiligen Anforderungen der Gesetze, Regularien, Standards und Normen:

Gesetze und Regularien	Anforderungen an die Authentifizierung
SOX	- Eindeutige Personenidentifikation zur Sicherstellung gerichtlich anerkannter Haftung - Fälschungssichere, zeitgenaue Archivierung und Protokollierung der Zugriffsdaten auf Finanzdaten
GoB / GoBS	- Sicherstellung der Ordnungsmäßigkeit, Vollständigkeit und Unveränderlichkeit eines Geschäftsvorfalls. Buchungen sollen nicht unbefugt (d. h. nicht ohne Zugriffsschutzverfahren) und nicht ohne Nachweis des vorausgegangenen Zustandes verändert werden können. - Zugriffsgeschützte Journalfunktion fordert die Protokollierung und Dokumentation des Verfahrens zur Sicherstellung der Nachvollziehbarkeit und Prüfbarkeit bei gleichzeitiger Einhaltung der Aufbewahrungsfristen (6 bzw. 10 Jahre).
GDPdU	- (Remote-) Authentifizierung mit feingranularen Datenzugriff benötigt auch einen Zugriff auf Finanzdaten - Unveränderliche elektronische Archivierung von Informationen der Authentifizierung zusammen mit den Finanzdaten
BDSG	- Zutrittskontrolle - Zugangskontrolle - Zugriffskontrolle - Weitergabekontrolle - Eingabekontrolle - Auftragskontrolle - Verfügbarkeitskontrolle - Getrennte Verarbeitung
KonTraG	- Eindeutige Personenidentifikation zur Sicherstellung gerichtlich anerkannter Haftung - Fälschungssichere, zeitgenaue Archivierung und Protokollierung der Zugriffsdaten auf Finanzdaten
Basel II	- Minimierung des internen Betrugs - Minimierung des externen Betrugs
MaRisk	- Sicherstellung der Integrität, der Verfügbarkeit, der Authentizität sowie der Vertraulichkeit von Finanzdaten
SigG / SigV	- Erzeugung von hinzufügbaren oder verknüpfbaren elektronischen Authentifizierungsdaten, welche die ausschließliche Zuordnung zum Signaturinhaber bzw. die Identifizierung, also die Feststellung der Identität des Signaturschlüssel-Inhabers, gewährleisten - Alleinige Kontrolle der Mittel zur Erzeugung der Signaturen - Nachträgliche Erkennung von Veränderungen der Signaturdaten - Qualifizierte elektronische Signaturen erfordern eine sichere Signaturerstellungseinheit
EHUG	- Fälschungssichere, zeitgenaue Archivierung und Protokollierung von Geschäftsbriefen
MiFID	- Personenidentität

Standards und Normen	Anforderungen an die Authentifizierung
IT-Grundschutz	*siehe Tabelle 4.1*
ISO 27000 Familie & ITIL	- Dezentrale oder Zentrale Rechteverteilung - Eigenständiges Registrieren, Verwalten und Löschen der Benutzerregistrierung - Verschlüsselte Authentifizierungsinformationen - Der Benutzer unterliegt einer Verantwortung bei der ordnungsgemäßen Authentifizierung - Übertragung der Daten durch zertifikatsbasierte und verschlüsselte Kanäle - Nachweis der Benutzeridentität durch Authentifizierung - Nicht beobachtbare Anmeldung - Begrenzung der Anmeldeversuche - Keine Informationsausgabe über die Authentifizierung - Versteckte Übertragung der Authentifizierungsinformationen - Aufzeichnung der Anmeldeversuche - Verifikation und Identifikation - Session Timeout und Begrenzung der Verbindungszeit - Kombinierbarkeit mit anderen Verfahren
COBIT	- Jeglicher Zugriff zu Informationen durch Applikationen und innerhalb der Prozesse soll authentifiziert erfolgen - Zugriff zu hochsensiblen Informationen soll revisionssicher nachvollziehbar sein - Sicherheitsanforderungen - Alle Zugangspunkte zu IT-Bereichen müssen überwacht und die Zutritte protokolliert werden - Zutritt aufzeichnen und Alarm bei unautorisiertem Zugriff geben
IDW	- Gewährleistung der Sicherheit rechnungsrelevanter Daten (Integrität, Vertraulichkeit, Authentizität, Autorisierung, Verbindlichkeit) - Unterstützung der Ordnungsmäßigkeit rechnungsrelevanter Daten (Zeitgerechtheit, Unveränderlichkeit) - Änderung, Entziehung und Sperrung von Berechtigungen - Protokollierung der Aktivitäten - Gestaltung des Passwortes hinsichtlich der Mindestlänge und Ablaufdatum - Festlegung von aufgabenbezogenen Berechtigungsprofilen
PCI DSS	- Verschlüsselung des Zugriffs - Zwei-Faktor Authentifizierung bei Remote Access - Starke kryptographische Verschlüsselung - Sperrmechanismen, Verzögerungen und automatischer Log-Out nach 15 Minuten Inaktivität
BVMPP	- Sperre nach fehlgeschlagenen Login-Versuchen - Ignorierung biometrischer Daten mit absoluter Übereinstimmung - Keine Rückmeldungen während der Authentifizierung - Aktionen sind erst nach erfolgreicher Authentifikation ausführbar - Nicht biometrische Authentifizierung für Administratoren

Tabelle 5.18: Zusammenfassung der resultierenden IT-Compliance-Anforderungen an die Authentifizierung
[eigener Entwurf]

Aus dieser Zusammenfassung lässt sich bereits erkennen, dass zwischen den einzelnen Regelwerken deutliche Überschneidungen vorhanden sind. Zur Herleitung von Prüfkriterien, die eine Bewertung dieser Anforderungen ermöglichen, gilt es nun diese identifizierten Anforderungen übersichtlich zu strukturieren und zu klassifizieren.

6 Strukturierung der Anforderungen und Herleitung der Prüfkriterien

Dieses Kapitel gruppiert die gefundenen Compliance-Anforderungen an die Authentifizierung nach ihrer Zielsetzung um daraus Prüfkriterien für biometrische Verfahren abzuleiten. Abschnitt 6.1 teilt die Betrachtung der Authentifizierung in die Kategorien Merkmal und System ein. Anschließend werden die in Kapitel 5 identifizierten Compliance-Anforderungen in den Abschnitten 6.2 bis 6.4 anhand betroffener Schutzziele zusammengefasst und mit Hilfe der entstehenden Gefahren für biometrische Authentifizierung strukturiert (zum Vorgehen siehe Abschnitt 4.4). So können aus den Anforderungen an die allgemeine Authentifizierung die Anforderungen für die biometrische Authentifizierung gefunden werden. Schließlich leitet Abschnitt 6.6 Bewertungskriterien für biometrische Verfahren aus bisherigen Untersuchungen ab. Das Resultat bildet die Ausgangsbasis zur Entwicklung und weiteren Ergänzung von Prüfkriterien in Kapitel 7, anhand derer der Einsatz einer speziellen biometrischen Authentifizierungslösung im Unternehmen auf seinen Compliance-Nutzen (als Instrument) sowie seine Tauglichkeit (als Prüfgegenstand) zu bewerten ist.

IT-Compliance Regularien sind meist normative Anforderungen, die sich im Grad der Verbindlichkeit und Granularität unterscheiden. Es ist also auch von den Zielen und der Risikobereitschaft des Unternehmens abhängig, wie groß die Übereinstimmung mit regulativen Vorgaben sein soll. In jedem Fall hat eine hohe Einhaltung immer eine positive Auswirkung auf die Haftungsrisiken, die Sanktionen bei Nichtkonformität, die potenziellen Schäden oder die Außenwirkung [Rath/Sponholz 2007, S. 33]. Grundsätzlich hat sich gezeigt, dass die Anforderungen an die Authentifizierung im Bereich Compliance mehrere zueinander sogar komplementäre Ziele anstreben: Compliance Anforderungen an die Authentifizierung schließen neben dem Ziel der Sicherung der Rechte des Arbeitnehmers und dem Schutz der Informationen des Unternehmens auch die Authentizität im elektronischen Rechtsverkehr und die Beweiskraft für elektronische Dokumente ein (vgl. [Albrecht 2003, S. 24 ff.]).

6.1 Die Einteilung in Merkmal und System zur Bewertung von Authentifizierung

In der Betrachtung der gesetzlichen Vorschriften, Regularien, Standards und Normen hat sich gezeigt, dass eine Bewertung von Authentifizierungssystemen hinsichtlich ihres Wirkens im Compliance-Bereich in verschiedene Anforderungsbereiche eingeteilt werden kann – insbesondere werden Anforderungen an das Authentifizierungsmerkmal und an das Authentifizierungssystem gestellt. Die nun folgenden Abschnitte 6.2 bis 6.4 passen die gefundenen allgemeinen Anforderungen zur Authentifizierung für die biometrische Authentifizierung an. Die Gefahren zur Beurteilung eines Authen-

© Springer Fachmedien Wiesbaden GmbH, ein Teil von Springer Nature 2014
S. Däs, *Compliance-konforme Einbindung biometrischer Authentifizierungssysteme in das betriebliche IT-Sicherheitsmanagement*, Edition KWV,
https://doi.org/10.1007/978-3-658-23466-9_6

tifizierungssystems hinsichtlich seiner Compliance-Konformität und Unterstützungs-qualität lassen sich grundsätzlich in zwei Kategorien einteilen, wie Abbildung 6.1 verdeutlicht:

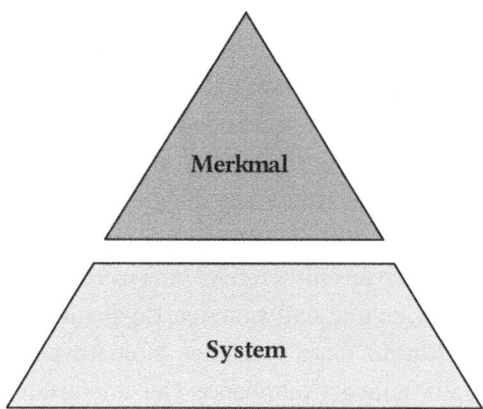

Abbildung 6.1: Kategorien zur Bewertung von Authentifizierung
[eigener Entwurf]

Die Qualität des Authentifizierungsmerkmals bestimmt, wie gut das gewählte Authentifizierungsmerkmal eines Authentifizierungssystems geeignet ist, um die Ziele der IT-Compliance umzusetzen. Kein Merkmal wird in allen Bereichen gleich gute Ergebnisse erzielen. Aus diesem Grund kann es vorteilhaft sein, mehrere Merkmale zu kombinieren.

Die Qualität des Authentifizierungssystems enthält alle weiteren Kriterien, welche die gesamte im Unternehmen eingesetzte Authentifizierungslösung beachten muss. Diese Kategorie besitzt die direkten Schnittstellen zur IT-Infrastruktur des Unternehmens und zu den Prozessen, die im Unternehmen die Authentifizierung und die damit verbundene Administration betreffen. Flexibilität und Interoperabilität des Systems sind weitere wichtige Kennzeichen dieser Ebene. Die Sicherheit des Authentifizierungssystems gibt z. B. Aufschluss darüber, wie das System auf Angriffe auf die Überwindung der Authentifizierungsleistung reagiert. Sie ist in der Regel die Grundlage für das Vertrauen in die Leistungsfähigkeit des Authentifizierungssystems. Außerdem gilt neben einer hohen Merkmalssicherheit auch eine hohe Systemsicherheit als Voraussetzung für die Verwendung von biometrischer Authentifizierung im Rahmen eines Zertifikats für die qualifizierte elektronische Signatur, die gesetzlich als Willensnachweis für die revisionssichere Archivierung und Zurechenbarkeit von Kommunikation verwendet werden kann. Die Forschung und die Praxis haben die Sicherheit eines biometrischen Systems bereits ausgiebig betrachtet, so dass sich darauf viele internationale Normen beziehen (siehe Abschnitt 6.2).

Zusätzlich besitzen noch die Schnittstellen zum Identitätsmanagement, zu Audit- und Protokollfunktionalitäten und zur Benutzeradministration direkte Auswirkungen auf die Erfüllung der IT-Compliance. Für sie wurden jedoch keine Bewertungskriterien ermittelt, da sie nicht direkt durch das eigentliche Authentifizierungssystem erfüllt werden können. Anhang A enthält eine Beschreibung dazu.

Auch in den folgenden Abschnitten zeigt sich, dass die Gefahren für den Informationsschutz, den Anlegerschutz und den Mitarbeiterschutz entweder vom biometrischen Merkmal, vom biometrischen System oder von beiden ausgehen können (vgl. z. B. [Dotzler 2010, S. 131; Graevenitz 2006, S. 37 f., S. 49; Shen et al. 1997, S. 1464; TeleTrusT 2006, S. 6, S. 29; Wayman et al. 2004, S. 3, S. 9]).

Nachdem in Kapitel 5 die grundsätzlichen Anforderungen der IT-Compliance an die Authentifizierung allgemein identifiziert wurden, sind nun die speziellen Anforderungen an die biometrische Authentifizierung zu erarbeiten. Hierzu analysieren die Abschnitte 6.2 bis 6.4 die drei Schutzziele detailliert und beschreiben die speziellen Gefahren bei der Erfüllung der zuvor kategorisierten Anforderungen durch eine biometrischen Authentifizierungslösung.

6.2   Das Ziel Informationsschutz

Das ursprüngliche Ziel der Authentifizierung stellt immer der Schutz von Informationen auf Basis definierter Rechte (durch Autorisation) auf eben diese Informationen dar. Deshalb sind Authentifizierungssysteme auch immer der Informationssicherheit und dessen Management zuzuordnen. Die Authentifizierung soll dabei physische Bereiche schützen (Zutrittsschutz), den Zugang zu Systemen und Anwendungen (Zugangsschutz) oder damit einhergehend den Zugriff auf Informationen direkt (Zugriffsschutz) (vgl. z. B. [BMJ 1990, S. 36 f.; BSI 2008a, S. 58; Nanavati et al. 2002, S. 144 f.]). Hinzu kommt die Forderung nach einem rollenbasierten Identitätsmanagement mit Administration und Verwaltung der Benutzerkonten (vgl. z. B. [BSI 2011a, S. 2765; Kersten et al. 2011, S. 218 f.]).

Als wichtigste Funktion der Authentifizierung lassen sich für den Informationsschutz die meisten Anwendungsfälle beschreiben, beispielsweise durch die von Gartner Research[69] getroffene Einteilung der Anwendungsfälle der Authentifizierung:

Als erstes ist der „Endpoint Access" zu nennen, hierunter fallen alle Zugänge am ersten Eintrittspunkt, also generell der physischer Zugang, der Zugang zu IT-Systemen, das Einloggen ins Betriebssystem und in mobile Endgeräte [Allan 2012, S. 3].

---

[69] [Allan 2012]

Zweitens folgt der „Workforce Access", damit sind alle Anwendungsfälle der Mitarbeiter gemeint, um einen Zugang zum Firmennetzwerk, zu lokalen Anwendungen oder Cloud-Anwendungen und zur Administration (z. B. von Servern) zu erlangen [Allan 2012, S. 3]. Natürlich kann oftmals dieser Zugang bereits durch den Endpoint Access gegeben sein, indem Authentifizierungsinformationen weitergegeben werden, beispielsweise in Single-Sign-On-Lösungen. Für den sicherheitskritischen Administrationszugang ist jedoch meist eine gesonderte Authentifizierung nötig. Nicht zu vergessen ist in diesem Punkt, dass das mit der Authentifizierung verbundene Berechtigungs- und Identitätsmanagement – falls es zentral durch Administratoren durchgeführt wird – eben selbst durch eine solche Authentifizierung zu schützen ist. [Allan 2012, S. 3]

Als nächstes behandelt der dritte Punkt „Workforce Remote Access" analog zum vorherigen Abschnitt den Zugang der Mitarbeiter – jedoch diesmal aus der Entfernung per Kommunikationskanal („remote") [Allan 2012, S. 3]. Darin ist der Zugang zu einem VPN-Netzwerk und zu virtuellen Desktops enthalten, genauso wie der Zugang zu Web-, Portal- und Cloud-Anwendungen. Aufgrund des längeren Kommunikationskanals mit eventuellen Verzögerungen werden hier ganz andere Anforderungen an den Authentifizierungsprozess gestellt. Beispielsweise sind die Effizienz und die Bearbeitungszeit, wie auch die Sicherheit der Kommunikation zu bewerten. Aktuelle Gesetze und Standards beachten diese Anforderungen im Moment leider kaum [Allan 2012, S. 3 f.].

Schließlich betrachtet der letzte Abschnitt „Extended Users" die Zielgruppe der Außenstehenden. Falls ein Unternehmen bestimmte Dienste diesen Außenstehenden (z. B. Beratern oder Kunden) bereitstellt, sind dessen Informationen ebenfalls durch Authentifizierung zu schützen. Damit ist erneut der Zugang zu einem VPN-Netzwerk oder zu virtuellen Desktops gemeint, aber auch Kundenanwendungen (beispielsweise das Onlinebanking für Bankkunden). [Allan 2012, S. 3 f.]

6.2.1 Gefahren für den Informationsschutz

Wie Kapitel 6.2 zeigt, ist der Informationsschutz durch Absicherung von Zugang, Zugriff und Zutritt das vornehmliche Ziel des Einsatzes biometrischer Authentifizierung im Unternehmen. Die Authentifizierung leistet hier einen Beitrag zur IT-Compliance. Bedrohungen in diesem Bereich sind der IT-Sicherheit zuzurechnen; zum einen der sicherheitsspezifischen Leistungsfähigkeit des biometrischen Merkmals (Merkmalssicherheit), zum anderen der IT-Sicherheit des gesamten biometrischen Systems (Systemsicherheit). Die Bewertung der IT-Sicherheit eines biometrischen Systems ist relativ gut erforscht und durch viele Standards abgedeckt. Im Zuge einer Zertifizierung der

IT-Sicherheit legen die für die Common Criteria entscheidende BEM[70] sowohl Kriterien für die Bewertung der Merkmalssicherheit als auch der Systemsicherheit fest [CCBEMWG 2002, S. 1 ff.].

Hauptsächlich zwei Gefahren bedrohen die Merkmalssicherheit (vgl. u. a. [Tekampe/Leidner 2008, S. 14 ff.; TeleTrusT 2006, S. 26]):

- **GI-1:** Überwindung der Mechanismenstärke
- **GI-2:** Täuschung des Sensors

Die Mechanismenstärke gibt die Erfolgswahrscheinlichkeit eines Brute-Force-Angriffes[71] auf den Authentifikationsmechanismus an. Damit ist gemeint, dass ein Angreifer unberechtigte Authentifizierungsversuche unternimmt und diese solange modifiziert, bis das biometrische System eine Übereinstimmung mit den hinterlegten berechtigten Templates erkennt und der Angreifer Zugang, Zutritt oder Zugriff zu den geschützten Informationen bzw. Räumen erhält. Zu den Gefahren für das Merkmal zählt außerdem die Täuschung des Sensors, indem beispielsweise künstliche Nachbildungen biometrischer Merkmale verwendet werden [TeleTrusT 2006, S. 25].

Für die Biometrie im Speziellen sind neben der Bewertung der Sicherheit des Merkmals auch noch weitere Angriffsszenarien auf das Gesamtsystem denkbar, welche für die Bewertung notwendig sind [Bromba 2007a, S. 36]. Allgemeine Anforderungen an ein sicheres Anmeldeverfahren können auch aus dem ISO-Standard 27001 in den Abschnitten A 11.5 und 11.6 erschlossen werden [Kersten et al. 2011, S. 227, S. 231]. Bei Systemattacken sind folgende Strategien denkbar [Adler 2008, S. 382 f.; CCBEMWG 2002, S. 23 ff.; Dorfner 2012, S. 140 f.; ISO 2009b, S. 19 ff.; Maltoni et al. 2009, S. 50; Tekampe/Leidner 2008, S. 14 ff.; TeleTrusT 2006, S. 25 f.; Woodward et al. 2003, S. 193]:

- **GI-3:** Diebstahl valider Authentifizierungsdaten, z. B. durch Rückgewinnung biometrischer Rohdaten aus gespeicherten Templates oder Abfangen biometrischer Daten während der Übertragung im System
- **GI-4:** Betrug und Zwang von berechtigten Benutzern (kann vom Authentifizierungssystem nicht erkannt bzw. verhindert werden)
- **GI-5:** Denial-of-Service[72]: Lahmlegen des Authentifizierungssystems durch massenhafte Anfragen an das System, typischerweise mit dem Ziel, einen Fallback-Mechanismus zu erzwingen

---

[70] Biometric Evaluation Methodology [CCBEMWG 2002]
[71] Ein Brute-Force-Angriff ist ein „erschöpfendes Durchsuchen des Schlüsselraums [...], wozu keine besonderen Analysetechniken eingesetzt werden müssen" [Eckert 2012, S. 363].
[72] Denial-of-Service-Angriffe (DoS) sind Angriffe, „die darauf abzielen, die Verfügbarkeit von Systemkomponenten oder -diensten infrage zu stellen" [Eckert 2012, S. 19].

- **GI-6:** Umgehung der eigentlichen biometrischen Erkennung, z. B. auf Betriebssystemebene, durch Hardware- bzw. Software-Backdoors oder durch Erschleichung von Administrator Privilegien (vielfältige Möglichkeiten außerhalb der Bewertungsmöglichkeiten)

Die unterschiedlichen Angriffspunkte sind nicht gleichermaßen verwundbar [Woodward et al. 2003, S. 193]. Sie wurden von Dunstone und Yager[73] an einem universellen Aufbau eines biometrischen Systems verdeutlicht. Für die Umsetzung von IT-Compliance ist eine sichere Architektur des Authentifizierungssystems erforderlich. Für die Überprüfung der Systemsicherheit bietet sich die Common Criteria als Katalog für die Prüfung und Bewertung von Sicherheitsanforderungen an [TeleTrusT 2006, S. 66]. Hier bestehen bereits auch speziell für die Bewertung der Sicherheit biometrischer Systeme die Biometric Evaluation Methodology (BEM) [Albrecht 2003, S. 62; CCBEMWG 2002; TeleTrusT 2006, S. 66 f.; TeleTrusT 2008, S. 21; Weghaus 2002, S. 173 ff.]. Dabei definieren sogenannte Schutzprofile (Protection Profiles) Sicherheitsvorgaben in bestimmten Kontexten wie Videoüberwachung (PP-0023) [TeleTrusT 2008, S. 21]. Sollte die Biometrie im Rahmen der elektronischen Signatur verwendet werden, fordert die SigV in Anlage 1 die Prüfung von Produkten nach den "Gemeinsamen Kriterien für die Prüfung und Bewertung der Sicherheit von Informationstechnik" (Common Criteria for Information Technology Security Evaluation, BAnz. 1999 S. 1945, - ISO/IEC 15408) oder nach den „Kriterien für die Bewertung der Sicherheit von Systemen der Informationstechnik" (ITSEC - GMBl vom 8. August 1992, S. 545) in der dort festgeschriebenen Prüftiefe EAL 4 oder EAL 3 [BMJ 2001b, S. 10].

6.3   Das Ziel Anlegerschutz

Bisher beachtete die Forschung ein weiteres großes Ziel der IT-Compliance weniger, nämlich den Anlegerschutzschutz (vgl. auch [Rath/Sponholz 2009, S. 73]). Authentifizierung hilft, Transparenz bei der Anlage und der Änderung von Daten zu erhöhen und damit das Vertrauen der Shareholder zu bekräftigen. Um besonders bei Missbrauch in späteren Gerichtsverfahren das Management haftbar zu machen oder um die Strafverfolgung zu erleichtern, ist die Zurechenbarkeit von Transaktionen, die Revisionssicherheit und die Dokumentation verschiedener Verfahren zu beachten. Hierzu verwendet die Praxis eine Kombination aus technischen und organisatorischen Maßnahmen. Es kann vorteilhaft sein, wenn eine Ergänzung durch Speicherung von Authentifizierungsinformationen stattfindet oder wenn diese Authentifizierungsinformationen elektronisch mit den Daten selbst verbunden werden. In Frage kommen dabei die

---

[73] [Dunstone/Yager 2009, S. 250 ff.]

elektronische Archivierung von Transaktionsdaten, die Protokollierung oder die Signierung von Kommunikation und Kollaboration. Gerade eine elektronische Signatur benötigt zum Nachweis der Identität personenspezifische Merkmale, die durch eine vorherige Authentifizierung geprüft werden (vgl. z. B. [BMJ 2001a, S. 2 f.]). Denkbar ist auch, dass bereits die Authentifizierungsinformationen der zuvor erfolgten Zugriffskontrolle auf die Kommunikations- oder Anwendungssysteme (beispielsweise der elektronischen Finanzberichterstattung oder des Dokumentenmanagements) verwendet werden, um archivierte Dateien mit einem „ID-Stempel" zu versehen oder Nutzerzugriffe zu protokollieren. Besonders Single-Sign-On-Systeme sind hier von großem Vorteil. Bei der Signierung von Kommunikationsfällen (z. B. E-Mails) ist der Single-Sign-On jedoch nicht optimal, da für jede Nachricht die Identität des Versenders und auch des Empfängers erneut geprüft werden sollte. Außerdem sind diese Anwendungsfälle nicht unabhängig zueinander, so kann es nötig sein, dass der Informationsschutz und auch die Signierung der Kommunikation selbst erneut zu archivieren und zu signieren sind. Zusätzlich sollte klar sein, dass der Zugriff zu diesen Protokollen und Archiven auch durch Authentifizierungsmaßnahmen zu schützen ist. Dies kann beim Informationsschutz unter dem Punkt Administrationszugang eingeordnet werden. Da in diesen Bereich auch als Beispiel einer Anwendung die Finanzberichterstattung (inklusive Buchführung, Jahresabschluss und Lagebericht) fällt, ist der Anlegerschutz als die eigentliche Triebfeder für das Aufkommen der Compliance-Bewegung von großer Bedeutung für die Authentifizierung.

6.3.1 Gefahren für den Anlegerschutz

Im Gegensatz zum Informationsschutz ist der Bereich des Anlegerschutzes als Ziel biometrischer Authentifizierung im Bereich der IT-Compliance wenig erforscht. Hierbei ist das Hauptziel, die Protokollierung und Zurechenbarkeit von Transaktionen und die revisionssichere Archivierung durch Speicherung biometrischer Authentifizierungsdaten zu den jeweiligen Dokumenten oder Protokollen. Die Gefahren lassen sich dabei im Unterschied zum Informationsschutz nicht strikt nach den Aspekten Merkmal und System trennen:

- **GA-1:** Absichtliche Fälschung der Personenidentität: Im Gegensatz zum Informationsschutz kommt es hier nicht nur auf die zeitkritische Fälschung des gerade abgegebenen biometrischen Samples (hauptsächlich Merkmalsbezug) oder die Beeinflussung des Authentifizierungsvorgangs beim Abgleichungsprozess zwischen dem Sample und der hinterlegter Referenz an (hauptsächlich Systembezug). Stattdessen beschreibt diese Gefahr die Fälschung der bereits in Archiven hinterlegten und gespeicherten biometrischen Referenzen zusammen mit elektronischen Daten. Wenn der Nachweis des Missbrauchs schwierig ist, können so haftungsrechtliche Probleme auftreten [Hornung 2006, S. 5]. Außerdem ist in diese Gefahr das sog. „buddy-punching" einzuordnen, bei dem befreundete Mitarbeiter die Zugriffsreferenzen gegenseitig fälschen (vgl. [Nanavati et al. 2002, S. 5]).

- **GA-2:** Keine Eindeutige Zuordnung: Es ist zwar eine biometrische Authentifizierungsinformation vorhanden, doch keine eindeutige Zuordnung (mehr) möglich. Gründe können die zeitliche Alterung von Authentifizierungsinformationen oder eine ungenügende Merkmalsqualität in Bezug auf die Einmaligkeit und die willentliche Beeinflussbarkeit sein.

- **GA-3:** Absichtliches und unabsichtliches Fehlen der Identitätsinformation: Es ist möglich, dass die gespeicherte biometrische Authentifizierungsinformation entweder absichtlich oder unabsichtlich aus den gespeicherten Protokollen und Daten entfernt wurden und damit fehlen.

Schlussendlich wird also die Unterstützung rechtskonformer Archive oder Protokolle durch Speicherung biometrischer Daten dadurch beeinträchtigt, dass diese biometrischen Daten entweder falsch sind, unbrauchbar sind oder ganz fehlen. Bisher wurden biometrische Systeme noch nicht durch Kriterien auf den Anlegerschutz im Sinne der IT-Compliance überprüft. Hier gibt es auch keine Prüfverfahren und Standards.

6.4   Das Ziel Mitarbeiterschutz

Insgesamt setzt ein Unternehmen die Authentifizierung zwar primär zur Verbesserung der Sicherheit ein, es werden jedoch auch automatisch Aspekte des Datenschutzes und des Persönlichkeitsrechts und damit der Privatsphäre interessant [Amberg et al. 2003, S. 53; Hornung/Steidle 2005, S. 201 ff.; Nolde 2002, S. 24]. Obwohl die Authentifizierung für die Compliance ein Instrument und ein Bewertungsobjekt zugleich ist, lassen sich diese Funktionen im Hinblick auf die komplexen Anforderungen nicht immer sauber trennen. In beiden bisher genannten Fällen, also beim Informationsschutz und beim Anlegerschutz, ist die Authentifizierung ein Instrument, welches IT-Compliance im Unternehmen unterstützt. Das Authentifizierungssystem selbst ist jedoch noch nach rechtlichen Vorgaben zu beurteilen, um die Mitarbeiter zu schützen. Hauptziel ist hier der Datenschutz, der sich auf alle Anwendungsfälle des Authentifizierungssystems im Unternehmen bezieht (beispielsweise ist auf ein rechtskonformes Archiv zu achten, sobald hier auch personenbezogene Authentifizierungsdaten mitgespeichert werden). Doch auch hier kann bei einem richtigen Einsatz von Technologien die Biometrie die IT-Compliance sogar unterstützen, wenn das Authentifizierungssystem als Privacy-

Enhancing Technology[74] eingesetzt wird (vgl. z. B. [Hyppönen et al. 2008, S. 155 ff.]). Neben dem Datenschutz erwähnt die Fachliteratur auch oftmals den Verbraucherschutz (vgl. [TeleTrusT 2006, S. 46 f.]). Hier geht es darum, jedem Nutzer den Zugang zu neuen Technologien zu ermöglichen und keinen auszuschließen (vgl. [Albrecht 2007, S. 173; TeleTrusT 2006, S. 46 f.]). Bei biometrischen Merkmalen kann dies von Bedeutung sein, wenn durch eine körperliche Beeinträchtigung gewisse Merkmale nicht verwendet werden können oder der Benutzer generell benachteiligt ist [Albrecht 2007, S. 173; Hornung/Steidle 2005, S. 205; Meints et al. 2008, S. 1090]. Weitere Ziele sind die Benutzerfreundlichkeit, wie auch - ähnlich zum Datenschutz - die bewusste Authentifizierung, also eine Authentifizierung, die vom Benutzer bewusst wahrgenommen wird [Nolde 2002, S. 26]. Aus diesem Grund fasst diese Arbeit die Ziele des Datenschutzes und des Verbraucherschutzes unter dem Begriff Mitarbeiterschutz zusammen.

6.4.1   Gefahren für den Mitarbeiterschutz

Im Gegensatz zum Anlegerschutz und Informationsschutz ist ein biometrisches Authentifizierungssystem im Bereich des Mitarbeiterschutzes kein Instrument, sondern ein Bewertungsobjekt.

Eine Bedrohung der Privatsphäre des Einzelnen wird nicht durch eine positive Identifikation hervorgerufen, sondern durch die Möglichkeit von Dritten, diese Daten in identifizierbarer Form mit anderen Informationen zu verlinken [Cavoukian 1999, S. 3]. Sollten also biometrische Verfahren und Systeme als Privacy-Enhancing Technology eingesetzt werden, müssen all diese speziellen Sicherheitsaspekte berücksichtigt werden. Das Gefährdungspotential fasst Dotzler[75] wie folgt zusammen (vgl. auch [Bäumler et al. 2001, S. 32 ff.; Bolle et al. 2004, S. 14 f.; Hornung/Steidle 2005, S. 205; Meints et al. 2008, S. 1089 f.; Nanavati et al. 2002, S. 239 ff.; Petermann/Sauter 2002, S. 86 ff.]):

- **GM-1:** Unrechtmäßige Aneignung der Nutzeridentität: Biometrische Daten eines Nutzers werden ohne Erlaubnis entwendet. Dies kann durch unterschiedliche Art und Weise geschehen und ist besonders leicht, falls der Merkmalsträger Spuren des Merkmals hinterlässt [Adler 2008, S. 383; Dittmann et al. 2002, S. 198; Dotzler 2010, S. 104; Eckert 2012, S. 501 f., ECJRC 2005, S. 42; Meints et al. 2008, S. 1090; TeleTrusT 2006, S. 24 f.; TeleTrusT 2008, S. 11]. Hier wird der Benutzer geschädigt, indem seine Identität für Zwecke miss-

---

[74] Technologien, welche den Nutzer in seiner Kontrolle über das Nutzen und Verbreiten seiner persönlichen Information unterstützen (vgl. [Cavoukian 1999, S. 3; Hes/Borking 1998, S. 1 ff.])
[75] [Dotzler 2010, S. 102 ff.]

braucht werden kann, über die er keine Kontrolle mehr hat [Bromba 2007b, S. 198; Dotzler 2010, S. 104 f.; Nixon et al. 2008, S. 404 ff.; TeleTrusT 2008, S. 11; Vielhauer 2006, S. 5 f.].

- **GM-2:** Missbräuchliche Verwendung von Zusatzinformationen: Die biometrischen Daten können Zusatzinformationen enthalten oder Rückschlüsse auf Zusatzinformationen geben, welche der Benutzer nicht zu kontrollieren vermag und die zu seinem Nachteil sind [Busch 2006, S. 50 f; Eckert 2012, S. 501; ECJRC 2005, S. 50 ff.; Graevenitz 2006, S. 6; Meints et al. 2008, S. 1090; TeleTrusT 2008, S. 12 f.]. Beispielsweise können Arbeitgeber und Versicherer aus Zusatzinformationen bestimmte Risiken für ihre Entscheidungen bestimmen [Eckert 2012, S. 501; Graevenitz 2006, S. 247 f.; Krause 2005, S. 248].

- **GM-3:** Lebenslange Merkmalskompromittierung: Falls biometrische Daten öffentlich gemacht werden – also nicht mehr geheim sind – und diese durch eine hohe Personenbindung und Unveränderlichkeit nicht mehr austauschbar sind, können sie zur Überwindung des biometrischen Systems benutzt werden [Dotzler 2010, S. 106 f.; Eckert 2012, S. 502; Graevenitz 2006, S. 247]. Damit sind diese langfristig unbrauchbar und betroffene Personen müssen von der biometrische Authentifizierung ausgeschlossen werden [Rach 2004, S. 53]. Die Nichtnutzungsmöglichkeit kann für die Person im täglichen Leben eine hohe Einschränkung bedeuten[76].

- **GM-4:** Überwachungseignung biometrischer Systeme und Bildung von Personenprofilen: Unbemerkte Authentifizierung kann im Zuge der sich ändernden rechtlichen Rahmenbedingungen dazu verwendet werden, die Biometrie als Überwachungsinstrument einzusetzen [Dotzler 2010, S. 107; Eckert 2012, S. 501; Meints 2008, S. 10; Meints et al. 2008, S. 1091; NTSC 2006, S. 28; Pfitzmann 2008, S. 3; TeleTrusT 2008, S. 9]. Besonders Profile der Benutzer mit Orts-, Zeit-, Verhaltens- und Kommunikationsangaben können missbraucht werden [Bolle et al. 2004, S. 223; Dotzler 2010, S. 108; Eckert 2012, S. 501; Hornung 2006, S. 5; Pfitzmann 2008, S. 4; TeleTrusT 2008, S. 14]. Damit kann auch der Einzelne in seiner Persönlichkeit registriert werden, ohne dass er das Selbstbestimmungsrecht über seine Daten ausüben kann [Albrecht/Probst 2001, S. 32; Dotzler 2010, S. 108; ECJRC 2005, S. 116; Meints 2008, S. 10].

- **GM-5:** Zwang zur Nutzung biometrischer Systeme: Wenn kein Alternativverfahren für die biometrische Authentifizierung vorhanden ist, entsteht ein Benutzerzwang, der auch dem Mitarbeiterschutz bzw. Datenschutz widerspricht [Bromba 2009; Dotzler 2010, S. 109; Meints 2008, S. 10; Meints et al. 2008,

---

[76] vgl. Beispiel zu Bankautomaten in [Eckert 2012, S. 502]

S. 1089]. Denn Benutzer, die temporär oder permanent das Merkmal nicht abgeben können, werden ausgeschlossen [Dotzler 2010, S. 109; ECJRC 2005, S. 78 f.; TeleTrusT 2006, S. 34, S. 49 f.].

Kriterien zur Beurteilung der biometrischen Authentifizierung bezüglich des Mitarbeiterschutzes lassen sich direkt in die Aspekte Merkmal und System einteilen [Dotzler 2010, S. 131 f.].

6.5   Zusammenfassung

Die folgende Abbildung 6.2 teilt die gefundenen Compliance-Anforderungen an Authentifizierungssysteme und ihre Anwendungsfälle in die verschiedenen Ziele ein:

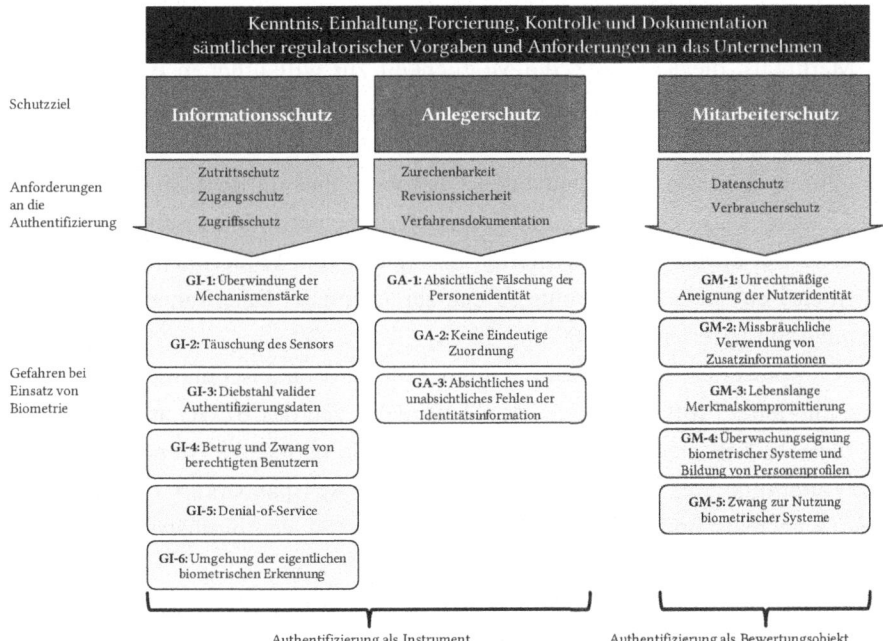

Abbildung 6.2: Compliance-Anforderungen an ein Authentifizierungssystem und Gefahren bei Einsatz von Biometrie
[eigener Entwurf]

6.6   Herleitung der Prüfkriterien

Um zu bewerten, wie ein biometrisches System diesen Gefahren begegnet, sind Kriterien für die Bewertung des Merkmals und des Systems zu bestimmen (vgl. z. B. [Dotzler 2010, S. 131; Graevenitz 2006, S. 37 f., S. 49; Shen et al. 1997, S. 1464; TeleTrusT

2006, S. 6, S. 29; Wayman et al. 2004, S. 3, S. 9]). Die Herleitung der Bewertungskriterien ist dabei ein mehrstufiger Prozess.

6.6.1 Herleitung der Merkmalskriterien

Identifizierung bekannter Kriterien:

In Abschnitt 2.1.2 wurden bereits mit Universalität, Einmaligkeit, Konstanz, Messbarkeit und Akzeptanz fünf Eigenschaften eines biometrischen Merkmals vorgestellt (vgl. [Bolle et al. 2004, S. 5 f.; Bromba 2013a; BSI 2004a, S. 4; Eckert 2012, S. 489 f.; Prabhakar et al. 2003, S. 33; Zorkadis/Donos 2004, S. 127]). Diese allgemeinen Anforderungen eines Merkmals sollten in jedem Fall durch Bewertungskriterien überprüft werden.

- Der Teletrust e. V.[77] nennt in seinem Kriterienkatalog zur Vergleichbarkeit biometrischer Verfahren ebenfalls Merkmalseigenschaften: Die Einzigartigkeit des Merkmals, die Konstanz, die Möglichkeit zur willentlichen Beeinflussbarkeit durch den Nutzer, die Merkmalsverbreitung und die Merkmalsakzeptanz [TeleTrusT 2006, S. 6 ff.].
- Breitenstein[78] gibt einen allgemeinen Überblick über die Erfassung, Verarbeitung, Probleme, Vorzüge und den Vergleich einzelner biometrischer Merkmale und erweitert diesen um die Kriterien Einzigartigkeit, Fehlerraten, Fälschungssicherheit bzw. Lebenderkennung, Benutzerakzeptanz, Datensatzgröße und Erkennungszeit [Breitenstein 2002, S. 35 ff.]
- Dotzler[79] bewertet biometrische Systeme auf ihre datenschutzrechtlichen Aspekte und leitet Prüfkriterien aus den Anforderungen des BDSG ab. Dabei werden die vier Kriterien Informationsgehalt des biometrischen Merkmals, Zeitliche Variabilität des biometrischen Merkmals, Ausspähbarkeit des biometrischen Merkmals und willentliche Beeinflussbarkeit des biometrischen Merkmals verwendet [Dotzler 2010, S. 133 ff.].
- Graevenitz[80] betrachtet die Erfolgskriterien und Absatzchancen biometrischer Verfahren und verwendet hierzu die Merkmalskriterien Einzigartigkeit, Erfassbarkeit, Genauigkeit, Persistenz, Universalität, Überwindungssicherheit, Akzeptanz und Benutzerfreundlichkeit [Graevenitz 2006, S. 39].
- Wayman et al. 2004[81] nennen die fünf Eigenschaften Robustheit, Deutlichkeit, Verfügbarkeit, Zugänglichkeit und Akzeptanz (robustness, distinctiveness,

---

[77] [TeleTrusT 2006, S. 6 ff.]
[78] [Breitenstein 2002, S. 35 ff.]
[79] [Dotzler 2010, S. 133 ff.]
[80] [Graevenitz 2006, S. 39]
[81] [Wayman et al. 2004, S. 3]

availability, accessibility and acceptability) um ein gutes biometrisches Merkmal zu charakterisieren. Sie konzentrieren sich dabei auf die technische Bewertung der Leistungsfähigkeit eines Systems und bestimmen quantitative Kriterien durch die Ermittlung von Fehlerraten. Sie sprechen damit die Stärke des Mechanismus (in Abhängigkeit vom Merkmal) an (vgl. auch [Mansfield/Wayman 2002, S. 1 ff.; Wayman 2002, S. 345 ff.]).

- Die Biometric Evaluation Methodology befasst sich hauptsächlich mit dem Test des biometrischen Systems, spricht jedoch auch die Mechanismenstärke in Form von Fehlerraten (insbesondere FAR) an [CCBEMWG 2002, S. 17]. Diese wird dort jedoch im Gegensatz zu dieser Arbeit als Eigenschaft des Systems gesehen.

Die folgende Tabelle fasst die Bewertungskriterien für biometrische Merkmale gruppiert nach ihren Quellen und Schwerpunkten zusammen:

Quelle(n)	Schwerpunkt	Kriterien
[Bolle et al. 2004, S. 5 f.] [Bromba 2013a] [BSI 2004a, S. 4] [Eckert 2012, S. 489 f.] [Prabhakar et al. 2003, S. 33] [Zorkadis/Donos 2004, S. 127]	Allgemein	Universalität, Einmaligkeit, Konstanz, Messbarkeit und Akzeptanz
[TeleTrusT 2006, S. 6 ff.]	Allgemein	Einzigartigkeit, Konstanz, Möglichkeit zur willentlichen Beeinflussbarkeit durch den Nutzer, Merkmalsverbreitung und Merkmalsakzeptanz
[Breitenstein 2002, S. 35 ff.]	Allgemein	Einzigartigkeit, Fehlerraten, Fälschungssicherheit bzw. Lebenderkennung, Benutzerakzeptanz, Datensatzgröße und Erkennungszeit
[Dotzler 2010, S. 133 ff.]	Datenschutz	Informationsgehalt, Zeitliche Variabilität, Ausspähbarkeit und willentliche Beeinflussbarkeit
[Graevenitz 2006, S. 39]	Erfolgskriterien und Absatzchancen	Einzigartigkeit, Erfassbarkeit, Genauigkeit, Persistenz, Universalität, Überwindungssicherheit, Akzeptanz und Benutzerfreundlichkeit
[Wayman et al. 2004, S. 3]	IT-Sicherheit	robustness, distinctiveness, availability, accessibility and acceptability Fehlerraten
[CCBEMWG 2002, S. 17]	IT-Sicherheit	Mechanismenstärke (Fehlerraten)

Tabelle 6.1: Bewertungskriterien für biometrische Merkmale nach Quellen und Schwerpunkten
[eigener Entwurf]

Aufgrund der in den Abschnitten 6.2 bis 6.4 vorgestellten IT-Compliance Schutzziele (Informationsschutz, Anlegerschutz, Mitarbeiterschutz) sollten insbesondere die bisher in der Literatur verwendeten Kriterien zum Datenschutz und zur IT-Sicherheit beachtet werden. Einige Kriterien beziehen sich auf die gleiche Problematik, werden jedoch unterschiedlich bezeichnet (beispielsweise Konstanz, Zeitliche Variabilität und Persistenz). Bei der Zusammenfassung nach inhaltlicher Ähnlichkeit ergeben sich die folgenden Merkmalskriterien:

1. Personenbindung *(auch Deutlichkeit)*
2. Unveränderlichkeit *(auch Fälschungssicherheit)*
3. Informationsgehalt
4. Ausspähbarkeit
5. Zeitliche Variabilität *(auch Konstanz und Persistenz)*
6. Willentliche Beeinflussbarkeit
7. Universalität *(auch Merkmalsverbreitung und Verfügbarkeit)*
8. Einmaligkeit *(auch Einzigartigkeit)*
9. Größe der Referenzspeicherung
10. Lebenderkennung
11. Mechanismenstärke *(auch Überwindungssicherheit, Robustheit und Fehlerraten)*
12. Akzeptanz *(auch Benutzerfreundlichkeit, Zugänglichkeit)*

6.6.2   Herleitung der Systemkriterien

Die Bestimmung der Systemkriterien folgt einem ähnlichen Ablauf wie die Bestimmung der Merkmalskriterien:

Identifizierung bekannter Kriterien:

- Dotzler[82] nennt zur datenschutzrechtlichen Bewertung die Systemkriterien Notwendigkeit des Systemeinsatzes, Berücksichtigung des vorab definierten Verwendungszwecks, Berücksichtigung der Erforderlichkeit, Betriebsart des Systems, Verzicht auf Anlage einer zentralen Referenzdatenbank, Umsetzung eines datenschutzfreundlichen Speicherkonzepts, Reduktion des Personenbezugs, Technische Sicherheit und Zuverlässigkeit, Umgang mit sensiblen biometrischen Daten, Transparenz und Sicherheitsmechanismen, Mechanismen für die technische und organisatorische Sicherheit und Angebot effektiver Alternativverfahren [Dotzler 2010, S. 137 ff.].

---

[82] [Dotzler 2010, S. 137 ff.]

- Graevenitz[83] betrachtet die Erfolgskriterien und Absatzchancen biometrischer Verfahren und verwendet hierzu als systembedingte Kriterien Umgebungsparameter, Portierbarkeit der Algorithmen auf andere Plattformen und die Speicherung biometrischer Referenzdaten [Graevenitz 2006, S. 49 f.].

- Der Aufbau und der Verfahrensablauf eines biometrischen Systems und dessen Angriffspunkte sind die Grundlage für die Bewertung eines biometrischen Systems hinsichtlich seiner Sicherheit (vgl. [Adler 2008, S. 384: Dorfner 2012, S. 136 ff.; Dunstone/Yager 2009, S. 250]). Sicherheitskritische Eigenschaften des Systems sind besonders die Integrität des Sensors, die sichere Datenübertragung beim Enrolment, Qualität der Merkmalsextraktion, Speicherung des Referenzdatensatzes, Datenübertragung der Referenzdaten im gesamten System, Vergleichsalgorithmus und Entscheidungsregeln sowie Lebenderkennung [Adler 2008, S. 384 ff.; Dorfner 2012, S. 136 ff.; Dunstone/Yager 2009, S. 251 ff.].

- Die Biometric Evaluation Methodology im Zuge eines Tests für eine Common Criteria Zertifizierung[84] teilt die Betrachtung der Sicherheit eines biometrischen Systems in die Leistungsfähigkeit anhand von Fehlerraten (siehe Merkmalskriterien) und die Analyse von Schwachstellen ein [CCBEMWG 2002, S. 7]. Die Bedrohungen adressieren dabei folgende Punkte: Sicherheit der Datenübertragung zwischen Aufnahme und Merkmalsextraktion, Sicherheit der Datenübertragung zwischen Merkmalsextraktion und Entscheidungslogik, Enrolment Sicherheit, Sicherheit der Speicherung der Templates, Sicherheit der Datenübertragung zwischen Referenzdatenbank und Vergleichslogik [CCBEMWG 2002, S. 23 ff.].

Die folgende Tabelle fasst die Bewertungskriterien für biometrische Systeme gruppiert nach ihren Quellen und Schwerpunkten zusammen:

---

[83] [Graevenitz 2006, S. 39]
[84] [CCBEMWG 2002, S. 1 ff.]

Quelle(n)	Schwerpunkt	Kriterien
[Dotzler 2010, S. 137 ff.]	Datenschutz	Notwendigkeit des Systemeinsatzes, Berücksichtigung des vorab definierten Verwendungszwecks, Berücksichtigung der Erforderlichkeit, Betriebsart des Systems, Verzicht auf Anlage einer zentralen Referenzdatenbank, Umsetzung eines datenschutzfreundlichen Speicherkonzepts, Reduktion des Personenbezugs, Technische Sicherheit und Zuverlässigkeit, Umgang mit sensiblen biometrischen Daten, Transparenz und Sicherheitsmechanismen, Mechanismen für die technische und organisatorische Sicherheit und Angebot effektiver Alternativverfahren
[Graevenitz 2006, S. 39]	Erfolgskriterien und Absatzchancen	Umgebungsparameter, Portierbarkeit der Algorithmen auf andere Plattformen und die Speicherung biometrischer Referenzdaten
[Adler 2008, S. 384] [Dorfner 2012, S. 136 ff.] [Dunstone/Yager 2009, S. 251] [ISO 2012, S. 1 ff.]	IT-Sicherheit	Integrität des Sensors, sichere Datenübertragung beim Enrolment, Qualität der Merkmalsextraktion, Speicherung des Referenzdatensatzes, Datenübertragung der Referenzdaten im gesamten System, Vergleichsalgorithmus und Entscheidungsregeln
[CCBEMWG 2002, S. 23]	IT-Sicherheit	Sicherheit der Datenübertragung zwischen Aufnahme und Merkmalsextraktion, Sicherheit der Datenübertragung zwischen Merkmalsextraktion und Entscheidungslogik, Enrolment Sicherheit, Sicherheit der Speicherung der Templates, Sicherheit der Datenübertragung zwischen Referenzdatenbank und Vergleichslogik

Tabelle 6.2: Bewertungskriterien für biometrische Systeme nach Quellen und Schwerpunkten
[eigener Entwurf]

Die Zusammenfassung der Systemkriterien gestaltet sich schwieriger als bei den Merkmalskriterien. Grund hierfür ist die sehr unterschiedliche und uneinheitliche sprachliche Beschreibung. Folgende gemeinsame Kriterien lassen sich jedoch auch hier finden:

1. Art der Datenübertragung
2. Art der Referenzspeicherung
3. Ort der Referenzspeicherung
4. Betriebsart des Authentifizierungssystems
5. Authentifikationsdauer

In einigen Quellen werden bereits weitere Mechanismen für die technische und organisatorische Sicherheit erwähnt. Diese sind jedoch nicht aus den aktuell vorhandenen Quellen ersichtlich. Stattdessen leitet diese Arbeit zusätzliche Kriterien bei der Analyse der Compliance-Regelwerke selbst ab (siehe nächster Abschnitt und Abschnitt 7.2).

6.6.3 Zusätzliche Kriterien

Die detaillierte Beschreibung der Kriterien anhand der Anforderungen der Compliance-Regelwerke und die Möglichkeit der Bewertung finden sich in jeder Beschreibung des Kriteriums in Kapitel 7.

Hierbei werden die hier identifizierten Bewertungskriterien den Compliance-Anforderungen gegenübergestellt, in dem bei jedem Kriterium eine Beschreibung des Zusammenhangs mit den betrachteten Compliance-Regelwerken erfolgt.

Können einem Kriterium keine Anforderungen zugeordnet werden, wird das Kriterium aufgrund fehlender Relevanz für die Compliance-Regelwerke nicht beachtet.

Treten Anforderungen aus den Regelwerken auf, die sich keinem Kriterium zuordnen lassen, werden neue Kriterien abgeleitet, die sich ebenfalls je nach Art des eingesetzten biometrischen Merkmals oder Systems unterscheiden und direkt durch Gefahren für die Schutzziele abgeleitet werden können.

Abschnitt 7.4 ordnet die einzelnen Kriterien erneut den Gefahren der Biometrie zu. So können deren optimale Ausprägung zur Unterstützung eines Schutzzieles und daraus resultierende Konflikte erkannt werden.

6.7 Bewertung der Prüfkriterien

Eine weitere Herausforderung ergibt sich dadurch, dass die Kriterien unterschiedliche Merkmalsausprägungen besitzen. Auch ist die Ermittlung der Ausprägung selbst unterschiedlich, d. h. es muss erst klar werden, wann ein Kriterium erfüllt ist bzw. wann die Ausprägung als gut oder schlecht zu bewerten ist. Weiterhin sollen die Kriterien vollständig sowie überschneidungsfrei sein und sich auf das kleinste Entscheidungskriterium beziehen. Außerdem zeigt sich, dass die Verbindungen der Kriterien untereinander nicht unabhängig sind, sondern zusammen spielen. Diese Punkte werden bei der Zusammenfassung des Bewertungsframeworks in Abschnitt 7.4 behandelt. In Kapitel 7 sind alle Kriterien beschrieben, die zur Bewertung des Authentifizierungs-merkmals und des gesamten Authentifizierungssystems dienen. Dabei sind neben der Herkunft aus bestimmten Gesetzen bzw. Regularien auch die Auswirkungen auf ver-schiedene Anwendungsfälle und die Ausprägung des Kriteriums aufgeführt. Die Taug-lichkeit der Kriterien wird anschließend in Kapitel 8 durch eine exemplarische Bewer-tung überprüft. Für die Maßnahmen im Rahmen des IT-Sicherheitsmanagements in Kapitel 10.3 dienen die Kriterien als Mess-, Steuerungs- und Regelgrößen.

Die folgenden Abschnitte des 7. Kapitels beschreiben die Kriterien in einem einheitli-chen Aufbau: Zuerst erfolgt eine Vorstellung und Beschreibung des Kriteriums. An-schließend werden die aus Kapitel 4.1 und 4.2 identifizierten Gesetze, Vorschriften, Normen und Standards aufgeführt, die dieses Kriterium fordern. Dabei wird geklärt, welche der drei Zielsetzungen (Informationsschutz, Mitarbeiterschutz und Anleger-schutz) verfolgt werden. Schließlich stellt der letzte Absatz die Ausprägung des Krite-riums vor und begründet diese.

Ein Kriterium überprüft, in welchem Maße die betroffenen Ziele unterstützt werden können. Die Kapitel 6.2 bis 6.4 haben aufgezeigt, dass diese Zielsetzungen auf Gefah-ren basieren. Biometrische Merkmale und Authentifizierungssysteme weisen aufgrund ihrer Wirkungsweise spezifische Angriffspunkte auf, welche die IT-Compliance be-treffen können. Die Ausprägung richtet sich dabei nach dem Aufwand für einen An-griff.

Der TeleTrusT e. V.[85] hat dazu im Jahr 2006 folgende Angreiferklassen definiert [Te-leTrusT 2006, S. 25]:

---

[85] [TeleTrusT 2006, S. 25]

Klasse „niedrig"	Damit die Mindeststärke eines kritischen Mechanismus als niedrig eingestuft werden kann, muss erkennbar sein, dass er Schutz gegen zufälliges unbeabsichtigtes Eindringen bietet, d. h. geringer Aufwand der Angreifer, ohne Vorkenntnisse, mit einfachen Mitteln und ohne größeren Zeitaufwand, während er durch sachkundige Angreifer überwunden werden kann.
Klasse „mittel"	Damit die Mindeststärke eines kritischen Mechanismus als mittel eingestuft werden kann, muss erkennbar sein, dass er Schutz gegen Angreifer mit beschränkten Gelegenheiten, d. h. alle allgemein zugänglichen Informationen als Vorkenntnisse und einige Stunden bis Tage als Zeitaufwand bietet.
Klasse „hoch"	Damit die Mindeststärke eines kritischen Mechanismus als hoch eingestuft werden kann, muss erkennbar sein, dass er nur von Angreifern überwunden werden kann, die über sehr gute Fachkenntnisse, d. h. auch Insider-Kenntnisse über das System und einige Wochen Zeitaufwand, Gelegenheiten und Betriebsmittel verfügen.

Tabelle 6.3: Angreiferklassen nach Aufwand des Angriffs
[TeleTrusT 2006, S. 25]

6.8 Zusammenfassung

Das vergangene Kapitel macht deutlich, dass biometrische Authentifizierung sowohl auf Merkmalsebene als auch auf Systemebene Gefahren und Risiken für die Einhaltung von IT-Compliance mit sich bringt. Diese Gefahren lassen sich dabei explizit aus den Gesetzen und Regularien schlussfolgern. In einzelnen Bereichen, besonders in der IT-Sicherheit, gibt es bereits spezielle Standards für Biometrie. Jedoch sollten auch die übergeordneten Gesetze und Regularien zur Beurteilung einfließen. Für die Bewertung, ob ein Authentifizierungssystem diese Ziele der IT-Compliance erfüllt, sind verschiedene Kriterien heranzuziehen, die alle in dieser Arbeit betrachteten Regularien der IT-Compliance abdecken. Zur Entwicklung dieser Kriterien wurden die Gefahren bzw. Risiken ermittelt, die dem jeweiligen Ziel entgegenstehen. Kapitel 5 stellt die zur Messung der identifizierten Gefahren notwendigen Kriterien vor. Dabei wird genau geklärt, aus welchen Compliance-Regularien sich ein Kriterium ableitet und weshalb es für die Bewertung der Ziele Informationsschutz, Anlegerschutz und Mitarbeiterschutz sowie deren Anwendungsfälle bedeutsam ist. Besonders der Anlegerschutz ist hier hervorzuheben, da bisher Aufbewahrungspflichten, Auskunftsrechte und Fristen bei der Bereitstellung rechtskonformer elektronischer Archive im Zusammenhang mit der Authentifizierung nicht beachtet wurden. Auch zeigen sich bereits Schwachstellen in den bisherigen Gesetzen, Regularien, Normen und Standards. Der Abschnitt 7.4

setzt die Kriterien in Beziehung zu den hier vorgestellten Gefahren. Authentifizierung ist im Unternehmen also von zentraler Bedeutung, um Ziele der IT-Compliance wie Audit, IT-Security, Datenschutz, Datensicherheit sowie rechtskonforme IT-Systeme umzusetzen (vgl. [Taeger/Rath 2007, S. 12 f.]).

Abbildung 6.3 fasst die Ableitung der Bewertungskriterien und die Zuordnung zu identifizierten Anforderungen zusammen:

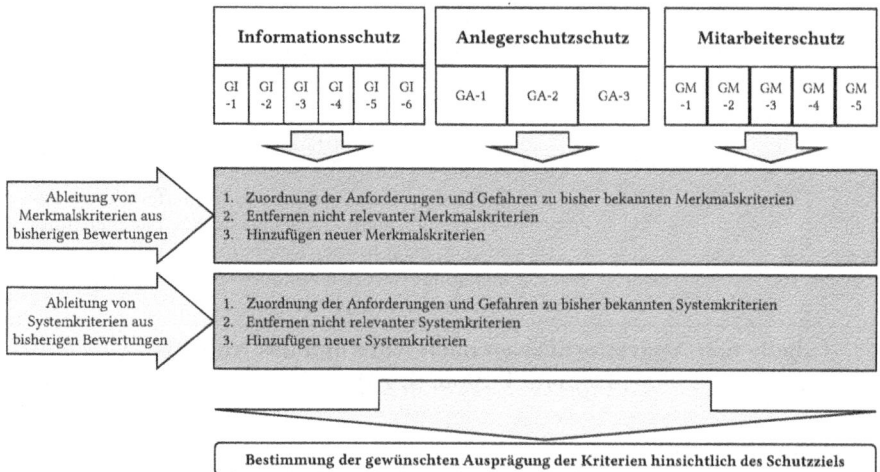

Abbildung 6.3: Ableitung der Bewertungskriterien und Zuordnung zu identifizierten Anforderungen
[eigener Entwurf]

7 Compliance-Prüfkriterien für biometrische Authentifizierung

Kapitel 7 beschreibt Bewertungskriterien an biometrische Authentifizierung, die sich aus den Anforderungen und Risiken der IT-Compliance ergeben. Dabei werden zu jedem Kriterium die Herkunft, die betroffenen Schutzziele und die Bewertbarkeit in Form einer dreistufigen Skala beschrieben.

Abschnitt 7.1 geht dabei auf 11 Kriterien zur Bewertung des biometrischen Merkmals ein, während sich Abschnitt 7.2 mit den 10 Kriterien zur Bewertung des biometrischen Systems beschäftigt.

Jeder Abschnitt einer Kriterienbeschreibung schließt mit einer Tabelle, welche die Eigenschaften des Kriteriums zusammenfasst und folgendermaßen aufgebaut ist:

- **Überschrift:** Jedes Kriterium trägt eine Bezeichnung, die aus dem Buchstaben „M" (für Merkmal) oder „S" (für System) besteht, gefolgt von einem Punkt und der Nummerierung.
- **Name:** Hier wird der Name des Kriteriums angegeben.
- **Herkunft:** Dieses Feld listet alle Gesetze, Vorschriften, Standards und Normen auf, in denen sich Forderungen nach diesem Kriterium finden.
- **Betroffene Schutzziele:** Kapitel 6 hat eine Einteilung der Zielsetzungen der IT-Compliance in die Bereiche Informationsschutz, Anlegerschutz und Mitarbeiterschutz vorgenommen. In diesem Feld finden sich die Ziele, die das Kriterium betrifft. Falls die Zielsetzungen unterschiedliche Ausprägungen des Kriteriums anstreben, ist dies durch das Zeichen „←→" dargestellt.
- **Ausprägung:** Die mögliche Ausprägung eines Kriteriums besitzt fünf Stufen, geht jedoch immer von drei Grundwerten aus: „++" bedeutet, dass ein Kriterium das betroffene Ziel der IT-Compliance in einem hohen Maße unterstützt bzw. der Aufwand eines Angriffs zur Realisierung der betreffenden Gefahr in die Angreiferklasse „hoch" (siehe Tabelle 6.3) fällt. Die Ausprägung „0" bedeutet, dass ein Kriterium das betroffene Ziel der IT-Compliance teilweise unterstützt bzw. der Aufwand eines Angriffs zur Realisierung der betreffenden Gefahr in die Angreiferklasse „mittel" (siehe Tabelle 6.3) fällt. Die Ausprägung „--" bedeutet, dass ein Kriterium das betroffene Ziel der IT-Compliance nicht unterstützt bzw. der Aufwand eines Angriffs zur Realisierung der betreffenden Gefahr in die Angreiferklasse „niedrig" (siehe Tabelle 6.3) fällt. Bei bestimmten Kriterien sind auch die Zwischenstufen „+" und „-" vorhanden. Sollte das Kriterium mehr als ein Ziel betreffen, kann es sein, dass die Ziele unterschiedliche Ausprägungen anstreben. In diesem Fall ist die Skala auf eines der Ziele fi-

© Springer Fachmedien Wiesbaden GmbH, ein Teil von Springer Nature 2014
S. Däs, *Compliance-konforme Einbindung biometrischer Authentifizierungssysteme
in das betriebliche IT-Sicherheitsmanagement*, Edition KWV,
https://doi.org/10.1007/978-3-658-23466-9_7

xiert, für das andere verhält sich die Skala genau umgekehrt. Dies wird jedoch bei der Zusammenfassung und der Bewertung in Kapitel 8 berücksichtigt.

7.1 Kriterien für die Bewertung des biometrischen Merkmals

Beim Einsatz eines Authentifizierungssystems im Unternehmen steht an erster Stelle die Auswahl des zu verwendenden Merkmals. Eines der größten Probleme in den betrachteten Regelwerken ist die Tatsache, dass ein geeignetes und hochsicheres Authentifizierungssystem gefordert wird, jedoch keine direkten Kriterien genannt werden, ab welchem Zeitpunkt ein Authentifizierungsmerkmal als geeignet gilt. Das grundsätzliche Ziel eines Merkmals ist, wie in COBIT DSS 05.04 in Punkt 7 beschrieben, „die eindeutige Identifizierbarkeit aller internen, externen und temporären Benutzer und ihrer Aktivitäten in der IT (Anwendung, IT-Infrastruktur, Systemanwendung, -instandhaltung und -entwicklung) sowie ihrer Informationsverarbeitungsprozesse" [ISACA 2012a, S. 194]. Dies setzt sowohl die Merkmalssicherheit als auch andere Gütekriterien voraus.

Abschnitt 6.6.1 hat bereits Merkmalskriterien bestimmt, wobei in dieser Arbeit auf die Betrachtung der Nutzerakzeptanz verzichtet wird, weil sich das Kriterium an keines der drei Schutzziele der Compliance wendet und ihm keine Anforderungen zugeordnet werden können. Deshalb dienen die folgenden 11 Kriterien zur Bestimmung des Eignungsgrads eines Authentifizierungsmerkmals mit der Zielsetzung zur Erfüllung der zuvor beschriebenen IT-Compliance Anforderungen:

1. Personenbindung   (Abschnitt 7.1.1)
2. Unveränderlichkeit   (Abschnitt 7.1.2)
3. Informationsgehalt   (Abschnitt 7.1.3)
4. Ausspähbarkeit   (Abschnitt 7.1.4)
5. Zeitliche Variabilität   (Abschnitt 7.1.5)
6. Willentliche Beeinflussbarkeit (Abschnitt 7.1.6)
7. Universalität   (Abschnitt 7.1.7)
8. Einmaligkeit   (Abschnitt 7.1.8)
9. Größe der Referenzspeicherung (Abschnitt 7.1.9)
10. Lebenderkennung   (Abschnitt 7.1.10)
11. Mechanismenstärke   (Abschnitt 7.1.11)

7.1.1 Personenbindung

Die Personenbindung beschreibt, wie stark das Merkmal der Authentifizierung an die Person gekoppelt ist sowie ob und wie schwer es sich von der Person trennen lässt [Bolle et al. 2003, S. 224; Bromba 2013a; Dotzler 2010. S. 106; Graevenitz 2006, S. 6;

Hornung 2006, S. 5, Hornung/Steidle 2005, S. 201]. Es ist damit eines der zentralsten und wichtigsten Kriterien, da dieses Merkmal den Hauptzweck der Authentifizierung – die Identifikation oder Verifikation einer Person – direkt unterstützt.

Die Haftung von SOX Sektion 302, Satz 1, 2 und 3, setzt eine Identitätsfeststellung durch ein Merkmal mit einer hohen Personenbindung voraus [USC 2002, S. 33]. Analog dazu ist interner Betrug nach Basel II durch eine Identitätsfeststellung mit einem Merkmal mit hoher Personenbindung zu verhindern [BAfB 2004, S. 157]. Auch in den MaRisk ist die Identitätsfeststellung für den Nachweis der Authentizität von Daten unabdingbar [BaFin 2012, S. 23]. Die Belegfunktion bildet die Basis für die Beweiskraft der Buchführung sowie ihre Nachvollziehbarkeit und muss nach Punkt 2.2.5 der GoBS als Inhalt unter anderem die Bestätigung des Buchführungspflichtigen (Autorisation) sowie den Zeitpunkt des Vorgangs aufzeichnen, wobei hierfür nach Punkt 2.2.7 das interne Kontrollsystem zuständig ist [BMF 1995, S. 8 f.]. Die GDPdU bauen auf diesem Prinzip auf und erwähnen die elektronische Signatur als Bestandteil der elektronischen Abrechnung (§ 15 Abs. 1 SigG) [BMJ 2001a, S. 7]. Als oberstes Ziel der Signatur – die Sicherung der Rechtsverbindlichkeit der Willenserklärungen und die Sicherung der Authentizität der Vertragspartner – beschreibt § 2 Satz 2 SigG die ausschließliche Zuordnung zum Signaturinhaber und die Feststellung der Identität des Signaturschlüsselinhabers. Beide Forderungen sind nur durch Personenbindung lösbar, weshalb § 15 Abs. 1 Satz 1 SigV auf eine Authentifizierung durch Besitz, Wissen oder biometrische Merkmale verweist [BMJ 2001b, S. 7]. In den IDW Standards ist eine hohe Personenbindung nötig, um die Anforderungen Autorisierung, Authentizität und Verbindlichkeit zu garantieren und damit auch die Nachvollziehbarkeit sicherzustellen [IDW 2002a, S. 1159]. Der IDW Standard FAIT 2 hat mehrere Angriffe auf diese drei Anforderungen besonders durch das Internet beschrieben, die nur durch die Personenbindung abgemildert werden [IDW 2003, S. 1269 f.]. Die Sicherstellung der Benutzeridentität bei der Authentifikation durch hohe Personenbindung sprechen viele Standards nicht direkt an, sie wird jedoch meist erwartet [BSI 2011a, S. 2762 ff.; Kersten et al. 2011, S. 221 ff.; ISACA 2012a, S. 194]. Zusammenfassend ist dieses Merkmal deshalb zur Bereitstellung der Personenidentität jeglicher Zutritts-, Zugriffs- und Zugangskontrolle, bei der Signierung, bei der Protokollierung und bei der Archivierung für die IT-Compliance bedeutend.

Je höher die Personenbindung ausfällt, umso besser ist das Merkmal für die Einhaltung von IT-Compliance geeignet. Grund dafür ist vor allem die höhere Beweisbarkeit der Personenidentität und die Unleugbarkeit von getätigten Transaktionen, welche die Entscheidung des Gerichts im Streitfall unterstützen können. Denn eine hohe Personenbindung erschwert die Weitergabe von Authentifizierungsmerkmalen und das sog. „Buddy-punshing"[86].

Entscheidend für die Ausprägung und damit für die Bewertung der Personenbindung eines biometrischen Merkmals ist die physische oder psychische Gewalt und der damit an der Person verursachte Schaden, der ausgeübt werden muss, um das Merkmal von der Person zu trennen (vgl. [Eckert 2012, S. 502]). Weiterhin ist der Zeitraum entscheidend, in dem dieser Aufwand der Gewaltanwendung konstant ist. Demnach ist das Kriterium in fünf verschiedenen Ausprägungen vorhanden: Im besten Fall reicht während des gesamten Lebens keine Gewalt aus, um ein Merkmal von der Person zu trennen. Dies stellt einen nahezu unerreichbaren Idealfall dar. Im zweitbesten Fall ist das Merkmal untrennbar in einem bestimmten Zeitintervall oder ab einem bestimmten Zeitpunkt. Im dritten Fall kann ein Merkmal nur durch physische Gewalt mit Langzeitschäden an der Person oder Todesfolge trennbar sein. Im vierten Fall ist das Merkmal durch psychische Gewalt (z. B. Erpressung) von der Person trennbar. Dieser Fall ist besser als die physische Gewalt, da in der Regel zwar auch Langzeitschäden verursacht werden können, diese aber nicht sichtbar und somit nicht sofort erkennbar bzw. beweisbar sind. Im schlechtesten Fall ist das Merkmal ohne Einwirkung von Gewalt von der Person trennbar.

M.1					
Name	**Personenbindung**				
Herkunft	SOX, Basel II, GoBS, GDPdU, SigG / SigV, IDW, MaRisk, MiFID, IT-Grundschutz, COBIT, ISO 27001 und ITIL				
Betroffene Schutzziele	Informationsschutz, Anlegerschutz, Mitarbeiterschutz				
Ausprägung	- -	-	0	+	+ +
	Trennbar	Schwer trennbar Ohne erkennbare Folgeschäden (psychische Gewalt)	Schwer trennbar Mit erkennbaren Folgeschäden (physische Gewalt)	Untrennbar ab einem bestimmten Zeitpunkt mit der Person verbunden	Untrennbar seit der Geburt bis zum Tod mit der Person verbunden

---

[86] Fälschen von Zugriffsprotokollen durch befreundete Mitarbeiter (vgl. [Nanavati et al. 2002, S. 5]).

7.1.2 Unveränderlichkeit

Die Unveränderlichkeit beschreibt die Möglichkeit, die identifizierenden Ausprägungen des Merkmals durch den Benutzer verändern zu können, ohne dass die Personenbindung oder die Identifikation behindert werden.

Die Unveränderlichkeit ist bedeutend im Zusammenhang mit der eindeutigen Personenidentifikation zur Sicherstellung einer gerichtlich anerkannten Haftung wie sie SOX, das EHUG und das KonTraG fordern [BMJ 1998, S. 787; USC 2002, S. 45 f.]. Insbesondere bei der Speicherung bzw. Archivierung von Authentifizierungsinformationen muss die ehemals gültige Referenz mit einer aktuellen Referenz übereinstimmen. Kann das Merkmal durch den Mitarbeiter verändert werden, ist es möglich, dass dieser es weiterhin ordnungsgemäß benutzt, die gespeicherte Authentifizierungsinformation jedoch veraltet ist und eine erneute Zuordnung ohne Mithilfe des Mitarbeiters nur gewaltsam durch Aufnahme alle vorhandenen Merkmalsausprägungen stattfinden kann. Die Unveränderbarkeit auf Gesetzebene ist nicht mit der Unveränderlichkeit zu verwechseln, wird hauptsächlich auf den Datenbestand bezogen und wird durch GoBS und GDPdU im Rahmen von Finanzdaten betrachtet [BMF 1995, S. 2; BMF 2001, S. 3]. Die IDW-Ausführungsbestimmungen greifen dies auch in den Anforderungen an die Ordnungsmäßigkeit auf [IDW 2003, S. 1260]. Zwar ist die Authentifizierung selbst durch den Zugriffsschutz ein Garant für die Unveränderlichkeit dieser Daten. Werden jedoch Authentifizierungsinformationen zusammen mit den Daten als Nachweis (z. B. in Form einer Signatur) abgespeichert, sollten diese Anhand ihrer Unveränderlichkeit bewertet werden. Das Signaturgesetz fordert die Unveränderlichkeit nicht direkt, eine Veränderung soll aber im Nachhinein erkennbar sein, beschrieben in § 17 Abs. 1 SigG (Fälschungen sollen zuverlässig erkennbar sein) und § 17 Abs. 3 Satz 2 SigG (Schutz vor unbefugter Veränderung und Abruf) [BMJ 2001a, S. 2]. Für die IT-Compliance ist eine schwere Veränderbarkeit wichtig, um eine Revisionssicherheit und eine eindeutige Zuordnung zu garantieren, ohne dass alle Merkmalsausprägungen einer Person überprüft werden müssen. Jedoch ist es zur Einhaltung des Mitarbeiterschutzes auch zwingend erforderlich, dass bei einer Korrumpierung des Merkmals durch Unbekannte, der Merkmalsbesitzer nicht komplett ausgeschlossen ist. Es kann also keine eindeutig bevorzugte Ausprägung benannt werden.

Die Ausprägung dieses Kriteriums hängt von der Anzahl der möglichen Veränderungen ab, welche die Identifikation weiterhin ermöglicht. Das eine Extrem ist die beliebige Veränderung von identifizierenden Merkmalsausprägungen ohne Beschränkung. Dies ist in der Regel nur bei wissensbasierten und besitzbasierten Identifizierungsmerkmalen der Fall. Jedoch kann es auch bei dynamischen biometrischen Merkmalen möglich sein, falls sich die Erkennung auf einen fixen, vordefinierten Merkmalsraum beschränkt (beispielsweise bei der Festtextvariante[87] von Sprach- oder Tippverhaltenserkennung). Das andere Extrem stellt natürlich die absolute Unveränderlichkeit dar, d. h. das Merkmal ist niemals veränderbar. Ein Zwischenschritt ist die beschränkte Veränderlichkeit, d. h. es existiert eine bestimmte Anzahl möglicher Veränderungen, die jedoch endlich ist.

M.2					
Name	**Unveränderlichkeit**				
Herkunft	GoBS, GDPdU, IDW				
Betroffene Schutzziele	Anlegerschutz ←→ Mitarbeiterschutz				
Ausprägung	- -	-	0	+	+ +
	Beliebig veränderbar		Beschränkt veränderbar		Unveränderbar

7.1.3 Informationsgehalt

Der Informationsgehalt beschreibt die Tiefe der aus den Authentifizierungsdaten gewinnbaren persönlichen Informationen.

Dieses Kriterium ist in erster Linie erforderlich, um die Anforderung des § 3a BDSG zur Datenvermeidung und Datensparsamkeit zu messen. Diese besagt „die Auswahl und Gestaltung von Datenverarbeitungssystemen sind an dem Ziel auszurichten, so wenig personenbezogene Daten wie möglich zu erheben, zu verarbeiten oder zu nutzen" [BMJ 1990, S. 5]. Außerdem sind nach § 14 Abs. 1 BDSG die Daten grundsätzlich nur für den Zweck zu verwenden, für den sie erhoben wurden [BMJ 1990, S. 14]. Im Sinne der IT-Compliance in Bezug auf den Datenschutz ist der Informationsgehalt für Authentifizierungssysteme also möglichst gering zu halten. Besonders kritisch wird dies bei ausscheidenden Personen aus dem Unternehmen oder bei einer Korrumpierung der Daten. Das Ziel ist im Falle des Missbrauchs, den Schaden zu minimieren [Dotzler 2010, S. 133; Eckert 2012, S. 501 f.; Kindt 2007, S. 168; TeleTrusT 2006, S. 36 f.]. Hintergrund stellt die Verhinderung des Rückschlusses aus den Authentifikationsdaten auf die dahinterstehende natürliche Person dar. Es kann zwar argumentiert werden, dass dies zu einer höheren Beweisbarkeit und damit Unterstützung der Perso-

---

[87] Beim Festtext wird im Vorfeld ein bestimmter Text für das Enrolment verwendet und nur an diesem Satz werden die Merkmalsausprägungen bei jeder Authentifizierung überprüft. Beim Freitext ist nach der Erstellung der Referenz der Text egal – eine Erkennung kann immer stattfinden (vgl. [Gunetti/Picardi 2005, S. 313 ff.; Janakiraman/Sim 2007, S. 584 f.]).

nenbindung beiträgt, doch gibt es in diesem Fall klar einen Konflikt zur Einhaltung des BDSG. Ein Authentifizierungssystem muss für einen Compliance-gerechten Einsatz versuchen, beide Kriterien bestmöglich zu erfüllen, d. h. die Personenbindung und damit die Beweisbarkeit einer Willenserklärung muss ausschließlich durch den Abgleich mit Referenzdaten (Authentifizierung mittels Identifikation und Verifikation) erfolgen, nicht durch einen offensichtlichen Rückschluss der aufgenommenen Daten auf die natürliche Person.

Die Ausprägung wird durch die Menge an zusätzlichen Daten und ihrem Grad der Persönlichkeit bestimmt. Als erstes sind solche Daten sensibel, die unter anderem Informationen „über die rassische und ethnische Herkunft, politische Meinungen, religiöse oder philosophische Überzeugungen, Gewerkschaftszugehörigkeit, Gesundheit oder Sexualleben" enthalten [BMJ 1990, S. 5]. Sind im Merkmal weitere Informationen vorhanden, die nicht zur Merkmalsausprägung gehören, aber auch keine persönlichen Informationen sind, kann der Informationsgehalt neutral bewertet werden. Den Idealfall stellen Merkmale dar, die keine weiteren Informationen außer den für die Authentifizierung nötigen Merkmalsausprägungen enthalten.

M.3					
Name	**Informationsgehalt**				
Herkunft	BDSG				
Betroffene Schutzziele	Mitarbeiterschutz				
Ausprägung	- -	-	0	+	+ +
	Enthält signifikante persönliche Informationen nach BDSG		Enthält weitere Informationen von denen keine persönlich sind		Enthält keine weiteren Informationen

7.1.4 Ausspähbarkeit

Die Ausspähbarkeit beschreibt den Grad der Schwierigkeit, Merkmale durch Dritte zu beobachten. Sie misst also die Verdecktheit des Merkmals. Ob das Merkmal leicht oder schwer verdeckt ist, wird signifikant durch die Aktivität bei der Merkmalsabgabe bestimmt. Die Ausspähbarkeit beeinflusst außerdem direkt negativ die Zudringlichkeit eines Merkmals, welche angibt, ob die Person durch die Durchführung der Authentifizierung in ihrem Arbeitsablauf gestört wird und ob Benutzer die Authentifizierung als unangenehm empfinden. Eine möglichst niedrige Zudringlichkeit ist anzustreben, um die Mitarbeiterakzeptanz zu erhöhen. Allerdings ist die Beeinträchtigung im Arbeitsablauf höchst subjektiv und kaum messbar. Die Mitarbeiterakzeptanz und damit die geringe Zudringlichkeit eines Merkmals sind als sekundäre Ziele einzustufen, denn die nachfolgenden Ausführungen bewerten die geringe Ausspähbarkeit wichtiger.

Im Rahmen der Informationssicherheit ist überall im Unternehmen darauf zu achten, dass die Ausspähbarkeit möglichst gering ausfällt, um nicht Merkmale für Fremde leicht zugänglich zu machen. Gefolgert werden kann dies unter anderem aus den BSI IT-Grundschutzkatalogen in „M 4.133: Geeignete Auswahl von Authentikationsmechanismen", „M 4.299: Authentisierung bei Druckern, Kopierern und Multifunktionsgeräten" und „M 4.301: Beschränkung der Zugriffe auf Drucker, Kopierer und Multifunktionsgeräte" [BSI 2011a, S. 2762, S. 3218, S. 3221]. Die Anforderung aus § 4 Abs. 2 BDSG erfordert auch eine willentliche Mitwirkung des Benutzers bei der Authentifizierung durch personenbezogene Daten [TeleTrusT 2006, S. 36]. Aufgrund der Fälschungssicherheit ist es für die IT-Compliance vorteilhaft, dass die Methode der biometrischen Authentifizierung verdeckte Merkmale mit technischen Hilfsmitteln aufnehmen muss. Zudem wird die unbeobachtete Erhebung von Informationen verhindert oder erschwert [Bäumler et al. 2001, S. 22 f.]. Außerdem lässt die ausdrückliche Initiative einer Person bei der Authentifizierung auf eine Willensbekundung schließen [TeleTrusT 2006, S. 24 f.]. So sind sowohl für den Mitarbeiterschutz als auch für den Informationsschutz eine hohe Aktivität bei der Merkmalsausgabe und die damit geringe Ausspähbarkeit zu bevorzugen.

Grundsätzlich bestimmen die Hilfsmittel, welche für das Ausspähen durch Dritte benötigt werden, die Ausprägung dieses Merkmals. Werden dazu keine Hilfsmittel benötigt, ist das Merkmal offen, ansonsten ist es verdeckt. Leicht verdeckte Merkmale benötigen zwar simple Hilfsmittel, um ausgespäht werden zu können, haben aber keine oder eine sehr geringe Aktivität bei der Merkmalsabgabe durch den Benutzer. Ein großer Nachteil ist, dass das Ausspähen unbemerkt bleiben kann. Etwas besser ist es, wenn die Merkmalsabgabe aktiv durch den Benutzer erfolgen muss, hier ist immer noch die Gefahr der unbemerkten Ausspähbarkeit gegeben, sie fällt jedoch geringer aus. Verdeckte Merkmale können nur mit Hilfe eines speziellen Sensors oder Detektors erfasst werden (technische Hilfsmittel). Besonders schwer verdeckte Merkmale erfordern zudem die aktive Mitwirkung des Benutzers. [Bäumler et al. 2001, S. 22 f.; Dotzler 2010, S. 136; Petermann/Sauter 2002, S. 40; TeleTrusT 2006, S. 36]

M.4					
Name	**Ausspähbarkeit**				
Herkunft	BDSG, BSI IT-Grundschutz				
Betroffene Schutzziele	Informationsschutz, Mitarbeiterschutz				
Ausprägung	- -	-	0	+	+ +
	Keine Aktivität bei der Merkmals-abgabe Simple oder keine Hilfsmittel nötig	Geringe Aktivität bei der Merkmals-abgabe Simple oder keine Hilfsmittel nötig		Geringe Aktivität bei der Merkmals-abgabe Technische Hilfsmittel nötig	Hohe Aktivität bei der Merkmals-abgabe Technische Hilfsmittel nötig

7.1.5 Zeitliche Variabilität

Die zeitliche Variabilität beschreibt die mögliche (ungewollte sowie automatische) Veränderung eines Merkmals über einen größeren Zeitraum und den damit einhergehenden schwächer werdenden oder verloren gegangenen Personenbezug. Gründe hierfür können u. a. Abnutzung, Alterung oder Datendegeneration sein [Albrecht 2003, S. 35; Dotzler 2010, S. 134; Graevenitz 2006, S. 22; Kindt 2007, S. 168].

Dieses Kriterium bezieht sich normalweise nicht auf Anforderungen des Zugangs-, Zutritts- und Zugriffsschutzes, es sei denn, die Variabilität ist so hoch, dass nicht einmal eine tägliche Authentifizierung möglich ist. Normalerweise hat die zeitliche Variabilität den größten Einfluss auf die Revisionssicherheit und Zurechenbarkeit, wenn die damals zur Authentifizierung verwendeten Daten sich mittlerweile geändert haben und ein Abgleich damit nicht mehr möglich ist. Die Anforderung nach einer hohen Konstanz des Merkmals, also geringen zeitlichen Variabilität, existiert in allen Gesetzen, die eine Archivierung von Authentifizierungsinformationen anschneiden. Sie lässt sich besonders durch die in der GoBS geforderte Archivierung ableiten. Die Aufbewahrungsfristen von Daten mit Belegfunktion betragen 6 Jahre, jene zur Grundbuch- und Kontenfunktion 10 Jahre [GoBS 1995, S. 16]. Zehn Jahre sind also das Minimum, in deren Zeit sich ein Merkmal nicht so weit verändert sollte, um den Personenbezug zu verlieren. Kapitel III der GDPdU bestimmt auch, dass in der elektronischen Archivierung die Informationen der Authentifizierung elektronisch zusammen mit den Finanzdaten abgespeichert werden können. Dies setzt ebenfalls die Zeitbeständigkeit von 10 Jahren voraus [BMF 1995, S. 16]. Die IDW-Standards bauen hier auf und kommentieren ergänzend, dass auch die Archivierung der Verbindlichkeit unterliegt und gewollte Rechtsfolgen herbeiführbar sein müssen [IDW 2002a, S. 1159]. Speziell „IDW RS FAIT 3: Grundsätze ordnungsmäßiger Buchführung beim Einsatz elektronischer Archivierungsverfahren" wiederholt, dass zur Erfüllung der Authentizität bei der Speicherung eine eindeutige Verbindung zum Original bestehen muss [IDW 2002c, S. 6]. Darüber hinaus sind zur Sicherung der Nachvollziehbarkeit auch der Zugriff und die Kontrollen im Archiv zu speichern [IDW 2002c, S. 6]. Dies ist etwa durch ein Wasserzeichen aus einer Authentifizierung denkbar. Hier ist es besonders entscheidend, dass die Authentifizierungsinformation aktuell bleibt, weil das Merkmal zeitlich konstant ist. Im Rahmen des Einsatzes biometrischer Informationen als elektronische Signatur stellt ein zeitlich konstantes Merkmal auch die Bedingung für die ausschließliche Zuordnung zum Signaturinhaber dar [BMJ 2001a, S. 2]. Dies ist besonders der Fall, wenn Signaturen bzw. Authentifizierungsinformation für die Nachverfolgbarkeit archiviert werden (vgl. BSI IT-Grundschutz „M 2.265: Geeigneter Einsatz digitaler Signaturen bei der Archivierung" [BSI 2011a, S. 1726 f.]). Als Gefahrenpotential ist aber zu beachten, dass durch eine lange anhaltende geringe zeitliche Variabilität die Missbrauchsgefahr sehr hoch ist: Werden die Daten einmal ausspioniert oder korrumpiert, ist der Schaden unwiderruflich [TeleTrusT 2006, S. 37]. Sehr variable Merkmale sind nur temporär angreifbar [Dotzler 2010, S. 135; Petermann/Sauter 2002, S. 40]. Im Rahmen der Einhaltung von IT-Compliance-Forderungen ist es deshalb zum einen wünschenswert, wenn das Authentifizierungsmerkmal möglichst konstant ist und sich nicht verändert. Für die IT-Compliance ist dieses Kriterium bedeutend, weil damit eine Revisionssicherheit von Archiven und Protokollen auch nach Jahren noch möglich wird. Zum anderen ist im Zuge des Mitarbeiterschutzes eher eine hohe zeitliche Variabilität von Vorteil.

Die GoBS geben mit zehn Jahren Aufbewahrungsfrist von Daten mit Belegfunktion einen Fixpunkt für die Konstanz gespeicherter biometrischer Informationen vor [BMF 1995, S. 16]. Ab einer Veränderung innerhalb einer Dekade ist deshalb eine hohe zeitliche Variabilität festzustellen, ansonsten eine geringe oder keine Variabilität. Entscheidend für die Variabilität ist außerdem der Verlust des Personenbezugs. Solange dieser noch gegeben ist, sind auch geringe Schwankungen innerhalb eines Toleranzbereiches als konstantes Merkmal zu bewerten.

M.5					
Name	**Zeitliche Variabilität**				
Herkunft	GoBS, GDPdU, IDW RS FAIT 3, SigG, BSI IT-Grundschutz				
Betroffene Schutzziele	Anlegerschutz ←→ Mitarbeiterschutz				
Ausprägung	- -	-	0	+	+ +
	Merkmal ist konstant (Keine zeitliche Variabilität, bzw. kein Verlust des Personenbezugs)		Geringe zeitliche Variabilität (Keinen Verlust des Personenbezugs in 10 Jahren)		Hohe zeitliche Variabilität (Verlust des Personenbezugs in unter 10 Jahren)

7.1.6 Willentliche Beeinflussbarkeit

Das Kriterium der willentlichen Beeinflussbarkeit beschreibt, ob die zu authentifizierende Person sein Merkmal bzw. die Ausprägungen seines Merkmals bewusst willentlich beeinflussen und die Authentifizierung fehlschlagen lassen kann [Bäumler et al. 2001, S. 9; Graevenitz 2006, S. 37; Nanavati et al. 2002, S. 254; TeleTrusT 2006, S. 7].

Die willentliche Beeinflussbarkeit spielt eine entscheidende Rolle für den Anlegerschutz, wenn der Vorstand bei der Authentifizierung Täuschungsabsichten verfolgt (vgl. beispielsweise SOX „Section 802: Criminal penalties for altering documents" [USC 2002, S. 56 f.]). Auch im Zuge des Informationsschutzes ist die willentliche Beeinflussbarkeit von Bedeutung, beispielsweise wenn biometrische Merkmale im Rahmen der Signatur eingesetzt werden sollten. Nach SigG muss der Signaturinhaber „die alleinige Kontrolle der Mittel zur Erzeugung der Signaturen" besitzen [BMJ 2001a, S. 2]. Eine gegebene willentliche Beeinflussbarkeit ist hier schon ein guter Ansatzpunkt. Sie führt natürlich auch zu einem gewissen pflichtbewussten Verhalten des Benutzers, der mit dieser Verantwortung umgehen muss. Der Umgang mit dieser Verantwortung bei einem Authentifizierungsmerkmal ist bisher meist nur auf das Passwort beschränkt beschrieben, wie etwa in ISO 27001 „A.11.3: Benutzerverantwortung" [Kersten et al. 2011, S. 219 f.].

Es ist für den Datenschutz förderlich, wenn Abgabe, Verarbeitung und Speicherung von Authentifizierungsdaten durch den Träger kontrolliert werden können [Bromba 2013a; Dotzler 2010, S. 136 f.; Nanavati et al. 2002, S. 254; Petermann/Sauter 2002, S. 10, S. 92]. Auch für den Informationsschutz ist eine willentliche Beeinflussbarkeit von Vorteil. Beispielsweise hat bei der Erpressung des Merkmalsträgers dieser eine bessere Möglichkeit, die Authentifizierung trotzdem noch – evtl. plausibel – zu sabotieren [TeleTrusT 2006, S. 7]. Im Sinne des Authentifizierungsnachweises für den Anlegerschutz ist es jedoch besser, wenn keine willentliche Beeinflussung erfolgen kann. Nur so ist es möglich, dass der Benutzer sich kein Alibi zur späteren Leugnung einer Handlung erschafft. Er könnte also nachträglich vor Gericht eine wiederholte Authentifizierung fehlschlagen lassen, um so zu beweisen, dass eine erstmalige Authentifizierung nicht durch ihn erfolgt ist. Hier stehen also der Informationsschutz und der Mitarbeiterschutz des Einzelnen mit dem Anlegerschutz in Konflikt.

Die Ausprägung dieses Kriterium bietet mehrere Möglichkeiten: Entweder kann der Benutzer die Authentifizierung willentlich beeinflussen oder nicht. Konkret bedeutet dies, dass der Benutzer aktiv einen Authentifizierungsversuch sabotieren kann, damit dieser zu einem falschen Ergebnis führt. Bei der Möglichkeit der Beeinflussung kann noch unterschieden werden, ob diese spontan erfolgen kann oder ob hierfür Aufwand (etwa durch Hilfsmittel o. Ä.) betrieben werden muss.

M.6					
Name	**Willentliche Beeinflussbarkeit**				
Herkunft	SOX, SigG, ISO 27001, BDSG				
Betroffene Schutzziele	Informationsschutz, Mitarbeiterschutz ←→ Anlegerschutz,				
Ausprägung	- -	-	0	+	+ +
	Der Benutzer kann die Authentifizierung NICHT bewusst willentlich beeinflussen)		Der Benutzer kann mit Aufwand Authentifizierung bewusst willentlich beeinflussen		Der Benutzer kann spontan die Authentifizierung bewusst willentlich beeinflussen

7.1.7 Universalität

Die Universalität beschreibt, wie viele Personen das Merkmal potentiell besitzen oder einsetzen können. Für die praktische Einsetzbarkeit im Unternehmen ist eine hohe Universalität von Vorteil. Es wird also die Verbreitung des Merkmals innerhalb der gesamten Menschheit gemessen. Besitzbasierte Verfahren sind immer universal und können von jedem eingesetzt werden. Wissensbasierte Verfahren können sprachabhängig sein. Bei biometrischen Merkmalen kann auch eine geringe Universalität bzw. Verbreitung vorkommen [TeleTrusT 2006, S. 7]. Die Universalität ist immer dann von Bedeutung, wenn die eindeutige Personenzuordnung gefordert ist [BSI 2011a, S. 2762].

Die Universalität lässt sich prinzipiell in drei Gruppen einteilen. Entscheidend für die Gruppeneinteilung ist die Gruppenabgrenzung. Im schlechtesten Fall ist eine sehr spezielle Ursache für die Gruppentrennung vorhanden. Dies ist beispielsweise bei konditionierten biometrischen Merkmalen der Fall. Für Unternehmen wird der Einsatz dann unkontrollierbar, weil die Verbreitung einem individuellen System unterliegt. Besser ist es, wenn die Verbreitung durch eine Region beschränkt ist. Hier besitzt das Unternehmen zumindest ein rechtlich eindeutiges Gebiet, auf dem es sich der Verbreitung sicher sein kann. Im besten Fall ist das Merkmal global einsetzbar. Bei vielen passiven Biometrien ist dies der Fall.

M.7					
Name	**Universalität**				
Herkunft	SOX, Basel II, GoBS, GDPdU, SigG / SigV, IDW, MaRisk, BSI IT-Grundschutz, COBIT, ISO & ITIL				
Betroffene Schutzziele	Informationsschutz, Mitarbeiterschutz				
Ausprägung	- -	-	0	+	+ +
	Speziell getrennt (Gruppenspezifisches Merkmal)		Regional getrennt (Sprachabhängig)		Global einsetzbar

7.1.8 Einmaligkeit

Die Einmaligkeit beschreibt, ob das Merkmal tatsächlich eine Person einzigartig identifiziert, also ob mehrere Personen mit dem gleichen Merkmal existieren.

Das Signaturgesetz fordert die Einmaligkeit bei der Erzeugung (SigG § 17 Abs. 3 Satz 1). Soll die Authentifizierung im Rahmen einer elektronischen Signatur verwendet werden, muss die Merkmalsausprägung eindeutig sein. Die Einmaligkeit wirkt sich positiv auf alle Anwendungsfälle aus, weil sie ähnlich wie die Personenbindung eine Grundvoraussetzung für die eindeutige Zuordnung darstellt [TeleTrusT 2006, S. 6]. Diese ist auch für die IT-Compliance wichtig, um eine eindeutige Zuordnung von Kommunikation oder Archivierung zu ermöglichen. Je eindeutiger das Merkmal ist, desto besser.

Da hier die Einmaligkeit im Sinne einer Compliance-Tauglichkeit für Unternehmen geprüft werden soll, bietet sich die Konzerngröße als Einteilung für die Ausprägung an. Dies folgt der Überlegung, dass eine höhere Einmaligkeit des Merkmals zu einer immer flexibleren Einsetzbarkeit (auch in großen Konzernen) führt. Im besten Fall ist das Merkmal global einzigartig, d. h. es existieren keine zwei Merkmalsausprägungen, die so ähnlich sind, dass diese verwechselt werden können. Die anschließende Aufteilung richtet sich nach der möglichen Einmaligkeit in Unternehmen basierend auf Konzerngröße, Mittelstandsgröße oder darunter. Ausschlaggebend ist hier die Definition für den Mittelstand. Das IfM Bonn[88] definiert Unternehmen mit 499 Beschäftigten und einem Jahresumsatz von unter 50 Millionen Euro als mittelständische Unternehmen [IFM 2012]. Die Definitionen der Bundesregierung lehnen sich an diese Einteilung an, während die EU teilweise andere Größenordnungen verwendet. In jedem Fall beschäftigen mittelständische Unternehmen immer weniger als 1000 Mitarbeiter[89]. Entscheidend für die Ausprägung des Kriteriums bei Biometrien ist oftmals die Art der Entstehung: Randotypische Merkmale sind einmaliger als genotypische Merkmale, da sich genotypische Merkmale aus den Erbinformationen der Eltern entwickeln, während randotypische Merkmale während der embryonalen Entwicklung komplett zufällig entstehen.

M.8					
Name	**Einmaligkeit**				
Herkunft	SOX, Basel II, GoBS, GDPdU, SigG / SigV, IDW, MaRisk, BSI IT-Grundschutz, COBIT, ISO & ITIL				
Betroffene Schutzziele	Informationsschutz, Anlegerschutz, Mitarbeiterschutz				
Ausprägung	- -	-	0	+	+ +
	Nicht eindeutig in Tausenden		Eindeutig in Tausenden (Mittelstand)		Global eindeutig

7.1.9   Größe der Referenzspeicherung

Die Größe der Referenzspeicherung bezieht sich auf die benötigte Datenmenge zur Speicherung einer einzelnen Referenz (Template) für die Authentifizierung. Es sind also nicht die aufgenommenen Rohdaten oder die für den Datenaustausch formatierten Daten, sondern die tatsächlichen Merkmalsdaten in den Templates gemeint (vgl. [Henninger/Waldmann 2005, S. 2]). Die Referenz-Speichergröße beeinflusst dabei, welche Leitung zur Übertragung eventuell verschlüsselter Authentifizierungsinformationen vorhanden sein muss.

Grundsätzlich ist sie jedoch nicht für den Informationsschutz von Bedeutung, da jede beliebige Größe verschlüsselt werden kann, falls dies gefordert wird (beispielsweise in SigV, BSI IT-Grundschutz oder ISO 27001) [BMJ 2001b, S. 2 ff.; BSI 2011a, S. 2762; Kersten et al. 2011, S. 221 ff.]) Im Zuge des Anlegerschutzes ist die Referenz-Speichergröße entscheidend, wenn es um die Handhabbarkeit von Authentifizierungs-

---

[88] Institut für Mittelstandsforschung Bonn
[89] vgl. auch [Günterberg/Wolter 2003, S. 3 f.; Wolter/Hauser 2001, S. 29 f.]

informationen in Archivsystemen geht und diese laut GDPdU auch maschinell auswertbar sein müssen (vgl. [BMF 2001, S. 3]). Insbesondere IDW FAIT 3 spricht auch zur Sicherung der Nachvollziehbarkeit die Speicherung von Zugriffsdaten und die Kontrollen im Archiv an [IDW 2006, S. 1470]. Die Größe der Referenz entscheidet darüber, ob Authentifizierungsinformationen zusammen mit Dokumenten archiviert werden können. Sie sollte demnach möglichst klein sein.

Die Ausprägung hängt von zwei Variablen ab: Grundsätzlich neigen dynamische Merkmale dazu, eine größere Datenmenge in der Referenz zu benötigen. Der Grund dafür ist, dass durch die zeitliche Komponente eine Reihe von Ausprägungen gespeichert werden muss, um eine Erkennung zu ermöglichen. Zweitens ist natürlich der proprietäre Algorithmus der Merkmalsextraktion und der Erstellung des Referenztemplates maßgeblich entscheidend für die benötigte Größe der Referenz. Laut der Studie „State of the Internet" der Akamai Technologies kann in Deutschland im 4. Quartal 2012 von einer durchschnittlichen Internetgeschwindigkeit von 6035 kbps[90] ausgegangen werden, was ca. 0,75 Megabyte pro Sekunde entspricht [Akamai 2012]. Für eine nahezu unbemerkte Übertragung innerhalb einer Sekunde ist deshalb eine Datenmenge unter einem Megabyte als sehr niedrig einzustufen. Ab 2 Megabyte erhöht sich die Dauer der Datenübertragung auf über 3 Sekunden, was als nicht mehr praktikabel einzustufen ist.

M.9					
Name	**Referenz-Speichergröße**				
Herkunft	SOX, Basel II, GoBS, GDPdU, SigG / SigV, IDW, MaRisk, BSI IT-Grundschutz, COBIT, ISO & ITIL				
Betroffene Schutzziele	Anlegerschutz				
Ausprägung	- -	-	0	+	+ +
	Groß (über 2 MB)		Mittel (1-2 MB)		Sehr niedrig (unter 1 MB)

7.1.10 Lebenderkennung

Dieses Kriterium überprüft, ob das Verfahren grundsätzlich geeignet ist, zu erkennen, ob sich eine lebende Person authentifizieren will. Durch eine Lebenderkennung kann sichergestellt werden, dass die Person die Authentifizierung aktiv durchgeführt hat. Es kann jedoch nicht erkannt werden, ob dies willentlich geschehen ist. Auch ist die Fälschung bei der unmittelbaren Authentifizierung weniger wahrscheinlich als die nach-

---

[90] Kilobit per second

trägliche Fälschung gespeicherter Authentifizierungsinformationen. Aus diesen beiden Gründen ist die Lebenderkennung nur von Bedeutung beim unmittelbaren Informationsschutz und nicht beim Anlegerschutz (im Zuge der Revisionssicherheit und Archivierung).

Grundsätzlich erschwert die Lebenderkennung das erneute Einspielen von Authentifikationsdaten (Replay) oder das Einspielen von gefälschten und kopierten Authentifikationsdaten, gefordert durch die Maßnahme M 4.133 des IT-Grundschutzes [BSI 2011a, S. 2762]. Darunter versteht der IT-Grundschutz für die Biometrie, dass eine Überlistung durch „Nachbildungen (z. B. einer Gesichtsmaske, Wachsnachbildung des Fingers, Kontaktlinsen mit Irismuster...)" nicht möglich sein darf [BSI 2011a, S. 2764]. Die europäische Arbeitsgruppe zum Thema Datensicherheit fordert ebenfalls unter dem Punkt „Anti-Spoofing", dass ein biometrisches System neben der Integrität der Daten auch die Bindung des Merkmals an eine lebende Person nachweisen muss [DPWP 2012, S. 19]. Als Angriffsszenarien sind hier entweder die Abtrennung der Merkmale von der lebenden Person denkbar oder die Verwendung künstlicher Merkmale (z. B. Prothesen). Die Messung der Körperwärme und der Blutzirkulation sind für biometrische Merkmale typische Konzepte einer Lebenderkennung [Dunstone/Yager 2009, S. 253; Woodward et al. 2003, S. 140 f.].

Die Ausprägung ist prinzipiell binär: Die Lebenderkennung kann möglich oder nicht möglich sein. Im positiven Fall muss zweifelsfrei nachgewiesen werden, dass das Merkmal zum Zeitpunkt der Aufnahme an eine lebende Person gebunden war. Bei einer vorhandenen Lebenderkennung kann jedoch noch dahingehend unterschieden werden, dass manche Merkmale sogar eine Lebenderkennung zwingend benötigen, um das Merkmal aufnehmen zu können. Dies ist als der positivste Fall einzustufen, da hier seitens des Herstellers nicht auf eine mögliche Lebenderkennung verzichtet werden kann.

M.10					
Name	**Lebenderkennung**				
Herkunft	BSI IT-Grundschutz				
Betroffene Schutzziele	Informationsschutz				
Ausprägung	- -	-	0	+	+ +
	Keine Lebenderkennung möglich		Lebenderkennung möglich		Lebenderkennung zwingend erforderlich

7.1.11   Mechanismenstärke

Die Mechanismenstärke beschreibt die Eigenschaft des biometrischen Merkmals, Angriffen zur Überwindungen der Erkennungsleistung standzuhalten. Die Mechanismenstärke hängt primär vom gewählten Merkmal ab, kann jedoch auch mit den proprietären Vergleichsalgorithmen und Template-Extraktionsverfahren der Hersteller zusammenhängen.

Wie die Personenbindung ist die Merkmalssicherheit ein Kriterium, das in vielen Gesetzen als selbstverständlich vorausgesetzt wird und von dem nahezu alle Anwendungsfälle betroffen sind. Basel II benennt unter den zu minimierenden Risiken den externen Betrug, worunter auch Brute-Force-Angriffe fallen [BAfB 2004, S. 157]. Als Referenzbeispiel in SOX ist die Anforderung einer gerichtlichen Anerkennung der Authentifizierung vorausgesetzt [USC 2002, S. 34]. Eine hohe Merkmalssicherheit kann die Beweiswürdigung des Gerichts positiv beeinflussen, besonders wenn eine Unterschrift leichter angreifbar ist, als der Angriff auf das Authentifizierungssystem. Als Resultat sind in Deutschland qualifizierte elektronische Signaturen rechtlich als eine Willenserklärung anerkannt (vgl. dazu § 15 Abs. 1 Satz 1 SigV [BMJ 2001b, S. 7]). Auch die elektronische Abrechnung zur Absicherung und Dokumentation der Finanzbuchhaltung setzt nach § 15 Abs. 1 des Signaturgesetzes die qualifizierte elektronische Signatur als Bestandteil voraus [BMF 2001, S. 5]. Demnach kommen die Anforderungen aus dem Signaturgesetz zum Tragen, das in § 17 Abs. 1 SigG den „Schutz gegen die unberechtigte Nutzung" fordert [BMJ 2001a, S. 3]. Deshalb sollte die Merkmalssicherheit nach den Kriterien der Signatur geprüft werden, die im § 15 Abs. 5 und Abs. 6 SigV geregelt sind. Die Signaturverordnung legt bei der Prüfung dieser Sicherheit der Produkte gewisse Vorgaben zu Grunde, nämlich in Anlage 1 die „Gemeinsamen Kriterien für die Prüfung und Bewertung der Sicherheit in der Informationstechnik" (Common Criteria) oder die „Kriterien für die Bewertung der Sicherheit von Systemen in der Informationstechnik" [BMJ 2001b, S. 10 ff.; Petermann/Sauter 2002, S. 8 ff.]. Die Anforderungen an die Schwachstellenbewertung, die Mechanismenstärke und die Algorithmen richten sich nach den Prüfstufen EAL 4 und EAL 3 gegen hohes Angriffspotential [BMJ 2001b, S. 10]. „Abweichend hiervon genügt für den Mechanismus zur Identifikation durch biometrische Merkmale eine Bewertung der Sicherheitsmechanismen mit ‚mittel', wenn diese zusätzlich zur Identifikation durch Wissensdaten genutzt werden" [BMJ 2001b, S. 10]. Auch im Sinne der datenschutzrechtlichen Unbedenklichkeit muss das biometrische System hinreichend geringe Fehlerraten aufweisen und eine zuverlässige Performance erbringen [Bäumler et al. 2001, S. 29 ff.; Dotzler 2010, S. 143; Hornung/Steidle 2005, S. 205; Petermann/Sauter 2002, S. 86]. Eine hohe Merkmalssicherheit bietet also einen besseren Schutz vor Fälschungen und ist somit im Sinne der IT-Compliance zu bevorzugen.

Für die Ausprägung muss eine Unterscheidung zwischen wissens- und besitzbasierten Verfahren und biometrischen Verfahren stattfinden. Für die Bewertung der Sicherheit wissensbasierter Verfahren sind theoretische Werte der Kryptoanalyse[91] heranzuziehen indem beispielsweise der Wissensbegriff auf seine Schlüssellänge überprüft wird. Besitzbasierte Verfahren, wie beispielweise Token, sind nach der Art der gespeicherten Information zu bewerten. Diese kann biometrisch oder aber auch wieder kryptographisch (sogar mit einer zeitlichen Komponente) sein. Die Bewertung der Sicherheit anhand eines Brute-Force-Angriffs ist bei den vergleichsbasierten biometrischen Verfahren nicht theoretisch möglich, sondern muss immer empirisch erfolgen [TeleTrusT 2006, S. 8]. Als Kennzahlen werden für Biometrie von der CC die FAR und die FRR benutzt [CCBEMWG 2002, S. 12; Dorfner 2012, S. 214].

Aufgrund von Umwelteinflüssen, natürlichen Schwankungen, suboptimalen Templates oder auch der zeitlichen Veränderung von Merkmalen selbst sind biometrische Verfahren zur Authentifizierung in ihrer Erkennungsleistung nie perfekt [Nanavati et al. 2002, S. 19]. Es muss deshalb jedem biometrischen System zur Erkennung und Authentifizierung eine gewisse Toleranz eingeräumt werden. Dies bedeutet, dass auch bei nicht hundertprozentiger Übereinstimmung der Merkmale eine Erkennung möglich sein soll [Nolde 2002, S. 23]. Die Festlegung dieser Toleranzschwelle stellt eine große Herausforderung dar. Sie wird normalerweise durch einen Prozentsatz repräsentiert, der angibt, bis zu welchem Übereinstimmungsgrad ein System noch ein Template beim Vergleich akzeptiert. Ist das System zu tolerant, d. h. wählt man eine Schwelle mit einem zu niedrigen Prozentsatz, kann keine sicherheitsgerechte Entscheidung in Bezug auf die Verifikation oder Identifikation erfolgen. Ist das System durch eine zu hohe Schwelle zu streng, muss ein Berechtigter mehrere Versuche in Kauf nehmen oder wird vielleicht vom System ganz abgelehnt. Aus diesen Überlegungen lassen sich bereits die beiden gängigsten Fehlerraten biometrischer Authentifizierungsverfahren ableiten: Akzeptiert ein biometrisches System nichtberechtigte Benutzer, handelt es sich um eine falsche Akzeptanz, in Bezug gesetzt zur gesamten Anzahl der unberechtigten Zutrittsversuche wird von der Falschakzeptanzrate oder False Acceptance Rate (FAR) gesprochen. Lehnt das biometrische System hingegen berechtigte Nutzer ab, stellt das eine falsche Rückweisung dar, in Bezug zu allen berechtigten Zutrittsversuchen ergibt sich die Falschrückweisungsrate bzw. False Rejection Rate (FRR). [BSI 2009, S. 4 f.; Nanavati et al. 2002, S. 24 ff.; Nolde 2002, S. 23; Peterman/Sauter 2002, S. 22; Prabhakar et al. 2003, S. 34 f.]

---

[91] „Die Kryptoanalyse ist die Wissenschaft von den Methoden zur Entschlüsselung von Nachrichten, ohne dafür Zugriff auf den Schlüssel zu haben" [Eckert 2012, S. 363].

Natürlich sind diese Fehlerraten direkt abhängig von der gewählten Toleranzschwelle im System. Systeme mit geringer Toleranz, also einer sehr hohen Schwelle, weisen eine geringe FAR, aber gleichzeitig eine hohe FRR auf. Systeme und Verfahren mit einer hohen Toleranz verhalten sich entsprechend umgekehrt. Dies zeigt auch, dass FRR und FAR direkt voneinander abhängig sind und sich gegensätzlich verhalten [Nolde 2002, S. 24]. Welche Toleranzschwelle festgelegt wird, ist im Normalfall vom Einsatzzweck des biometrischen Systems abhängig. Mit der Zielsetzung einer hohen Sicherheit, also einer geringe FAR, ist eine niedrige Toleranzschwelle zu wählen. Falls der Betreiber eines biometrischen Systems mehr Wert auf Komfort legt, also eine geringe FRR bevorzugt, sollte die Toleranzschwelle hoch sein. Dieser Umstand der „anpassungsfähigen" Sicherheit ist eine grundlegende Eigenschaft bei biometrischen Systemen [BSI 2009, S. 5 f.; Nolde 2002, S. 24; Prabhakar et al. 2003, S. 35 f.]. Neben FAR und FRR können in der Praxis noch weitere Fehler bei biometrischen Verfahren und Systemen festgestellt werden. Treten beim Erstellen des Templates, also beim Enrolment, bereits Schwierigkeiten auf, da das aufgenommene Sample nicht die Qualität für eine Template-Erzeugung besitzt, handelt es sich um einen „Failure to Eroll". Die Ursachen hierfür können vielfältig sein. Sie reichen von zeitlich begrenzten Beeinträchtigungen, wie Verschmutzung und Verletzung, bis hin zu irreparablen Beschädigungen des biometrischen Merkmals. Das Verhältnis der „enrolbaren" Personen zu allen Benutzern ist die Failure To Enroll Rate (FTE) [BSI 2009, S. 5]. Ein „Failure to Acquire" kommt zustande, wenn das System ein Template bereits erstellt hat, aber die Rohdaten bei einem Authentifizierungsvorgang aufgrund von Qualitätsmängeln zurückgewiesen werden [BSI 2009, S. 5]. Natürlich wird bei diesem Vorgang auch der Benutzer abgelehnt. Dies hat jedoch keinen direkten Einfluss auf die FAR und FRR, da hier nicht näher die Ursache für eine Ablehnung eines Benutzers berücksichtigt wird. Soll dies jedoch geschehen, sind als Kennzahlen die so genannte False Match Rate (FMR) und False Non Match Rate (FNMR) heranzuziehen, die jeweils FAR und FRR mit einer herausgerechneten FTA darstellen [BioP II 2005, S. 88; BSI 2009, S. 5]. Ein weiteres spezielles Problem der Identifikation, nicht aber der Verifikation ist, dass bei einer identifizierten Person ein falsches Template zugeordnet wird. Diese Falschidentifikationsrate (FIR) beschreibt „[…] die Häufigkeit, mit der im Fall einer Identifizierung eine falsche Zuordnung des biometrischen Merkmals zu einer Referenz erfolgt" [Bromba 2013a].

Fehlerraten allein können schlecht zum Vergleich verschiedener biometrischer Systeme verwendet werden, da sie abhängig von der Toleranzschwelle sind und deshalb von dieser manipuliert werden können. Eine einfache Lösung stellt die Betrachtung der Equal Error Rate (EER) dar, also dem Punkt, an dem FAR und FRR gleich sind. Sie ist das „Maß für die allgemeine Trennfähigkeit zwischen erfassten und nichterfassten

Nutzern eines Systems" [TeleTrusT 2006, S. 12]. Die Betrachtung der EER lässt jedoch das individuelle Verhalten von Systemen außer Acht; so sind die Toleranzschwellen verschiedener Systeme in der Regel nicht miteinander vergleichbar [BSI 2005b, S. 86]. Zusätzlich kann die Verteilung in der Dimension, der Skalierung oder auch der Bedeutung des Vergleichswertes variieren [BSI 2005b, S. 86]. Um diese Problematik zu lösen wird die sogenannte Receiver Operating Characteristic, auch ROC-Kurve, verwendet. Sie trägt als Funktion der Schwelle die fälschlich akzeptierten Angreifer (FAR) auf der X-Achse gegen die Detektierungsrate (1-FRR) auf der Y-Achse an [Bromba 2013a]. Beim Vergleich biometrischer Systeme wird statt der Detektierungsrate auch meist gleich direkt die FRR verwendet, durch die sich dann ein sog. Detection Error Tradeoff (DET) ergibt. Mit dieser Darstellung wird eine Eliminierung der Schwellenabhängigkeit erreicht [TeleTrusT 2006, S. 14]. In einem Diagramm können deshalb auch mehrere Kurven verschiedener Systeme verglichen werden. Je näher die Kurven an den Achsen verlaufen, desto weniger Fehler treten bei diesem System auf [BioP II 2005, S. 87]. Wie bereits oben beschrieben, ist zur Bewertung der Sicherheit von biometrischen Merkmalen deshalb immer eine empirische Untersuchung notwendig. Aus diesem Grund bestimmt sich die Genauigkeit der Fehlerraten durch die Größe der Untersuchung [TeleTrusT 2006, S. 20]. Statistische Überlegungen zur Größe des Testumfangs werden in der Norm ISO/IEC 19795-1[92] behandelt.

Zum reinen theoretischen Sicherheits-Vergleich biometrischer Verfahren untereinander kann die maximal mögliche ermittelbare FAR verwendet werden. Damit werden jedoch die Bedienbarkeit durch die FRR und die Abhängigkeit von der Toleranzschwelle nicht berücksichtigt. Für die Ausprägung definiert das Bundesamts für Sicherheit in der Informationstechnik (BSI) in der BioP II[93] Studie beispielsweise folgende Sicherheitsniveaus [BSI 2005b, S. 149]:

FAR=0,001%
FAR=0,01%
FAR=0,1%
FAR=1%

Dabei wird in BioP II eine FAR von 0,1% als akzeptables Sicherheitsniveau für ein realistisches Einsatzszenario angesehen [TeleTrusT 2006, S. 22; BSI 2005b, S. 149].

---

[92] [ISO 2006c]
[93] [BSI 2005b]

Dies bedeutet jedoch nicht, dass das biometrische System als hochsicher gilt und deshalb für Signaturen eingesetzt werden kann.

Die „Strength-of-Function (SOF)" nach BEM (Biometric Evaluation Methodology[94]) unterteilt sich dagegen in folgende drei Sicherheitsstufen [CCBEMWG 2002, S. 18]:

SOF- Basic	Maximale FAR 0,01 (1 in 100)
SOF- Medium:	Maximale FAR 0,001 (1 in 10000)
SOF High:	Maximale FAR 0,000001 (1 in 1000000)

Die Klassifikation und Entscheidung über die Einteilung treffen Unternehmen immer im Rahmen der Ziele des Systemeinsatzes. Da sie im Sinne der IT-Compliance revisionssichere Authentifizierungsdaten anstreben, die Gerichte anerkennen und die sich als qualifizierte elektronische Signaturen eignen, kommt nur eine hohe SOF für eine positive Bewertung in Frage.

M.11					
Name	**Mechanismenstärke**				
Herkunft	Alle				
Betroffene Schutzziele	Informationsschutz				
Ausprägung	- -	-	0	+	+ +
	SOF Basic: Maximale FAR 0,01		SOF Medium: Maximale FAR 0,001		SOF High: Maximale FAR 0,000001

7.2   Kriterien für die Bewertung des biometrischen Systems

Die Bewertung des Authentifizierungssystems hinsichtlich seiner IT-Compliance erfolgt hauptsächlich durch die Erfüllung der Anforderungen des IT-Sicherheitsmanagements in Bezug auf die Authentifizierung. Das Authentifizierungssystem hat als Teil des Unternehmens technische und organisatorische Maßnahmen zu ergreifen, die nicht direkt von der Art des eingesetzten Authentifizierungsmerkmals abhängen. Die Interoperabilität und Integrationsfähigkeit des Systems in bestehende Arbeitsprozesse des Unternehmens ist deshalb von entscheidender Bedeutung. Abschnitt 6.6.2 hat hierzu bereits Kriterien abgeleitet.

---

[94] [CCBEMWG 2002]

Einige Kriterien (Sperrmechanismus, Replayschutz, Restriktive Informationsabgabe, Informationsfeedback, und Erweiterbarkeit) für diese Problemstellung sind hauptsächlich aus den Maßnahmen des IT-Grundschutzes und den ISO 27001 Standards direkt abgeleitet, da sie bisher nicht für die Evaluation eines biometrischen Systems von der Literatur betrachtet wurden. Funktionale Sicherheitsanforderungen nach dem Biometric Verification Mechanisms Protection Profile (BVMPP) der Common Criteria wurden aufgrund der Relevanz für die Prüfung nach dem Signaturgesetz ebenfalls beachtet. Sie geben Aufschluss über die Systemqualität der Authentifizierungslösung.

Durch diese Erweiterung ergeben sich die folgenden 10 Systemkriterien:

1. Art der Datenübertragung (Abschnitt 7.2.1)
2. Art der Referenzspeicherung (Abschnitt 7.2.2)
3. Ort der Referenzspeicherung (Abschnitt 7.2.3)
4. Authentifikationsdauer (Abschnitt 7.2.4)
5. Sperrmechanismus (Abschnitt 7.2.5)
6. Replayschutz (Abschnitt 7.2.6)
7. Betriebsart des Authentifizierungssystems (Abschnitt 7.2.7)
8. Restriktive Informationsabgabe (Abschnitt 7.2.8)
9. Informationsfeedback (Abschnitt 7.2.9)
10. Erweiterbarkeit und Kombinationsmöglichkeit (Abschnitt 7.2.10)

7.2.1 Art der Datenübertragung

Die Art der Datenübertragung beschreibt wie die Übertragung von Authentifizierungsdaten zwischen den Komponenten des biometrischen Systems (Sensor, Entscheidungslogik, etc.) vonstattengeht und ist ein wichtiges Kriterium für die Messung der Systemsicherheit eines biometrischen Authentifizierungssystems.

In folgenden Fällen werden sensible Daten übertragen:

- **Übertragung der biometrischen Probe:** Biometrische Rohdaten werden vom Sensor zur verarbeitenden Merkmalsextraktion übergeben [Dunstone/Yager 2009, S. 251-252].
- **Erstmalige Übertragung der Referenzdaten:** Bei der erstmaligen Erstellung der Referenzdaten werden diese in die Template-Datenbank übertragen [Dunstone/Yager 2009, S. 252].
- **Übertragung der Vergleichsdaten:** Bei der späteren Authentifizierung werden die soeben aufgenommenen und verarbeiteten Merkmalsdaten zum Vergleich mit der Referenz übertragen [Dunstone/Yager 2009, S. 251 f.].
- **Übertragung aus den Referenzdaten:** Zum Vergleich des vorherigen Punktes müssen die Referenzdaten geladen werden [Dunstone/Yager 2009, S. 252].

- **Übertragung Ähnlichkeitswert:** Das Ergebnis des Vergleichs wird an die Entscheidungskomponente übertragen [Dunstone/Yager 2009, S. 253].
- **Übertragung des Authentifizierungsergebnisses:** Schließlich wird am Ende die binäre Entscheidung über eine positive oder negative Identifizierung bzw. Verifizierung nach außen weitergegeben [Dunstone/Yager 2009, S. 253].

Eine sichere Datenübertragung lässt sich aus vielen Quellen ableiten. So fordert Basel II auf höherer Ebene die Minimierung des externen Betrugs, wozu Angriffe auf die Datenübertragung zählen können. Ebenso gehen die GDPdU auf die (Remote-) Authentifizierung zur Überprüfung von Finanzdaten ein, was auch eine sichere Datenübertragung bei der Authentifizierung voraussetzt [BMF 2001, S. 3 f.]. FAIT 1 fordert zur Sicherstellung der Vertraulichkeit und Authentizität die eindeutige Identifizierung und Verifizierung des Empfängers und des Verursachers eines Geschäftsvorfalls, was eine Verschlüsselung der Authentifizierung zwingend erforderlich macht, um Manipulationen zu verhindern [IDW 2002a, S. 1158]. Gleichzeitig muss für die Vertraulichkeit auch das BDSG beachtet werden, welches nichts unmittelbar mit der Finanzbuchhaltung zu tun hat [IDW 2002a, S. 1159]. Natürlich behandeln auch die BSI IT-Grundschutzkataloge den Schutz der Authentikationsdaten gegen Veränderung in M 4.133 und sprechen dabei zusätzlich die Kommunikation der Authentifizierungskomponenten an [BSI 2011a, S. 2762]. Eine direkte Erwähnung findet die Übertragungssicherung zum Schutz der Vertraulichkeit und Integrität der Daten beispielsweise in „M 2.419: Geeignete Auswahl von VPN Produkten" [BSI 2011a, S. 2159]. Für Kreditkarteninstitute spricht PCI DSS 8.4 zwar nur für Passwörter die verschlüsselte Datenübertragung an, diese Forderung lässt sich jedoch auch auf alle Authentifizierungsmethoden übertragen [PCI 2010, S. 46].

ISO 27001 beschreibt in den Anforderungen an ein sicheres Anmeldeverfahren (A.11.5.1), dass Anmeldeinformationen nicht offen übertragen werden sollen. Für alle Fälle der Übertragung muss zur Verhinderung von Angriffen der Übertragungskanal immer verschlüsselt sein. Außerdem müssen die Teilnehmer der Datenkommunikation, beispielsweise mittels Zertifikaten, eindeutig identifiziert werden. Besonders falls die Authentifizierung im Unternehmen über Netzwerke stattfindet, muss im letzten Punkt sichergestellt sein, dass die Übertragung des Authentifizierungsergebnisses geschützt ist. Denn trotz des aufwändigen Vergleichsalgorithmus mit sehr komplexen biometrischen Merkmalen ist das einfache Ja/Nein-Ergebnis am Ende einer Authentifizierung der kritischste Schwachpunkt. Die ISO 27001 Norm widmet sich hierzu in „A.11.4: Zugangskontrolle für Netze" den technischen und organisatorischen Maßnahmen zur Netzwerksicherheit. Nach „A.11.4.2: Benutzerauthentisierung für externe Verbindungen" sind für die Übertragung der Daten besonders zertifikatsbasierte und verschlüsselte Kanäle zu benutzen [Kersten et al. 2011, S. 221 ff.].

Die Ausprägung richtet sich zum einen danach, ob der Übertragungskanal verschlüsselt ist und ob das biometrische System Zertifikate zur Identifizierung der Kommunikationsteilnehmer verwendet. Zum anderen ist entscheidend, ob alle obigen sechs Fälle der Datenübertragung berücksichtigt werden. Ein Teilschutz hilft nur sehr wenig, wenn an anderer Stelle die Übertragung offen ist. Im Idealfall sorgen auch Zertifikate für eine eindeutige Identifizierung der Empfangskomponenten.

S.1					
Name	**Art der Datenübertragung**				
Herkunft	GDPdU, IDW FAIT 1, BSI IT-Grundschutz, BDSG, ISO 27001, PCI DSS				
Betroffene Schutzziele	Informationsschutz, Mitarbeiterschutz				
Ausprägung	- -	-	0	+	+ +
	Teilweise verschlüsselt oder unverschlüsselt		Vollständig verschlüsselt		Vollständig verschlüsselt und zertifikatsbasiert

7.2.2 Art der Referenzspeicherung

Dieses Kriterium überprüft, auf welche Art und Weise die für die Authentifizierung benötigten Merkmale in einer Referenz gespeichert werden. Dabei betrifft die Art der Referenzspeicherung alle drei Ziele der IT-Compliance an ein Authentifizierungssystem.

Das Kriterium ist beim Informationsschutz und Anlegerschutz von Bedeutung, um die Risiken einer „Rekonstruktion" des Merkmals aus der Referenz und Risiken einer weiteren nicht autorisierten Verwendung generell abzuwägen (vgl. [DPWP 2012, S. 31]). Der BSI IT-Grundschutz spricht das in M 4.133 an: „Die Authentikationsdaten müssen verschlüsselt und getrennt von den Applikationsdaten gespeichert werden, um gegen Ausspähung, Veränderung und Zerstörung geschützt zu sein" [BSI 2011a, S. 2762]. Erneut beschreibt PCI DSS 8.4 auch die verschlüsselte Speicherung von Authentifizierungsinformationen [PCI 2010, S. 46]. Bei der Verwendung im Rechnungswesen besagt FAIT 1, dass Verschlüsselungstechniken zum Erreichen der Vertraulichkeit anzuwenden sind [IDW 2002a, S. 1158 f.]. Bei Verwendung der Authentifizierungsdaten als elektronische Signatur ist außerdem nach Signaturgesetz § 17 Abs. 1 zu beachten: „Für die Speicherung von Signaturschlüsseln sowie für die Erzeugung qualifizierter elektronischer Signaturen sind sichere Signaturerstellungseinheiten einzusetzen, die Fälschungen der Signaturen und Verfälschungen signierter Daten zuverlässig erkennbar machen und gegen unberechtigte Nutzung der Signaturschlüssel schützen" [BMJ

2001a, S. 8]. Außerdem muss nach § 10 Abs. 1 SigG die Unverfälschtheit jederzeit nachprüfbar sein [BMJ 2001a, S. 5].

Die Art der Referenzspeicherung berührt auch den Mitarbeiterschutz, um die Risiken sensibler Daten (siehe Kriterium M.3 Informationsgehalt) in der Referenz zu identifizieren [DPWP 2012, S. 31]. Dies wird durch § 3a BDSG gefordert: „Insbesondere sind personenbezogene Daten zu anonymisieren oder zu pseudonymisieren, soweit dies nach dem Verwendungszweck möglich ist und keinen im Verhältnis zu dem angestrebten Schutzzweck unverhältnismäßigen Aufwand erfordert" [BDSG, S. 5] (vgl. auch [Dotzler 2010, S. 140; Kindt 2007, S. 167; Krause 2005, S. 227; Probst/Köhntopp 1999, S. 4]).

Aus diesen Anforderungen lässt sich schlussfolgern, dass die Referenzspeicherung immer verschlüsselt erfolgen sollte. Bei biometrischen Referenzen empfiehlt es sich, nicht Rohdaten zu speichern, sondern immer nur biometrische Templates, die den Prozess der Merkmalsextraktion bereits durchlaufen haben (siehe Abbildung 2.2). Dabei soll die Extraktion bereits durch einen systemspezifischen Algorithmus erfolgen, so dass nur ein System mit der Referenz arbeiten kann [Dotzler 2010, S. 142; DPWP 2012, S. 31; Meints et al. 2008, S. 1089] (vgl. Geheimhaltung und Einmaligkeit bei der Erzeugung § 17 Abs. Satz 1 SigG). Damit ist das unveränderliche Merkmal des Benutzers nicht unbrauchbar und veröffentlicht, falls es zu einem Sicherheitsbruch kommt, sondern nur eine proprietäre Referenz. Durch Erweiterung und Änderung des Algorithmus zur spezifischen Template-Erstellung kann das biometrische Template zurückgerufen oder erneuert werden (ein ähnliches Konzept beschreibt die sog. Template Protection[95]).

Die Art der Referenzspeicherung und die damit verbundene erforderliche Rechenleistung können auch Auswirkungen auf die Einsatzmöglichkeiten haben: Merkmalsextraktionsmethoden benötigen heute mehr Ressourcen als beispielsweise auf Smartcards zur Verfügung stehen. Wird eine Kombination mit Token bzw. Smartcards angestrebt, muss dies bei Off-Card oder On-Card-Matching[96] beachtet werden (vgl. [Bergmann 2008, S. 407 ff.]). Bei einer biometrischen Authentifizierung sind im besten Fall die gespeicherten Referenzen für die Authentifizierung sowohl verschlüsselt als auch durch ein Verfahren geschützt, das eine Generierung einer völlig neuen Referenz aus den gleichen Merkmalsdaten erlaubt. Die Verschlüsselung besitzt grundsätzlich eine höhere Priorität als die sog. Template Protection, da zuerst die Verschlüsselung über-

---

[95] siehe Kapitel 10.1.2.2
[96] Beim Off-Card Matching können biometrische Referenzdaten auf eine Karte gespeichert sein. Beim On-Card Matching müssen jedoch biometrische Referenzdaten auf der Karte gespeichert sein, da die Verarbeitung und der Vergleich auf der Smartcard vorgenommen werden. [Bergmann 2008, S. 407 ff.]

wunden werden muss, bevor ein Ausspähen der biometrischen Daten einen durch Template Protection ermöglichten Austausch der Referenz nötig macht. Im ungünstigsten Fall erfolgt die Speicherung weder mit Template Protection noch mit Verschlüsselung und es werden biometrische Rohdaten gespeichert.

Bei der Biometrie in Bezug auf den Datenschutz stellt sich die Frage, ob biometrische Templates grundsätzlich unkritischer als biometrische Samples zu sehen sind. Im Normalfall ist dies zu bejahen, wenn es darum geht, vorhandene Zusatzinformationen zu missbrauchen. In der Regel eliminiert nämlich der das Template erzeugende Algorithmus einige dieser Informationen. Es ist jedoch nicht nachgewiesen, ob dies vollständig möglich ist [TeleTrusT 2008, S. 16]. Kommt es jedoch zu einem Identitätsdiebstahl mit einem anschließenden Missbrauch, sind Templates meist genauso gefährlich wie Samples und Rohdaten. Meistens können aus dem Template nämlich die Samples rekonstruiert werden. Hier setzen einige Ideen der Privacy-Enhancing Technologies ein, welche die Templates verschlüsseln. Natürlich muss in diesem Fall der Schlüssel geheim gehalten werden [TeleTrusT 2008, S. 16].

S.2					
Name	Art der Referenzspeicherung				
Herkunft	BDSG, SigG, SigV, BSI IT-Grundschutz, PCI DSS				
Betroffene Schutzziele	Informationsschutz, Anlegerschutz, Mitarbeiterschutz				
Ausprägung	- -	-	0	+	+ +
	Speicherung von Rohdaten	Speicherung ohne Verschlüsselung und ohne Template Protection	Speicherung nur mit Template Protection	Speicherung nur mit Verschlüsselung	Speicherung mit Verschlüsselung und Template Protection

7.2.3 Ort der Referenzspeicherung

Analog zum vorhergehenden Kriterium wird jetzt überprüft, an welchem Ort die für die Authentifizierung benötigten Merkmale in einer Referenz gespeichert werden. Die Gründe zum Informationsschutz, Anlegerschutz und Datenschutz sind ähnlich wie bei der Art der Merkmalsspeicherung [DPWP 2012, S. 31].

Die BSI IT-Grundschutzkataloge fordern in M 4.133 eine Kontrolle der Benutzer über seine Authentifikationsdaten [BSI 2011a, S. 2762]. Im Falle der Verwendung als qualifizierte elektronische Signatur gibt es eine komplexere erweiterte Zielstellung, da § 17 Abs. 3 Satz 1 die Speicherung des Signaturschlüssels außerhalb der Signaturerstellungseinheit ausschließt [SigG 2001, S. 8]. Werden biometrische Daten zur Identifizierung des Benutzers und damit zur Erstellung des Zertifikats für die qualifizierte elektronische Signatur hinzugezogen, sollten diese nur dort gespeichert werden, wo auch die Signatur erstellt wird. Die Signaturverordnung bestätigt dies nochmals in § 15 Abs. 2 Satz 1a SigV, indem die Identifikationsdaten nicht preisgegeben und auf der jeweiligen sichereren Signaturerstellungseinheit gespeichert werden sollen [BMJ 2001b, S. 7]. Zur Einhaltung des Datenschutzes ist der Ort der Referenzspeicherung ebenfalls entscheidend, da von ihm abhängt, wer die Kontrolle über die Daten ausübt [Dotzler 2010, S. 141; Meints 2008, S. 1089]. Außerdem bestimmt der Ort der Speicherung auch das Missbrauchspotential, welches wiederrum die informationelle Selbstbestimmung des Einzelnen tangiert, was somit für eine dezentrale Speicherung spricht [Albrecht 2003, S. 162 f.; Dotzler 2010, S.141; Hornung 2006, S. 12; Hornung/Steidle 2005, S. 206; Probst/Köhntopp 1999 S. 1; TeleTrusT 2006, S. 36; TeleTrusT 2008, S. 8]. Indirekt erwähnt ISO 27001 in „A.11.1: Geschäftsanforderungen an Zugangskontrolle" den Ort der Referenzspeicherung [Kersten et al. 2011, S. 213]: Es wird darauf hingewiesen, dass die Rechteverteilung durch den Dateierzeuger dezentral (Discreationary Access Control, DAC) oder zentral (Mandatory Access Control, MAC) erfolgen kann [Kersten et al. 2011, S. 214 f.]. Das Erzeugen biometrischer Daten durch die Aufnahme an einem Sensor kann die Rechteverteilung schon vorab beeinflussen, wenn diese beim erstmaligen Registrieren (Enrolment) zentral oder dezentral gespeichert werden.

Grundsätzlich kann zwischen zentraler oder dezentraler (persönlicher bzw. mobiler) Speicherung der Referenzdaten unterschieden werden [DPWP 2012, S. 31 f.]. Wie oben dargelegt, sollten aus Datenschutzgründen und Gründen der Informationssicherheit die Referenzdaten immer dezentral unter der Kontrolle des Benutzers gespeichert werden [TeleTrusT 2006, S. 36]. Hier hat der Benutzer das informationelle Selbstbestimmungsrecht, denn externe oder zentrale Einrichtungen können keinen (unbemerkten) Zugriff auf die Daten erhalten und ein Angriff wird auch erheblich erschwert [Albrecht 2007 S. 174; Dotzler 2010, S. 141; Meints 2008, S. 35; TeleTrusT 2008, S. 7 f.]. Weil jedoch immer noch die Gefahr des Verlustes der Daten besteht, wird das Kriterium „Art der Referenzspeicherung" (S.2) durch eine dezentrale Speicherung nicht obsolet. Bei der Ausprägung ist die zentrale Speicherung nur beim Anlegerschutz von Vorteil, da archivierte Authentifizierungsinformationen nachträglich durch eine unbeteiligte Instanz überprüfbar sind und der eigentliche Merkmalsträger nicht Möglichkeiten zur Manipulation hat. Quasi eine Mischlösung stellt die zentrale Speicherung dar, bei der aber die Referenzen technisch so gesichert bzw. verschlüsselt sind, dass sie wiederrum nur der jeweiligen Benutzer entschlüsseln kann [TeleTrusT 2008, S. 6 f.].

S.3					
Name	**Ort der Referenzspeicherung**				
Herkunft	BDSG, SigG, SigV, BSI IT-Grundschutz				
Betroffene Schutzziele	Informationsschutz, Mitarbeiterschutz ←→Anlegerschutz,				
Ausprägung	- -	-	0	+	+ +
	Zentrale Referenz-Speicherung unter Betreiber-kontrolle		Zentrale Referenz-Speicherung unter Benutzer-kontrolle		Dezentrale Referenz-Speicherung

7.2.4   Authentifikationsdauer

Die Authentifikationsdauer setzt sich aus der Aufnahmedauer des Merkmals und der eigentlichen Dauer des Abgleichs zwischen der Referenz und dem aufgenommenen Merkmal zusammen. Dies ist als erster Schritt notwendig, bevor die Authentifizierung durch den Vergleich mit den hinterlegten Referenzen stattfindet. Dieses Kriterium betrachtet nur die Aufnahmedauer des Merkmals, da die Zeit des Abgleichs hauptsächlich von den vorherigen Kriterien „Art", „Ort" und „Größe der Referenz-Speicherung" abhängt. Eine kurze Aufnahmedauer führt zu einem flexibleren Authentifizierungssystem, welches sich für mehrere Anwendungsfälle eignet.

Die IT-Grundschutzkataloge beschreiben viele Anwendungsfälle zur Authentifizierung, die eine kurze Authentifikationsdauer voraussetzen (z. B. physischer Zutrittsschutz). Außerdem muss die Benutzeridentität bei jeder Anmeldung nachgewiesen werden [BSI 2011a, S. 2762]. Auch dies erfordert eine möglichst kurze Authentifikationsdauer. Die Dauer bestimmt also die möglichen Einsatzfälle einer Authentifizierung, sagt jedoch nichts über die Güte der Umsetzung von Anforderungen der IT-Compliance, wie dem Mitarbeiterschutz und dem Anlegerschutz, aus. Im Zusammenhang mit weiteren Sicherheitsmaßnahmen für den Informationsschutz, wie einem Sperrmechanismus (Kriterium S.5) kann die Authentifikationsdauer jedoch entscheidend sein, wenn eine temporäre Verzögerung der Authentifizierung angestrebt wird. Wichtig wird die Authentifikationsdauer bei der Erzeugung von Zeitstempeln. Unter den Grundsätzen der Ordnungsmäßigkeit bei der Finanzbuchhaltung präzisieren der IDW-Standard FAIT 2 die Forderungen der Zeitgerechtheit (abgeleitet in den GDPdU aus dem HGB), beispielsweise durch einen Zeitstempel nach dem Signaturgesetz § 17 Abs. 3 Nr. 3 [IDW 2003, S. 1262]. Die Signaturverordnung beschreibt in § 15 Abs. 3 SigV: „Im Falle des § 17 Abs. 3 Nr. 3 des Signaturgesetzes muss gewährleistet sein, dass die zum Zeitpunkt der Erzeugung des qualifizierten Zeitstempels gültige gesetzliche Zeit unverfälscht in diesen aufgenommen wird" [BMJ 2001b, S. 7]. Für die IT-Compliance ist eine kurze Authentifikationsdauer von Vorteil. Ein kleines Zeitfenster bedeutet eine geringere Angriffsfläche für einen Missbrauch, d. h. auch der Zeitstempel wird sicherer und eindeutiger. Außerdem bietet eine kurze Authentifikationsdauer mehr Flexibilität für die Verzögerung bei erfolglosen Authentifizierungsversuchen. Zudem erhöhen sich die potentiellen Einsatzfelder des Systems.

Ein grundsätzlicher Orientierungspunkt für die Ausprägung ist die Dauer in Sekunden. Ab einer Dauer von mehreren Sekunden ist davon auszugehen, dass der Benutzer in seinem Arbeitsablauf beeinträchtigt wird. Sobald eine Beeinträchtigung vorliegt, werden mögliche Einsatzfelder beschränkt. Bei Authentifizierungsmerkmalen mit einer dynamischen zeitlichen Komponente ist die Aufnahme des Merkmals zwangsläufig immer höher. Neutral zu bewerten ist es, wenn die Aufnahmedauer hauptsächlich von der Benutzereingabe abhängt. Im Optimalfall beeinflusst der Benutzer nicht die Aufnahmedauer und diese dauert nur Sekundenbruchteile.

S.4					
Name	**Authentifikationsdauer**				
Herkunft	BSI IT-Grundschutz, GDPdU, IDW FAIT 2, SigG, SigV				
Betroffene Schutzziele	Informationsschutz, Mitarbeiterschutz				
Ausprägung	- -	-	0	+	+ +
	Mehrere Sekunden und länger		Hauptsächlich abhängig vom Benutzer		Sekundenbruchteile

7.2.5 Sperrmechanismus

Dieses Kriterium überprüft, ob das Authentifizierungssystem über einen sogenannten Sperrmechanismus verfügt.

Der BSI IT-Grundschutz fordert in M 4.133 Punkt 1 zur Fehlerbehebung oder Beschränkung der Angriffsmöglichkeiten eine Sperrung oder Verzögerung der Anmeldemöglichkeiten nach einer gewissen Anzahl von Fehlversuchen [BSI 2011a, S. 2763]. Ebenso findet sich die Forderung direkt in „M.15: Gesichertes Login" [BSI 2011a, S. 2550]. ISO 27001 fordert die Begrenzung der Anmeldeversuche ebenfalls in „A.11.5.1: Verfahren für sichere Anmeldung" [Kersten et al. 2011, S. 227 ff.]. Für die Zertifizierung nach Common Criteria legt das Biometric Verification Mechanisms Protection Profile (BVMPP) die Sperrung von Benutzern und Administratoren abhängig von der Anzahl der nicht erfolgreichen Anmeldeversuche ebenfalls in FIA_AFL.1(1) und FIA_AFL.1(2) fest. Zudem soll dies das System auch protokollieren

[Tekampe/Leidner 2008, S. 28]. Die angemessene Anzahl ist durch praktische Erfahrung auszuwählen und hängt normalerweise von der Falschrückweisungsrate (FRR) ab. Im Punkt „A.11.5.2: Benutzeridentifikation und Authentisierung" thematisieren der „Session Time-out" (A.11.5.5) und die „Begrenzung der Verbindungszeit" (A.11.5.6) eine Sperrung bei Inaktivität unabhängig von der Anzahl der Anmeldeversuche [Kersten et al. 2011, S. 227 ff.]. Analog dazu behandelt der IT-Grundschutz dies unter „M 3.18: Verpflichtung der Benutzer zum Abmelden nach Aufgabenerfüllung", „M 4.2: Bildschirmsperre" und „M 4.16: Zugangsbeschränkungen für Accounts und/oder Terminals" [BSI 2011a, S. 2325, S. 2531, S. 2551; Kersten et al. 2011, S. 230 f.]. PCI DSS spricht in 8.5.13 bis 8.5.15 mögliche Sperrmechanismen, Verzögerungen und einen automatischen Log-Out nach 15 Minuten Inaktivität an [PCI 2010, S. 49 f.].

Hintergrund dieser Regelungen ist die Verhinderung zeiteffizienter Brute-Force-Angriffe. Ab einer gewissen Anzahl von fehlerhaften Anmeldeversuchen handelt es sich mit einer hohen Wahrscheinlichkeit um einen Angriff. Eine Sperrung soll den Angriff solange unterbinden, bis der Fall überprüft werden kann. Gleichzeitig kann dieser Mechanismus jedoch dazu missbraucht werden, einen Denial-of-Service herbeizuführen, der den berechtigten Benutzer zeitweise aussperrt und eine Entsperrung notwendig macht. Deshalb besteht die Möglichkeit als Kompromiss, wie oben erwähnt, auch eine Verzögerung der Anmeldemöglichkeit in Betracht zu ziehen. Zwar wird der Angriff nicht vollständig unterbunden, jedoch werden die Möglichkeiten stark behindert und zeitlich sehr ineffizient.

Im besten Fall sperrt das Authentifizierungssystem nach einer gewissen Anzahl fehlgeschlagener Anmeldeversuche und bei Inaktivität. Wenn nur teilweise gesperrt wird, ist die Sperrung bei Inaktivität bedeutender, denn hier kann ein Angreifer bei Unachtsamkeit des Benutzers ohne Angriffsaufwand und Authentifizierung den vollen Zugriff erlangen. Den schlechtesten Fall stellt die Abwesenheit eines Sperrmechanismus dar.

S.5					
Name	**Sperrmechanismus**				
Herkunft	BSI IT-Grundschutz, ISO 27001, BVMPP, PCI DSS				
Betroffene Schutzziele	Informationsschutz				
Ausprägung	- -	-	0	+	+ +
	Nein		Teilweise (Verzögerung und/oder Sperrung)		Ja (Verzögerung und Sperrung)

7.2.6 Replayschutz

In den IT-Grundschutzkatalogen M 4.133 ist im fünften Abschnitt das „Wiedereinspielen von Authentikationsdaten für Benutzer" zu verhindern [BSI 2011a, S. 2765]. Dies ist bei biometrischen Authentifizierungssystemen leichter festzustellen, denn aufgrund der Arbeitsweise biometrischer Authentifizierung ist es im Gegensatz zu wissensbasierten Verfahren niemals möglich, dass es zu einer 100%igen Übereinstimmung kommt (siehe Kapitel 2). Aus diesem Grund ist davon auszugehen, dass eine vollständige Übereinstimmung eine abgefangene frühere Aufnahme darstellt, ein sogenanntes Replay[97] [Bolle et al. 2004, S. 214, S. 221; Li/Jain 2009, S. 1156]. Diese kann dann sofort abgelehnt werden.

Das Biometric Verification Mechanisms Protection Profile (BVMPP) fordert genau diese „Exact Match Replay Detection" in FPT_RPL [Tekampe/Leidner 2008, S. 28]. Aus diesem Grund ist es im Rahmen der IT-Compliance sinnvoll, dass ein Replayschutz vorhanden ist. In ISO 27001 wird davon gesprochen, dass Nutzereingaben bei der Anmeldung nicht beobachtet und später von anderen Personen wieder benutzt werden können [Kersten et al. 2011, S. 227]. Im Prinzip wurde damit im Falle einer biometrischen Authentifizierung vermutlich ungewollt auch die Strategie eines Replay-Angriffs angesprochen.

Der hier beschriebene Schutz lehnt nur absolut identische Authentikationsdaten ab. Es existieren jedoch auch komplexe Möglichkeiten der Replay Detection, die auch leicht veränderte eingespielte Samples erkennen oder mit Zeitstempel bzw. Challenge/Response-Verfahren arbeiten (vgl. [Bolle et al. 2004, S. 221 ff.; Li/Jain 2009, S. 1156]). Dieses Vorgehen kann außerdem zu einer Erhöhung der False Rejection Rate (FRR) führen, wenn das System echte Authentifizierungssamples fälschlicherweise als Replay erkennt und ablehnt. Die Verwendung eines Replayschutzes setzt eine Speicherung bereits verwendeter Authentifizierungssamples voraus. Mit der Zeit kann dies jedoch aufgrund des stetig anwachsenden Speicherbedarfs und der erhöhten Rechenleistung für den Abgleich mit allen gespeicherten Samples problematisch werden.

Dieses Kriterium ist als optimal zu bewerten, wenn das Authentifizierungssystem über einen unbeschränkten Replayschutz verfügt, also wenn es alle jemals verwendeten Samples speichert und zur Überprüfung heranzieht. In der Praxis wird dies jedoch durch Rechen- und Speicherkapazität beschränkt. Deshalb ist ein zeitlich beschränkter Replayschutz, bei dem die gespeicherten Samples nach einer gewissen Zeit wieder

---

[97] Bei einem Replay-Angriff nimmt ein Angreifer einen erfolgreichen Authentifizierungsvorgang auf und spielt die gewonnene Information mit dem Ziel der erfolgreichen Authentifizierung später wieder ein [Li/Jain 2009, S. 1127].

gelöscht werden, immer noch ausreichend. Die Zeitdauer bis zur Löschung hängt vom jeweiligen Einsatzzweck ab. Je nach gewünschter Sicherheitsstufe ist sie deshalb variabel zu ermitteln. Im ungünstigsten Fall besitzt das System keinen Replayschutz.

S.6					
Name	**Replayschutz**				
Herkunft	BSI IT-Grundschutz, BVMPP, ISO 27001				
Betroffene Schutzziele	Informationsschutz, Mitarbeiterschutz				
Ausprägung	- -	-	0	+	+ +
	Kein Replayschutz		Zeitlich beschränkt		Unbeschränkt

7.2.7 Betriebsart des Authentifizierungssystems

Ein Authentifizierungsverfahren kann einen Benutzer aus einer Datenbank entweder identifizieren (keine gleichzeitige Eingabe der ID ist erforderlich) oder verifizieren (eine gleichzeitige Eingabe der ID ist erforderlich) [BSI 2009, S. 1; Mansfield/Wayman 2002, S. 4; Nolde 2002, S. 22]. Im Sinne des Schutzes von Zugang, Zutritt und Zugriff spielt die Betriebsart des Authentifizierungssystems nur eine untergeordnete Rolle. So bestimmt die Betriebsart beispielsweise für den physischen Zugangsschutz, ob noch zusätzliche Eingabesensoren für die Nutzer-ID vorhanden sein müssen. Soll im Zuge des Anlegerschutzes nachträglich eine Authentifizierungsinformation in einem Protokoll, einem Archiv oder einer Signatur als Beweis vor Gericht herangezogen werden, könnte die damit verknüpfte ID gefälscht oder verloren gegangen sein. Da jedoch die beschuldigte Person meist bekannt ist, ist die Nutzer-ID nicht notwendig.

Hauptsächlich ist die Betriebsart jedoch für datenschutzrechtliche Aspekte entscheidend. Bei Berücksichtigung der Datenschutz-Aspekte biometrischer Daten ist eine Unterscheidung zwischen Identifikation und Verifikation sehr bedeutsam [Bäumler et al. 2001, S. 9 f.; Dotzler 2010, S. 140; Kindt 2007, S. 166 f.; Krause 2005, S. 277]. Bei der Verifikation findet nämlich keine Identitätssuche in einer zentralen Datenbank statt. Die Identität des Nutzers ist hier von Anfang an schon bekannt und soll nur bestätigt werden. Dies führt zu einem geringen kritischen Datenbestand [Dotzler 2010, S. 140; Krause 2005, S. 227 f.]. Demnach wird ein erfolgreicher Angriff auf die Daten ein geringeres Schadenspotential als beim Datenbestand für den Identifikationsmodus besitzen. Da das biometrische Template für den Vergleich nicht in einer zentralen Datenbank abgelegt werden muss, kann es in den Machtbereich eines Individuums verlegt und beispielsweise auf einer Karte gespeichert werden [Cavoukian 1999, S. 2].

Damit wird der Forderung nach informationeller Selbstbestimmung Rechnung getragen, was für eine Erfüllung der BDSG Richtlinien spricht [Albrecht 2003, S. 38; Albrecht 2007, S. 174; Bolle et al. 2004, S. 5, 13; Dotzler 2010, S. 140; Hornung 2008, S. 13; Krause 2005, S. 228; Meints et al. 2008, S. 1091; Nanavati et al. 2002, S. 247 f., 253 f.]. Bei der Identifikation hingegen sind sämtliche Daten in einer Datenbank zu speichern, die zudem noch vom System abgerufen werden muss [Albrecht 2003, S. 38; Bolle et al. 2004, S. 5, S. 11 f.; Dotzler 2010, S. 140; Nanavati et al. 2002, S. 247 f., 249 f.]. Dies ist natürlich aus Datenschutzsicht bedenklich, da es sehr großes Angriffspotential birgt und außerdem eine Auswertung der Daten ohne das Wissen des Benutzers erleichtert [Behrens/Roth 2001, S. 17; Dotzler 2010, S. 140; Kindt 2007, S. 167; Nanavati et al. 2002, S. 247 f., 249 f.].

Aus den oben beschriebenen Gründen ist die Verifikation gegenüber der Identifikation aus Gründen des Mitarbeiterschutzes zu bevorzugen. Die Einsatzmöglichkeiten bei der Verifikation erschweren sich für den Informationsschutz, weil bei der Authentifizierung auch immer die Eingabe der ID sicherzustellen ist.

S.7					
Name	Betriebsart des Authentifizierungssystems				
Herkunft	BDSG, SOX				
Betroffene Schutzziele	Mitarbeiterschutz				
Ausprägung	- -	-	0	+	+ +
	Nur Identifikation		Identifikation und/oder Verifikation		Nur Verifikation

7.2.8　Restriktive Informationsabgabe

Vor einer erfolgreichen Authentifizierung sollten als Schutz der Sicherheit so wenige Informationen wie möglich preisgegeben werden. Das bedeutet, dass bei der Authentifizierung weder die Information über die Existenz des Benutzers bei Identifikation und besonders bei Verifikation noch die Art des Authentifizierungsfehlers ausgegeben wird. Unterschiedliche Fehlermeldungen, beispielsweise bei einer nicht existierenden Nutzerkennung und einer fehlgeschlagenen Authentifizierung, liefern einem Angreifer bereits Informationen über die Existenz der Nutzerkennung, die er sonst nicht erhalten würde. Besonders unterschiedliche Rückmeldungen bei einer fehlgeschlagenen Authentifizierung sind zu vermeiden. Eine allgemeine Meldung wie „Authentifizierung fehlgeschlagen" – auch bei Nichtexistenz des Benutzers – ist deshalb zu bevorzugen. ISO 27001 fordert in „A.11.5.1: Anforderungen an ein sicheres Anmeldeverfahren"

diese restriktive Informationsabgabe, indem bei fehlerhafter Anmeldung „keine Rückschlüsse auf Art und Ort des Fehlers" zugelassen werden und „vor erfolgreicher Anmeldung keine überflüssigen Informationen [...] bereitgestellt werden" [Kersten et al.
2011, S. 227 ff.]. Genauso verhält es sich beim IT-Grundschutz in „M 2.220: Richtlinien für Zugriffs- bzw. Zugangskontrolle": „Beim Anmeldevorgang sollten keine Informationen über das IT-System oder den Fortschritt der Anmeldeprozedur angezeigt
werden, bis dieser erfolgreich abgeschlossen ist" [BSI 2011a, S. 1608]. Das Biometric
Verification Mechanisms Protection Profile (BVMPP) gibt in „FIA_UAU.7: Protected
Authentication Feedback" auch genau diese Anweisung [Tekampe/Leidner 2008,
S. 30].

Dieses Kriterium ist als nicht erfüllt zu bewerten, sobald Rückschlüsse auf den Authentifizierungsprozess in irgendeiner Form durch Rückmeldungen des Systems möglich sind. In allen weiteren Fällen ist das Kriterium positiv zu bewerten.

S.8					
Name	Restriktive Informationsabgabe				
Herkunft	BSI IT-Grundschutz, ISO 27001, BVMPP				
Betroffene Schutzziele	Informationsschutz				
Ausprägung	- -	-	0	+	+ +
	Rückschlüsse möglich				Keine Informationen

7.2.9 Informationsfeedback

Zur Erhöhung der Transparenz und der eigenen Kontrolle sollten die wichtigen An-
melde-Informationen des Authentifizierungssystems an den berechtigten Benutzer zu-
rückgemeldet werden.

Diese Informationen sind v. a. das Datum der letzten erfolgreichen Anmeldung und die
Anzahl der erfolglosen Logins seit der letzten erfolgreichen Anmeldung. Dies geht aus
der ISO 27001 im Punkt „A.11.5.1: Verfahren für sichere Anmeldung" und aus den
IT-Grundschutzkatalogen in der Maßnahme „M.15: Gesichertes Login" hervor [Kers-
ten et al. 2011, S. 227 f.; BSI 2011a, S. 2550]. Anhand des Datums kann der Benutzer
überprüfen, ob er der Letzte war, der den Login durchgeführt hat, oder ob ein unbe-
rechtigter erfolgreicher Zugriff stattgefunden hat. Die Anzahl der erfolglosen Anmeldungen gibt Aufschluss darüber, ob erfolglose Zugriffsversuche (also Angriffe) stattgefunden haben und wie oft dies erfolgte. Durch diese Informationen ist der Benutzer
selbst ein Angriffsdetektor. Außerdem wird auch die „Unterstützungsqualität" des Authentifizierungssystems für den Benutzer in Bezug auf die IT-Compliance erhöht. Mit-

arbeiter werden durch eine biometrische Authentifizierung quasi „unterstützt", sich Compliance-konform im Unternehmen zu verhalten. Die Information von Mitarbeitern und die Schaffung eines Bewusstseins zur regelkonformen Verwendung der IT zählen Rath und Sponholz[98] auch zu den Aufgabenbereichen der IT-Compliance [Rath/Sponholz 2009, S. 23]. Das Informationsfeedback spielt auch indirekt bei der Archivierung von Authentifizierungsinformationen eine Rolle, da es die Voraussetzung dafür ist, dass vom System überhaupt solche Informationen erzeugt werden.

Kein Informationsfeedback an den Benutzer bildet die ungünstigste Variante. Besser ist die Rückmeldung über das Datum und die Zeit der letzten erfolgreichen Anmeldung. Hier kann der Benutzer überprüfen, ob diese Information mit seinem Wissen übereinstimmt, sofern er sich daran noch erinnert. Dies stellt das Minimum einer akzeptablen Rückmeldung dar, da so mit Hilfe des Benutzers sicherheitskritische erfolgreiche Angriffe erkannt werden können. Im Optimalfall zeigt das System auch die Anzahl und das Datum (inkl. Zeit) der erfolglosen Anmeldungen an. Hier können dann auch Intensität und Datum erfolgloser Angriffe auf einen Benutzer erkannt werden.

S.9					
Name	**Informationsfeedback**				
Herkunft	BSI IT-Grundschutz, ISO 27001				
Betroffene Schutzziele	Informationsschutz				
Ausprägung	- -	-	0	+	+ +
	Keine Informationen		Datum der letzten erfolgreichen Anmeldung ist ersichtlich/ protokolliert		Datum der letzten erfolgreichen Anmeldung ist ersichtlich/ protokolliert Anzahl und Zeit erfolgloser Anmeldungen ist ersichtlich/ protokolliert

7.2.10 Erweiterbarkeit und Kombinationsmöglichkeit

Der IT-Grundschutz spricht bei vielen Einsatzzwecken von einer „starken Authentifizierung", womit meist die Kombination mehrerer Authentifizierungstechniken beschrieben ist. Dieses Kriterium überprüft die Möglichkeit dieser Kombination sowie die Interoperabilität zwischen unterschiedlichen Authentifizierungssystemen.

---

[98] [Rath/Sponholz 2009, S. 23]

Die IT-Grundschutzkataloge fordern in M 4.133: „Ein Authentikationsverfahren sollte auch erweiterbar sein, z. B. um die Unterstützung starker Authentikationstechniken wie dem Einsatz von Token oder Chipkarten" [BSI 2011a, S. 2763]. Explizit wird der Einsatz einer starken Authentifizierung besonders aus externen Netzen gefordert [BSI 2011a, S. 1608]. Im Zuge des Biometric Verification Mechanisms Protection Profile (BVMPP) definieren die Module „FIA_UAU.2(2)" und „FIA_UAU.5", dass die Authentifizierung der Administratoren des biometrischen Systems mit einem herkömmlichen (nicht-biometrischen) Authentifizierungsmechanismus zu authentifizieren sind [Tekampe/Leidner 2008, S. 29 f.]. Deshalb ist in diesem Zusammenhang nicht die Kombination, aber die Erweiterung mit einer herkömmlichen Authentifizierung zwingend. ISO 27001 sieht in Punkt „A.11.5.2: Benutzeridentifikation und Authentisierung" die Kombinierbarkeit verschiedener Verfahren als Ausgangspunkt für eine Erhöhung des Sicherheitsniveaus [Kersten et al. 2011, S. 228 ff.]. PCI DSS 8.3 fordert ebenfalls für einen Remote Access eine Zwei-Faktor Authentifizierung [PCI 2010, S. 46].

Essentiell für die Erweiterbarkeit und Kombination mit anderen Authentifizierungsmöglichkeiten ist die Verwendung von standardisierten Austauschformaten. Dies ist besonders der Fall wenn, wie im IT-Grundschutz gefordert, die biometrischen Daten mit besitzbasierten Token bzw. Chipkarten gebündelt werden [Henninger/Waldmann 2005, S. 1]. Das „Common Biometric Exchange Formats Framework" (CBEFF) im Standard ISO 19785-1 beschreibt ein abstraktes Rahmenformat für biometrische Daten, bestehend aus dem Standard Biometric Header, dem Biometric Data Block und dem Signature Block [Henninger/Waldmann 2005, S. 1; ISO 2006a]. Weiter geht noch ISO 19794, hier werden spezifische Austauschformate für die einzelnen biometrischen Merkmale beschrieben, u. a. Fingerabdrucksdaten, Gesichtsdaten, Irisdaten, Unterschriftendaten, Gefäßdaten, Fingerskelettdaten oder Daten zur Handgeometrie [Henninger/Waldmann 2005, S. 1; ISO 2006a]. Neben den Austauschformaten sind auch die Architektur und die Schnittstellen biometrischer Authentifizierung in der sog. BioAPI (ISO/IEC 19784-1) erstmals im Jahr 2006 festgeschrieben worden. Ziel der Standardisierung ist die Möglichkeit, dass sich verschiedene Komponenten und Module eines biometrischen Systems unabhängig vom Hersteller austauschen können [ISO 2006b]. Die Kombination verschiedener biometrischer Authentifizierungsmethoden in einer Anwendung wird somit erheblich erleichtert.

Eine Verwendung von standardisierten Austauschformaten für biometrische Daten ermöglicht es nicht nur, gleichartige biometrische Daten, die mit unterschiedlichen Komponenten aufgenommen wurden, zu vergleichen, sondern erleichtert auch die Kombination mit anderen Authentifizierungssystemen. Noch bedeutender ist der standardisierte Aufbau der Architektur und der Schnittstellen. Die Bewertung der Erweiterbarkeit und der Kombinationsmöglichkeit sollte also von den nach ISO 19794 verwendeten Austauschformaten und den nach ISO 19784 definierten Architekturen und Schnittstellen erfolgen. Für die eigentliche Prüfung nach diesen Normen existieren ebenfalls standardisierte Vorgänge. ISO/IEC 24709 spezifiziert die BIOAPI Konformitätsprüfung, ISO/IEC 29109 die Konformitätsprüfung biometrischer Datenaustauschformate (vgl. [Dorfner 2012, S. 127]).

Das Minimum für eine Basis zur Erweiterbarkeit und Kombinationsmöglichkeit des biometrischen Authentifizierungssystems stellt die Verwendung einer standardisierten Architektur und von Schnittstellen im Rahmen der BioAPI dar. Im besten Fall werden auch die biometrischen Daten in standardisierten Austauschformaten gespeichert.

S.10					
Name	**Erweiterbarkeit und Kombinationsmöglichkeit**				
Herkunft	BSI IT-Grundschutz, BVMPP, ISO 27001, PCI DSS				
Betroffene Schutzziele	Informationsschutz, Mitarbeiterschutz				
Ausprägung	- -	-	0	+	+ +
	Keine Standards verwendet		Standardisierte Architektur, Schnittstellen nach ISO Standards		Standardisierte Architektur, Schnittstellen und Austauschformate nach ISO Standards

7.3 Kriterien für die Bewertung der Einsatzmöglichkeiten

Verschiedene allgemeine Anforderungen aus den Sicherheitsstandards fordern die Absicherung jeglichen Zugriffs zu Informationen durch Authentifizierung (z. B. COBIT „DSS 05.04: Manage user identity and logical access"). Zur Erfüllung der IT-Compliance trägt es nur indirekt bei, wenn ein Authentifizierungssystem für eine große Zahl von Anwendungsfällen geeignet ist. Eine vollständige Abdeckung erfordert jedoch meist eine Kombination mehrerer Lösungen. Die Größe der Messeinheit, die Aufnahmedauer der Referenz und die Flexibilität des Sicherheitslevels bestimmen die Einsatzmöglichkeiten und werden der Vollständigkeit halber im Folgenden beschrieben:

Die Größe der Messeinheit gibt an, ob ein eigener Sensor zur Aufnahme der Authentifizierungsmerkmale notwendig ist und wie groß dieser ausfällt. Hier existiert eine teilweise negative Wechselwirkung zum Kriterium „M.4: Ausspähbarkeit". Im Kriterium der Ausspähbarkeit ist bereits die Unterscheidung enthalten, ob ein extra Sensor benötigt wird. Ziel ist jedoch die geringstmögliche Ausspähbarkeit des Merkmals und damit die Sicherheit der Authentifizierung. Die Größe der Messeinheit geht auf den Authentifizierungsprozess ein. Je größer die Messeinheit ist, desto schwieriger ist die Eingliederung in bestehende Prozessabläufe. Diese Messgröße beinhaltet außerdem die Auswirkungen im Systemdesign und ist daher entscheidend für die Flexibilität der Authentifizierungslösung. Je kleiner die Messeinheit ausfällt, desto flexibler ist sie für verschiedene Anwendungsfälle einsetzbar. Auch wird dadurch klar, warum die Unterscheidung, ob technische Hilfsmittel zu Authentifizierung notwendig sind, nochmals neben dem Kriterium Ausspähbarkeit getroffen werden müssen: Erst ohne zusätzliche Messeinheit sind Remote-Authentifizierungen praktikabel. Die optimale Lösung stellt der Fall dar, wenn die Authentifizierung ohne Sensor mit Hilfe bereits vorhandener Infrastruktur durchgeführt werden kann oder der Sensor nur sehr klein ist. Dies hat auch den Vorteil, dass als Anwendungsfall eine Remote-Authentifizierung in Frage kommt, bei welcher der Sensor auch mobil transportiert werden kann. Wenn jedoch ein nicht mobiler Sensor verwendet werden muss, liegt der größte Unterschied zwischen den Anwendungsfällen zum physischen Zutrittsschutz (Endpoint Access) und zum Zugriffs- und Zugangsschutz. Ein kleiner Sensor ist dann geeignet für den Endpoint Access, wenn er an Türen und Toren angebracht werden kann. Große Sensoren sind nicht geeignet für einen physischen Zutrittsschutz, die Einsetzbarkeit ist deshalb geringer.

Die Aufnahmedauer der Referenz ist entscheidend, da Authentifizierungssysteme durch die Art des Merkmals eine unterschiedliche Betriebsweise aufweisen. Bei einem biometrischen System muss oftmals die Referenz erst durch ein sog. Enrolment erstellt werden. Die Dauer dieses Enrolments kann abhängig vom eingesetzten Merkmal sein und hat Einfluss auf die Einsatzmöglichkeiten eines Authentifizierungssystems. Je nach Aufwand des Enrolments muss ein längerer Rollout-Prozess geplant werden.

Die Flexibilität des Sicherheitslevels gibt an, ob der Grad der Sicherheit bei einem Merkmal fix ist oder ob das Merkmal so verändert werden kann, dass der Sicherheitslevel ansteigt oder absinkt. Merkmale mit einer zeitlich- oder größenabhängigen Komponente weisen meist eine Flexibilität auf.

7.4   Zusammenfassung des Bewertungsframeworks

Die Anforderungen aus den Gesetzen in Kapitel 5 lassen sich in die Ziele „Informationsschutz", „Anlegerschutz" und „Mitarbeiterschutz" einteilen (siehe Abschnitt 6.2 bis 6.5). Die in Kapitel 6 identifizierten Gefahren können durch Kriterien des biometrischen Authentifizierungssystems bewertet werden. Je nach Priorisierung ergeben sich verschiedene mögliche Gefahren für ein biometrisches Authentifizierungssystem. Zur Begegnung dieser Gefahren wird im Folgenden ein Bewertungsframework vorgestellt, welches die Kriterien aus den Abschnitten 7.1 und 7.2 zur Messung, Regelung und

Steuerung verwendet. Die Kriterien aus Kapitel 7 verhalten sich dabei unterschiedlich in Abhängigkeit von der Zielausrichtung, zudem können mehrere Kriterien auch für verschiedene Ziele eine Rolle spielen. In diesem Fall kann die Ausprägung des Kriteriums abhängig von der Zielsetzung gegensätzlich zu bewerten sein. Eine gleichzeitige Erfüllung aller vorgestellten Regularien ist daher meist nicht möglich.

7.4.1   Kriterien mit dem Ziel Informationsschutz

Zur Steuerung des Informationsschutzes durch ein biometrisches Authentifizierungssystem stellen die vergangenen Abschnitte bereits fest, dass die Gefahren für das Merkmal und das System trennbar sind. Im Folgenden werden die ermittelten Kriterien aufgelistet, die zur Bewertung der jeweiligen Gefahren notwendig sind.

Kriterien zur Merkmalssicherheit:

Die größte Gefahr für die Merkmalssicherheit stellt die Überwindung des Authentifizierungsmechanismus durch Brute-Force-Angriffe dar (GI-1). Diese Gefahr wird direkt durch die Mechanismenstärke (M.11) gemessen, in dem die Höhe der Falsch-Akzeptanz-Rate (FAR) durch einen Feldtest bestimmt wird.

Die zweite Gefahr für die Merkmalssicherheit ist die Täuschung des Sensors mittels eines gestohlenen oder künstlich hergestellten berechtigten Merkmals und damit die Umgehung der Mechanismensicherheit (GI-2). Für die Schwierigkeit eines Täuschungsangriffs sind folgende Faktoren ausschlagegebend: Die Personenbindung (M.1) misst, wie schwer der Angreifer ein Merkmal von einer Person trennen kann. Die Ausspähbarkeit (M.4) beschreibt, ob das Merkmal ausgespäht und dann reproduziert werden kann. Die willentliche Beeinflussbarkeit (M.6) ist für den Angreifer wichtig, um einzuschätzen, ob ein vom Merkmalsträger entwendetes Merkmal immer zweifelsfrei gültig ist. Bei einer hohen Universalität (M.7) und damit einer hohen Verbreitung des Merkmals kann der Angreifer viele Merkmale studieren und zu Übungszwecken für den Angriff missbrauchen. Die Einmaligkeit (M.8) kann als Messgrad verwendet werden, ob eventuell andere Merkmalsträger oder eine Kombination verschiedener anderer Merkmale für die Berechnung eines gültigen Merkmals benutzt werden können. Schließlich ist die Möglichkeit der Lebenderkennung (M.10) des Merkmals sehr entscheidend, ob überhaupt ein künstliches Merkmal ohne den Merkmalsträger akzeptiert wird.

Merkmalskriterien	GI-1	GI-2
M.1 Personenbindung		X
M.2 Unveränderlichkeit		
M.3 Informationsgehalt		
M.4 Ausspähbarkeit		X
M.5 Zeitliche Variabilität		
M.6 Willentliche Beeinflussbarkeit		X
M.7 Universalität		X
M.8 Einmaligkeit		X
M.9 Referenz-Speichergröße		
M.10 Lebenderkennung		X
M.11 Mechanismenstärke	X	

**Tabelle 7.1: Merkmalskriterien und betroffene Gefahren
Des Informationsschutzes**
[eigener Entwurf]

Kriterien zur Systemsicherheit:

Die Systemsicherheit wird durch vier Gefahren bedroht:

Der Diebstahl valider Authentifizierungsdaten aus dem System (GI-3) stellt den häufigsten Angriffsfall und damit die größte Gefahr für das System dar. Die Art der Datenübertragung (S.1) beeinflusst die Abfangmöglichkeiten gültiger Daten innerhalb der Kommunikation des Authentifizierungssystems. Die Art und der Ort der Referenzspeicherung (S.2 und S.3) sind im Fall eines erfolgreichen Eindringens ebenfalls entscheidend – die gestohlenen Authentifizierungsdaten können eventuell nicht brauchbar sein. Die Authentifikationsdauer (S.4) stellt das Zeitfenster dar, das der Angreifer für einen erfolgreichen Angriff zur Verfügung hat. Der Replayschutz (S.6) ist ein wichtiges Kriterium für diese Angriffsart, denn er gibt an, ob ein erfolgreicher Diebstahl von Authentifizierungsinformationen bereits ausreicht oder ob entweder die Übertragung an das Authentifizierungssystem abgefangen oder die Authentifizierungsinformation nachträglich manipuliert werden muss, um den Angriff erfolgreich zu gestalten. Die restriktive Informationsabgabe (S.8) verhindert, dass der Angreifer beim Angriff zusätzliche Informationen erhält, während das Informationsfeedback an den Benutzer (S.9) ihn über Angriffsversuche informiert. Der Benutzer kann den Angreifer so bei zu vielen Versuchen entdecken.

Der Zwang und der Betrug von berechtigten Benutzern in Form einer unbeabsichtigten Authentifizierung (GI-4) kann vom biometrischen Authentifizierungssystem normalerweise nie erkannt werden. Deshalb sind hier auch keine Kriterien für die Bewertung geeignet.

Die Möglichkeit und der Aufwand eines Denial-of-Service-Angriffes (GI-5) werden hauptsächlich durch das Vorhandensein und die Einstellungen eines Sperrmechanismus (S.5) beeinflusst. Andere Gründe für den Denial-of-Service, die beispielsweise auf die IT-Infrastruktur zurückgehen (Netzwerküberlastung o. Ä.), sind vom Authentifizierungssystem nicht zu beeinflussen. Das Informationsfeedback (S.9) kann den Benutzer wiederrum warnen, dass eine DoS-Attacke stattfindet oder stattgefunden hat.

Schließlich besteht noch die Gefahr der Umgehung der eigentlichen biometrischen Erkennung (GI-6). Besonders entscheidende Bedeutung kann hier der Erweiterbarkeit (S.10) beigemessen werden, denn falls ein Benutzer außer der biometrischen Erkennung eine andere Form der Authentifizierung verwendet, kann diese als zusätzliche Absicherung dienen (starke Authentifizierung). Ansonsten spielt die Authentifikationsdauer (S.4) als Zeitfenster für den Angriff eine Rolle. Das Informationsfeedback (S.9) kann erneut den Benutzer warnen, ob eventuell Login-Versuche ohne dessen Wissen stattgefunden haben.

Systemkriterien	GI-3	GI-4	GI-5	GI-6
S.1 Art der Datenübertragung	X			
S.2 Art der Referenzspeicherung	X			
S.3 Ort der Referenzspeicherung	X			
S.4 Authentifikationsdauer	X			X
S.5 Sperrmechanismus			X	
S.6 Replayschutz	X			
S.7 Betriebsart des Authentifikationssystems				
S.8 Restriktive Informationsabgabe	X			
S.9 Informationsfeedback	X		X	X
S.10 Erweiterbarkeit				X

Tabelle 7.2: Systemkriterien und betroffene Gefahren des Informationsschutzes
[eigener Entwurf]

7.4.2 Kriterien mit dem Ziel Anlegerschutz

Die Gefahren des Anlegerschutzes lassen sich nicht direkt in Merkmals- und Systemgefahren trennen. Deshalb sind für die drei Gefahren sowohl Merkmalskriterien als auch Systemkriterien entscheidend.

Die absichtliche Fälschung der Personenidentität bei archivierten biometrischen Informationen (GA-1) wird hauptsächlich durch die Unveränderlichkeit (M.2) beein-

flusst, die angibt, ob eine nachträgliche Veränderung eines Merkmals durch den Benutzer selbst oder einen Fremden bestimmte Spuren hinterlässt. Eine erfolgreiche absichtliche Fälschung setzt auch das Vorhandensein einer gültigen Fälschung inklusive
einer Referenz voraus. Deshalb sind die Art und der Ort der Referenzspeicherung (S.2
und S.3) bedeutend, da die Referenz zur Überprüfung der gespeicherten Personenidentität herangezogen werden kann.

Die Gefahr der nicht vorhandenen eindeutigen Zuordnung (GA-2) hängt primär von
der zeitlichen Variabilität (M.5) ab. Verändert sich ein Merkmal mit der Zeit, kann die
gespeicherte biometrische Information mittlerweile nicht mehr aktuell sein. Ebenso
setzt eine eindeutige Zuordnung die Einmaligkeit (M.8) des Merkmals voraus, da sonst
weitere biometrische Merkmale mit der hinterlegten Referenz verwechselt werden
können. Die willentliche Beeinflussbarkeit (M.6) und die Personenbindung (M.1) entscheiden darüber, ob der Benutzer im Nachhinein das Abgeben des Merkmals glaub-
würdig abstreiten kann und so die Zuordnung ebenfalls nicht eindeutig ist.

Schließlich bleibt noch die Gefahr des absichtlichen oder unabsichtlichen Fehlens der
Identitätsinformation (GA-3). Die Referenz-Speichergröße (M.9) und die Art der Referenzspeicherung (S.2) können als Größen- oder Beschaffenheits-Prüfungen für die
vollständige Speicherung von mit biometrischen Daten verknüpften Dateien verwendet
werden.

Merkmalskriterien	GA-1	GA-2	GA-3
M.1 Personenbindung		X	
M.2 Unveränderlichkeit	X		
M.3 Informationsgehalt			
M.4 Ausspähbarkeit			
M.5 Zeitliche Variabilität		X	
M.6 Willentliche Beeinflussbarkeit		X	
M.7 Universalität			
M.8 Einmaligkeit		X	
M.9 Referenz-Speichergröße			X
M.10 Lebenderkennung			
M.11 Mechanismenstärke			

Tabelle 7.3: Merkmalskriterien und betroffene Gefahren des Anlegerschutzes
[eigener Entwurf]

Systemkriterien	GA-1	GA-2	GA-3
S.1 Art der Datenübertragung			
S.2 Art der Referenzspeicherung	X		X
S.3 Ort der Referenzspeicherung	X		
S.4 Authentifikationsdauer			
S.5 Sperrmechanismus			
S.6 Replayschutz			
S.7 Betriebsart des Authentifikationssystems			
S.8 Restriktive Informationsabgabe			
S.9 Informationsfeedback			
S.10 Erweiterbarkeit			

Tabelle 7.4: Systemkriterien und betroffene Gefahren des Anlegerschutzes
[eigener Entwurf]

7.4.3 Kriterien mit dem Ziel Mitarbeiterschutz

Merkmals- und Systemkriterien berühren ebenfalls gleichermaßen die fünf Gefahren für die Rechte der Mitarbeiter.

Die unrechtmäßige Aneignung der Nutzeridentität durch die unerlaubte Entwendung und Verwendung eines biometrischen Merkmals (GM-1) wird durch die Personenbindung (M.1), die Ausspähbarkeit (M.4), die Art der Datenübertragung (S.1), die Art der Referenzspeicherung (S.2) und den Ort der Referenzspeicherung (S.3) beeinflusst. Diese Punkte geben für den Angreifer den Umfang und die Art der technischen und organisatorischen Maßnahmen und damit die Schwierigkeit des Aufwands zur Entwendung der Nutzeridentität an. Das Vorhandensein eines Replayschutzes (S.6) gibt an, ob eine Entwendung der gespeicherten Referenz ausreicht oder ob das Merkmal selbst entwendet werden muss.

Die Gefahr der missbräuchlichen Verwendung von Zusatzinformationen (GM-2) ist primär abhängig vom Informationsgehalt (M.3) des Merkmals – dieses Kriterium misst, ob überhaupt Zusatzinformationen vorhanden sind. Außerdem hat die zeitliche Variabilität (M.5) im System einen Einfluss darauf, ob die Zusatzinformationen immer zur Verfügung stehen oder ab einer gewissen Zeitspanne unbrauchbar oder nicht mehr vorhanden sind.

Die lebenslange Merkmalskorrumpierung (GM-3) und damit der Ausschluss aus der potentiellen Benutzergruppe sind durch die Unveränderlichkeit (M.2) und die zeitliche Variabilität (M.5) bewertbar. Bei einer geringen Unveränderlichkeit ist es dem Benutzer möglich, ohne Spuren und großen Aufwand das Merkmal zu verändern (z. B.

durch eine Änderung des gesprochenen Satzes oder Verwendung eines anderen Fingers). Die zeitliche Variabilität löst dieses Problem, wenn sich das Merkmal automatisch anders ausgeprägt hat.

Zur Bewertung der Überwachungseignung biometrischer Systeme und der Bildung von Personenprofilen (GM-4) sind folgende Kriterien zu beachten: Die Ausspähbarkeit (M.4) gibt an, ob der Merkmalsträger etwas bei der Bildung des Profils mitbekommt. Die willentliche Beeinflussbarkeit (M.6) kann dann seitens des Merkmalsträgers eine Bildung eines solchen Profils verhindern. Die Authentifikationsdauer (S.4) und die Betriebsart des Authentifikationssystems (S.7) bestimmen, welchen Aufwand der Angreifer in die Bildung eines solchen Systems stecken muss. Bei einer niedrigen Authentifikationsdauer kann die Bildung und Nachverfolgung eines Personenprofils beeinflusst werden. Die Universalität (M.7) und Einmaligkeit (M.8) wirken sich auf das Schadenspotential eines solchen Personenprofils aus.

Schließlich ist der Zwang zur Nutzung biometrischer Systeme (GM-5) abhängig davon, ob das System durch andere Authentifizierungsmechanismen erweiterbar (S.10) ist.

Merkmalskriterien	GM-1	GM-2	GM-3	GM-4	GM-5
M.1 Personenbindung	X				
M.2 Unveränderlichkeit			X		
M.3 Informationsgehalt		X			
M.4 Ausspähbarkeit	X			X	
M.5 Zeitliche Variabilität		X	X		
M.6 Willentliche Beeinflussbarkeit				X	
M.7 Universalität				X	
M.8 Einmaligkeit				X	
M.9 Referenz-Speichergröße					
M.10 Lebenderkennung					
M.11 Mechanismenstärke					

Tabelle 7.5: Merkmalskriterien und betroffene Gefahren des Mitarbeiterschutzes
[eigener Entwurf]

Systemkriterien	GM-1	GM-2	GM-3	GM-4	GM-5
S.1 Art der Datenübertragung	X				
S.2 Art der Referenzspeicherung	X				
S.3 Ort der Referenzspeicherung	X				
S.4 Authentifikationsdauer				X	
S.5 Sperrmechanismus					
S.6 Replayschutz	X				
S.7 Betriebsart des Authentifikationssystems				X	
S.8 Restriktive Informationsabgabe					
S.9 Informationsfeedback					
S.10 Erweiterbarkeit					X

Tabelle 7.6: Systemkriterien und betroffene Gefahren des Mitarbeiterschutzes
[eigener Entwurf]

7.5   Kategorisierung der Bewertungskriterien

Einige Kriterien sind auf ein Ziel beschränkt, während andere zur Erfüllung mehrerer Ziele beitragen. Dabei können die Ziele „Informationsschutz", „Anlegerschutz" und „Mitarbeiterschutz" eine unterschiedliche Ausprägung des Kriteriums anstreben, so dass es zwangsläufig nicht möglich ist, alle Ziele optimal zu erfüllen. Die Tabelle 7.7 fasst die Relevanz der Merkmals- und Systemkriterien auf die übergeordneten Ziele der IT-Compliance zusammen:

Merkmalskriterien	Informations-schutz	Anlegerschutz	Mitarbeiter-schutz
M.1 Personenbindung	X	X	X
M.2 Unveränderlichkeit		X	X
M.3 Informationsgehalt			X
M.4 Ausspähbarkeit	X		X
M.5 Zeitliche Variabilität		X	X
M.6 Willentliche Beeinflussbarkeit	X	X	X
M.7 Universalität	X		X
M.8 Einmaligkeit	X	X	X
M.9 Referenz-Speichergröße		X	
M.10 Lebenderkennung	X		
M.11 Mechanismenstärke	X		
Systemkriterien	Informations-schutz	Anlegerschutz	Mitarbeiter-schutz
S.1 Art der Datenübertragung	X		X
S.2 Art der Referenzspeicherung	X	X	X
S.3 Ort der Referenzspeicherung	X	X	X
S.4 Authentifikationsdauer	X		X
S.5 Sperrmechanismus	X		
S.6 Replayschutz	X		X
S.7 Betriebsart des Authentifikationssys-tems			X
S.8 Restriktive Informationsabgabe	X		
S.9 Informationsfeedback	X		
S.10 Erweiterbarkeit	X		X

**Tabelle 7.7: Relevanz der Merkmals- und Systemkriterien
für die Ziele der IT-Compliance**
[eigener Entwurf]

Einige Kriterien haben lediglich gewisse Auswirkungen auf eine Zielsetzung, während andere zwei oder alle drei Zielrichtungen beeinflussen. Bei Kriterien mit mehreren Zielsetzungen ist festzustellen, ob das Kriterium die Ziele in derselben oder in einer gegensätzlichen Weise beeinflusst. In der Bewertung ergibt sich dadurch ein Optimierungsproblem – das Unternehmen muss entscheiden welcher Zielsetzung eine höhere Priorität eingeräumt wird. Besonders der Informationsschutz und der Mitarbeiterschutz streben in einigen Kriterien unterschiedliche Zielsetzungen an. Es folgt eine Übersicht über die Abhängigkeiten der einzelnen Kriterien.

Kriterien mit keiner Abhängigkeit sind einfach zu bewerten. Das Authentifizierungssystem sollte sie unabhängig voneinander nach der Compliance-Zielsetzung immer optimal erfüllen. Die Ausprägung der Kriterien wurde dabei so gewählt, dass „++" immer dem optimalen Wert entspricht.

Eine Übersicht gibt die folgende Tabelle 7.8:

Name des Kriteriums	Optimale Ausprägung
M.3 Informationsgehalt	++
M.9 Referenz-Speichergröße	++
M.10 Lebenderkennung	++
M.11 Mechanismenstärke	++
S.5 Sperrmechanismus	++
S.7 Betriebsart des Authentifikationssystems	++
S.8 Restriktive Informationsabgabe	++
S.9 Informationsfeedback	++

Tabelle 7.8: Kriterien mit einer Zielabhängigkeit
[eigener Entwurf]

Die folgenden acht Kriterien besitzen eine Abhängigkeit von zwei Zielsetzungen. Hier besteht die Möglichkeit, dass je nach Zielsetzung die erwünschte Ausprägung unterschiedlich gewichtet ist. Diese optimale Ausprägung stammt aus den Gefahren der jeweiligen Zielsetzungen und der Beschreibung der Kriterien. Kriterien mit unterschiedlich erwünschten Ausprägungen werden hier nochmals zusammengefasst. Die Unveränderlichkeit soll zur revisionssicheren Verwendung der Authentifizierungsinformationen möglichst hoch sein, während der Mitarbeiterschutz eine möglichst geringe Unveränderlichkeit anstrebt, die den Mitarbeiter bei einer Korrumpierung des Merkmals schützt. Eine hohe zeitliche Variabilität ist ebenfalls für den Mitarbeiter vorteilhaft, während zur Nachverfolgung nach einer längeren Zeit der Anlegerschutz eine geringe zeitliche Variabilität des Merkmals anstrebt.

Name des Kriteriums	Optimale Ausprägung Informationsschutz	Optimale Ausprägung Anlegerschutz	Optimale Ausprägung Mitarbeiterschutz
M.2 Unveränderlichkeit		++	- -
M.4 Ausspähbarkeit	++		++
M.5 Zeitliche Variabilität		--	++
M.7 Universalität	- -		- -
S.1 Art der Datenübertragung	++		++
S.4 Authentifikationsdauer	++		++
S.6 Replayschutz	++		++
S.10 Erweiterbarkeit	++		++

Tabelle 7.9: Kriterien mit zwei Zielabhängigkeiten
[eigener Entwurf]

Schließlich existieren Kriterien, die alle drei Zielsetzungen betreffen. Eine hohe willentliche Beeinflussbarkeit ist für den Informationsschutz (mögliches Fehlschlagen bei einer erzwungenen Authentifizierung) und den Mitarbeiterschutz (Verhinderung des Erstellens von Personenprofilen) erwünscht. Bei archivierten Authentifizierungsdaten für den späteren Nachweis kann der Benutzer jedoch seine Identität fälschen oder unkenntlich machen. Während eine hohe Einmaligkeit des Merkmals beim Informationsschutz die Angriffschancen verringert und im Zuge des Anlegerschutzes eine unverwechselbare Identifizierung garantiert, ist sie nicht im Sinne des Mitarbeiterschutzes, da der Benutzer bei einer ungewollten Erstellung von Personenprofilen leicht verfolgbar ist. Beim Ort der Referenzspeicherung bevorzugen der Mitarbeiterschutz und der Informationsschutz eine dezentrale Speicherung. Für den Angreifer wird es schwieriger, die Daten zu stehlen, falls diese nicht an einem Ort gebündelt sind. Gleichzeitig schädigt eine Korrumpierung eines Datensatzes nicht sofort jeden Mitarbeiter. Beim Mitarbeiterschutz ist eine mobile Datenablage wie eine Speicherkarte einer zentralen Speicherung vorzuziehen, weil dadurch die absolute Kontrolle des Betroffenen über seine Daten sichergestellt wird. Für den Nachweis bei der Revisionssicherheit von Archiven und Buchführung kann eine dezentrale Speicherung jedoch hinderlich sein und erschwerend wirken.

Name des Kriteriums	Optimale Ausprägung Informations- schutz	Optimale Ausprägung Anlegerschutz	Optimale Ausprägung Mitarbeiter- schutz
M.1 Personenbindung	++	++	++
M.6 Willentliche Beeinflussbarkeit	++	--	++
M.8 Einmaligkeit	++	++	--
S.2 Art der Referenzspeicherung	++	++	++
S.3 Ort der Referenzspeicherung	++	--	++

Tabelle 7.10: Kriterien mit drei Zielabhängigkeiten
[eigener Entwurf]

Kriterien, die innerhalb einer Zielsetzung mehrere Gefahren beeinflussen, widersprechen sich nicht. Anhand der Kriterien lässt sich also immer nur für eine Zielsetzung
der IT-Compliance ein optimales biometrisches Authentifizierungssystem beschreiben.
Das folgende Kapitel führt an einem Praxisbeispiel aus, wie die Bewertung eines biometrischen Authentifizierungssystems konkret vollzogen werden kann.

Die vollständige Zusammenfassung des kompletten Bewertungsschemas mit allen Kriterien, deren bevorzugten Ausprägungen, betroffenen Gefahren und Schutzzielen findet sich in Anhang B3.

8 Exemplarische Bewertung biometrischer Authentifizierungssysteme

Bei der Entwicklung der Bewertungskriterien stand eine umfassende Überprüfung biometrischer Authentifizierungsverfahren im Vordergrund. Dazu wurden gängige Vorschriften der Compliance auf ihre Anforderungen an die Authentifizierung untersucht. Da biometrische Verfahren grundsätzlich durch ihren Wahrscheinlichkeitsvergleich anders arbeiten als wissens- oder besitzbasierte Verfahren, berücksichtigt diese Arbeit ihre speziellen Gefahren und Risiken in den Kriterien. Die folgende Bewertung verdeutlicht, wie die entwickelten Bewertungskriterien für eine biometrische Authentifizierungslösung verwendet werden können.

Bei der Wahl der zu bewertenden Authentifizierungssysteme soll eine hohe Marktverbreitung Berücksichtigung finden, insbesondere Fingerabdruckssysteme sind von sehr hoher praktischer Bedeutung (vgl. Abschnitt 2.1.3). Außerdem müssen alle für die Bewertung nötigen Daten leicht zugänglich sein. Für die exemplarische Bewertung werden deshalb die folgenden drei Lösungen aus der Praxis ausgewählt:

- BergData CABAPROX® (Fingerabdruckserkennung)[99]
- IrisID IrisAccess 7000® (Iriserkennung)[100]
- Fujitsu PalmSecure® (Handvenenerkennung)[101]

Die folgenden Abschnitte bewerten die drei oben genannten Lösungen durch Merkmals- und Systemkriterien. Anschließend interpretiert Abschnitt 8.4 die Ergebnisse im Fazit je nach der Zielsetzung hinsichtlich des Informationsschutzes, Anlegerschutzes und Mitarbeiterschutzes. Das Kapitel schließt mit einer Zusammenfassung der gefundenen Mängel der biometrischen Lösungen.

8.1 Bewertung der BergData Fingerabdruckserkennung

Die BergData CABAPROX ist eine biometrische Zutrittskontrollstation, die Fingerabdruckserkennung mit einem integrierten Atmel FingerChip™-Sensor[102] bietet (siehe [Atmel 2012]). Für einen Zugangs- und Zugriffsschutz stellt BergDATA auch USB-basierte Lösungen zur Verfügung [BergData 2012]. Die Bewertung des Merkmals würde sich hier nicht verändern, wohl aber die Beurteilung der Systemkriterien. Es folgt eine Bewertung der CABAPROX Station:

---

[99] http://www.bergdata.com/
[100] http://www.irisid.com/
[101] http://www.fujitsu.com/us/services/biometrics/palm-vein/palmsecure/index.html
[102] http://www.atmel.com/

© Springer Fachmedien Wiesbaden GmbH, ein Teil von Springer Nature 2014
S. Däs, *Compliance-konforme Einbindung biometrischer Authentifizierungssysteme in das betriebliche IT-Sicherheitsmanagement*, Edition KWV,
https://doi.org/10.1007/978-3-658-23466-9_8

Name des Kriteriums	Beschreibung	Ausprägung
M.1: Personenbindung	Die Personenbindung des Merkmals Fingerabdruck kann als schwer trennbar von der Person eingeordnet werden. Das Merkmal ist nur durch Anwendung physischer Gewalt vom Merkmalsträger zu entfernen. Es bleiben sichtbare Folgeschäden zurück.	0
M.2: Unveränderlichkeit	Nur beschränkt veränderbar (neunmalig), da eine Person nur zehn Fingerabdrücke besitzt.	0
M.3: Informationsgehalt	Der Fingerabdruck enthält außer den identifizierenden Merkmalen weitere persönliche Informationen, z. B. das Alter, etc. (vgl. z. B. [Graevenitz 2006, S. 84]).	- -
M.4: Ausspähbarkeit	Bei der Bewertung der Ausspähbarkeit ist der Fingerabdruck negativ einzuordnen, da er nur eine geringe Aktivität bei der Merkmalsabgabe voraussetzt und mit nur sehr simplen Hilfsmitteln durch Angreifer erfasst werden kann. Eine Person hinterlässt dieses Merkmal sogar auf vielen Gegenständen, die sie berührt.	-
M.5: Zeitliche Variabilität	Der Fingerabdruck unterliegt einer Alterung, diese ist jedoch sehr langsam und die Erkennungsfehler steigen erst nach 10 Jahren an (vgl. dazu [BSI 2004b] und [Uludag et al. 2004]).	0
M.6: Willentliche Beeinflussbarkeit	Hier hat der Merkmalsträger die Möglichkeit, das Merkmal mit einem hohen Aufwand zu verändern, so dass eine Authentifizierung fehlschlägt (etwa durch Brandwunden oder Folien auf den Fingern).	0
M.7: Universalität	Das Merkmal „Fingerabdruck" ist global einsetzbar und nahezu bei jedem Menschen vorhanden (mit wenigen Ausnahmen).	++
M.8: Einmaligkeit	Fingerabdrücke sind global eindeutig und bei jeder Person einmalig. Francis Galton hat bereits 1892 statistisch berechnet, dass die Chance von zwei Menschen mit identischen Fingerabdrücken bei 1 zu 64 Milliarden liegt [Galton 1892]. Neuere Studien bestätigen diese Einmaligkeit (vgl. [Pankanti et al. 2002, S. 1022 ff.; Breitenstein 2002, S. 39]).	++
M.9: Referenz-Speichergröße	Als statisches Merkmal können die Bilddateien in Merkmalsdaten ohne eine zeitliche Komponente umgewandelt werden. Nach Angaben des Herstellers erzeugt der Atmel FingerChip™-Sensor biometrische Templates mit einer Größe von 384 Bytes (Die Bildgröße beträgt 500×400 Pixel bei 256 Graustufen).	++
M.10: Lebenderkennung	Für Finger können aufwändige Mechanismen zur Lebenderkennung angewandt werden, wie beispielsweise eine Wärmeuntersuchung oder eine Untersuchung auf Durchblutung.	0
M.11: Mechanismenstärke	Die FRR liegt bei < 3% an einer FAR von 0,0001. Dies entspricht einer SOF Medium.	0
S.1: Art der Datenübertragung	Verschlüsselter Datentransfer mit Host und Netzwerk ist möglich.	0
S.2: Art der Referenzspeicherung	Templates werden verschlüsselt.	+
S.3: Ort der Referenzspeicherung	Dezentral: Biometrische Benutzerdaten (Templates) sind auf einem RFID-Tag gespeichert.	++

S.4: Authentifikationsdauer	Die Verifikationszeit beträgt < 1 sec (Atmel Finger-Chip™-Sensor: 10 ms).	++
S.5: Sperrmechanismus	Dieser ist softwarebasiert manuell nachrüstbar.	0
S.6: Replayschutz	Nein	- -
S.7: Betriebsart des Authentifizierungssystems	Nur Verifikation möglich.	++
S.8: Restriktive Informationsabgabe	Es werden keine Informationen über vorhandene Benutzerprofile ausgegeben.	++
S.9: Informationsfeedback	*Keine Angabe*	N/A
S.10: Erweiterbarkeit	Es sind keine biometrischen Standards vorhanden (Wiegand-Schnittstelle, 26/30/44-bit einstellbar, RS232 Schnittstelle für Host und Netzwerk-Dekoder, RS485 und TCP/IP mit externen Dekodern).	--

8.2   Bewertung der IrisID Iriserkennung

Das IrisAccess 7000 von IrisID ist ein biometrisches Iriserkennungssystem, welches auch als Multifaktor-Lösung einsetzbar ist [IrisID 2012]. Nach den Bewertungskriterien ergeben sich folgende Ergebnisse:

Name des Kriteriums	Beschreibung	Ausprägung
M.1: Personenbindung	Eine Unterbrechung der Personenbindung kann nur durch Entfernung des Auges vollzogen werden. Es bleiben sichtbare Folgeschäden zurück, die in jedem Fall erkennbar sind.	0
M.2: Unveränderlichkeit	Nur beschränkt veränderbar (einmalig), da ein Mensch nur zwei Augen besitzt.	0
M.3: Informationsgehalt	Im Irismuster können weitere Informationen enthalten sein. Diese lassen jedoch nur schwer direkte weitere Rückschlüsse auf die Person zu und sind nicht von sensibler Natur wie es im BDSG beschrieben ist (vgl. z. B. [Graevenitz 2006, S. 113 ff.]).	0
M.4: Ausspähbarkeit	Das Merkmal Iris gilt als verdecktes Merkmal, da technische Hilfsmittel wie eine Kamera und ein Mitwirken des Merkmalsträgers erforderlich sind (dieser muss die Augen geöffnet in die Kamera halten). Da diese Form des Mitwirkens meist auch unaufgefordert ausgeführt wird, ist das Mitwirken als gering einzustufen.	+
M.5: Zeitliche Variabilität	Bis vor kurzem ging die Forschung davon aus, dass es sich bei der Iris um ein absolut konstantes Merkmal handelt. Aktuelle Studien fanden jedoch heraus, dass auch Irisscans einer zeitlichen Variabilität unterliegen. So ist nach einem Zeitraum von 3 Jahren etwa eine 50%ige Fehlerwahrscheinlichkeit festgestellt worden. (vgl. [Fenker/Bowyer 2012])	++
M.6: Willentliche Beeinflussbarkeit	Hier hat der Merkmalsträger nicht die Möglichkeit, das Merkmal spontan so zu verändern, dass eine Authentifizierung fehlschlägt.	- -
M.7: Universalität	Das Merkmal „Iris" ist global einsetzbar und nahezu bei jedem Menschen vorhanden (mit wenigen Aus-	++

	nahmen).	
M.8: Einmaligkeit	Diverse Studien stellen fest, dass die Iris global eindeutig und bei jeder Person einmalig ist (vgl. u a. [Daugman 2006, S. 1927 ff.; Breitenstein 2002, S. 49]).	++
M.9: Referenz-Speichergröße	Als statisches Merkmal können die Bilddateien in Merkmalsdaten ohne zeitliche Komponente umgewandelt werden. Die durchschnittliche Größe beträgt 256 Byte plus 256 Byte Steuerinformationen, also insgesamt 512 Byte [Breitenstein 2002, S. 51].	++
M.10: Lebenderkennung	Bei der Iris können aufwändige Mechanismen zur Lebenderkennung angewandt werden, wie beispielsweise die Untersuchung auf eine Durchblutung.	0
M.11: Mechanismenstärke	Die FAR von 0,00000083 (1 in 1,2 Millionen) entspricht einer SOF High.	++
S.1: Art der Datenübertragung	Erfolgt verschlüsselt.	0
S.2: Art der Referenzspeicherung	Verwendung eines proprietären IrisCodes, basierend auf dem Standard CBEFF.	+
S.3: Ort der Referenzspeicherung	Zentral oder Dezentral (auf SmartCard) möglich.	++
S.4: Authentifikationsdauer	Erfolgt innerhalb von „Sekundenbruchteilen".	++
S.5: Sperrmechanismus	*Keine Angabe*	N/A
S.7: Betriebsart des Authentifizierungssystems	Identifikation und Verifikation möglich.	0
S.6: Replayschutz	Ja: Das Verfahren "iDentityCheck™" macht es unmöglich, dass im System ein doppelter Eintrag existiert.	++
S.8: Restriktive Informationsabgabe	Es werden keine Informationen über vorhandene Benutzerprofile ausgegeben.	++
S.9: Informationsfeedback	Transaction Log Kapazität: Bis zu 1,000,000 Transaktionen auf dem Gerät speicherbar, unbeschränkte Anzahl an Transaktionen auf dem Server speicherbar.	++
S.10: Erweiterbarkeit	Multifaktor mit PIN oder Gesicht möglich, CBEFF-Format der biometrischen Daten	+

8.3   Bewertung der Fujitsu Handvenenerkennung

Das Fujitsu PalmSecure® - Palm Vein Authentication System ist ein kontaktloses Handvenen-Erkennungssystem. Der Sensor nimmt dabei durch ein infrarotnahes Licht die Handvenenstruktur auf und vergleicht sie mit zuvor abgelegten Templates [Fujitsu 2012].

Es folgt eine Bewertung anhand der ermittelten Kriterien:

Name des Kriteriums	Beschreibung	Ausprägung
M.1: Personenbindung	Die Handvenen sind ein (nur durch physische Gewalt) sehr schwer trennbares Merkmal mit erkennbaren Folgeschäden.	0
M.2: Unveränderlichkeit	Nur beschränkt veränderbar (einmalig), da ein Mensch nur zwei Hände besitzt.	0

M.3: Informationsgehalt	Aus der Handvenen-Geometrie sind aktuell keine möglichen Rückschlüsse auf persönlichen Informationen nach BDSG bekannt.	++
M.4: Ausspähbarkeit	Handvenen sind ein sehr verdecktes Merkmal mit einer geringen Ausspähbarkeit: Sie sind nicht ohne komplexe technische Hilfsmittel erfassbar und erfordern dabei eine hohe Kooperativität des Merkmalsträgers.	++
M.5: Zeitliche Variabilität	Nach [Nanavati et al. 2002, S. 104] und [Soni/Gupta 2012] bleibt (abgesehen von der sich verändernden Größe durch Wachstum) die Geometrie von Handvenen immer gleich. Deshalb ist das Merkmal als konstant einzustufen.	- -
M.6: Willentliche Beeinflussbarkeit	Handvenen kann der Merkmalsträger nicht spontan so verändern, dass eine Authentifizierung fehlschlägt.	- -
M.7: Universalität	Das Merkmal „Handvenen" ist global einsetzbar und nahezu bei jedem Menschen vorhanden (mit wenigen Ausnahmen).	++
M.8: Einmaligkeit	Handvenen sind global eindeutig und bei jeder Person einmalig (vgl. [Badawi 2006]).	++
M.9: Referenz-Speichergröße	Als statisches Merkmal können die Bilddateien in Merkmalsdaten ohne zeitliche Komponente umgewandelt werden. Deshalb sehr niedrig.	++
M.10: Lebenderkennung	Für Handvenen können aufwändige Mechanismen zur Lebenderkennung angewandt werden, wie beispielsweise eine Wärmeuntersuchung oder eine Untersuchung auf Durchblutung. PalmSecure setzt die Durchblutung der Handvenen zwingend voraus [Fujitsu 2012].	++
M.11: Mechanismenstärke	Laut Herstellerangaben schafft das System eine FAR von 0,00008%, bei einer FRR von 0,01% [Fujitsu 2012]. Dies entspricht einer SOF Medium.	0
S.1: Art der Datenübertragung	Verschlüsselt	0
S.2: Art der Referenzspeicherung	Verschlüsseltes Repository für die Speicherung der Templates wird verwendet.	+
S.3: Ort der Referenzspeicherung	zentral	- -
S.4: Authentifikationsdauer	Weniger als eine Sekunde	++
S.5: Sperrmechanismus	*Keine Angabe*	N/A
S.7: Betriebsart des Authentifizierungssystems	Nur Identifikation möglich.	- -
S.6: Replayschutz	*Keine Angabe*	N/A
S.8: Restriktive Informationsabgabe	*Keine Angabe*	N/A
S.9: Informationsfeedback	Detailliertes Logfile („enterprise level event logging capability") ist vorhanden.	++
S.10: Erweiterbarkeit	BIOAPI, Option mit Common Criteria for Information Technology Security Evaluation (Evaluation Assurance Level 2), Kompatibel mit PS LOGONDIRECTOR (PLD) als Integration für Single Sign-On (SSO) Lösungen	++

8.4 Bewertung nach den drei Zielen der biometrischen Authentifizierung

Da alle Regelungen zur IT-Compliance unterschiedliche Ziele anstreben (siehe Kapitel 7.5), lässt sich kein biometrisches Authentifizierungssystem für alle Einsätze als optimal beschreiben. Deshalb werden nun die drei untersuchten Systeme anhand der Ziele „Informationsschutz", „Anlegerschutz" und „Mitarbeiterschutz" gegenübergestellt.

8.4.1 Bewertung mit dem Ziel des Informationsschutzes

Die Personenbindung (M.1) sollte für den Informationsschutz möglichst hoch sein, ist aber bei keinem der untersuchten Merkmale untrennbar mit dem Merkmalsträger verbunden. Finger, Iris und Handvenen weisen eine schwer trennbare Personenbindung auf.

Die Ausspähbarkeit (M.4) ist beim Fingerabdruck am höchsten, gefolgt von der Iris. Handvenen schneiden in dieser Kategorie für den Informationsschutz am besten ab. Hier handelt es sich um ein sehr verdecktes Merkmal.

Die willentliche Beeinflussbarkeit (M.6) sollte für den Informationsschutz sehr hoch sein. Leider ist sie bei statischen Merkmalen eher gering, lediglich der Fingerabdruck schneidet etwas besser ab.

Das Kriterium Universalität (M.7) nimmt einen Sonderfall ein, da es für den Informationsschutz praktikabler wäre, wenn ein biometrisches Merkmal nicht weit verbreitet ist, also wenige unterschiedliche Merkmale für den Angreifer zum Studieren von Angriffsversuchen zur Verfügung stehen. Allerdings ist gerade die Universalität bei allen biometrischen Merkmalen sehr hoch, so dass dies als eine negative Bewertung für den Fingerabdruck, die Iris und die Handvenen einfließt.

Bezüglich der Einmaligkeit (M.8) sind alle hier untersuchten Kriterien global eindeutig, was auch im Sinne des Informationsschutzes ist.

Die Lebenderkennung (M.10) ist nur für den Informationsschutz bedeutend. Für Finger und Iris können aufwändige Mechanismen zur Lebenderkennung angewandt werden, wie beispielsweise eine Wärmeuntersuchung oder eine Untersuchung auf die Durchblutung. Fujitsu PalmSecure funktioniert laut den Herstellerangaben sogar nur mit durchbluteten Handvenen. Hier ist also eine Lebenderkennung bereits vorhanden.

Auf Basis der Angaben des Herstellers zur Mechanismenstärke (M.11) bietet das Produkt „IrisID" die bestmögliche theoretische FAR und damit die höchste Sicherheit (ohne Berücksichtigung der FRR und des Schwellwerts). Diese ist sogar so hoch, dass das Produkt theoretisch auch für elektronische Signaturen einsetzbar ist. Zur Bewertung der gesamten Qualität biometrischer Merkmale sind jedoch immer eine empirische Untersuchung und eine kombinierte Betrachtung mit einer praktikablen FRR notwendig. Die Genauigkeit der Fehlerraten ist durch die Größe der Untersuchung bestimmt [TeleTrusT 2006, S. 20].

Die Art der Datenübertragung (S.1) erfolgt bei allen Lösungen verschlüsselt, ist jedoch bei dezentralen Lösungen nicht so entscheidend wie bei zentralen Lösungen. Auch findet die Kommunikation von Fujitsu PalmSecure mit dem Server verschlüsselt statt.

Die Art der Referenzspeicherung (S.2) erfolgt bei allen Lösungen in einer verschlüsselten Form. IrisID verwendet zur Speicherung der Templates einen proprietärer Iris-Code, die Templates basieren aber auf dem Standard CBEFF. Fujitsu PS speichert die Templates in einem verschlüsselten Repository. Jedoch setzt keine Lösung zusätzlich auf neuere Techniken wie Template Protection (siehe Kapitel 10.1.2.2).

Der Ort der Referenzspeicherung (S.3) findet bei der untersuchten BergData-Lösung dezentral auf einem RFID-Chip statt, bei IrisID stehen zentrale und dezentrale Möglichkeiten zur Verfügung. So kann das Template des IrisCodes auf einer SmartCard gespeichert werden, die dann bei der Authentifizierung zur Verfügung steht. Fujitsu PS speichert die Referenzdaten zentral in einem Repository.

Die Authentifikationsdauer (S.4) ist laut Herstellerangaben bei allen drei Produkten sehr kurz und erfolgt innerhalb von Sekundenbruchteilen.

Zum Sperrmechanismus (S.5) gab es bei den untersuchten Lösungen keine Aussage. In der Regel wird dieser jedoch nicht durch die Authentifizierungshardware, sondern softwareseitig durch den Administrator gesteuert.

Angaben zum Replayschutz (S.6) gab es bei BergData und Fujitsu PS nicht, die IrisID verwendet jedoch ein System namens „iDentityCheck™" zur Erkennung von Duplikaten im System.

Da es sich bei der Lösung von BergData und bei IrisID vornehmlich um Zutrittslösungen handelt, gibt es am Hardwaresensor außer einer fehlerhaften Authentifizierung keine weitere Rückmeldung bei der Authentifizierung. Im Sinne der restriktiven Informationsabgabe (S.8) ist dies positiv. Bei Fujitsu PS gab es dazu keine Angaben.

Zum Informationsfeedback (S.9) bieten IrisID und Fujitsu PS eine detaillierte Protokollierung der Authentifizierungsversuche an und schneiden deshalb positiv ab. IrisID speichert bis zu einer Million Transaktionen sogar auf dem Gerät selbst.

Bei der Erweiterbarkeit (S.10) gibt es bei BergData keine Angaben zur Verwendung von Standards. IrisID setzt zwar nicht auf eine standardisierte Architektur, verwendet aber standardisierte biometrische Austauschformate.

Fujitsu PS hat sich bei der Konstruktion des Systems an der BioAPI orientiert. Tabelle 8.1 fasst die Ergebnisse der Bewertung zusammen:

Name des Kriteriums	Abhängigkeit	Berg-Data	IrisID	FujPS
M.1: Personenbindung	Anlegerschutz (+) und Mitarbeiter-schutz (+)	0	0	0
M.4: Ausspähbarkeit	Mitarbeiterschutz (+)	-	+	++
M.6: Willentliche Beeinflussbarkeit	Anlegerschutz (-) und Mitarbeiter-schutz (+)	0	- -	- -
M.7: Universalität (negativ)	*Mitarbeiterschutz (+)*	*++*	*++*	*++*
M.8: Einmaligkeit	Anlegerschutz (+) und Mitarbeiter-schutz (-)	++	++	++
M.10: Lebenderkennung	Keine	0	0	++
M.11: Mechanismenstärke	Keine	0	++	0
S.1: Art der Datenübertragung	Mitarbeiterschutz (+)	0	0	0
S.2: Art der Referenzspeicherung	Anlegerschutz (+) und Mitarbeiter-schutz (+)	+	+	+
S.3: Ort der Referenzspeicherung	Anlegerschutz (-) und Mitarbeiter-schutz (+)	++	++	- -
S.4: Authentifikationsdauer	Mitarbeiterschutz (+)	++	++	++
S.5: Sperrmechanismus	Keine	0	N/A	N/A
S.6: Replayschutz	Mitarbeiterschutz (+)	- -	++	N/A
S.8: Restriktive Informationsabgabe	Keine	++	++	N/A
S.9: Informationsfeedback	Keine	N/A	++	++
S.10: Erweiterbarkeit	Mitarbeiterschutz (+)	- -	+	++

Tabelle 8.1: Bewertungsergebnisse mit dem Ziel „Informationsschutz"
[eigener Entwurf]

8.4.2 Bewertung mit dem Ziel des Anlegerschutzes

Das grundsätzliche Ziel bei der Verwendung biometrischer Merkmale zum Anleger-schutz sollte die Möglichkeit der Nichtverfolgung und der Revisionssicherheit sein, die derzeit gesetzlich nur durch eine elektronische Signatur garantiert und anerkannt ist. In diesem Zusammenhang existieren für die Biometrie zwei Möglichkeiten [Gruhn et al. 2007, S. 42 ff.]:

Die Biometrie als Authentifizierungsverfahren kann erstens dazu verwendet werden, um die Bindung der sicheren Signaturerstellungseinheit an eine Person herzustellen und die Nutzung durch Unbefugte zu verhindern (vgl. dazu § 15 Abs. 1 Satz 1 SigV) [Bundesregierung 2000, S. 28, S. 30; BMJ 2001b, S. 7]. Auch das Sicherheitsniveau beschreibt die Signaturverordnung abstrakt: „Bei Nutzung biometrischer Merkmale muss hinreichend sichergestellt sein, dass eine unbefugte Nutzung des Signaturschlüs-sels ausgeschlossen ist und eine dem wissensbasierten Verfahren gleichwertige Si-cherheit gegeben sein" [BMJ 2001b, S. 7].

Zweitens können biometrische Merkmale bei der direkten Einbindung in die Signatur die Identifikationsmerkmale des Kommunikationspartners darstellen. In vielen Fällen wird die Unterschrift als biometrisches Merkmal schon im Kontext der elektronischen Signatur betrachtet [Gruhn et al. 2007, S. 44 ff.].

Die Personenbindung (M.1) wurde bereits beim Informationsschutz bewertet (siehe Abschnitt 6.1.1) und steht in keinem Widerspruch zum Anlegerschutz.

Die Unveränderlichkeit (M.2) beschreibt die Möglichkeit des Benutzers, die Referenzen dieses Merkmals grundsätzlich leicht in andere plausible Ergebnisse zu verändern. Sie ist nicht mit der willentlichen Beeinflussung der gleichen Merkmalsausprägung zu verwechseln. Im Prinzip beschreibt das Kriterium also, ob ein Mensch mehrere gültige Merkmalsausprägungen besitzt oder erzeugen kann. Die Unveränderlichkeit des Merkmals sollte für den Anlegerschutz sehr hoch sein, so dass der Merkmalsträger selbst keine ungültigen Referenzen erzeugen kann, die formal richtige Authentifizierungsmerkmale beschreiben. Der Fingerabdruck, die Handvenen und die Iris besitzen eine mittlere Unveränderlichkeit, weil die Anzahl der Veränderungen für den Merkmalsträger auf neun bzw. eins begrenzt ist. Im Sinne des Anlegerschutzes bieten deshalb die Iris und die Handvenen nur leichte Vorteile in Bezug auf die Unveränderlichkeit. Wünschenswert wäre jedoch ein Merkmal, welches komplett unveränderlich ist (beispielweise die Stimme oder die DNA).

Die zeitliche Variabilität (M.5) ist für den Anlegerschutz negativ zu bewerten, d. h. die gewünschte Ausprägung ist "--" und sollte damit möglichst konstant sein. In der Literatur wird hier vom sog. „Template Ageing" gesprochen (vgl. [Graevenitz 2006, S. 41; Kindt 2007, S. 168; Lanitis 2010, S. 34; Mansfield/Wayman 2002, S. 16]). Handvenenmuster altern am wenigsten, während Studien zur Veränderung von Fingerabdrücken und Irisbildern existieren (vgl. [BSI 2004b; Fenker/Bowyer 2012; Uludag et al. 2004]). Handvenen sind in dieser Kategorie das für den Anlegerschutz beste biometrische Merkmal.

Die willentliche Beeinflussbarkeit (M.6) wurde bereits beim Informationsschutz untersucht. Für den Anlegerschutz ist dieses Kriterium ebenfalls entgegengesetzt zu bewerten. Das bedeutet, dass die Ausprägung hier möglichst negativ sein sollte. Die Merkmale Handvenen und Iris schneiden also hier gut ab, da sie keine willentliche Beeinflussbarkeit besitzen. Neutraler ist der Fingerabdruck, da der Besitzer einfacher als bei den anderen betrachteten Merkmalen willentlich eine Fälschung herbeiführen kann.

Die Bewertung der Einmaligkeit des Merkmals (M.8) und der Art der Referenzspeicherung (S.2) verfolgt beim Anlegerschutz dieselben Ziele wie beim Informationsschutz, nämlich eine möglichst verschlüsselte und geschützte Speicherung der global eindeutigen Templates. Deshalb ist hier der Analyse nichts hinzuzufügen.

Die Referenzspeichergröße (M.9) ist bei statischen Merkmalen sehr gering und deshalb geeignet, um mit Dokumenten archiviert zu werden. Diese Eigenschaft ist im Sinne des Anlegerschutzes.

Der Ort der Referenzspeicherung (S.3) ist anders als beim Informationsschutz wieder entgegengesetzt zu bewerten: Für den Anlegerschutz bietet es diverse Vorteile, wenn eine zentrale Referenzspeicherung wie bei Fujitsu PS vorliegt.

Tabelle 8.2 fasst die Ergebnisse der Bewertung zusammen:

Name des Kriteriums	Abhängigkeit	Berg-Data	IrisID	FujPS
M.1: Personenbindung	Informationsschutz (+) und Mitarbeiterschutz (+)	0	0	0
M.2: Unveränderlichkeit	Mitarbeiterschutz (-)	0	0	0
M.5: Zeitliche Variabilität (negativ)	Mitarbeiterschutz (-)	0	+ +	- -
M.6: Willentliche Beeinflussbarkeit (negativ)	Informationsschutz (-) und Mitarbeiterschutz (-)	0	- -	- -
M.8: Einmaligkeit	Informationsschutz (+) und Mitarbeiterschutz (-)	++	++	++
M.9: Referenz-Speichergröße	Keine	++	++	++
S.2: Art der Referenzspeicherung	Informationsschutz (+) und Mitarbeiterschutz (+)	+	+	+
S.3: Ort der Referenzspeicherung (negativ)	Informationsschutz (-) und Mitarbeiterschutz (-)	++	++	- -

Tabelle 8.2: Bewertungsergebnisse mit dem Ziel „Anlegerschutz"
[eigener Entwurf]

8.4.3 Bewertung mit dem Ziel des Mitarbeiterschutzes

Die Personenbindung (M.1) sollte auch für den Mitarbeiterschutz möglichst hoch sein.

Die Unveränderlichkeit (M.2) verhält sich von der Zielsetzung gegensätzlich zum Anlegerschutz. Es wird daher ein möglichst beliebig veränderbares Merkmal angestrebt. Bei Fingerabdruck, Handvenen und Iriserkennung sind zumindest zusätzliche Veränderungen möglich.

Der Informationsgehalt (M.3) ist ein Merkmalskriterium, welches nur für den Mitarbeiterschutz entscheidend ist. In seiner positivsten Ausprägung enthält es keine weiteren Zusatzinformationen. Der Fingerabdruck besitzt außer den identifizierenden Merkmalsausprägungen noch weitere Informationen, die Rückschlüsse auf die Person zulassen. Das Irismuster hingegen enthält zwar weitere Informationen, die jedoch nicht als persönlich eingestuft werden können. In dieser Kategorie schneiden die Handvenenmuster am besten ab, sie geben keine bekannten Informationen über eine Person preis.

Die Bewertung der Ausspähbarkeit (M.4) verfolgt erneut die gleichen Zielsetzungen wie beim Informationsschutz. Handvenen sind vor der Iriserkennung am besten zu bewerten.

Die zeitliche Variabilität (M.5) sollte beim Mitarbeiterschutz möglichst hoch sein. In dieser Kategorie schneidet deshalb die Iris am besten ab.

Die willentliche Beeinflussbarkeit (M.6) richtet sich in ihrer Zielsetzung nach dem Informationsschutz und sollte möglichst hoch sein. Die Handvenen und die Iris sind nicht willentlich beeinflussbar und somit für den Mitarbeiter ein ungünstiges biometrisches Merkmal. Fingerbadrücke sind zumindest mit Aufwand willentlich beeinflussbar.

Alle drei betrachteten biometrischen Merkmale weisen eine sehr hohe Universalität (M.7) auf. Für den Mitarbeiterschutz ist dies ebenso wie beim Informationsschutz ungewollt, da eine hohe Universalität die Überwachungseignung und die Bildung von Personenprofilen unterstützt.

Nicht nur eine hohe Universalität, sondern auch eine hohe Einmaligkeit (M.8) des Merkmals führen dazu, dass ein biometrisches Merkmal sehr gut zur Erstellung von Personenprofilen geeignet ist. Aus diesem Grund sollte im Gegensatz zum Anlegerschutz und Informationsschutz für den Mitarbeiterschutz ein biometrisches Merkmal möglichst nicht einmalig sein.

Die Art der Datenübertragung (S.1), die Art der Referenzspeicherung (S.2), der Ort der Referenzspeicherung (S.3), die Authentifikationsdauer (S.4), der Replayschutz (S.6) und die Erweiterbarkeit (S.10) wurden bei den anderen Zielen bereits behandelt. Die Ausrichtung beim Mitarbeiterschutz verhält sich hier absolut analog zum Informationsschutz und kann aus dessen Bewertung übernommen werden.

Einen Sonderfall bietet noch die Betriebsart des Authentifizierungssystems (S.7), welche nur beim Mitarbeiterschutz bewertet wird. Hier lieferten die untersuchten Produkte unterschiedliche Ergebnisse: Während IrisID eine völlige Freiheit bezüglich der Identifikation oder Verifikation bietet, schränken die beiden anderen Lösungen die Nutzung auf eine der beiden Betriebsmodi ein. Für den Mitarbeiterschutz ist die Verwendung einer Identifikation wie bei Fujitsu PalmSecure immer problematischer, da die Überwachungseignung vorhanden ist. Aus diesem Grund ist die Beschränkung auf die Verifikation bei BergData zu bevorzugen.

Name des Kriteriums	Abhängigkeit	Berg-Data	IrisID	FujPS
M.1: Personenbindung	Anlegerschutz (+) und Informationsschutz (+)	0	0	0
M.2: Unveränderlichkeit	Anlegerschutz (-)	0	0	0
M.3: Informationsgehalt	Keine	- -	0	++
M.4: Ausspähbarkeit	Informationsschutz (+)	-	+	++
M.5: Zeitliche Variabilität	Anlegerschutz (-)	0	++	- -
M.6: Willentliche Beeinflussbarkeit	Anlegerschutz (-) und Informationsschutz (+)	0	- -	- -
M.7: Universalität (negativ)	Informationsschutz (+)	++	++	++
M.8: Einmaligkeit (negativ)	Anlegerschutz (-) und Informationsschutz (-)	++	++	++
S.1: Art der Datenübertragung	Informationsschutz (+)	0	0	0
S.2: Art der Referenzspeicherung	Anlegerschutz (+) und Informationsschutz (+)	+	+	+
S.3: Ort der Referenzspeicherung	Anlegerschutz (-) und Informationsschutz (+)	++	++	- -
S.4: Authentifikationsdauer	Informationsschutz (+)	++	++	++
S.6: Replayschutz	Informationsschutz (+)	- -	++	N/A
S.7 Betriebsart des Authentifikationssystems	Keine	++	0	- -
S.10: Erweiterbarkeit	Informationsschutz (+)	- -	+	++

Tabelle 8.3: Bewertungsergebnisse mit dem Ziel „Mitarbeiterschutz"
[eigener Entwurf]

8.5 Zusammenfassung der resultierenden Mängel

Beim Vergleich der Bewertungsergebnisse erhielten alle Kriterien die gleiche Gewichtung. Danach können die Ergebnisse als Entscheidungsgrundlage verwendet werden. So zeigt sich, dass sowohl beim Ziel des Informationsschutzes als auch des Mitarbeiterschutzes das IrisID System in den meisten Kriterien am besten abschneidet, gefolgt von Fujitsu PalmSecure und BergData Fingerprint an dritter Stelle. Beim Anlegerschutz positioniert sich Fujitsu PalmSecure jedoch deutlich vor den beiden anderen Lösungen.

Die Bewertung der Authentifizierungssysteme ergibt drei Mängel in allen Systemen:

- **Verwendung von BIOAPI und Austauschformaten:** Nicht alle Lösungen setzen auf eine vollständig standardisierte Architektur und standardisierte Austauschformate. Die Vorteile werden in Abschnitt 10.1.2.1 genauer erläutert.
- **Erweiterte Speicherung durch „Template Protection":** Keine der Lösungen spricht direkt einen speziellen Schutz der biometrischen Referenzdaten an, der

eine beliebige Änderung und datenschutzkonforme Speicherung erlaubt. Dieses Konzept der sog. „Template Protection" wird in Abschnitt 10.1.2.2 beschrieben.

-   **Löschmechanismus:** Keine Lösung erwähnt etwas über die Dauer der Referenzspeicherung und die Löschung von Daten. Hierzu finden sich Vorschläge in Abschnitt 10.1.2.3.

Während die identifizierten Probleme in den Anforderungen aus Kapitel 5 den Gesetzgeber, die Gremien und die Konsortien betreffen und die Optimierungsproblematik der Kriterien aus Kapitel 7 das IT-Management eines Unternehmens ansprechen, sind die hier identifizierten Mängel hauptsächlich für die Hersteller biometrischer Authentifizierungssysteme entscheidend. Kapitel 10.1 stellt Vorschläge und Maßnahmen vor, welche die identifizierten Mängel beseitigen oder abschwächen sollen.

9 Evaluation des Bewertungsschemas

Das vorliegende Kapitel widmet sich der kritischen Betrachtung der Arbeit. Dabei werden das Vorgehen sowie der ermittelte Kriterienkatalog einer Prüfung unterzogen.

Im Rahmen der Design Science ist ein entwickeltes Artefakt (wie das Bewertungsframework aus Kapitel 7) immer einer Evaluation zu unterziehen, um den Nutzen, die Qualität und die Wirksamkeit beurteilen zu können [Hevner et al. 2004, S. 82 f.; Peffers et al. 2007, S. 49, S. 55 ff.]. Zur Verdeutlichung des Nutzens führte Kapitel 8 eine Evaluation anhand von Praxisbeispielen durch. Nach [Bucher et al. 2008, S. 75] handelt es sich hierbei um eine Evaluation gegen die Realwelt. Der Nutzen sollte dabei in Veränderungen bzw. Verbesserungen von Informationssystemen resultieren [Vaishnavi/Kuechler 2004]. Die Wirksamkeit dieses Bewertungsframeworks verdeutlicht insbesondere das nachfolgende Kapitel 10. Noch ausstehend zur Beurteilung der Qualität ist demnach die Evaluation gegen die Forschungslücke nach [Bucher et al. 2008, S. 75], bei der auf gegebene oder erarbeitete Anforderungen geprüft wird. Aus diesem Grund werden die in Kapitel 3 gestellten Qualitätsanforderungen an das Bewertungsschema nun überprüft.

Die Evaluation der Forschungslücke gegen die Realwelt spielt dagegen in der gestaltungsorientierten Wirtschaftsinformatik nur eine untergeordnete Rolle [Bucher et al. 2008, S. 75].

9.1 Nachweis auf Zielerfüllung

In Abschnitt 3.2.1 wird die Zielerfüllung als wichtiges Kriterium eines Artefakts der gestaltungsorientierten Wirtschaftsinformatik genannt. Die Forschungsfragen 3 und 4 befassen sich noch mit den Maßnahmen für das IT-Sicherheitsmanagement und den Schlussfolgerungen für Hersteller biometrischer Systeme und Gesetzgeber. Diese werden in Kapitel 10 behandelt, sie stellen jedoch nicht das Ziel des Artefakts (Bewertungsframeworks) dar und sind deshalb nicht bei der Bewertung der Zielerfüllung berücksichtigt.

Zur Überprüfung der Zielerfüllung des Bewertungsframeworks wurden mehrere Ziele vorgestellt, welche nun im Folgenden zu beantworten sind:

1. *Das Bewertungsschema berücksichtigt die wichtigen Compliance-Regelwerke für biometrische Authentifizierungssysteme.*

Kapitel 7 geht bei der Beschreibung aller Merkmals- und Systemkriterien zu einem großen Teil auf die in Kapitel 5 beschriebenen Gesetze, Verordnungen, Standards und Normen der Compliance ein. In jeder Kriterienbeschreibung ist damit die Herkunft aus

© Springer Fachmedien Wiesbaden GmbH, ein Teil von Springer Nature 2014
S. Däs, *Compliance-konforme Einbindung biometrischer Authentifizierungssysteme in das betriebliche IT-Sicherheitsmanagement*, Edition KWV, https://doi.org/10.1007/978-3-658-23466-9_9

dem Compliance Regelwerk aufgeführt und die sich daraus ergebende Bewertungs-möglichkeit inklusive der Ausprägung des Merkmals.

2. *Durch das Bewertungsschema lässt sich der Beitrag dieser Systeme zur IT-Compliance untersuchen.*

Die Zielsetzungen der Authentifizierung als Instrument und Prüfgegenstand der Compliance wurden in Kapitel 6 als Informationsschutz, Anlegerschutz und Mitarbeiter-schutz eingeteilt. Das entwickelte Bewertungsschema wurde in Abschnitt 7.4 und 7.5 den Gefahren für biometrische Authentifizierung und damit den Authentifizierungs-Schutzzielen der IT-Compliance erneut gegenübergestellt. Für jedes Kriterium wurde außerdem die wünschenswerte Ausprägung hinsichtlich des Schutzziels bestimmt. So kann ein biometrisches Authentifizierungssystem dahingehend untersucht werden, wie gut es die Ziele Informationsschutz, Mitarbeiterschutz und Anlegerschutz umsetzen kann.

9.2   Nachweis auf Vollständigkeit

Die Vollständigkeit des Bewertungsschemas fordert Abschnitt 3.2.2 als Qualitätskriterium. Der Nachweis auf Vollständigkeit der Bewertungskriterien hinsichtlich der IT-Compliance gestaltet sich trotz dem in dieser Arbeit festgesetzten Fokus auf deutsche Konzerne schwierig, da die IT-Compliance ständig von der derzeitigen Gesetzeslage und der Überarbeitung gängiger Standards abhängt. Bereits während der Erstellung dieser Arbeit wurden viele Standards erweitert, erneuert oder sogar komplett neu ge-staltet (ein Beispiel wäre das Update von COBIT 4.1 auf COBIT 5 im April 2012). Aus diesem Grund kann eine Überprüfung der Unterstützung der IT-Compliance immer nur eine Momentaufnahme sein.

1. *Alle relevanten Compliance-Regelwerke werden behandelt und alle relevanten Kriterien zur Bewertung der Umsetzung der Anforderungen dieser Regelwerke sind vorhanden.*

Abschnitt 4.1 beschreibt, dass die Auswahl der untersuchten Compliance-Regelwerke nicht willkürlich ist, sondern durch eine Auswertung der Literatur und Abhandlungen interner und externer Experten getroffen wird. Hierbei findet keine Analyse aller er-wähnten Gesetze statt, sondern es wird eine Eingrenzung aufgrund mehrfacher Nen-nungen getroffen. In Abschnitt 4.2 wird diese Liste der zu betrachteten Regelwerke ergänzt, indem die Referenzen auf weitere Compliance-Regularien in den bereits be-kannten Regelwerken berücksichtigt werden.

Ebenso verwendet diese Arbeit einen mehrstufigen Prozess zur Findung aller relevan-ten Kriterien: Zunächst erfolgt in Abschnitt 6.6 eine Betrachtung biometrischer Bewer-tungskriterien, die bereits in der Praxis und Literatur für vielfältige Zielsetzungen verwendet wurden. Anhand der Compliance-Zielsetzungen der Authentifizierung (siehe Abschnitt 6.2 bis 6.5) werden in Kapitel 7 die relevanten Prüfkriterien beschrieben, nicht relevante eliminiert sowie noch nicht vorhandene neu geschaffen.

2. *Die Beschreibung der Aktivitäten zur Entwicklung und die Beschreibung des Vorgehens des Bewertungsschemas sind komplett.*

Die Arbeit enthält an allen Kapitelanfängen einen Ausblick auf die nachfolgenden Aktivitäten, insbesondere Kapitel 4 beschreibt jedoch die komplette Entwicklung des Bewertungsschemas. Mit der Abgrenzung der IT-Compliance Regelwerke (Abschnitt 4.1) und der Ergänzung um referenzierte Regelwerke (Abschnitt 4.2) wird die Grundlage für den Rest der Arbeit geschaffen. Die Beschreibung des Vorgehens der Analyse der Regelwerke (Abschnitt 4.3) legt die Grundlage für Kapitel 5. Schließlich beschreibt Abschnitt 4.4 die Ableitung der Bewertungskriterien für biometrische Authentifizierung aus den Compliance Regelwerken und die Entwicklung der Prüfkriterien. Diese Aktivitäten finden dann in Kapitel 6 und Kapitel 7 dieser Arbeit statt. Sowohl die Betrachtung der Compliance-Regelwerke als auch die Entwicklung der Bewertungskriterien greifen dabei auf eine Literaturrecherche zurück.

Auf einer höheren Ebene beschreiben die Abschnitte 1.5 und 1.6 das Vorgehen und den Aufbau der kompletten Arbeit.

3. *Alle relevanten Ergebnisse sind vorhanden.*

Ergebnisse jedes Schrittes werden am Ende eines Kapitels zusammengefasst. Für das Bewertungsschema relevant sind:

Ergebnisse	Referenz in dieser Arbeit
Die Zusammenfassung der Ableitung der Bewertungskriterien für biometrische Authentifizierung aus den betrachteten Compliance-Regelwerken	**Kapitel 4** Abbildung 4.2: Vorgehen zur Ableitung der Bewertungskriterien für biometrische Authentifizierung aus den betrachteten Compliance-Regelwerken
Die Zusammenfassung der Compliance-Anforderungen an die Authentifizierung und die daraus resultierenden Gefahren beim Einsatz von Biometrie	**Abschnitt 5.3** Tabelle 5.18: Zusammenfassung der resultierenden IT-Compliance-Anforderungen an die Authentifizierung **Kapitel 6** Abbildung 6.2: Compliance-Anforderungen an ein Authentifizierungssystem und Gefahren bei Einsatz von Biometrie
Die Beschreibung aller Bewertungskriterien inklusive Herkunft, betroffenen Schutzzielen und Ausprägung	**Abschnitt 7.1 bis 7.5** Tabelle 7.7: Relevanz der Merkmals- und Systemkriterien für die Ziele der IT-Compliance
Das Zusammenwirken der Bewertungskriterien und die Problematik einer idealen Umsetzung aller Schutzziele	**Abschnitt 7.5** Tabelle 7.8: Kriterien mit einer Zielabhängigkeit Tabelle 7.9: Kriterien mit zwei Zielabhängigkeiten Tabelle 7.10: Kriterien mit drei Zielabhängigkeiten
Vollständige Zusammenfassung des kompletten Bewertungsschemas mit allen Kriterien, deren bevorzugten Ausprägungen, Gefahren und Schutzzielen	**Anhang B3**

Tabelle 9.1: Relevante Ergebnisse des Bewertungsschemas
[Eigener Entwurf]

9.3   Nachweis auf Konsistenz

Die Konsistenz (siehe Abschnitt 3.2.3) stellt neben der Vollständigkeit eines der am häufigsten erwähnten Qualitätskriterien für Artefakte der Wirtschaftsinformatik dar. Die folgenden vier Aspekte überprüfen das Bewertungsschema auf seine Konsistenz:

1. Die Entwicklung des Bewertungsschemas folgt einer korrekten zeitlichen Anordnung der Aktivitäten.

Die Entwicklung des Bewertungsschemas besteht aus den folgenden Schritten:

- Für die Überprüfung von Compliance-Anforderungen werden zuerst die relevanten Compliance-Regelwerke anhand verschiedener Quellen identifiziert und anschließend ausgewertet (Kapitel 4 und 5).
- Die daraus entstehende Liste an Anforderungen wird für die Bestimmung von Schutzzielen und damit verbundenen Gefahren für die biometrische Authentifizierung verwendet (Kapitel 6).

- Anhand bisheriger Bewertungen biometrischer Verfahren werden Bewertungs- kriterien abgeleitet (Kapitel 6).
- Den Bewertungskriterien werden anschließend die Anforderungen und Schutz- zielen zugeordnet. Im Zuge dieses Schrittes können auch neue Bewertungskrite- rien entstehen (Kapitel 7).
- Nach der Zuordnung der Bewertungskriterien zu den Gefahren bzw. Schutzzie- len wird ihre bevorzugte Ausprägung erarbeitet (Kapitel 7).

Der Aufbau der Arbeit orientiert sich damit am chronologisch richtigen Vorgehen zur Erkenntnisgewinnung, d. h. kein Schritt greift auf Ergebnisse zurück, die erst später in der Arbeit ermittelt wurden.

2. *Es bestehen keine Widersprüchlichkeiten zwischen den Bewertungskriterien.*

Kein Bewertungskriterium behindert die Bewertung eines anderen Kriteriums. Keine gefundene Ausprägung eines Kriteriums kann einer anderen Ausprägung eines Krite- riums widersprechen, da die Kriterien überschneidungsfrei sind (siehe Demonstration in Kapitel 8 und nächster Abschnitt 9.4). Es wurde jedoch in Abschnitt 7.5 festgestellt, dass Kriterien untereinander in Konkurrenz stehen können und je nach Zielsetzung die gewünschte Ausprägung eines Kriteriums unterschiedlich sein kann. Konkurrenzen zwischen Anforderungen stellen jedoch keinen Widerspruch dar und beeinträchtigen somit nicht die Konsistenz des Bewertungsschemas (vgl. [Johannsen 2012, S. 114; Schütte 1998, S. 127]).

3. *Die Nachverfolgbarkeit der Inhalte des Bewertungsschemas ist gegeben.*

Alle Ergebnisse des Bewertungsschemas (Gefahren und Bewertungskriterien) sind in dieser Arbeit mit Nummerierungen versehen. Dabei wird folgende Logik verwendet:

- Für Gefahren:
  G (für Gefahr), *I /A / M* (für Informationsschutz, Anlegerschutz oder Mitarbei- terschutz), - (Bindestrich), Nummer
- Für Bewertungskriterien:
  M / S (für Merkmal oder System), . (Punkt), Nummer

Außerdem findet sich in Anhang B eine Referenz zu diesen Ergebnissen.

4. *Das Bewertungsschema enthält keine sinnverändernden Fehler.*

Das Bewertungsschema wurde mehrmals auf Fehler überprüft und auch im Rahmen der Demonstration (Kapitel 8) konnte kein Fehler festgestellt werden.

9.4 Nachweis auf Redundanzfreiheit

Abschnitt 3.2.4 identifizierte die Redundanzfreiheit als wichtiges Kriterium für die Qualität des Bewertungsschemas. Dieses Kriterium überprüft folgenden Sachverhalt:

1. *Es existieren keine Überschneidungen und doppelten Bewertungskriterien. Jedes Kriterium ist eindeutig und einzigartig.*

Zur Garantie der Überschneidungsfreiheit der Bewertungskriterien aus Kapitel 7 können diese dem biometrischen Verfahrensablauf zugeordnet werden:

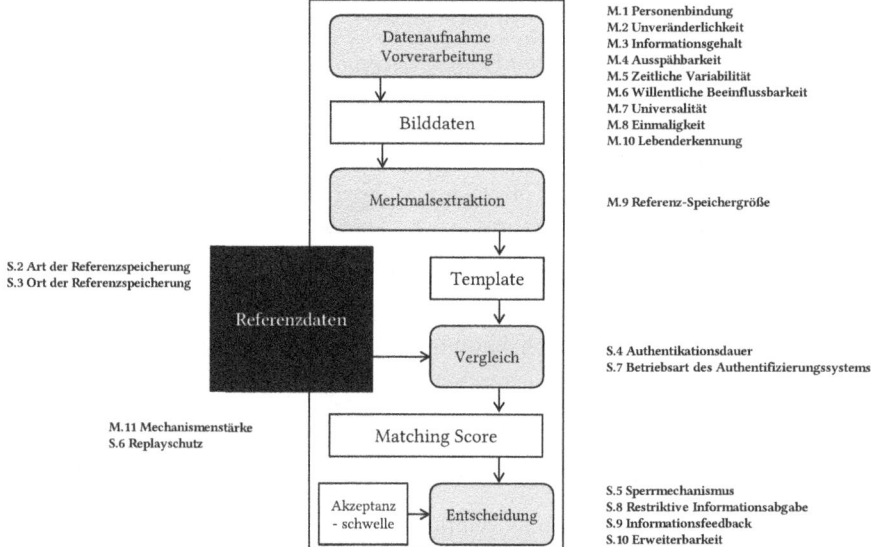

Abbildung 9.1: Zuordnung der Bewertungskriterien zum biometrischen Verfahrensablauf
[eigener Entwurf nach [BSI 2004a]

Die Kriterien sind nicht doppelt vorhanden und damit einzigartig. Da es sich um einen linearen Verfahrensablauf handelt, sind diejenigen Kriterien überschneidungsfrei, die unterschiedlichen Schritten zugeordnet wurden. Innerhalb eines Schrittes stellt die Analyse bei der Entwicklung der Kriterien und der Bewertung keine Überschneidungen fest. Allerdings hat sich gezeigt, dass einzelne Bewertungskriterien nicht unabhängig voneinander sind, sondern sich gegenseitig positiv oder negativ beeinflussen.

9.5 Nachweis auf Prüfbarkeit

Die Prüfbarkeit aus Abschnitt 3.2.5 ist für ein Bewertungsschema ein wichtiges Kriterium. Nachfolgend werden die vier Aspekte zum Nachweis der Prüfbarkeit einer Betrachtung unterzogen:

1. Es ist spezifiziert, wie sich ein Kriterium überprüfen lässt.

Bis auf die Mechanismenstärke sind die Kriterien qualitativer Natur und besitzen immer mindestens drei Ausprägungen auf einer 5-stufigen Skala von -- bis ++. Die Skala richtet sich dabei nach den Angreiferklassen nach Aufwand des Angriffs (siehe Abschnitt 6.7). Für jedes Kriterium ist eine Beschreibung dieser Ausprägung vorhanden.

Für jedes Kriterium sind eine Idealerfüllung je nach der Zielsetzung und die Konflikte zu anderen Schutzzielen angegeben (siehe Abschnitt 7.5).

2. Die Beschreibung eines Kriteriums ist verständlich.

Die Beschreibung jedes Kriteriums erfolgt nach dem in Kapitel 7 vorgestellten Schema mit Beschreibung, Herkunft aus den Regelwerke und Ausprägung und fasst die Ergebnisse in einer Tabelle zusammen, welche Überschrift, Name, Herkunft, betroffene Schutzziele und Ausprägung enthält.

3. Die Bewertung eines Kriteriums ist realisierbar.

Die Prüfbarkeit demonstriert Kapitel 8, indem das Bewertungsschema an drei Authentifizierungssystemen beispielhaft angewendet wird.

9.6 Zusammenfassung der Ergebnisse

Die in diesem Kapitel erfolgte Evaluation des Bewertungsschemas ergab, dass die zuvor definierten Kriterien Zielerfüllung, Vollständigkeit, Konsistenz, Redundanzfreiheit und Prüfbarkeit ausreichend erfüllt werden. Zusammen mit der praktischen Demonstration in Kapitel 8 lässt sich so das Bewertungsschema praktisch und wissenschaftlich als tauglich beurteilen.

Mit diesem Schritt ist die Entwicklung des Bewertungsschemas abgeschlossen. Das nachfolgende Kapitel widmet sich den daraus resultierenden Schlussfolgerungen.

10 Schlussfolgerungen

10.1 Verbesserung von Authentifizierungssystemen

Durch die in Kapitel 7 beschriebene Optimierungsproblematik und die in Kapitel 8 identifizierten Mängel ergeben sich mehrere Probleme für den Hersteller einer biometrischen Authentifizierungslösung. Um die Erfüllung der IT-Compliance zu unterstützen und um Mängel in der Bewertung nach Kapitel 8 zu vermeiden, beschreiben die folgenden Abschnitte die Maßnahmen zur Verbesserung von Authentifizierungssystemen. Die Zielgruppe sind dabei die Hersteller dieser Systeme.

10.1.1 Zielkonflikte für ein biometrisches Authentifizierungssystem

Falls das Authentifizierungssystem eine einfache Erweiterbarkeit (Kriterium S.10) besitzt, diese jedoch nicht korrekt umgesetzt ist, ergeben sich für den Informationsschutz gewisse Gefahren, insbesondere die Umgehung der eigentlichen biometrischen Erkennung (vgl. Kapitel 7.4.1). Eine geringe Erweiterbarkeit führt jedoch zu Gefahren für den Mitarbeiterschutz, vor allem zum Zwang zur Nutzung biometrischer Systeme. Zur Lösung dieses Problems ist bei der Gestaltung des biometrischen Authentifizierungssystems auf eine standardisierte Architektur und standardisierte Austauschformate zu achten, die Sicherheitsrisiken minimieren. Konzepte hierzu stellt Abschnitt 10.1.2.1 vor.

Die Kriterien Unveränderlichkeit (M.2), Informationsgehalt (M.3) und Zeitliche Variabilität (M.5) wurden in Kapitel 7.4.3 den Gefahren „missbräuchliche Verwendung von Zusatzinformationen" (GM-2) und „lebenslange Merkmalskomprimierung" (GM-3) zugeordnet. Diese Gefahren bedrohen den Mitarbeiterschutz. Der Informationsgehalt (M.3) hat hierbei keine Abhängigkeit, während die Unveränderlichkeit (M.2) und die zeitliche Variabilität (M.5) eines Merkmals durch die Gefahren des Anlegerschutzes „absichtliche Fälschung der Personenidentität" (GA-1) und „keine eindeutige Zuordnung" (GA-2) gegensätzliche Ausprägungen anstreben können (vgl. hierzu Kapitel 7.4.2). Die technische Lösung der sog. „Template Protection" bietet die Möglichkeit, das Gefahrenpotential ausspionierter und korrumpierter biometrischer Daten abzuschwächen, ohne dass dabei die Unveränderlichkeit (M.2) und die zeitliche Variabilität (M.5) minimiert werden. Die Beschreibung hierzu findet sich in Abschnitt 10.1.2.2.

Ebenfalls ein großes Konfliktpotential existiert bei den Kriterien Einmaligkeit (M.8) und Ort der Referenzspeicherung (S.3). Die Einmaligkeit steht mit den Gefahren zur Überwachungseignung biometrischer Systeme und Bildung von Personenprofilen (GM-4, Mitarbeiterschutzschutz) entgegengesetzt zur Gefahr der Täuschung des Sensors (GI-2, Informationsschutz) und der Gefahr einer nicht eindeutigen Zuordnung

© Springer Fachmedien Wiesbaden GmbH, ein Teil von Springer Nature 2014
S. Däs, *Compliance-konforme Einbindung biometrischer Authentifizierungssysteme in das betriebliche IT-Sicherheitsmanagement*, Edition KWV,
https://doi.org/10.1007/978-3-658-23466-9_10

(GA-2, Anlegerschutz). Beim Ort der Referenzspeicherung hingegen stehen der Informationsschutz (GI-3: Diebstahl valider Authentifizierungsdaten) und der Mitarbeiterschutz (GM-1: Unrechtmäßige Aneignung der Nutzeridentität) dem Anlegerschutz (GA-1: Absichtliche Fälschung der Personenidentität) gegenüber. Zur Abschwächung der Problematiken trägt ein automatisierter Löschmechanismus bei. Löscht das System biometrische Daten automatisiert, mildert dies die Überwachungseignung ab und fördert für das Kriterium Einmaligkeit eine gewollte Tendenz in Richtung einer höheren Einmaligkeit. Eine zentrale Speicherung mit einer automatisierten Referenzlöschung für das Kriterium Ort der Referenzspeicherung (S.3) schwächt die Gefahren des Diebstahls und der Aneignung von Nutzerdaten (GI-3) ebenfalls ab. Abschnitt 10.1.2.3 beschreibt solche Verfahren.

Für das Merkmalskriterium „M.6: Willentliche Beeinflussbarkeit" existieren nach dem derzeitigen Kenntnisstand keine technischen Möglichkeiten, um den Konflikt zwischen dem Anlegerschutz und den Zielen Informationsschutz und Mitarbeiterschutz abzuschwächen. Hier muss das Unternehmen eine Entscheidung je nach gesetzten Prioritäten treffen.

10.1.2   Mögliche Verbesserung des biometrischen Authentifizierungssystems

Grundsätzlich stellt sich die Frage, ob ein Authentifizierungssystem im Nachhinein auf seine Fähigkeiten überprüft wird (Regelfall) oder ob bereits bei der Einführung ein Integrationskonzept vorliegt, das eine Einbindung des Authentifizierungssystems in das IKS vorsieht. Der Aufwand einer nachträglichen Verbesserung kann allerdings den Aufwand einer kompletten Neuentwicklung übersteigen.

10.1.2.1 BioAPI und standardisierte Austauschformate

Die vorrangige Maßnahme für die Hersteller biometrischer Systeme sollte die Verwendung einer standardisierten Architektur und die Verwendung biometrischer Austauschformate sein (vgl. [Nanavati et al. 2002, S. 277 ff.]). Dadurch wird die Interoperabilität der biometrischen Systeme garantiert, d. h. im Gegensatz zu proprietären Formaten speichert das System die biometrischen Charakteristiken offen, so dass sie fremde Hersteller auch lesen und verarbeiten können [Breebaart et al. 2008, S. 28; Busch 2007, S. 160]. Gleichzeitig verbessert eine Standardisierung die Vergleichbarkeit gleichartiger biometrischer Daten, die von unterschiedlichen Komponenten aufgenommen wurden [Henninger/Waldmann 2005, S. 1]. Der ISO Standard 19794 beschreibt die Standardisierung der biometrischen Referenzdaten und ihrer Templates [ISO 2011b]. Während Teil 1 von ISO/IEC 19794 die allgemeinen Eigenschaften und Einsatzbedingungen beschreibt, behandeln die Teile 2 bis 11 die spezifischen Austauschformate für die einzelnen biometrischen Merkmale (Fingerabdrucksdaten, Gesichtsdaten, Irisdaten, Unterschriftendaten, Fingerskelettdaten, Gefäßdaten, und Daten zur Handgeometrie) [Busch 2010, S. 4; Henninger/Waldmann 2005, S. 1; ISO 2011b]. Grundsätzlich werden die Rahmenbedingungen für die Austauschformate im „Common Biometric Exchange Formats Framework" (CBEFF) im Standard ISO 19785-1 beschrieben [Henninger/Waldmann 2005, S. 1; ISO 2006a]. Dieses Format besteht aus einem Kopfteil mit Metainformationen wie Biometrietyp, Formatinhaber und Formattyp (Standard Biometric Header), einem Rumpfteil mit den eigentlichen biometrischen Referenzdaten, die im Idealfall nach ISO/IEC 19794 codiert sind (Biometric Data Block) und einem optionalen Signaturteil, der eine nicht spezifizierte Signatur des Formatinhabers bzw. Herstellers enthalten kann [Henninger/Waldmann 2005, S. 3].

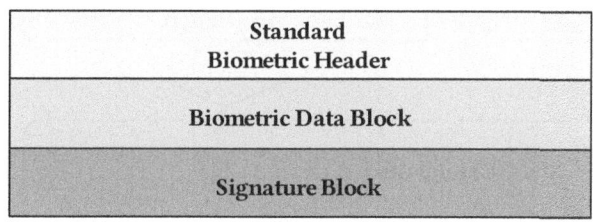

Abbildung 10.1: Struktur des Rahmenformats biometrischer Daten
[Henninger/Waldmann 2005, S. 3; ISO 2006a]

Für die Sicherstellung der Interoperabilität sollten die Hersteller biometrischer Systeme einen Conformance-Test nachweisen [Busch 2007, S. 162]. Dieser überprüft die erforderlichen Datenfelder im Header des Austauschformates auf ihre Existenz und Schlüssigkeit [Busch 2007, S. 162]. Hierfür wurde der ISO-Standard ISO/IEC 29109 entwickelt, der auf die in ISO/IEC 19794 definierten Austauschformate validiert [ISO 2009a].

Neben den Austauschformaten wurden auch die Architektur und die Schnittstellen biometrischer Authentifizierung in der sog. BioAPI 2.0 (ISO/IEC 19784-1) im Jahr 2006 festgeschrieben [ISO 2006b]. Ziel der Standardisierung der Schnittstellen ist die Möglichkeit, dass sich verschiedene Komponenten und Module eines biometrischen Systems unabhängig vom Hersteller austauschen können [Alonso-Fernandez et al. 2012, S. 60]. Die Kombination verschiedener biometrischer Authentifizierungsmethoden in einer Anwendung erleichtert sich somit erheblich [Busch 2010, S. 11].

Das BioAPI-Framework in der Version 2.0 als Grundgerüst unterstützt Anfragen biometrischer Anwendungen, wie beispielsweise den PC-Login oder die Zutrittskontrolle, die von verschiedenen Anbietern stammen können [Nanavati et al. 2002, S. 279 f.; Nuppeney et al. 2007, S. 107]. Durch sog. Service Provider Interfaces (SPIs) spricht das Framework biometrische Dienste (Biometric Service Providers) unterschiedlicher

Herkunft an [Nuppeney et al. 2007, S. 106 f.]. Die Biometric Service Provider haben Zugriff auf die eigentlichen biometrischen Sensoren, welche die Aufnahme der biometrischen Charakteristika übernehmen. Andere Klassen von BSPs können zur Durchführung von Verifikation oder Identifikation benutzt werden [Nuppeney et al. 2007, S. 107]. Grundsätzlich sind alle Komponenten parallel und gleichzeitig benutzbar. [Dunstone/Yager 2009, S. 51; Grother 2008, S. 513 f.; Nuppeney et al. 2007, S. 106; Tilton 2003, S. 3; Woodward et al. 2003, S. 175 ff.]. Die Norm ISO/IEC 24709 spezifiziert die BIOAPI Konformitätsprüfung [ISO 2007]. Abbildung 10.2 gibt einen Überblick:

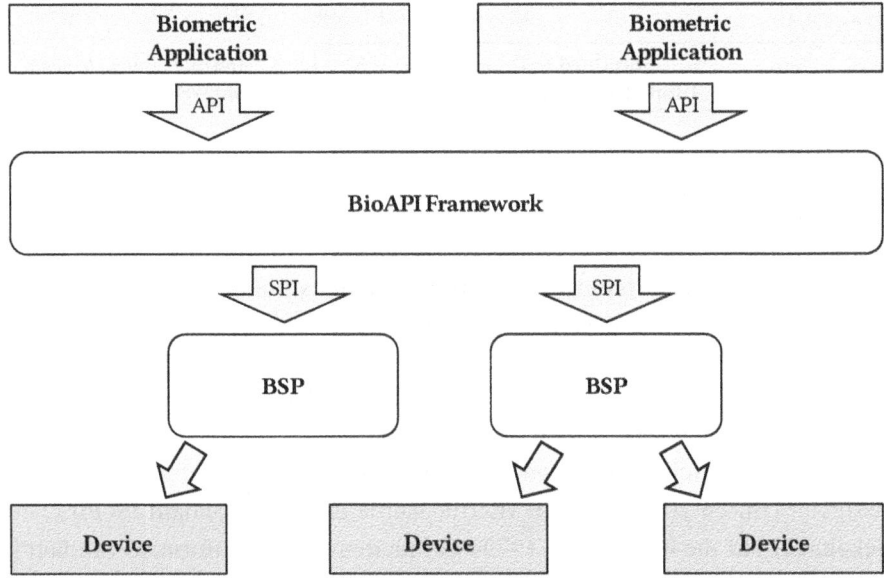

Abbildung 10.2: Komponentenmodell nach ISO/IEC 19784-1 (BioAPI 2.0)
[ISO 2006b; Nuppeney et al. 2007, S. 106]

Eine Standardisierung der Datenformate und der Architektur zieht enorme Qualitätsvorteile für ein biometrisches System nach sich: Neben der besseren Vergleichbarkeit und dem damit zunehmenden Konkurrenzdruck wird verschiedenen Herstellern damit die Zusammenarbeit erleichtert [Alonso-Fernandez et al. 2012, S. 60].

Die folgende Tabelle bietet eine Übersicht über bedeutende Standards zur Architektur und zu Austauschformaten biometrischer Systeme:

Standard	Inhalt
ISO/IEC 19794	Definition biometrischer Austauschformate
ISO 19785	Common Biometric Exchange Formats Framework (CBEFF)
ISO/IEC 29109	Konformitätsprüfung Austauschformate
ISO 19784	BioAPI
ISO/IEC 24709	Konformitätsprüfung BioAPI

Tabelle 10.1: Übersicht über ausgewählte ISO-Standards zur Architektur und zu Austauschformaten biometrischer Systeme
[Alonso-Fernandez et al. 2012, S. 61]

10.1.2.2 Biometric Template Protection durch Transformation

Eine der größten Gefahren für den Datenschutz bzw. Mitarbeiterschutz bei der Verwendung der Biometrie ist die missbräuchliche Verwendung von Zusatzinformationen (vgl. Abschnitt 7.4.3). Auch wenn ein biometrisches Authentifizierungssystem meist nicht die biometrischen Daten direkt, sondern die charakteristische Ausprägung in Form von Templates speichert, besteht die Gefahr, dass biometrische Daten aus den Templates rekonstruiert werden können (vgl. z. B. [Capelli et al. 2007] und [Ross et al. 2007]).

Unter dem Begriff „Template Protection" fasst die Forschung eine Reihe von Techniken (u. a. auch „Cancelable Biometrics", „BioHashing" und „Pseudo Identities") zusammen, die alle nach einem ähnlichen Prinzip funktionieren [Busch et al. 2010]. Grundsätzlich sollen hierbei beim erstmaligen Erstellen der Referenzdaten in sog. Templates (dem Enrolment) diese so gesichert und abgespeichert werden, dass eine Rekonstruktion der biometrischen Rohdaten nicht möglich ist, sie aber noch bei der Authentifizierung zum Abgleich mit dem gerade aufgenommenen Merkmal benutzt werden können (vgl. [BSI 2011b; Belguechi et al. 2010; Busch et al. 2010; Cavoukian/Stoianov 2007; Delvaux et al. 2008; Jain et al. 2008; Ratha et al. 2001; Sutcu et al. 2005]).

Nach Jain et al.[103] lässt sich die hier beschriebene Lösung in ein Transformationsverfahren einteilen. Bei dieser Art der Template Protection verfremdet bzw. transformiert ein Algorithmus die biometrischen Rohdaten vor ihrer Speicherung im Template [Ratha et al. 2001, S. 629]. Da die ursprünglichen biometrischen Rohdaten nicht rekonstruiert werden dürfen, kommt als Algorithmus eine Art unumkehrbare Einwegfunktion (Hashfunktion) in Frage, weshalb auch die Bezeichnung BioHashing[104] gebräuchlich ist. Das System speichert also nur diese transformierten Templates und

---

[103] [Jain et al. 2008, S. 5 ff.]
[104] vgl. [Jin et al. 2004] und [Belguechi et al. 2010]

führt die Transformation bei jeder Authentifizierung für den Vergleich erneut mit den Live-Daten durch. Der größte Vorteil dabei ist, dass bei einer Kompromittierung der Templates durch einen Angreifer die Möglichkeit besteht, durch Veränderung im Algorithmus die Templates zu „canceln", also zu löschen und für die Authentifizierung unbrauchbar zu machen (daher auch die Bezeichnung „Cancelable Biometrics") [Ratha et al. 2001, S. 614 ff.]. Ein gestohlenes Template gibt also dann weder Auskunft über biometrische Rohdaten, noch besteht die Gefahr einer lebenslangen Merkmalskorrumpierung bei der Benutzer mit kompromittierten biometrischen Merkmalen ausgeschlossen werden [Ratha et al. 2001, S. 629]. Im Gegensatz zur Verschlüsselung von Daten muss außerdem kein geheimer Schlüssel gespeichert werden.

Die nachfolgende Abbildung 10.3 verdeutlicht diesen Prozess nochmals:

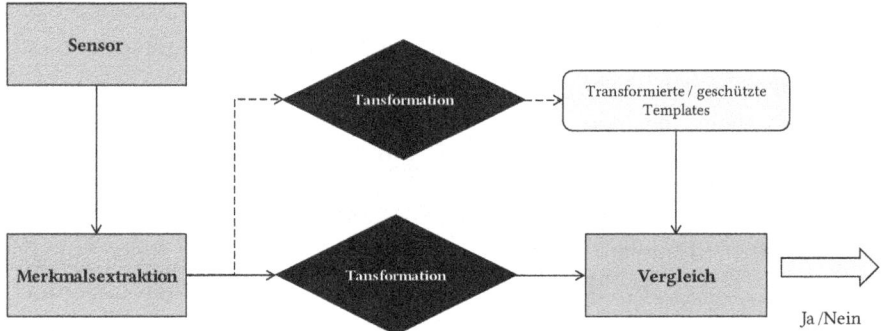

Abbildung 10.3: Prozess der Template Protection
[Ratha et al. 2001, S. 628 f.]

Die größte Problematik für dieses Verfahren sind die durch das natürliche Rauschen bei der Aufnahme biometrischer Rohdaten mit dem Sensor erzeugten Ungenauigkeiten und Fehler. Aus diesem Grund eignen sich herkömmliche Hashfunktionen daher nicht.

Die verfremdende Transformation der biometrischen Templates kann auf zwei verschiedene Arten erfolgen: Entweder wird das biometrische Signal direkt nach der Aufnahme mit dem Sensor transformiert oder aus dem Signal werden wie gehabt zuerst die Merkmale extrahiert und anschließend transformiert [Ratha et al. 2001, S. 629]. Beispiele für die Transformation auf Signalebene sind das sog. „Grid morphing"[105]

---

[105] Hierbei wird ein Netz (engl. Grid) so über das aufgenommene Merkmalsbild gelegt, dass es an bestimmte Features gebunden ist. Im Anschluss wird dieses Netz transformiert, was in einer Verfremdung bzw. Verformung resultiert. [Ratha et al. 2001, S. 629]

und „Block permuation"[106] [Ratha et al. 2001, S. 629 f.]. Das transformierte Template darf nicht mehr mit dem Original oder mit anderen Paramatern transformierter Templates in Verbindung gebracht werden können. Zwar ist es theoretisch möglich, aus einem transformierten Template Rückschlüsse zum Original herzustellen, der Aufwand entspricht jedoch derselben Größenordnung, wie bei der Verknüpfung eines unverwandten Templates mit dem Originalbild [Ratha et al. 2001, S. 629 f.]. Grundsätzlich ist es empfehlenswert, die Transformation durch eine andere Instanz vorzunehmen als die Authentifizierung. Eine hohe Sicherheit wird beispielsweise dadurch erreicht, dass die spezifische Transformationsfunktion im Besitz des Benutzers ist, z. B. auf einer Speicherkarte. Wird diese gestohlen, ist das unerheblich, da ein fremder Transformationsalgorithmus mit unpassenden Daten nutzlos ist. Falls die Benutzerkennung zusätzlich verteilt gespeichert ist, ist es für einen Angreifer sehr schwer, den passenden Besitzer und seine biometrischen Merkmale ausfindig zu machen [Ratha et al. 2001, S. 632].

„Template Protection" und „Cancelable Biometrics" sind nicht ohne Schwachstellen. Grundsätzlich wird allgemein bezweifelt, ob überhaupt vollständig unumkehrbare Einwegfunktionen existieren. Studien behaupten, ein transformiertes Template kann solange umgekehrt werden wie es noch zur Authentifizierung benutzt werden kann – in der Praxis wird dies aber am Rechenaufwand scheitern [Adler 2003, S. 22 ff.; Bromba 2013b]. Des Weiteren müssen das gesamte biometrische System und sein Vergleichsalgorithmus zur Erkennung von Templates angepasst oder völlig neu entworfen werden, um praktisch einsetzbare Matchscores zu erreichen [Bringer et al. 2008, S. 43]. Der Fokus des Transformationsalgorithmus liegt auf der Einwegeigenschaft, nicht auf der Repräsentation ähnlicher Features. Er zerstört also typische Charakteristika. Deshalb haben Cancelable Biometrics meist einen direkten negativen Einfluss auf die Leistungsfähigkeit eines biometrischen Systems [Bringer et al. 2008, S. 43 f.]. Es gilt also, einen Kompromiss zwischen der mathematischen Stärke der Einwegfunktion und der resultierenden Performance des Systems zu finden [Bringer et al. 2008, S. 44]. Allerdings hat die Forschung für einzelne Merkmale erste Fortschritte erzielt (vgl. [Belguechi 2010]). Zuletzt ist noch festzustellen, dass die Sicherheit von Cancelable Biometrics primär vom Transformationsalgorithmus abhängig ist, weshalb diverse Bestrebungen existieren, diesen etwa mit sog. „Hill-climbing"-Attacken[107] zu knacken. Hierzu wurden von Quan et al.[108] diverse andere Konzepte, wie etwa „Attack via record Mulitplicity" (ARM), Brut-Force-Angriffe oder Attacken zur Gleichungslö-

---

[106] Hierbei wird das Merkmalssample in verschiedene Blöcke eingeteilt, die charakteristische Punkte enthalten. Die Blöcke werden anschließend zufällig und wiederholt gemischt. [Ratha et al. 2001, S. 630 f.]
[107] siehe [Adler 2003]
[108] [Quan et al. 2008] (vgl. zu [Ratha et al 2001])

sung vorgestellt [Quan et al. 2008, S. 575]. Bei ARM-Attacken werden Korrelationen zwischen multiplen Verschlüsslungen (in diesem Fall transformierten Templates) desselben biometrischen Merkmals untersucht [Scheirer/Boult 2007, S. 1 f.; Quan et al. 2008, S. 573].

Breebaart et al.[109] schlagen eine Referenzarchitektur für alle Verfahren zur Template Protection vor [Breebaart et al. 2008, S. 25 ff.]. Die Standardisierung aller Verfahren zur Biometric Information Protection realisiert der ISO/IEC Standard 24745 [Busch et al. 2010; ISO 2011a]. Neben den hier beschriebenen Transformationsverfahren existieren zur Template Protection noch sog. biometrische Kryptosysteme, welche mit Hilfsdaten (etwa Zufallszahlen, Schlüssel oder sog. secure sketches[110]) die Unschärfe der Messung durch Fehlerkorrekturverfahren und fuzzy vaults[111] zu lösen versuchen [Breebaart et al. 2008, S. 32; BSI 2011b, S. 32; Cavoukian/Stoianov 2007, S. 1 ff.; TeleTrusT 2006, S. 37]. Diese werden jedoch nicht weiter betrachtet. Auch das BSI hat in seinem Projekt BioKeys erst kürzlich „Biometric Authentication Systems based on Biometric Template Protection Schemes" untersucht (vgl. hierzu [BSI 2009b; BSI 2010; BSI 2011b; BSI 2011c]).

Template-Protection-Verfahren haben trotz ihrer Schwachstellen die Möglichkeit, den Konflikt zwischen Anlegerschutz und Mitarbeiterschutz bei den Kriterien Unveränderlichkeit (M.2) und Zeitliche Variabilität (M.5) abzuschwächen (vgl. Tradeoff zwischen Privacy und Security in [Buhan et al. 2010, S. 346 ff.]).

10.1.2.3 Automatisierter verteilter Löschmechanismus

Im Zuge der informationellen Selbstbestimmung muss zum einen der Benutzer von sich aus die Möglichkeit haben, seine Daten zu löschen (vgl. hierzu die Weitergabekontrolle in der Anlage zum § 9 BDSG [Albrecht 2003, S. 195; BMJ 1990, S. 36 f.; Graevenitz 2006, S. 245]). Zum anderen muss das System bzw. die Datenbank so angelegt sein, dass es einzelne Datensätze löschen kann (z. B. bei Ausscheiden eines Mitarbeiters). Das System selbst sollte jedoch automatisch alle biometrischen Daten löschen, die es nicht länger benötigt [DPWP 2012, S. 33]. Damit ist nicht der langfristige Speicher der Referenzdaten, sondern der Arbeitsspeicher des Systems zur Verwendung für den Vergleich gemeint. Das Löschen der verbleibenden Informationen aus dem Hauptspeicher fordert auch das Biometric Verification Mechanisms Protection Profile (BVMPP) in "FDP_RIP.2: Residual Information Protection" [Tekampe/Leidner 2008, S. 28]. Dies wird besonders kritisch, falls biometrische Daten auf

---

[109] [Breebaart et al. 2008, S. 25 ff.]
[110] vgl. [Bringer et al. 2008; Li et al. 2006]
[111] vgl. [BSI 2009b; BSI 2010; BSI 2011c; Juels/Wattenberg 1999; Nandakumar et al. 2007; Sahai/Waters 2005; Scheirer/Boult 2007]

einem mobilen Speicher gehalten werden oder der Speicher in den Sensor integriert ist. Dann ist ein Einsatz eines flüchtigen Speichers zu bevorzugen, der eine Löschung automatisiert vornimmt, sobald der Aufnahmevorgang abgeschlossen ist [DPWP 2012, S. 33].

Die sensiblen biometrischen Daten werden zum einen im Hauptspeicher des Rechners gespeichert, der für den Authentifizierungsvorgang zuständig ist. Die automatische Löschung der sensiblen Informationen im Hauptspeicher ist immer anzustreben. Zum anderen sind die Referenzdaten permanent zu speichern, um beim Vergleich herangezogen werden zu können oder um eine revisionssichere Archivierung zu gewährleisten. Im ersten Fall kommt nur eine automatische Löschung bei Ausscheiden oder nach Inaktivität in Frage. Zur Biometrie existieren hier keine Standards, die sich direkt damit beschäftigen. Allenfalls vergleichbar sind in den IT-Grundschutzkatalogen die Maßnahmen für das Passwort, wie „Sichere Außerbetriebnahme bzw. Geregelte Deaktivierung und Löschung (M. 2.400, M. 371)" oder „Zurücksetzen von Passwörtern (M 2.402)" [BSI 2011a, S. 2038, S. 2105, S. 2109]. Im zweiten Fall – also bei der Löschung archivierter Referenzdaten – ist die gesetzliche Frist gegen die Ziele des Anlegerschutzes abzuwägen. In diesem Fall bleibt meist nur die manuelle Löschmöglichkeit.

10.1.3 Zusammenfassung

Um die dreiteiligen Ziele der IT-Compliance (Informationsschutz, Anlegerschutz und Mitarbeiterschutz) im Unternehmen beim Einsatz biometrischer Authentifizierungssysteme zu unterstützen hat das vergangene Kapitel drei wichtige Maßnahmen für die Entwickler biometrischer Systeme zusammengefasst:

- Die Verwendung standardisierter Schnittstellen, Architekturen und Datenformate
- Die optimale Art der Speicherung von biometrischen Referenzdaten mittels Template Protection
- Die Minimierung der Dauer der Speicherung durch ein automatisiertes Löschkonzept

Neben diesen Empfehlungen für den Hersteller eines biometrischen Systems, können jedoch auch noch andere Zielgruppen angesprochen werden. Das folgende Kapitel beschreibt die Auswirkungen auf Gesetzgeber und Urheber von Gesetzen, Regularien, Normen und Standards.

10.2 Auswirkungen auf Compliance-Vorschriften

In Kapitel 5 wurden Compliance-relevante Gesetze, Regularien, Standards und Normen auf ihre Anforderungen an die Authentifizierung betrachtet. Jedoch sind die betrachteten Zusammenhänge zu Authentifizierungslösungen oftmals unvollständig und zu allgemein, meist beschreiben die Vorschriften sogar nur das Passwort als einzige Zugriffs- und Zugangssicherung genauer. Dabei machen die Standards gleichzeitig klar, dass eine reine Passwortsicherung nicht mehr zeitgemäß ist und den Anforderungen an die IT-Sicherheit im Unternehmen nicht gerecht wird. Aus diesen Gründen betrachtet dieses Kapitel bereits existierende Vorschriften kritisch und überprüft ihre Sinnhaftigkeit bzw. ihre mögliche Erweiterung. Zielgruppe dabei sind die Gesetzgeber bzw. die Urheber der jeweiligen Vorschriften.

10.2.1 Gefundene Schwachstellen in den Compliance-Vorschriften

Aus den bisherigen Regularien der Compliance zeigen sich zwei hauptsächliche Schwachstellen in Bezug auf biometrische Authentifizierung: Erstens sind je nach Zielsetzung der Regularien oder Standards die Formulierungen zu allgemein und behandeln nicht die speziellen Eigenheiten der Biometrie. Zweitens sind meist das Passwort und seine Eigenheiten im zentralen Fokus der Betrachtung, falls die Vorschriften doch spezielle Aussagen zur Authentifizierung treffen. Im Folgenden werden diese Mängel für einzelne Standards identifiziert und Vorschläge zur Lösung unterbreitet. Bedeutend ist vor allem die Zielsetzung und Granularität des betrachteten Standards, da es nicht immer sinnvoll ist, alle Details zu nennen.

10.2.1.1 Mängel in Gesetzen und Regularien

Das Gesetz zur Kontrolle und Transparenz im Unternehmensbereich (KonTraG) besitzt einen sehr allgemeinen Charakter und fordert ein Risikomanagement, geht aber nicht auf technische Details oder gar die Authentifizierung ein. Aufgrund seiner Zielsetzung ist dies auch nicht zu beanstanden. Gleiches gilt für den Deutsche Corporate Governance Kodex (DCGK), den Sarbanes-Oxley Act, die 8. EU-Richtlinie (Euro-SOX), Basel II, MiFID und EHUG. Da diese Vorschriften generell keine Details zur Informationstechnologie enthalten, werden sie auch nicht weiter im Detail behandelt.

Im Signaturgesetz (SigG) und der Signaturverordnung (SigV) lassen sich keine offensichtlichen Mängel in Bezug auf Biometrie feststellen.

Anders verhält es sich bei den GoBS. Die GoBS erwähnen direkt Zugriffsschutzverfahren und Zugangsverfahren [BMF 1995, S. 1, S. 5, S. 7]. In Punkt 5.5.1 werden zum Schutz der Information wirksame Zugriffs- bzw. Zugangsschutzverfahren gefordert. Diese Wirksamkeit wird jedoch nur dadurch definiert, dass unberechtigte Personen keinen Zugang zu Informationen haben dürfen [BMF 1995, S. 1, S. 8]. Die GoBS könnten zum einen Querverweise auf gängige Kontrolllösungen besitzen, zum andern sollten jedoch mindestens Forderungen auf eine notwendige standardisierte oder genormte Wirksamkeitsüberprüfung der jeweiligen Zugriffs- und Zugangskontrollen vorhanden sein.

Die GDPdU selbst besitzen keine direkten Verweise auf die Authentifizierung, sondern sprechen die qualifizierte elektronische Signatur an. Aus diesem Grund sind mögliche Vorschläge für das SigG und die SigV zu untersuchen: Hier können biometrische Daten allenfalls als möglicher Signaturschlüssel erwähnt werden. Dies hängt jedoch von den aktuellen Forschungsfortschritten zur biometrischen Verschlüsslung[112] ab. Abschnitt 10.1.2.2 hat dies bereits kurz angeschnitten.

Das Bundesdatenschutzgesetz (BDSG) beschreibt im § 9 BDSG „Technische und organisatorische Maßnahmen" die Anforderungen an die Authentifizierung und deckt aufgrund seines Bezugs zu personenbezogenen Daten alle Arten der Authentifizierung (und insbesondere biometrische personenbezogene Daten) automatisch ab [BMJ 1990, S. 37]. Lediglich die Auswahl der Maßnahmen zum Schutz der personenbezogenen Daten und die Definition, in welcher Art und Weise diese „geeignet" sind, bleiben etwas ungenau. Es wird nur von einem „dem Stand der Technik entsprechenden Verschlüsselungsverfahren" gesprochen [BMJ 1990, S. 37]. Genauere Angaben sind für das BDSG nicht wirklich sinnvoll, wenngleich auch hier ein Verweis auf ISO-Standards wünschenswert wäre.

Die in den vorherigen Gesetzen angesprochenen Mängel bezüglich des Verweises auf konkrete Standards existieren in den MaRisk nicht. Punkt „TA 7.2 - Technisch organisatorische Ausstattung" empfiehlt für die Wirksamkeitstests der IT (und damit der Authentifizierung) explizit die BSI IT-Grundschutzkataloge und die ISO 27000-Reihe [BaFin 2012, S. 23].

10.2.1.2 Mängel in Standards und Normen

Besonders die Standards des IDW besitzen mittlerweile einige Mängel: IDW RS FAIT 1 räumt neben der Authentifizierung durch das Passwort auch Identitätskarten und biometrischen Verfahren „zukünftig" eine Bedeutung ein [IDW 2002a, S. 1159]. Trotzdem gehen sie in der Beschreibung der logischen Zugriffkontrollen nur auf die organisatorischen Grundsätze des Passwortes ein, explizit auf die Mindestlänge. Dieser Punkt sollte für die Zukunft auch um andere Verfahren wie Token und Biometrie erweitert werden. Unvollständige Beispiele für die Beachtung der Qualität dieser Au-

---

[112] siehe [Cavoukian/Stoianov 2009; Cavoukian/Stoianov 2007; Sahai/Waters 2005; Scheirer/Boult 2007]

thentifizierungsverfahren (wie die Passwortmindestlänge im aktuellen Text) sind für die Praxis wenig hilfreich und dienen nur der Veranschaulichung. Hier wäre es wesentlich sinnvoller, wenn Verweise auf aktuell gültige Qualitätsprüfungen und Standards für Passwort, Token und Biometrie vorhanden wären. IDW FAIT 2 erwähnt, dass „die gesetzlichen Anforderungen an den Schutz personenbezogener Daten auch Sicherungsmaßnahmen betreffen, die nicht mit der Rechnungslegung in Zusammenhang stehen […]" [IDW 2003, S. 1261]. Gleichzeitig werden Risiken in der Kommunikation und der Verarbeitung genannt, die auch auf Authentifizierung eingehen. Hier wären die speziellen Gefahren (siehe in dieser Arbeit Abschnitte 6.2 bis 6.4) beim Einsatz biometrischer Authentifizierung noch zu ergänzen. Gleichzeitig erwähnt FAIT 2 für die Umsetzung der Belegfunktion die elektronische Unterschrift und die digitale Signatur [IDW 2003, S. 1262]. Falls biometrische Merkmale für die Umsetzung der elektronischen Signatur herangezogen werden, sollte das beachtet werden (z. B. zeitliche Variabilität, siehe Abschnitt 7.1.5), beispielsweise wenn es um die Aufbewahrungspflichten der verwendeten Schlüssel und Algorithmen geht [IDW 2003, S. 1263]. Des Weiteren beschreiben die Kapitel 2.4 bis 2.6 von FAIT 2 gewisse Maßnahmen für die Authentizität, die Autorisierung und die Verbindlichkeit, bei denen ebenfalls biometrische Merkmale keine Erwähnung finden [IDW 2003, S. 1269 f.]. IDW FAIT 3 spricht physische und logische Zugriffskontrollen nur bei der Sicherstellung der Vertraulichkeit an [IDW 2006, S. 1470]. Der Standard nennt generell keine Beispiele. So ist eine Erweiterung auch nicht sinnvoll. IDW PS 330 prüft in Abschnitt 3.4.2 logische Zugriffskontrollen auf ihren Beitrag zur Datensicherheit und zum Datenschutz, also der Gewährleistung der Vertraulichkeit [IDW 2002b, S. 1173]. Die Wirksamkeitsprüfungen sind jedoch viel zu allgemein gehalten und tragen den unterschiedlichen Anforderungen an eine Authentifizierung mittels Passwort, Token und Biometrie in keiner Weise Rechnung. Aus diesem Grund sollten für alle drei Authentifizierungszweige jeweilig aktuelle Standards für ihre Wirksamkeits- und Qualitätstests aufgeführt werden.

COBIT 5.0 behandelt die Authentifizierung in „DSS 05.04: Identity Management" und „DSS 05.05: Physical Access to IT Assets" [ISACA 2012a, S.194]. Hier werden jedoch allgemeine Prinzipien beschrieben, die nicht von der Art der Authentifizierung abhängen. Lediglich der vierte Schritt aus DSS 05.05, bei dem sichtbare Identifikation und eine autorisierte Verteilung von Identitätskarten gefordert wird, ist bei Verwendung einer biometrischen Authentifizierung hinfällig.

Während die zuvor betrachteten Gesetze, die IDW-Standards sowie auch COBIT aufgrund ihrer allgemeinen Ausrichtung Verweise vermissen lassen, behandeln die folgenden IT-Standards konkreter die jeweiligen IT-Systeme. Hier sind die Mängel oftmals fachlicher Natur, hauptsächlich lässt sich bei der Bewertung der Authentifizierung ein historisch bedingter Fokus auf den Passwortgebrauch ausmachen, der nicht mehr zeitgemäß ist.

Dies wird beispielsweise in PCI DSS 8.5 deutlich, welcher eine Reihe von Anforderungen an das Passwort stellt (beispielsweise Passwortlänge, erlaubte Sonderzeichen etc.) [PCI 2010, S. 47 ff.]. Obwohl zuvor auch Token und Biometrie als mögliche Authentifizierungsmöglichkeiten genannt wurden, geht der Standard auf deren Anforderungen nicht direkt ein.

Auch der IT-Grundschutz des BSI vernachlässigt andere Authentifizierungsmechanismen (vgl. [BSI 2011a, S. 2762]). Biometrie wird im Glossar als Möglichkeit der Authentifizierung beschrieben und definiert [BSI 2011a, S. 39 f.]. Zudem ist die Biometrie in der Maßnahme „M 4.133: Geeignete Auswahl von Authentikationsmechanismen" eine Option neben Passwort und Token. Die restlichen Kataloge erwähnen sie jedoch nur noch am Rande (z. B. als Gefahr bei G 2.77 oder in den Maßnahmen in M 4.156) [BSI 2011a, S. 484, S. 2835]. Sie findet bei wichtigen direkt damit verbundenen Gefahren wie „G 5.9: Unberechtigte IT-Nutzung" keine Beachtung [BSI 2011a, S. 849]. Auffallend wirkt dieser Mangel jedoch besonders durch den Fokus auf den Passwortgebrauch. So ist in M 4.133 sehr offensichtlich, dass Token und Biometrie nur am Rande aufgezählt werden, während zum Passwort sofort ein Verweis auf genauere Maßnahmen, wie die „M 2.11: Regelung des Passwortgebrauchs" existiert. Da das Passwort jedoch im Gegensatz zu Token- und Biometrie-basierten Verfahren als ein vergleichsweise technisch einfacher Authentifizierungsmechanismus anzusehen ist, sind die Mängel in den IT-Grundschutzkatalogen als eklatant einzustufen. Im Folgenden werden die Fundstellen zur Authentifizierung mit einem Passwort betrachtet und beschrieben in welcher Art und Weise sich diese für biometrische Authentifizierung übertragen lassen.

- Der Maßnahmenkatalog „M1 Infrastruktur" nennt in „M 1.23: Abgeschlossene Türen" und „M 1.43: Gesicherte Aufstellung aktiver Netzkomponenten" Passwörter als Empfehlung und Beispiel [BSI 2011a, S. 1054, S. 1082]. Hier sollten auch Mechanismen erwähnt werden, die auf Besitz und Biometrie basieren.

- Im Maßnahmenkatalog „M2 Organisation" sind besonders „M 2.11: Regelung des Passwortgebrauchs" und „M 2.22: Hinterlegen des Passwortes" hervorzuheben, auf erstere referenziert ebenfalls die Maßnahme M 4.133 [BSI 2011a, S. 1175, S. 1188]. Auch für die Biometrie (und Token) wären solche Maßnahmen sinnvoll. Sie fehlen in der derzeitigen Version aber völlig. Hierfür können die in dieser Arbeit vorgestellten Kriterien zum Merkmal und zum System als Entscheidungshilfe dienen. Zusätzlich greift der Katalog speziellere Eigenheiten des Passwortes vereinzelt auf, wie beispielsweise in „M 2.402: Zurücksetzen von Passwörtern". Analog sollten für biometrische Merkmale solche Spezialfälle behandelt werden. Eine Schwäche stellt also dar, dass im gesamten Katalog das Passwort nahezu als Synonym für die Nutzerauthentifizierung verwendet wird.

- Der Maßnahmenkatalog „M3 Personal" behandelt Empfehlungen für die Mitarbeiter, die Authentifizierung findet dabei in „M 3.5 Schulung zu Sicherheitsmaßnahmen", „M 3.6: Geregelte Verfahrensweise beim Ausscheiden von Mitarbeitern" und „M 3.26: Einweisung des Personals in den sicheren Umgang mit IT" Erwähnung [BSI 2011a, S. 2308 ff., S. 2311 ff., S. 2346 f.]. Auch dieser Katalog verweist wieder auf M 2.11 für das Passwort, was nochmals die Bedeutung einer solchen Maßnahme für die Biometrie unterstreicht. Besonders beim Ausscheiden von Mitarbeitern (M 3.6) sind durch die zeitliche Variabilität, Einmaligkeit und Universalität eines biometrischen Merkmals deutlich komplexere Fragestellungen zu beachten als beim Passwort.

- Im Maßnahmenkatalog „M4 Hardware und Software" findet sich die schon bereits vorgestellte zentrale Maßnahme „M 4.133: Geeignete Auswahl von Authentikations-mechanismen". Besonders die Kriterien zur Bewertung des biometrischen Systems sollten in diesem Katalog eine Verwendung finden. Denn auch hier existiert für das Passwort wieder eine unvollständige Betrachtung von Sonderfällen in „M 4.1: Passwortschutz für IT-Systeme", „M 4.7: Änderung voreingestellter Passwörter" und „M 4.306: Umgang mit Passwort-Speicher-Tools" [BSI 2011a, S. 2530, S. 2540, S. 3235].

- Der Maßnahmenkatalog „M5 Kommunikation" beschreibt Passwörter neben der Authentifizierung hauptsächlich zur Verschlüsselung der Kommunikation. Erwähnenswert ist hier die Maßnahme „M 5.34: Einsatz von Einmalpasswörtern" [BSI 2011a, S. 3476]. Der Hinweis auf die Vorteile dieser Passwörter in ihrer Umsetzung durch Token kann in gleicher Weise ebenso für die Biometrie verfasst werden. Auch macht die Biometrie einige der Regelungen aus M 2.11 überflüssig.

Neben den IT-Grundschutzkatalogen existieren ähnlich gelagerte Mängel in den ISO 27000er Standards und in ITIL. Da sich ITIL in diesen Bereichen an die ISO-Standards anlehnt, wird im Folgenden nur auf die ISO-27001-Maßnahmen eingegangen. Vergleichbar mit dem Maßnahmenkatalog M3 aus den IT-Grundschutzkatalogen sind in ISO 27001 unter „A.8.2.2: Information security awareness, education and training" Punkte für das Training zur Informationssicherheit vorhanden, die auch biometrische Authentifizierung umfassen sollten. Insbesondere zeigen sich jedoch erneut Schwachstellen in den Abschnitten A.11.2.3 und A.11.3.1. Das Kapitel „A.11.2.3 User password management" fixiert sich erneut nur auf die Anforderungen an Passwörter

[BSI 2011d, S. 19; ISO 2005a; ISO 2005b]. Schon Kersten et al.[113] stellen fest, dass dieser Fokus unzureichend ist und andere Mechanismen auch beachtet werden müssen [Kersten et al. 2011, S. 218]. Auch „A.11.3.1: Password use" bezieht sich nur auf den Umgang der Benutzer mit Passwörtern. Es ist hier anzuraten, auch die speziellen Anforderungen Besitz- und Biometrie-basierter Authentifizierung aufzunehmen [BSI 2011d, S. 20; ISO 2005a; ISO 2005b; Kersten et al. 2011, S. 219 f.]. Abschnitt „A.11.5.1: Secure log-on procedures" befasst sich mit einem sicheren Anmeldeverfahren auf Betriebssystemebene. Bei der Beurteilung für ein sicheres Anmeldeverfahren fehlt hier auch die Beachtung spezifischer biometrischer Probleme (insbesondere der Merkmalskriterien inklusive der Mechanismenstärke) [ISO 2005a; ISO 2005b; Kersten et al. 2011, S. 227 f.]. Gleiches gilt für die Beurteilung der eindeutigen Identifikation, wie sie in „A.11.5.2: User identification and authentication" angesprochen wird [ISO 2005a; ISO 2005b; Kersten et al. 2011, S. 228]. Eine Fokussierung, wie in einigen Maßnahmen des IT-Grundschutzes, findet sich auch in „A.11.5.3: Password management system". Die Verwaltung biometrischer Daten bedarf auch hier gesonderter Betrachtung im Vergleich zu den eher unkritischen Passwörtern, besonders da ISO 27001 im Gegensatz zum BSI IT-Grundschutz nicht nur die Planungsebene, sondern auch die systemtechnische Ebene behandelt [Kersten et al. 2011, S. 229]. Passwörter können beispielsweise einfach verschlüsselt oder als Hashwert abgespeichert werden, während bei biometrischen Daten ein zusätzlicher Aufwand erforderlich ist (vgl. Kapitel 10.1.2.2). Ebenso sollte in den Maßnahmen „A.11.7.1: Mobile computing" und „A.11.7.2: Teleworking" beachtet werden, dass die hier erwähnte kryptographische Verschlüsselung des Authentifikationskanals bei biometrischen Daten auch nicht trivial ist [ISO 2005a; ISO 2005b; Kersten et al. 2011, S. 233 f.]. Ein Grund dafür ist, dass eine einfache Verschlüsselung biometrisch aufgenommener Daten nicht in Frage kommt, da natürliche Schwankungen zu unterschiedlichen Ergebnissen führen.

10.2.2 Zusammenfassung der Mängel und Identifizierung von Weiterentwicklungspotentialen

Das vergangene Kapitel hat gefundene Mängel bezüglich Biometrie in Regularien identifiziert, welche die Authentifizierung betreffen.

Die folgende Tabelle 10.2 fasst diese kurz zusammen:

---

[113] [Kersten et al. 2011, S. 218]

KonTraG, BDSG, MaRisk, COBIT, SOX, Euro-SOX, Basel II, MiFID und EHUG	- Nur indirekte Anforderungen an Authentifizierung bzw. Erweiterung nicht sinnvoll
GoBS/GDPdU	- Keine genaue Definition der Wirksamkeit von Authentifizierung - Keine Forderung zu standardisierten oder genormten Wirksamkeitsüberprüfungen
SigG und SigV	*Keine Mängel*
PCI DSS	- Fokus auf Passwort-Authentifizierung
IDW	
FAIT 1	- Fokus auf Passwort-Authentifizierung - Unvollständige Beispiele, kein Verweis auf Standards
FAIT 2	- Fokus auf Passwort-Authentifizierung - Keine konkrete Gefahrenbetrachtung
FAIT 3 / PS 330	- Keine Forderung zu standardisierten oder genormten Wirksamkeitsüberprüfungen
BSI IT-Grundschutz	
M1	- Fokus auf Passwort-Authentifizierung
M2	- Fokus auf Passwort-Authentifizierung
M3	- Fokus auf Passwort-Authentifizierung
M4	- Fokus auf Passwort-Authentifizierung - Keine genaue Definition der Wirksamkeit von Authentifizierung
M5	- Fokus auf Passwort-Authentifizierung
ISO 27001	
A.11.2 / A.11.3 / A.11.5	- Fokus auf Passwort-Authentifizierung - Keine genaue Definition der Wirksamkeit von Authentifizierung - Keine Forderung zu standardisierten oder genormten Wirksamkeitsüberprüfungen
A.11.7	- Keine Beachtung biometriespezifischer Probleme (z. B. natürliche Schwankungen bei der Merkmalsaufnahme, etc.)

Tabelle 10.2: Gefundene Mängel in Gesetzen und Standards
[eigener Entwurf]

Die hier identifizierten Mängel können als Anhaltspunkt für eine mögliche Weiterentwicklung der betreffenden Gesetze und Standards verwendet werden.

So sprechen viele gesetzliche Regularien die Sicherstellung der Benutzeridentität bei der Authentifizierung nicht direkt an, meist wird sie jedoch erwartet. Dies unterstreicht die Bedeutung einer starken Personenbindung. Abhängig von der Zielsetzung des Gesetzes oder der Standards ist eine genaue Beschreibung der Umsetzung, z. B. durch biometrische Authentifizierung, nicht immer passend. Besonders jedoch in den BSI IT-Grundschutzkatalogen und dem ISO 27001 Standards wären eine direkte Behandlung angemessen. Bisher ist auch der Anlegerschutz nicht im Fokus als die zentrale Aufgabe der Authentifizierung zu erkennen. Als Lösung für die hier gefundenen Lücken unterbreitet das nächste Kapitel mehrere Vorschläge, wie Maßnahmenkataloge für den IT-Grundschutz oder die ISO 27001 hinsichtlich des Einsatzes von Biometrie aussehen könnten.

10.3 Maßnahmen für das IT-Sicherheitsmanagement

Aus dem Bewertungsframework in Kapitel 7 und den Ergebnissen eines konkreten Anwendungsfalls in Kapitel 8 können Mängel abgeleitet werden. Das IT-Sicherheitsmanagement des Unternehmens kann verschiedene Maßnahmen ergreifen, um diesen Mängeln entgegenzuwirken. Wie das vorhergehende Kapitel gezeigt hat, existieren noch Lücken in den aktuellen Standards, die zu ergänzen sind. Als Vorlage für die Gestaltung der neuen Maßnahmen in diesem Kapitel dient das Vorgehen in den IT-Grundschutzkatalogen des BSI: Diese analysieren zunächst Gefahren und stellen anschließend Maßnahmen dazu vor. Da der erste Schritt bereits in vorherigen Teilen der Arbeit erfolgte, werden zum einen die Maßnahmen für die Einhaltung der Kriterien beschrieben, zum anderen werden bereits vorhandene Maßnahmen aus den BSI IT-Grundschutzkatalogen zum Thema Authentifizierung um die spezifischen Anforderungen von biometrischer Authentifizierung ergänzt. Die Zielgruppe für diese Maßnahmen bildet das Management des Unternehmens.

10.3.1 Erweiterung und Mapping der BSI IT-Grundschutzkataloge

Grundsätzlich können die Maßnahmen, die vom Management des Unternehmens getroffen werden, in technische und organisatorische Maßnahmen eingeteilt werden:

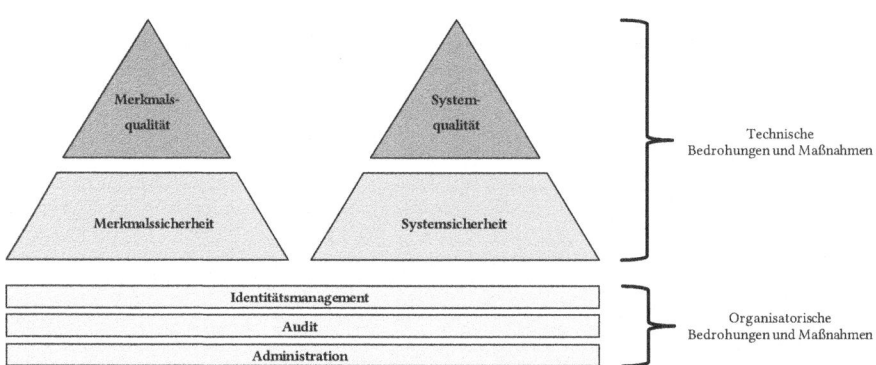

Abbildung 10.4: Maßnahmen für das IT-Sicherheitsmanagement
[eigener Entwurf]

Technische Maßnahmen betreffen die Qualität sowie die Sicherheit des biometrischen Merkmals und Systems und sind durch die Kriterien in Kapitel 7 abgedeckt. Das Ziel dieser Maßnahmen ist deshalb, je nach Zielsetzung des Unternehmens, die optimale Ausprägung dieser Kriterien. Organisatorische Maßnahmen betreffen das biometrische Authentifizierungssystem als Ganzes und streben eine optimale Einbindung dieses Systems in die Unternehmensstruktur und die Unternehmensprozesse an. Entscheidend für organisatorische Maßnahmen sind also die Schnittstellen zu weiteren Unternehmensbereichen. Diese werden für ein Authentifizierungssystem hauptsächlich durch das Identitätsmanagement, das Administrationsmanagement und das Audit- und Protokollmanagement des Systems erbracht (siehe Anhang A).

Die in diesem Kapitel vorgeschlagenen Maßnahmen werden auf zwei Arten erarbeitet: Zum einen adaptiert Abschnitt 10.3.1.2 bestehende Maßnahmen zur Authentifizierung vorhandener Kataloge (BSI IT-Grundschutz) auf die speziellen Anforderungen der Biometrie. Zum anderen ergänzt Abschnitt 10.3.1.3 mit Hilfe der abgeleiteten Kriterien nach dem Vorbild der BSI IT-Grundschutzkataloge diese Maßnahmen, da oftmals der Fokus auf Passwort Authentifizierung nicht genügend Anhaltspunkte für die Weiterentwicklung gibt.

Im Folgenden wird nur anhand der BSI IT-Grundschutzkataloge gezeigt, wie eine Erweiterung bestehender Maßnahmenkataloge in Bezug auf die biometrische Authentifizierung aussehen kann. Dies kann natürlich auch analog für andere passende Standards - wie ISO 27001 - erfolgen.

Die BSI IT-Grundschutzkataloge sind generell in Bausteine, Gefährdungen und Maßnahmen eingeteilt. Auf eine Erweiterung der Bausteine durch die Biometrie soll verzichtet werden, hier wäre eine Beschreibung eines biometrischen Systems wie in Kapitel 2 oder der Verweis auf ein Dokument des BSI wie in [BSI 2004a] sinnvoll. Die Gefahrenkataloge erweitert der folgende Abschnitt jedoch um technische und organisatorische Bedrohungen aus dieser Arbeit.

10.3.1.1 Erweiterung der Gefahrenkataloge

Erweiterung des Gefahrenkataloges 1: Höhere Gewalt

Dieser Gefährdungskatalog benötigt keine Erweiterungen um neue Gefährdungen. Viele der dort beschriebenen Gefährdungen betreffen jedoch auch direkt die biometrische Authentifizierung. Beispielsweise kann „G 1.8: Staub, Verschmutzung" die Erkennungsleistung eines biometrischen Sensors negativ beeinflussen.

Erweiterung des Gefahrenkataloges 2: Organisatorische Mängel

Dieser Gefährdungskatalog betrachtet bereits einige bedeutende organisatorische Mängel im Zusammenhang mit Authentifizierungssystemen, wie beispielsweise „G 2.6: Unbefugter Zutritt zu schutzbedürftigen Räumen" und „G 2.7: Unerlaubte Ausübung von Rechten". Bei der Verwendung biometrischer Systeme sind organisatorische Mängel besonders aus datenschutzrechtlicher Sicht problematisch, aufgrund der bereits festgestellten folgenden Gefahren:

- Unrechtmäßige Aneignung der Nutzeridentität (GM-1)
- Missbräuchliche Verwendung von Zusatzinformationen (GM-2)
- Lebenslange Merkmalskomprimierung (GM-3)
- Überwachungseignung biometrischer Systeme und Bildung von Personenprofilen (GM-4)
- Zwang zur Nutzung biometrischer Systeme (GM-5)

Außerdem können durch organisatorische Gefahren alle vorsätzlichen Handlungen (siehe Gefahrenkatalog 5) erleichtert werden. Aus diesem Grund sollte der Gefährdungskatalog um den Punkt „Unzureichender Umgang mit biometrischen Daten" erweitert werden.

Erweiterung des Gefahrenkataloges 3: Menschliche Fehlhandlungen

Dieser Gefährdungskatalog muss um keine neuen Gefährdungen erweitert werden. Gefahren für biometrische Systeme (wie z. B. beim Anlegerschutz die Gefahr des „unabsichtlichen Fehlens der Identitätsinformation" (GA-3) oder auch die zuvor erwähnten Gefahren des Datenschutzes) sind in „G 3.1: Vertraulichkeits- oder Integritätsverlust von Daten durch Fehlverhalten" bereits abgedeckt.

Erweiterung des Gefahrenkataloges 4: Technisches Versagen

Dieser Gefährdungskatalog sollte um zwei eigene Punkte für ein biometrisches Authentifizierungssystem erweitert werden. Ein Punkt „Ausfall des biometrischen Authentifizierungssystems" deckt die Gefahr „Denial-of-Service" (GI-5) ab, während ein Punkt „Störung/Beeinträchtigung des biometrischen Authentifizierungssystems" die Gefahr der „nicht eindeutigen Zuordnung" (GA-2) behandeln sollte.

Erweiterung des Gefahrenkataloges 5: Vorsätzliche Handlungen

Die meisten Gefahren für die biometrische Authentifizierung besitzen unbestritten ihren Ursprung in vorsätzlichen Handlungen. Sie sind deshalb in diesen Gefahrenkatalog einzuordnen. Die Gefahr des „Diebstahls valider Authentifizierungsdaten" (GI-3) ist in „G 5.4: Diebstahl" enthalten. Die Gefahr des „Denial-of-Service-Angriffs" (GI-5) eines biometrischen Systems deckt „G 5.28: Verhinderung von Diensten" ab.

Die IT-Grundschutzkataloge sind hier jedoch selbst nicht wirklich sauber strukturiert aufgebaut. Während „G 5.9: Unberechtigte IT-Nutzung" zunächst die allgemeine Gefahr beschreibt, wird plötzlich auf einzelne Attacken, wie Brute-Force oder das Informationsfeedback des Authentifizierungssystems (beschrieben als „Reaktion des IT-Systems"), eingegangen [BSI 2011a, S. 849]. Diese Gefahren beschreibt das BSI dann nochmals genauer, beispielsweise in „G 5.18: Systematisches Ausprobieren von Passwörtern". Es folgt ein Überblick über neue Gefahren oder die Erweiterung bestehender

Bedrohungen in diesem Katalog, um spezielle Gefahren durch die Verwendung biometrischer Authentifizierung einzubeziehen:

- Analog zu „G 5.18: Systematisches Ausprobieren von Passwörtern" sollte eine Gefahr „Systematisches Ausprobieren biometrischer Authentifizierungsinformationen" eingeführt werden, welche die Bedrohung der Überwindung der Mechanismenstärke eines biometrischen Systems durch das Einspielen unterschiedlicher biometrischer Templates beschreibt.
- Wurden die Authentifizierungsinformationen bereits abgefangen, kann die Gefahr einer Replay-Attacke unter „G 5.24: Wiedereinspielen von Nachrichten" zusätzlich beschrieben werden.
- Analog zu „G 5.25: Maskerade" ist eine neue Gefahr „Täuschung des biometrischen Sensors" einzufügen, welche die Möglichkeiten der Überwindung der biometrischen Erkennung, beispielsweise durch die Erstellung künstlicher Merkmale (Silikonfinger, Masken, Irisbilder, etc.), behandelt.
- Eine neue Gefährdung „Umgehung der eigentlichen biometrischen Erkennung" ist hinzuzufügen. Diese sollte Verweise auf bereits beschriebene Angriffe, wie z. B. Angriffe auf Betriebssystemebene, durch Hardware bzw. Software-Backdoors oder durch Erschleichung der Privilegien eines Administrators (vgl. G 5.20), besitzen.
- Die Gefahr „Absichtliches Fehlen der biometrischen Identitätsinformation" im Falle einer Speicherung biometrischer Signaturdaten mit bestehenden Dateien lässt sich unter „G 5.2: Manipulation an Information und Software" einordnen.
- Die Gefahr des „Zwangs von berechtigten Benutzern" ist für keine Art der Authentifizierung vorhanden und sollte als neue Bedrohung eingefügt werden.

10.3.1.2 Erweiterung der Maßnahmenkataloge

Wie Kapitel 7.5 zeigt, ist es abhängig von der Ausrichtung auf den Mitarbeiterschutz, den Anlegerschutz und den Informationsschutz, auf welche Art und Weise die Kriterien zu bewerten sind. Die BSI IT-Grundschutzkataloge haben als klares Ziel den Informationsschutz definiert; sie berücksichtigen jedoch auch den Mitarbeiterschutz (Datenschutz) in vielen Maßnahmen. Aus diesem Grund können sie nur für diese Ziele als Maßnahmenvorlage dienen. Generell sind die Vorgaben zur Maximierung des Mitarbeiterschutzes in „M 2.205: Übertragung und Abruf personenbezogener Daten" und „M 2.110: Datenschutzaspekte bei der Protokollierung" abgedeckt. Hier besteht kein dringender Handlungsbedarf.

Die folgenden Punkte beschreiben, an welchen Stellen in den Maßnahmenkatalogen zusätzliche Punkte für die biometrische Authentifizierung sinnvoll wären, welche die oben genannten Gefahren hauptsächlich bezüglich des Informationsschutzes abdecken.

Erweiterung des Maßnahmenkataloges 1: Infrastruktur

Neue Maßnahme:

Name:	Gesicherte Aufstellung biometrischer Sensoren
Kriterien:	M.4, S.3
Angelehnt an:	M 1.29: Geeignete Aufstellung eines IT-Systems[114] M 1.43: Gesicherte Aufstellung aktiver Netzkomponenten[115] M 1.59: Geeignete Aufstellung von Speicher- und Archivsystemen[116]
Text:	Bei der Aufstellung biometrischer Sensoren sollen verschiedene Voraussetzungen beachtet werden, welche die Sicherheit, aber auch die Lebensdauer und die Zuverlässigkeit der Technik verbessern und die Ergonomie berücksichtigen (siehe auch M 3.9: Ergonomischer Arbeitsplatz). - Bei der Verwendung als Zutrittsschutz sollen die biometrischen Sensoren in der Nähe der Tür angebracht werden. - Aus Schutz vor Manipulation sollen die Sensoren fest anzubringen und nicht entfernbar sein. - Die Sensoren sollen zur Minimierung von Umwelteinflüssen bei der Aufnahme nicht direkter Sonnenstrahlung, Staub oder Schmutz ausgesetzt sein. - Die Übertragungsleitung zur Übermittelung der Authentifizierungsdaten darf nicht von außen angreifbar sein (z. B. in der Wand eingebaute Leitungen). - Die Aufbewahrung der biometrischen Referenzen (Templates) sollte getrennt vom Sensor in einem sicheren Bereich stattfinden. Je nach Umgebung kann es auch sinnvoll sein, zusätzliche Hilfsmittel zum Schutz der biometrischen Sensoren einzusetzen, wie beispielsweise Abdeckungen oder Folien.

Erweiterung des Maßnahmenkataloges 2: Organisation

---

[114] [BSI 2011a, S. 1065]
[115] [BSI 2011a, S. 1082]
[116] [BSI 2011a, S. 1108]

Neue Maßnahme:

Name:	Regelung des Biometriegebrauchs
Kriterien:	M.6, M.4
Angelehnt an:	M 2.11: Regelung des Passwortgebrauchs[117] M 2.22: Hinterlegen des Passwortes[118] M 2.402: Zurücksetzen von Passwörtern[119]
Text:	Verwendet ein IT-System oder eine Anwendung biometrische Merkmale zur Authentisierung, so ist die Sicherheit der Zugangs- und Zugriffsrechteverwaltung des Systems entscheidend davon abhängig, dass das biometrische System korrekt verwendet wird. Dafür ist es empfehlenswert, eine Regelung zum Biometriegebrauch einzuführen und die IT-Benutzer diesbezüglich zu unterweisen. - Beim erstmaligen Registrieren am System (dem sog. Enrolment) und allen weiteren Authentifizierungsversuchen ist den Anweisungen des Systems Folge zu leisten. - Die Abgabe des Merkmals sollte durch den Benutzer nicht willentlich beeinflusst werden, um das System „zu testen". - Beim Zwang zur Authentifizierung durch einen Angreifer soll das System durch eine willentliche Beeinflussung zum Fehler gezwungen werden können. - Das Merken, Hinterlegen oder Neuerstellen von Passwörtern für die Authentifizierung entfällt bei biometrischen Merkmalen.

---

[117] [BSI 2011a, S. 1175]
[118] [BSI 2011a, S. 1188]
[119] [BSI 2011a, S. 2109]

Erweiterung der Maßnahme:

Name:	Richtlinien für die Zugriffs- bzw. Zugangskontrolle (bei Biometrie)
Kriterien:	M.10, S.8, S.9, S.7, S.5
Angelehnt an:	M 2.220: Richtlinien für die Zugriffs- bzw. Zugangskontrolle[120]
Text:	- Beim Anmeldevorgang sollte das System solange keine Informationen über das biometrische Merkmal oder den Fortschritt der Anmeldeprozedur anzeigen, bis dieser erfolgreich abgeschlossen ist. Bei der Verifikation muss ein Benutzername angegeben werden. Bei der Identifikation darf kein Benutzername angegeben werden. - Es sollte darauf hingewiesen werden, dass der Zugriff nur autorisierten Benutzern gestattet ist. - Die Authentikationsdaten dürfen erst dann überprüft werden, wenn zuvor die Lebenderkennung des biometrischen Merkmals erfolgreich vollzogen wurde. - Nach mehrmaliger falscher Authentifizierung soll das biometrische System gesperrt werden.

---

[120] [BSI 2011a, S. 1608]

Erweiterung des Maßnahmenkataloges 3: Personal

Neue Maßnahme:

Name:	Schulung bei der Verwendung biometrischer Authentifizierung
Kriterien:	M.5, M.6, M.8
Angelehnt an:	M 1.29: Geeignete Aufstellung eines IT-Systems[121] M 3.5: Schulung zu Sicherheitsmaßnahmen[122] M 3.6: Geregelte Verfahrensweise beim Ausscheiden von Mitarbeitern[123] M 3.26: Einweisung des Personals in den sicheren Umgang mit IT[124]
Text:	Mitarbeiter sind über die Verwendung der biometrischen Authentifizierung nach „Regelungen des Biometriegebrauchs" aufzuklären. Weiterhin sind Mitarbeiter über die Besonderheiten biometrischer Merkmale zu unterrichten, nämlich: - Die biometrische Authentifizierung setzt eine Registrierung des Merkmals (Enrolment) voraus. - Die biometrische Authentifizierung ist immer ein Ähnlichkeitsvergleich und garantiert keine 100%ige Erkennung. Es kann deshalb theoretisch zu falschen Erkennungen oder falschen Ablehnungen kommen – das bedeutet nicht zwangsläufig, dass das System fehlerhaft arbeitet. - Einige biometrische Merkmale unterliegen einem Alterungsprozess und können sich verändern. Deshalb kann eine Auffrischung der Registrierung oder ein erneutes Enrolment nötig sein. - Einige biometrische Merkmale können durch den Benutzer willentlich beeinflusst werden. Mitarbeiter sind aufgrund der Universalität und Einmaligkeit bezüglich der datenschutzrechtlichen Schutzwürdigkeit ihrer biometrischen Daten zu sensibilisieren.

Erweiterung des Maßnahmenkataloges 4: Hardware und Software

---

[121] [BSI 2011a, S. 1065]
[122] [BSI 2011a, S. 2308]
[123] [BSI 2011a, S. 2311]
[124] [BSI 2011a, S. 2346]

Neue Maßnahme:

Name:	Biometrieschutz für IT-Systeme
Kriterien:	S.1, S.3, S.3, S.4
Angelehnt an:	M 4.1: Passwortschutz für IT-Systeme[125] M 4.7: Änderung voreingestellter Passwörter[126] M 4.306: Umgang mit Passwort-Speicher-Tools[127]
Text:	Der Schutz eines IT-Systems durch Biometrie soll gewährleisten, dass nur solche Benutzer einen Zugriff auf die Daten und IT-Anwendungen erhalten, die eine entsprechende Berechtigung nachweisen. Unmittelbar nach dem Einschalten des IT-Systems muss der Berechtigungsnachweis erfolgen. Kann der Benutzer die erforderliche Berechtigung nicht nachweisen, so verhindert der Biometrieschutz den Zugriff auf das IT-System. Ein Biometrieschutz muss an einem IT-System immer durch eine Zusatzhardware und –software realisiert werden, welche die biometrischen Sensoren und den Erkennungsalgorithmus enthält. Bei einer erfolglosen Authentifizierung wird die weitere Nutzung des IT-Systems verhindert. Durch Protokollierung der Daten wird eine nachträgliche Beweisbarkeit von Zugriffen möglich. Das System stellt eine Möglichkeit zur erstmaligen Registrierung (Enrolment) bereit und speichert die biometrischen Referenzen separat.

Neue Maßnahme/Erweiterte Maßnahme:

---

[125] [BSI 2011a, S. 2530]
[126] [BSI 2011a, S. 2540]
[127] [BSI 2011a, S. 3235]

Name:	Geeignete Auswahl biometrischer Authentifizierungsmerkmale
Kriterien:	M.1, M.4, M.6, M.7, M.8, M.10, M.11
Angelehnt an:	M 4.133: Geeignete Auswahl von Authentikationsmechanismen[128]
Text:	Bei der Verwendung biometrischer Systeme ist die Auswahl des biometrischen Merkmals von entscheidender Bedeutung, um die Sicherheit, die Lebensdauer und die Zuverlässigkeit der Authentifizierung zu garantieren. Aus diesem Grund sollte eine Reihe von Entscheidungskriterien zur geeigneten Auswahl des Merkmals herangezogen werden: - Das Merkmal sollte eine möglichst hohe Personenbindung aufweisen, d. h. untrennbar mit der Person verbunden sein. - Das Merkmal sollte immer unveränderbar durch äußere Einflüsse sein. - Das Merkmal sollte außer den Authentifizierungsinformationen wenig oder keine weiteren Informationen über den Besitzer enthalten. - Das Merkmal sollte nur mit speziellen Sensoren erfasst werden können (verdeckt sein) und eine hohe Aktivität bei der Merkmalsabgabe erfordern. - Das Merkmal sollte durch den Benutzer willentlich beeinflussbar sein. - Das Merkmal sollte möglichst universal sein, d. h. global bei allen Nutzern vorhanden sein. - Das Merkmal sollte möglichst eindeutig sein. - Die Referenzgröße des Merkmals sollte übertragbar sein. - Das Merkmal sollte sich grundsätzlich für eine Lebenderkennung eignen. Eine Sicherheitsbewertung der Mechanismenstärke des Merkmals sollte durchgeführt worden sein. Es ist eine „SOF-High" nach der Biometric Evaluation Methodology[129] anzustreben mit einer maximalen FAR von 0,000001 (1 in 1000000). Die Ermittlung der Fehlerraten sollte empirisch erfolgen. Die Aussagekraft und das Vorgehen der Qualitätsbewertung sollte nach ISO/IEC 19795-1[130] erfolgen. Die aktuell gängigsten biometrischen Merkmale sind: Fingerprint, Spracherkennung, Iriserkennung, Gesichtserkennung

---

[128] [BSI 2011a, S. 2762]
[129] [CCBEMWG 2002]
[130] [ISO 2006c]

Neue Maßnahme/Erweiterte Maßnahme:

Name:	Geeignete Auswahl biometrischer Authentifizierungssysteme
Kriterien:	S.1, S.2, S.3, S.4, S.5, S.6, S.8, S.9, S.10
Angelehnt an:	M 4.133: Geeignete Auswahl von Authentikationsmechanismen[131]
Text:	Bei der Verwendung biometrischer Systeme ist die Auswahl des biometrischen Systems von entscheidender Bedeutung, um die Sicherheit und die Zuverlässigkeit der Authentifizierung zu garantieren. Folgende Punkte sind bei der Auswahl des Systems zu beachten: - Die Authentifizierungsdaten innerhalb des Systems sind aufgrund ihres hohen Schutzwertes immer verschlüsselt zu übertragen. Zudem sollten sich die Empfangspartner (Sensor und Vergleichslogik) bei großen Entfernungen immer durch Zertifikate ausweisen. - Die biometrischen Referenzen (Templates) sollten verschlüsselt und in veränderter Form (Template Protection) gespeichert werden. - Im Sinne des Mitarbeiterschutzes und Informationsschutzes sollten die Referenzen nicht zentral, sondern verteilt oder mobil gespeichert werden. - Zur Minimierung des Angriffsfensters sollte die Authentifikationsdauer weniger als eine Sekunde betragen. - Das System sollte die Möglichkeit bieten, Benutzer nach einer bestimmten Anzahl erfolgloser Authentifizierungsversuche zu sperren. - Das System sollte bereits abgegebene absolut identische Authentifizierungsdaten (Replays) erkennen und ablehnen. - Das System sollte vor einer erfolgreichen Anmeldung keine Informationen, wie die Existenz eines Accounts, preisgeben. - Das System sollte dem Benutzer nach einer erfolgreichen Anmeldung ein Protokoll über die erfolgreichen und erfolglosen Anmeldeversuche und deren Zeitpunkt zur Verfügung stellen. - Das System sollte eine Authentifizierung durch die Kombination mehrerer Merkmale anbieten.

---

[131] [BSI 2011a, S. 2762]

Erweiterung des Maßnahmenkataloges 5: Kommunikation

Neue Maßnahme

Name:	Verschlüsselung der biometrischen Kommunikation
Kriterien:	S.1
Angelehnt an:	M 5.9: Protokollierung am Server[132] M 5.34: Einsatz von Einmalpasswörtern[133] M 4.34: Einsatz von Verschlüsselung, Checksummen oder Digitalen Signaturen[134]
Text:	Da ein biometrisches System mit sehr schützenswerten Daten arbeitet, ist jegliche Kommunikation des Systems zu verschlüsseln. Dies schließt insbesondere ein: - Die Übermittlung der biometrischen Daten vom Sensor zur Entscheidungslogik - Die Übermittlung der Entscheidung von der Entscheidungslogik an das Türschloss oder die betroffene Anwendung - Die Protokollierung der Kommunikation auf einem externen Speicher Zur Sicherung der Vertraulichkeit und der Integrität während der Datenübertragung sollte die Maßnahme „M 4.34: Einsatz von Verschlüsselung, Checksummen oder Digitalen Signaturen" herangezogen werden. Da biometrische Daten sehr schützenswert sind, sollte die dort erwähnte Verschlüsselung durch den Advanced Encryption Standard (AES) erfolgen und es sollten für die Sicherstellung der Integrität Checksummen-Verfahren und Message Authentication Codes verwendet werden.

---

[132] [BSI 2011a, S. 3437]
[133] [BSI 2011a, S. 3476]
[134] [BSI 2011a, S. 2575]

Erweiterung der Maßnahme (alter Text bleibt erhalten) [BSI 2011a, S. 3437]:

Name:	Protokollierung am Server
Kriterien:	S.2, S.3
Angelehnt an:	M 5.9: Protokollierung am Server[135]
Text:	[...]Es sollten alle sicherheitsrelevanten Ereignisse protokolliert werden. Dabei sind insbesondere folgende Vorkommnisse von Interesse: [...] - Anzahl und Datum der erfolglosen biometrischen Authentifizierungsversuche bis hin zur Sperrung der Benutzer-Kennung bei Erreichen der Fehlversuchsgrenze - Anzahl und Datum der erfolgreichen biometrischen Authentifizierungsversuche Um eine rechtliche Nachweisbarkeit zu garantieren, sind die Protokolldateien für biometrische Authentifizierung über einen Zeitraum von 10 Jahren aufzubewahren. Aus Datenschutzgründen kann es auch eine Löschungspflicht geben (siehe auch M 2.110 Datenschutzaspekte bei der Protokollierung). [...]

Erweiterung des Maßnahmenkataloges 6: Notfallvorsorge

Hier sind keine Erweiterungen notwendig.

---

[135] [BSI 2011a, S. 3437]

10.3.1.3 Eigenentwicklung von Maßnahmen

Die BSI IT-Grundschutzkataloge decken den Informationsschutz und den Mitarbeiterschutz zu großen Teilen als Vorlage für die Maßnahmen zum compliance-konformen
Einsatz der Biometrie ab. Nur die letzte Maßnahme „M 5.9: Protokollierung am Server" erwähnt die „Nachvollziehbarkeit von Aktionen" und stellt sie dem Mitarbeiterschutz gegenüber. Hier hat der IT-Grundschutz bereits indirekt einen Zielkonflikt zwischen dem Anlegerschutz und dem Mitarbeiterschutz erkannt. Es existieren allerdings
keine direkten Standards, welche das Thema „Anlegerschutz" ausreichend detailliert
betrachten. Aus diesem Grund werden diejenigen Maßnahmen, die sich vom Informationsschutz unterscheiden oder in diesem gänzlich unbeachtet sind, nachfolgend neu
beschrieben.

Name:	Geeignete Auswahl biometrischer Archivierungsmerkmale
Gefahren:	Umgehung der eigentlichen biometrischen Erkennung Diebstahl von Authentifizierungsdaten Denial-of-Service
Kriterien:	M.1, M.2, M.5, M.6, M.8, M.9
Angelehnt an:	M 5.9: Protokollierung am Server[136]
Text:	Werden biometrische Merkmale als Identitätsnachweis, z. B. im Rahmen einer Signatur, verwendet, müssen andere Schwerpunkte als beim Datenschutz und Informationsschutz bei der Auswahl eines Merkmals gesetzt werden. Folgende Kriterien sind entscheidend: - Das Merkmal sollte untrennbar mit der Person verbunden sein. - Das Merkmal sollte immer unveränderbar durch äußere Einflüsse sein. - Das Merkmal sollte NICHT zeitlich variabel sein. - Das Merkmal sollte durch den Benutzer NICHT willentlich beeinflussbar sein. - Das Merkmal sollte möglichst eindeutig sein. - Die Speichergröße der Referenz sollte klein genug sein, um als Archivreferenz verwendet werden zu können.

---

[136] [BSI 2011a, S. 3437]

Name:	Geeignete Auswahl biometrischer Archivierungssysteme
Gefahren:	Umgehung der eigentlichen biometrischen Erkennung Diebstahl von Authentifizierungsdaten Denial-of-Service
Kriterien:	S.2, S.3
Angelehnt an:	M 5.9: Protokollierung am Server[137] M 2.110: Datenschutzaspekte bei der Protokollierung[138]
Text:	Werden biometrische Merkmale als Identitätsnachweis, z. B. im Rahmen einer Signatur, verwendet, müssen andere Schwerpunkte als beim Datenschutz und Informationsschutz bei der Auswahl eines Authentifizierungssystems gesetzt werden. Folgende Kriterien sind entscheidend: - Die biometrischen Referenzen (Templates) sollten möglichst in verschlüsselter UND veränderter Form (mittels Template Protection) gespeichert sowie verarbeitet werden. - Die biometrischen Referenzen sollten NICHT verteilt, sondern möglichst zentral gespeichert werden. Zudem sind bei der Archivierung biometrischer Daten folgende Datenschutzaspekte nach M 2.110 zu betrachten: - Protokollierung von Benutzeraktivitäten - Zweckbindung der Nutzung der Protokolle - Aufbewahrungsdauer - technische und organisatorische Rahmenbedingungen

---

[137] [BSI 2011a, S. 3437]
[138] [BSI 2011a, S. 1346]

10.3.2 Zusammenfassung der Maßnahmenkataloge

Im Folgenden sind die Maßnahmen zusammengefasst, welche den BSI IT-Grundschutz ergänzen bzw. verändern, falls das Unternehmen eine biometrische Authentifizierung einsetzt:

Maßnahmen Informationsschutz	Kriterien
NEU: Gesicherte Aufstellung biometrischer Sensoren	M.4, S.3
NEU: Regelung des Biometriegebrauchs	M.6, M.4
M 2.220: Richtlinien für die Zugriffs- bzw. Zugangskontrolle (erweitert)	M.10, S.8, S.9, S.7, S.5
NEU: Schulung bei der Verwendung biometrischer Authentifizierung	M.5, M.6, M.8
NEU: Biometrieschutz für IT-Systeme	S.1, S.3, S.3, S.4
NEU: Geeignete Auswahl biometrischer Authentifizierungsmerkmale	M.1, M.4, M.6, M.7, M.8, M.10, M.11
NEU: Geeignete Auswahl biometrischer Authentifizierungssysteme	S.1, S.2, S.3, S.4, S.5, S.6, S.8, S.9, S.10
NEU: Verschlüsselung der biometrischen Kommunikation	S.1
M 5.9: Protokollierung am Server (erweitert)	S.2, S.3
Maßnahmen Mitarbeiterschutz	Kriterien
M 2.205: Übertragung und Abruf personenbezogener Daten	-
M 2.110: Datenschutzaspekte bei der Protokollierung	-
Maßnahmen Anlegerschutz	Kriterien
NEU: Geeignete Auswahl biometrischer Archivierungsmerkmale	M.1, M.2, M.5, M.6 M.8, M.9
NEU: Geeignete Auswahl biometrischer Archivierungssysteme	S.2, S.3

Tabelle 10.3: Zusammenfassung der Maßnahmen für das Management der IT-Compliance biometrischer Systeme
[eigener Entwurf]

Der Prozess des Compliance-Managements ist eng verbunden mit dem IT-Sicherheitsmanagement. Zusätzlich sind beim Compliance-Management jedoch die Wechselwirkungen zum Mitarbeiterschutz und zum Anlegerschutz zu beachten. Eine sinnvolle Balance oder Schwerpunktsetzung der einzelnen Ziele stellt deshalb die Hauptaufgabe des Managements dar. Da sich die einzelnen Regularien besonders in ihrer Rechtsverbindlichkeit unterscheiden, bleibt oftmals wenig Spielraum für eine unterschiedliche Priorisierung der Ziele. Die hier beschriebenen Maßnahmen sind als eine beispielhafte Ergänzung für die BSI IT-Grundschutzkataloge beim Einsatz biometrischer Authentifizierung zu verstehen. Eine ähnliche Ergänzung wäre auch für ITIL oder ISO/IEC 27002 denkbar. COBIT ist als Zwischenschritt zwischen den Regularien und den eigentlichen detaillierteren Sicherheits-Standards zu verstehen. Es wäre für eine Ergänzung einer Authentifizierungsart wie der Biometrie zu unspezifisch.

Abbildung 9.2 stellt diesen Zusammengang grafisch dar:

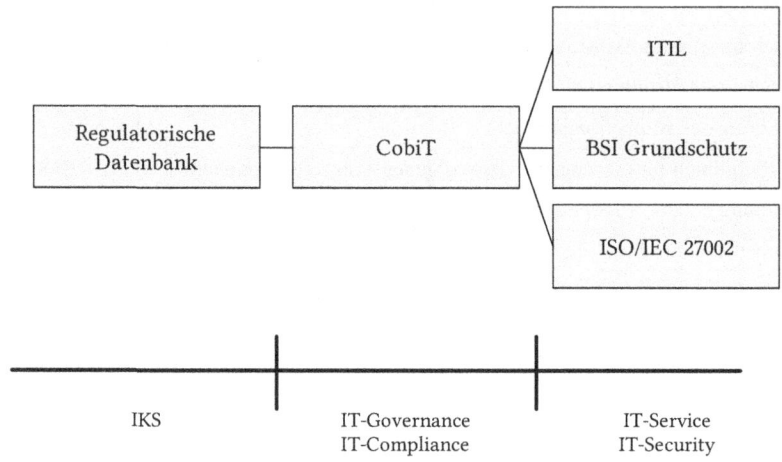

Abbildung 10.5: Zusammenhang zwischen Compliance- und Sicherheits-Management
[Rath/Sponholz 2009, S. 157]

11   Fazit und Ausblick

Das letzte Kapitel fasst die bisherigen Ergebnisse zusammen und stellt die Möglichkeiten zur Weiterentwicklung der Bewertungskriterien vor. Die Arbeit schließt mit einem Ausblick auf künftige Entwicklungen und Probleme der biometrischen Authentifizierung.

11.1   Zusammenfassung der Ergebnisse

Grundsätzlich ist es schwierig, biometrische Systeme auf einen abstrakten und schwer definierbaren Begriff wie IT-Compliance zu überprüfen. Hersteller und Gremien sprechen immer wieder die Chancen und Möglichkeiten biometrischer Systeme im Zusammenhang mit der IT-Compliance an, ohne dabei ins Detail zu gehen. Die Untersuchung und Bewertung dieser Behauptung stellte eine Hauptmotivation dieser Arbeit dar.

Die ersten Kapitel behandelten biometrische Authentifizierungsverfahren und ihre Vorgehensweise. Daran schloss sich die Begriffsbestimmung der IT-Compliance an. Zur Ermittlung der Bewertungskriterien biometrischer Authentifizierung untersuchte die Arbeit zuerst alle Rechtsnormen, rechtliche Vorschriften, Standards und sonstige Normen auf Anforderungen zur Authentifizierung allgemein. Diese Anforderungen wurden dann durch identifizierte Gefahren für das Unternehmen in die drei Ziele Informationsschutz, Mitarbeiterschutz und Anlegerschutz eingeteilt. Zur Erfüllung dieser Anforderungen bzw. gleichzeitig zur Vermeidung der resultierenden Gefahren konnten Bewertungskriterien für das biometrische Merkmal und das biometrische System bestimmt werden. Durch eine exemplarische Bewertung von drei biometrischen Lösungen aus der Praxis zeigten sich Mängel in Bezug auf die biometrischen Lösungen selbst, aber auch Mängel in den Rechtsnormen und den Standards und Handlungsempfehlungen der Praxis. Die Arbeit nahm sich dieser Mängel an und stellte erste Empfehlungen zur Behebung dieser vor.

Die Ergebnisse werden anhand der in Kapitel 1 vorgestellten Forschungsfragen präsentiert:

Frage 1: Welche Compliance-Anforderungen und -Vorschriften sind besonders relevant für den betrieblichen Einsatz biometrischer Authentifizierungssysteme?

Kapitel 2 stellte verschiedene Definitionen der IT-Compliance vor, u. a. bezeichnet IT-Compliance „die Kenntnis und Einhaltung sämtlicher regulatorischer Vorgaben und Anforderungen an das Unternehmen, die Aufgabe und die Einrichtung entsprechender Prozesse und die Schaffung eines Bewusstseins der Mitarbeiter für Regelkonformität sowie die Kontrolle und Dokumentation der Einhaltung der relevanten Bestimmungen

© Springer Fachmedien Wiesbaden GmbH, ein Teil von Springer Nature 2014
S. Däs, *Compliance-konforme Einbindung biometrischer Authentifizierungssysteme in das betriebliche IT-Sicherheitsmanagement*, Edition KWV,
https://doi.org/10.1007/978-3-658-23466-9_11

gegenüber internen und externen Adressaten" [Rath/Sponholz 2009, S. 25]. Abschnitt 4.1 traf dabei die Einteilung der IT-Compliance relevanten Vorschriften in Gesetze und Regularien sowie Standards und Normen. Durch eine Auswertung verschiedener Quellen wurden als wichtige Gesetze und Regularien der Sarbanes-Oxley Act (SOX), die 8. EU-Richtlinie (Euro-SOX), die Grundsätze ordnungsgemäßer Buchführungssysteme (GoBS), die Grundsätze zum Datenzugriff und zur Prüfbarkeit digitaler Unterlagen (GDPdU), das Bundesdatenschutzgesetz (BDSG), das Gesetz zur Kontrolle und Transparenz im Unternehmensbereich (KonTraG), die Basel II Vorschriften und die Mindestanforderungen an das Risikomanagement (MaRisk) identifiziert. Wichtige Standards und Normen sind der IT-Grundschutz des Bundesamtes für Sicherheit in der Informationstechnik, die Normen der ISO 27000er Familie, die Information Technology Infrastructure Library (ITIL), die Control Objectives for Information and Related Technology (COBIT), und die Ausführungsbestimmungen und Prüfungsstandards des Instituts der Wirtschaftsprüfer in Deutschland (IDW). Im Zuge der Betrachtung der Gesetze ergaben sich noch Verweise auf die Richtlinie über Märkte für Finanzinstrumente (Markets in Financial Instruments Directive bzw. MiFID), das Gesetz über elektronische Handelsregister und Genossenschaftsregister sowie das Unternehmensregister (EHUG), das Signaturgesetz und die Signaturverordnung (SigG bzw. SigV), die ebenfalls betrachtet wurden (siehe Abschnitt 4.2). Bei den Standards und Normen gab es Verweise auf das Biometric Verification Mechanisms Protection Profile (BVMPP), den Payment Card Industry Data Security Standard (PCI DSS) und ISO 38500, welche dann auch in die Bewertung mitaufgenommen wurden.

Durch die Analyse dieser Vorschriften in Kapitel 5 werden auch die relevanten Anforderungen identifiziert (vgl. hierzu Tabelle 5.18).

Tabelle 11.1 fasst die relevanten Vorschriften zusammen:

Gesetze und Regularien
- SOX
- Euros-SOX
- GoB/GoBS
- GDPdU
- BDSG
- KonTraG
- Basel II
- MaRisk
- EHUG
- SigG/SigV
- MiFID
Standards und Normen
- IT-Grundschutz
- ISO 2700X/ ITIL
- COBIT
- IDW PS 330
- IDW FAIT
- PCI DSS
- BVMPP
- ISO 38500

Tabelle 11.1: Überblick über relevante Regelwerke für die IT-Compliance
[eigener Entwurf]

Frage 2: Welchen Beitrag leisten einzelne biometrische Verfahren und Systeme zur Einhaltung der Compliance-Vorschriften im Unternehmen? Wie können bereits vorhandene biometrische Systeme auf ihre Compliance-Konformität und ihre Compliance-Vorteile bzw. -Nachteile hin bewertet werden?

Größtes Problem zur Unterstützung von IT-Compliance ist die fehlende Rechtssicherheit biometrischer Authentifizierung im Sinne einer elektronischen Signatur. Dies ist hauptsächlich auf die Stärke des Mechanismus zurückzuführen. Gleichzeitig bietet die Biometrie jedoch aufgrund ihrer starken Personenbindung immense Vorteile für Compliance unterstützende Authentifizierung. Als besonderes Beispiel ist die Gestaltung von IT-Systemen mit Rechnungslegungspflichten zu nennen.

In Kapitel 7 wurden Kriterien für das Merkmal und das System einer biometrischen Authentifizierungslösung vorgestellt, welche den positiven und negativen Beitrag zur Erreichung von IT-Compliance bewertbar machen.

Zur Bewertung des biometrischen Merkmals wurden die 11 Kriterien Personenbindung, Unveränderlichkeit, Informationsgehalt, Ausspähbarkeit, zeitliche Variabilität, willentliche Beeinflussbarkeit, Universalität, Einmaligkeit, Referenz-Speichergröße, Lebenderkennung und Mechanismenstärke identifiziert.

Die Bewertung des System erfolgt durch die 10 Kriterien Art der Datenübertragung, Art der Referenzspeicherung, Ort der Referenzspeicherung, Authentifikationsdauer, Sperrmechanismus, Replayschutz, Betriebsart des Authentifikationssystems, Restriktive Informationsabgabe, Informationsfeedback und Erweiterbarkeit.

Frage 3: Welche Maßnahmen sind zu ergreifen, um den Compliance-konformen und Compliance-unterstützenden Einsatz biometrischer Systeme im Unternehmen zu gewährleisten?

Kapitel 10.3 stellte einen Maßnahmenkatalog für die Einbindung biometrischer Authentifizierung in das betriebliche IT-Sicherheitsmanagement vor. Als Vorlage dienten die IT-Grundschutzkataloge des BSI in der 12. Ergänzungslieferung aus dem Jahr 2011. Dabei wurden entweder vorhandene Maßnahmen erweitert oder neue Maßnahmen anhand bestehender Vorlagen entwickelt.

Die folgende Tabelle 11.2 gibt einen Überblick über die Maßnahmen:

Maßnahmen zum Informationsschutz
NEU: Gesicherte Aufstellung biometrischer Sensoren
NEU: Regelung des Biometriegebrauchs
M 2.220 Richtlinien für die Zugriffs- bzw. Zugangskontrolle (erweitert)
NEU: Schulung bei der Verwendung biometrischer Authentifizierung
NEU: Biometrieschutz für IT-Systeme
NEU: Geeignete Auswahl biometrischer Authentifizierungsmerkmale
NEU: Geeignete Auswahl biometrischer Authentifizierungssysteme
NEU: Verschlüsselung der biometrischen Kommunikation
M 5.9 Protokollierung am Server (erweitert)
Maßnahmen zum Mitarbeiterschutz
M 2.205 Übertragung und Abruf personenbezogener Daten
M 2.110 Datenschutzaspekte bei der Protokollierung
Maßnahmen zum Anlegerschutz
NEU: Geeignete Auswahl biometrischer Archivierungsmerkmale
NEU: Geeignete Auswahl biometrischer Archivierungssysteme

**Tabelle 11.2: Maßnahmen für das Management der IT-Compliance
biometrischer Systeme**
[eigener Entwurf]

Frage 4: Welche Erkenntnisse können aus dem compliance-konformen Einsatz biometrischer Authentifizierung zur Verbesserung bestehender Compliance-Vorschriften gewonnen werden? Welche Konsequenzen ergeben sich für die Hersteller dieser biometrischen Systeme?

Die Arbeit hat in Kapitel 10.2 die Compliance Vorschriften auf ihre Mängel untersucht. Dabei wurde die Zielsetzung der Vorschrift berücksichtigt, d. h. es ist für einen allgemeinen Standard nicht sinnvoll, dass er technische Details beinhaltet. Grundsätzlich wurden folgende Mängel identifiziert:

- Es sind nur indirekte Anforderungen an Authentifizierung vorhanden bzw. die Erweiterung ist nicht sinnvoll (KonTraG, BDSG, MaRisk, COBIT, SOX, Euro-SOX, Basel II und EHUG).
- Es gibt einen Fokus auf Passwort Authentifizierung ohne Beachtung anderer Authentifizierungsverfahren (PCI DSS, IDW Standards, BSI IT-Grundschutz, ISO 27001).
- Es gibt keine genaue Definition der Wirksamkeit von Authentifizierung und keine Forderung zu standardisierten oder genormten Wirksamkeitsüberprüfungen (GoBS, GDPdU, IDW Standards, BSI IT-Grundschutz, ISO 27001).
- Es gibt unvollständige Beispiele und keinen Verweis auf Standards (IDW FAIT 1).
- Es gibt keine konkrete Gefahrenbetrachtung (IDW FAIT 2).
- Es gibt keine Beachtung biometriespezifischer Probleme wie z. B. natürliche Schwankungen in der Merkmalsaufnahme (ISO 27001).

Wie eine Verbesserung einzelner Vorschriften aussehen könnte, hat Kapitel 10.3 anhand der IT-Grundschutzkataloge aufgezeigt.

11.2   Weiterentwicklungspotenziale der Bewertungskriterien

Abschnitt 6.1 hat beschrieben, dass diese Arbeit nur das Merkmal und das System eines Authentifizierungsverfahrens bewertet. Die Authentifizierung kann jedoch auch in einen Kontext mit dem Identitäts- und Zugriffsmanagement im Unternehmen eingeordnet werden (siehe hierzu Anhang A). Es zeigen sich große Schnittstellen zu den Funktionen der Autorisierung, der Protokollierung bzw. dem Audit von Identitäten und Zugriffen sowie der Administration der Zugriffsrechte. Es wurde bereits deutlich, dass auch diese direkt betroffenen Funktionen großen Einfluss auf den Beitrag zur IT-Compliance besitzen. In einem weiteren Schritt wäre es also denkbar, dass das gesamte Identitäts- und Zugriffsmanagement und die Beziehungen der einzelnen Funktionen Authentifizierung, Autorisierung, Audit und Administration untereinander untersucht werden.

Eine zweite mögliche Weiterentwicklung zielt auf die Bewertung wissens- und besitz-basierter Verfahren und ihrer Konformität zur IT-Compliance. Es wäre interessant, biometrische Verfahren hier gegenüber einer Authentifizierung mittels Passwort oder Token abzugrenzen. Für diese Bewertung sind jedoch neue Kriterien zu definieren oder vorhandene anzupassen. Einige Kriterien wie beispielsweise der Replayschutz sind sehr biometriespezifisch, andere Kriterien wie die Mechanismenstärke sind nur bedingt vergleichbar, da ein biometrisches Verfahren durch die Bestimmung eines Ähnlichkeitswerts sich von Verfahren, die auf Wissen oder Besitz basieren, gänzlich unterscheidet.

11.3 Ausblick

Die rechtlichen Auswirkungen biometrischer Authentifizierungssysteme werden heute sowohl vom Gesetzgeber als auch vom IT-Management des Unternehmens noch zu oberflächlich betrachtet. Die Hersteller dieser Systeme preisen aus offensichtlichen Gründen meist nur die Vorteile biometrischer Authentifizierung an. Noch immer lässt sich in gängigen Standards ein Fokus auf die Authentifizierung mittels Passwort aus-machen. Diese Arbeit nahm eine detaillierte Bewertung des positiven und negativen Beitrags der biometrischen Authentifizierung zur Erfüllung von IT-Compliance Vor-schriften vor. Im Anschluss wurden Maßnahmen für die bessere Umsetzung an das IT-Management, den Gesetzgeber bzw. Konsortien sowie die Hersteller biometrischer Systeme vorgestellt.

Für die Zukunft sind besonders die Trends zur Remote- und Cloud-Authentifizierung und zum unternehmensweiten Single-Sign-On (SSO) zu betrachten. Unternehmen ge-hen mittlerweile dazu über, immer mehr Anwendungen über das Internet unterneh-mensweit zu betreiben. Die Übertragung von Authentifizierungsinformationen über das Internet und die Speicherung von biometrischen Referenzen auf fremden Servern stellen die biometrische Authentifizierung vor neue Herausforderungen. Besonders brisant ist dies, wenn eine solche Authentifizierung als SSO zur einmaligen Anmel-dung verwendet wird und die authentifizierte Person dann Zugriff auf alle für sie frei-gegebenen Unternehmensanwendungen erhält. Hier sind insbesondere für den Mitar-beiterschutz und den Informationsschutz neue Kriterien notwendig, die in dieser Ar-beit noch nicht vollständig betrachtet wurden.

Biometrische Authentifizierungssysteme können durch die Erfüllung des Kriterienka-taloges einen signifikanten Beitrag zur IT-Compliance im Unternehmen beitragen. Die Zielsetzungen des Informationsschutzes, des Mitarbeiterschutzes und des Anleger-schutzes können verschiedene Verfahren jedoch nicht gleichzeitig immer optimal er-füllen. Die Abwägung der einzelnen Vor- und Nachteile bleibt damit Aufgabe des IT-Managements.

Anhang A: Anforderungen außerhalb der Bewertung

Die Authentifizierung hat einen wichtigen Anteil am Identitäts- und Zugriffsmanagement des Unternehmens und nimmt an erster Stelle die Zuordnung der Benutzer zu den Rollen vor. Besonders in Bezug zu den Schnittstellen der Administrations-, Autorisierungs- und Audit-Funktionalitäten einer gesamten Identitätsmanagement-Strategie existieren mehrere Schnittstellen. Die folgende von Siemens IT Solutions und Services[139] entnommene Grafik verdeutlicht den Zusammenhang:

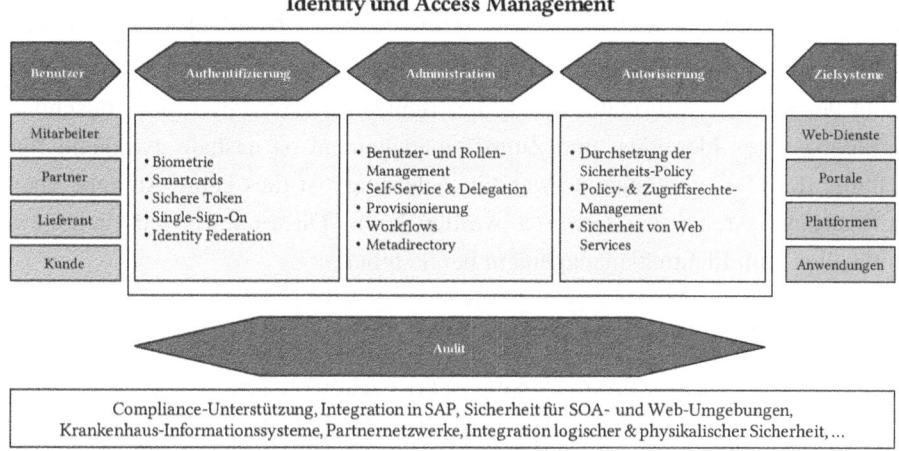

Abbildung A.1: Das Prinzip des Identity und Access Managements
[Siemens 2010, S. 4]

Diese gesetzlichen Auswirkungen auf diese Schnittstellen sollen im Folgenden kurz beschrieben werden, obwohl sie im Zuge der Bewertung des Authentifizierungssystems ausgeschlossen werden.

Anhang A.1 Schnittstellen zur Autorisierung und zum Identitätsmanagement

Das Biometric Verification Mechanisms Protection Profile (BVMPP) legt in FIA-ADT.1 fest, dass für jeden Systemakteur ID, Rolle und biometrische Referenz gespeichert werden [Tekampe/Leidner 2008, S. 29]. Der IT-Grundschutz fordert dies genauso in M 4.133, da für jede Benutzerrolle „verschiedene Sicherheitseinstellungen wählbar" sein sollen, indem Rechteprofile mit abgespeichert werden [BSI 2011a, S. 2763]. Darüber hinaus soll auch noch die Zeit und der Ort des erlaubten Zugriffs für jeden

---

[139] [Siemens 2010, S. 4]

© Springer Fachmedien Wiesbaden GmbH, ein Teil von Springer Nature 2014
S. Däs, *Compliance-konforme Einbindung biometrischer Authentifizierungssysteme in das betriebliche IT-Sicherheitsmanagement*, Edition KWV,
https://doi.org/10.1007/978-3-658-23466-9

Benutzer individuell einstellbar sein [BSI 2011a, S. 2765]. Im Grunde können diese Aufgaben unter der Autorisierung eingeordnet werden. Damit sind besonders die Umsetzung und das Management von Sicherheitsrichtlinien und Policies gemeint. Quellen für diese Richtlinien lassen sich erneut im ISO 27001 Standard in „A.11.1.1: Access control policy", „A.11.2: User Access Management" sowie analog dazu in den IT-Grundschutzkatalogen in dem Maßnahmen M 2.5, M 2.7, M 2.8, M 2.30 und M 2.220 finden[140]. Die Überprüfung von Benutzerberechtigungen (ISO 27001 A.11.2.4 bzw. IT-Grundschutz M 3.1 und M 2.199)[141] setzen zudem bei der Benutzerkontenverwaltung und eine Dokumentation der Benutzerkonten und der Rechteprofile voraus.

Die sicherste und beste Authentifizierung ist wirkungslos, wenn anschließend die Zuordnung der Benutzerinformationen zu den Benutzerkonten falsch oder fälschbar ist. Ein rollenbasiertes Identitäts- und Zugriffsmanagement ist deshalb zwingend für die Einhaltung der IT-Compliance notwendig. Allerdings ist dies keine Aufgabe des Authentifizierungssystems, die bewertet werden kann. Dieses muss lediglich gewisse Schnittstellen zum Identitätsmanagement bereitstellen.

Anhang A.2 Administrations-Management

Ebenfalls in einem engen Zusammenhang mit der Authentifizierung und der Autorisierung steht die Administration der Authentikationsdaten. In ISO 27001 wird die Rechtevergabe u. a. in Punkt „A.11.1: Geschäftsanforderungen an Zugangskontrolle" und „A.11.2: Benutzerverwaltung" geregelt. Im IT-Grundschutz behandelt dies u. a. die Maßnahme „M 2.38 Aufteilung der Administrationstätigkeiten"[142]. Grundsätzlich lässt sich bei der Zugriffskontrolle zur Administration zwischen der Festlegung durch den Dateierzeuger (Discreationary Access Control, DAC) und der Festlegung durch eine zentrale Instanz bzw. einen Administrator (Mandatory Access Control, MAC) unterscheiden [Kersten et al. 2011, S. 214 f.]. Der IT-Grundschutz fordert beispielweise in M 4.133, dass Administratoren Benutzer anlegen und verändern können [BSI 2011a, S. 2762]. Im Falle der Verwendung von Passwörtern sollen Sie ihre Authentikationsdaten selbstständig anlegen und verändern können [BSI 2011a, S. 2762]. Damit haben Sie auch die Verfügungskontrolle über die Administration ihrer Daten – dies ist jedoch bei Biometrie nicht zu empfehlen. COBIT DSS 05.04 bleibt sowohl in der Gestaltung, als auch der Verteilung von Benutzerrechten durch den Administrator allgemein: „Die Benutzerrechte müssen an die Geschäftsfunktion und Prozess-Notwendigkeiten angepasst werden, die Administration soll nach dem Need-to-know Prinzip die Benutzer-

---

[140] vgl. [Kersten et al. 2011, S. 215 f.]
[141] vgl. [Kersten et al. 2011, S. 218 f.]
[142] vgl. [Kersten et al. 2011, S. 215 f.]

recht verteilen" [ISACA 2012a, S. 194]. Diese minimale Rechtvergabe findet sich auch in ISO 27001 „A.11.2.1" wieder [Kersten et al. 2011, S. 215 f.].

Neben der Administration der Authentifizierungsdaten und der Verteilung der Rechte ist im Zusammenhang mit der Administration auch noch der Zugang zur Administration selbst entscheidend. Im Falle einer durch Administratoren gesteuerten Administration (MAC) soll laut BVMPP FIA_UAU.2(2) der Zugriff für Administratoren durch einen herkömmlichen (nicht biometrischen) Authentifizierungskanal geschützt werden [Tekampe/Leidner 2008, S. 29]. FIA_UAU.5 geht sogar soweit, dass eine Kombination mehrerer Mechanismen erfolgen sollte [Tekampe/Leidner 2008, S. 30].

Analog zur Autorisierung setzt eine Compliance-konforme Authentifizierung auch eine funktionsfähige Administration voraus, die sicher ist und nicht leicht missbraucht werden kann.

Anhang A.3 Audit- und Protokoll-Funktionalität

Die Forderung zur Protokollierung stellt eine der wichtigsten Compliance-Anforderungen dar, um den Zugriff zu Informationen revisionssicher und nachvollziehbar zu gestalten (vgl. COBIT 5, DSS 05.04, Punkt 8 [ISACA 2012a, S. 194]). Das Authentifizierungssystem leistet diese Funktion jedoch nicht selbst, sondern stellt die Authentifizierungsdaten für das Audit und die Protokollierung zur Verfügung. Während ISO 27001 in „A.11.5.1: Verfahren für sichere Anmeldung" nur davon spricht, dass Anmeldeversuche aufgezeichnet werden müssen, beschreibt ISO 27001 in „A.9.1.2: Zutrittskontrolle" für den physischen Zugang die Protokollierung, bei der mindestens der Name der Person, die Bezeichnung der Kontrollstelle, die Uhrzeit des Einlasses und des Verlassens zu speichern sind[143] [Kersten et al. 2011, S. 170, S. 227]. Der BSI IT-Grundschutz M 4.133 beschreibt im Abschnitt „Protokollierung der Authentisierungsmechanismen" hingegen für die gesamte Authentifizierung genau, welche Daten zur Verfügung gestellt werden müssen [BSI 2011a, S. 2765]:

- Ein- und Ausschalten der Protokollierung
- Jeden Versuch, auf Mechanismen zum Management von Authentikationsdaten zuzugreifen
- Erfolgreiche Versuche, auf Authentikationsdaten zuzugreifen
- Jeden Versuch, unautorisiert auf Benutzer-Authentikationsdaten zuzugreifen
- Jeden Versuch, auf Funktionen zur Administration von Benutzereinträgen zuzugreifen
- Änderungen an Benutzereinträgen

---

[143] vgl. auch COBIT DSS 05.05, Punkt 1 [ISACA 2012a, S. 194]

- Jeden durchgeführten Test auf Passwort-Güte
- Jede Benutzung von Authentisierungsmechanismen
- Jede Konfiguration der Abbildung von Authentisierungsmechanismen zu spezifischen Authentikationsereignissen
- Die Installation von Authentisierungsmechanismen
- Jeder Protokollierungseintrag sollte Datum, Uhrzeit, Art des Ereignisses, Bezeichnung des Subjektes sowie Erfolg bzw. Misserfolg der Aktion enthalten

Hier existieren auch Überschneidungen zur Administration: Zum einen fällt in diesen Aufgabenbereich auch die Kontrolle der Protokolle [BSI 2011a, S. 2765], siehe auch „M 2.64: Kontrolle von Protokolldateien" [BSI 2011a, S. 1244]. Zum anderen sind die Administrationstätigkeiten (Anlegen, Ändern und Löschen von Zugriffsrechten) zu protokollieren[144]. Protokolle selbst sind nach „A.10.10.1" und „A.10.10.3" vor einer Verfälschung und einer unbefugten Zugriff zu schützen sowie nach Datenschutzaspekten zu behandeln [Kersten et al. 2011, S. 210 f.]. Die Tatsache, dass auch Protokolle Authentifizierungsinformationen und damit personenbezogene Daten enthalten können, wird im BSI IT-Grundschutz unter „M 2.110: Datenschutzaspekte bei der Protokollierung" beachtet [BSI 2011a, S. 1346]. Die geforderten Protokolldaten decken sich im Wesentlichen mit denen im BVMPP in Punkt „FAU_GEN.1 Audit data generation" [Tekampe/Leidner 2008, S. 30].

---

[144] vgl. [ISACA 2012a, S. 194] und [Kersten et al. 2011, S. 211]

Anhang B: Referenztabellen

Anhang B.1   Gefahren

Abkürzung	Gefahr für den Informationsschutz	Abschnitt	Seite
GI-1	Die Überwindung der Mechanismenstärke	6.2.1	145
GI-2	Täuschung des Sensors	6.2.1	145
GI-3	Diebstahl valider Authentifizierungsdaten	6.2.1	145
GI-4	Betrug und Zwang von berechtigten Benutzern	6.2.1	145
GI-5	Denial-of-Service	6.2.1	145
GI-6	Umgehung der eigentlichen biometrischen Erkennung	6.2.1	146

Abkürzung	Gefahr für den Anlegerschutz	Abschnitt	Seite
GA-1	Absichtliche Fälschung der Personenidentität	6.3.1	147 f.
GA-2	Keine Eindeutige Zuordnung	6.3.1	148
GA-3	Absichtliches und unabsichtliches Fehlen der Identitätsinformation	6.3.1	148

Abkürzung	Gefahr für den Mitarbeiterschutz	Abschnitt	Seite
GM-1	Unrechtmäßige Aneignung der Nutzeridentität	6.4.1	149 f.
GM-2	Missbräuchliche Verwendung von Zusatzinformationen	6.4.1	150
GM-3	Lebenslange Merkmalskompromittierung	6.4.1	150
GM-4	Überwachungseignung biometrischer Systeme und Bildung von Personenprofilen	6.4.1	150
GM-5	Zwang zur Nutzung biometrischer Systeme	6.4.1	150 f.

© Springer Fachmedien Wiesbaden GmbH, ein Teil von Springer Nature 2014
S. Däs, *Compliance-konforme Einbindung biometrischer Authentifizierungssysteme in das betriebliche IT-Sicherheitsmanagement*, Edition KWV,
https://doi.org/10.1007/978-3-658-23466-9

Anhang B.2 Bewertungskriterien

Abkürzung	Merkmalskriterium	Abschnitt	Seite
M.1	Personenbindung	7.1.1	162
M.2	Unveränderlichkeit	7.1.2	165
M.3	Informationsgehalt	7.1.3	166
M.4	Ausspähbarkeit	7.1.4	167
M.5	Zeitliche Variabilität	7.1.5	169
M.6	Willentliche Beeinflussbarkeit	7.1.6	171
M.7	Universalität	7.1.7	172
M.8	Einmaligkeit	7.1.8	173
M.9	Referenz-Speichergröße	7.1.9	174
M.10	Lebenderkennung	7.1.10	175
M.11	Mechanismenstärke	7.1.11	177

Abkürzung	Systemkriterium	Abschnitt	Seite
S.1	Art der Datenübertragung	7.2.1	182
S.2	Art der Referenzspeicherung	7.2.2	184
S.3	Ort der Referenzspeicherung	7.2.3	186
S.4	Authentifikationsdauer	7.2.4	188
S.5	Sperrmechanismus	7.2.5	189
S.6	Replayschutz	7.2.6	191
S.7	Betriebsart des Authentifikationssystems	7.2.7	192
S.8	Restriktive Informationsabgabe	7.2.8	193
S.9	Informationsfeedback	7.2.9	194
S.10	Erweiterbarkeit	7.2.10	195

Anhang B.3 Vollständige Bewertungsmatrix

Merkmalskriterien:

	Informationsschutz						Anlegerschutz			Mitarbeiterschutz				
	GI-1	GI-2	GI-3	GI-4	GI-5	GI-6	GA-1	GA-2	GA-3	GM-1	GM-2	GM-3	GM-4	GM-5
M.1		++						++		++				
M.2							++					-		
M.3											++			
M.4		++								++			++	
M.5								-			++	++		
M.6		++						-					++	
M.7		-											-	
M.8		++						++					-	
M.9									++					
M.10		++												
M.11	++													

Systemkriterien:

	Informationsschutz						Anlegerschutz			Mitarbeiterschutz				
	GI-1	GI-2	GI-3	GI-4	GI-5	GI-6	GA-1	GA-2	GA-3	GM-1	GM-2	GM-3	GM-4	GM-5
S.1			++							++				
S.2			++				++		++	++				
S.3			++							++				
S.4			++			++							++	
S.5					++									
S.6			++							++				
S.7													++	
S.8			++		++	++								
S.9			++		++	++								
S.10						++								++

Literaturverzeichnis

[Adler 2003]
Adler, Andy: Can images be regenerated from biometric templates? In: Biometrics Consortium Conference, Arlington 2003, S. 22-24.

[Adler 2008]
Adler, Andy: Biometric System Security. In: Jain, Anil K.; Flynn, Patrick; Ross, Arun A. (Hrsg.): Handbook of Biometrics. New York 2008, S. 381-402.

[Akamai 2012]
Akamai Technologies: The State of the Internet, 4th Quarter, 2012 Report. Volume 5, Number 4. http://www.akamai.com/stateoftheinternet/?gclid=CMjWyc3z0bcCFfLHtAodPhsA_Q, 2012. Abruf am 07.06.2013 (nur für geschlossene Benutzergruppe zugänglich).

[Albrecht 2002]
Albrecht, Astrid: Biometrie und Recht. In: Nolde, Veronika; Leger, Lothar (Hrsg.): Biometrische Verfahren. Körpermerkmale als Passwort. Grundlagen, Sicherheit und Einsatzgebiete biometrischer Identifikation. Köln 2002, S. 97-117.

[Albrecht 2003]
Albrecht, Astrid: Biometrische Verfahren im Spannungsfeld von Authentizität im elektronischen Rechtsverkehr und Persönlichkeitsschutz. Dissertation. Frankfurt am Main 2003.

[Albrecht 2007]
Albrecht, Astrid: Biometrie am Arbeitsplatz – Konkrete Ausgestaltung der Mitbestimmung. Orientierungshilfe des TeleTrusT e.V. für eine Betriebsvereinbarung beim Einsatz biometrischer Systeme. In: Datenschutz und Datensicherheit (DuD) 31 (2007) 3, S. 171-175.

[Albrecht/Probst 2001]
Albrecht, Astrid; Probst, Thomas: Bedeutung der politischen und rechtlichen Rahmenbedingungen für biometrische Identifikationssysteme. In: Behrens, Michael; Roth, Richard (Hrsg.): Biometrische Identifikation, Grundlagen, Verfahren, Perspektiven. Braunschweig/Wiesbaden 2001, S. 27-54.

[Allan 2012]
Allan, Ant: Magic Quadrant for User Authentication 2012. Gartner Research 2012. http://www.gartner.com/DisplayDocument?doc_cd=231072, 2012. Abruf am 10.03.2012.

[Allen et al. 2004]
Allen, Robert; Sankar, Pat; Prabhakar, Salil: Fingerprint Identifikation Technology. In: Wayman, James; Jain, Anil; Maltoni, Davide; Maio, Dario (Hrsg.): Biometric Systems: Technology, Design and Performance Evaluation. London 2004, S. 21-61.

[Alonso-Fernandez et al. 2012]
Alonso-Fernandez, Fernando; Fierrez, Julian; Ortega-Garcia, Javier: Quality Measures in Biometric Systems. In: IEEE Security & Privacy 10 (2012) 6, S. 52-62.

© Springer Fachmedien Wiesbaden GmbH, ein Teil von Springer Nature 2014
S. Däs, *Compliance-konforme Einbindung biometrischer Authentifizierungssysteme in das betriebliche IT-Sicherheitsmanagement*, Edition KWV,
https://doi.org/10.1007/978-3-658-23466-9

[Amberg et al. 2003]
Amberg, Michael; Fischer, Sonja; Rößler, Jessica: Biometrische Verfahren. Studie zum State of the Art. Erlangen-Nürnberg 2003.

[APM 2007]
The APM Group Limited: An Introductory Overview of ITIL® V3 - A high-level overview of the IT INFRASTRUCTURE LIBRARY. http://www.best-management-practice.com/gempdf/itSMF_An_ Introductory_Overview_of_ITIL_V3.pdf, 2007. Abruf am 02.05.2013.

[APM 2012]
The APM Group Limited:
http://www.itil-officialsite.com/Qualifications/ITILQualification Scheme.aspx, 2012. Abruf am 02.05.2013.

[Atmel 2012]
Atmel Corporation: http://www.atmel.com, 2012. Abruf am 25.11.2012.

[Atzeni et al. 1999]
Atzeni, Paolo; Ceri, Stefano; Paraboschi, Stefano; Torlone, Riccardo: Database Systems: Concepts, Languages and Architectures. Cambridge 1999.

[Bace et al. 2006]
Bace, John; Rozwell, Carol; Feiman, Joseph; Kirwin, Bill: Understanding the Costs of Compliance. Gartner Research 2006.

[Badawi 2006]
Badawi, Ahmed M.: Hand Vein Biometric Verification Prototype: A Testing Performance and Patterns Similarity. In: Proceedings of the International Conference on Image Processing, Computer Vision, and Pattern Recognition (IPCV), Las Vegas 2006, S. 3-9.

[Bäumler et al. 2001]
Bäumler, Helmut; Gundermann, Lukas; Probst, Thomas: Stand der nationalen und internationalen Diskussion zum Thema Datenschutz bei biometrischen Systemen. Kiel 2001.

[BAfB 2004]
Baseler Ausschuss für Bankenaufsicht: Internationale Konvergenz der Kapitalmessung und Eigenkapitalanforderungen.
http://www.bundesbank.de/Redaktion/DE/Downloads/Kerngeschaeftsfelder/Bankenau fsicht/Gesetze_Verordnungen_Richtlinien/rahmenvereinbarung_baseler_ eigenkapital-empfehlung_200406.pdf?__blob=publicationFile, 2004. Abruf am 26.11.2012.

[BAfB 2010]
Baseler Ausschuss für Bankenaufsicht: Basel III: A global regulatory framework for more resilient banks and banking systems. http://www.bis.org/publ/bcbs189.pdf, 2010. Abruf am 15.04.2013.

[BaFin 2009]
Bundesanstalt für Finanzdienstleistungsaufsicht (BaFin): Rundschreiben 3/2009 – Aufsichtsrechtliche Mindestanforderungen an das Risikomanagement (MaRisk VA). http://www.bafin.de/SharedDocs/Downloads/DE/Rundschreiben/dl_rs_0903_als_pdf_va.pdf?__blob=publicationFile, 2009. Abruf am 15.04.2013.

[BaFin 2010a]
Bundesanstalt für Finanzdienstleistungsaufsicht (BaFin): Rundschreiben 11/2010 (BA) - Mindestanforderungen an das Risikomanagement – MaRisk. http://www.bafin.de/SharedDocs/Veroeffentlichungen/DE/Rundschreiben/rs_1011_ba _marisk.html, 2010. Abruf am 26.11.2012.

[BaFin 2010b]
Bundesanstalt für Finanzdienstleistungsaufsicht (BaFin): Anlage 1: Erläuterungen zu den MaRisk in der Fassung vom 15.12.2010. http://www.bafin.de/SharedDocs/Downloads/DE/Bericht/dl_rs_1011_ba_anlage1.pdf? __blob=publicationFile&v=6, 2010. Abruf am 26.11.2012.

[BaFin 2012]
Bundesanstalt für Finanzdienstleistungsaufsicht (BaFin): Konsultation 01/2012: Entwurf der MaRisk in der Fassung vom 26.04.2012. http://www.bafin.de/SharedDocs/Downloads/DE/Konsultation/2012/dl_kon_0112_ent wurf_marisk.pdf?__blob=publicationFile&v=8, 2012. Abruf am 26.11.2012.

[Batini et al. 1992]
Batini, Carol; Ceri, Stefano; Navathe, Shamkant B.: Conceptual Database Design – An entity relationship approach. Redwood City 1992.

[Becker/Pfeiffer 2006]
Becker, Jörg; Pfeiffer, Daniel: Beziehungen zwischen behavioristischer und kontruktionsorientierter Forschung in der Wirtschaftsinformatik. In: Zelewski, Stephan; Akca, Naciye (Hrsg.): Fortschritt in den Wirtschaftswissenschaften: Wissenschaftstheoretische Grundlagen und exemplarische Anwendungen. Wiesbaden 2006, S. 1-17.

[Becker/Ulrich 2010]
Becker; Wolfgang; Ulrich, Patrick: Corporate Governance und Controlling – Begriffe und Wechselwirkungen. In: Keuper, Frank; Neumann, Fritz (Hrsg.): Corporate Governance, Risk Management und Compliance: Innovative Konzepte und Strategien. Wiesbaden 2010, S. 3-28.

[Bedner/Ackermann 2010]
Bedner, Mark; Ackermann, Tobias: Schutzziele der IT-Sicherheit. In: Datenschutz und Datensicherheit (DuD) 34 (2010) 5, S. 323-328.

[Behrens/Roth 2001]
Behrens, Michael; Roth, Richard: Grundlagen und Perspektiven der biometrischen Identifikation. In: Behrens, Michael; Roth, Richard (Hrsg.): Biometrische Identifikation. Grundlagen, Verfahren, Perspektiven. Braunschweig/Wiesbaden 2001, S. 8-26.

[Beims 2010]
Beims, Martin: IT-Service Management in der Praxis mit ITIL 3. Zielfindung, Methoden, Realisierung. München 2010.

[Belguechi et al. 2010]
Belguechi, Rima; Rosenberger, Christophe; Ait Aoudia, Samy: BioHashing for securing fingerprint minutiae templates. In: Proceedings of the 20th International Conference on Pattern Recognition (ICPR), Istanbul 2010, S. 1168-1171.

[Benbasat et al. 1987]
Benbasat, Izak; Goldstein, David; Mead, Melissa: The Case Research Strategy in Studies of Information Systems. In: MIS Quarterly 11 (1987) 3, S. 369-386.

[BergData 2012]
Bergdata Biometrics GmbH. http://www.bergdata.com, 2012. Abruf am 25.11.2012.

[Berger 2005]
Berger, Thomas G.: Konzeption und Management von Service-Level-Agreements für IT-Dienstleistungen. Dissertation. Darmstadt 2005.

[Bergmann 2008]
Bergman, Christen: Match-on-card for secure and scalable biometric authentication. In: Ratha, Nalini K.; Govindaraju, Venu (Hrsg.): Advances in Biometrics. London 2008, S. 407-421.

[Bertele/Lehner 2008]
Bertele, Mathias; Lehner, Franz: IT-Compliance: Rechtliche Aspekte des IT- Managements. Darstellung rechtlicher Aspekte – organisatorische, technische und personelle Maßnahmen – Rahmenkonzepte zur Umsetzung. Saarbrücken 2008.

[BITKOM 2005]
Bundesverband Informationswirtschaft Telekommunikation und neue Medien e. V.: Leit- faden Matrix der Haftungsrisiken.
http://www.bitkom.org/files/documents/BITKOM_Leitfaden_Matrix_der_Haftungsrisiken-V1.1f.pdf, 2005. Abruf am 19.04.2013.

[BITKOM 2006]
Bundesverband Informationswirtschaft Telekommunikation und neue Medien e. V.: Leitfaden zum elektronischen Datenzugriff der Finanzverwaltung. Steuerrechtliche Anforderungen und Technologien zu Datenaufbewahrung, 3. Auflage. Berlin 2006.

[BITKOM 2008]
Bundesverband Informationswirtschaft Telekommunikation und neue Medien e. V.: Biometrie Referenzprojekte. Berlin 2008.

[BITKOM 2009]
Bundesverband Informationswirtschaft Telekommunikation und neue Medien e. V.: Kompass der IT-Sicherheitsstandards: Leitfaden und Nachschlagewerk, 4. Auflage. Berlin 2009.

[Biometric Evaluation Methodology Working Group 2002]
Biometric Evaluation Methodology Working Group: Biometric Evaluation Methodology. http://www.cesg.gov.uk/policy_technologies/biometrics/media/bem_10.pdf, 2002. Abruf am 07.01.2010.

[BMBF 2009b]
Bundesministerium für Bildung und Forschung: Sicherheitsforschung. http://www.bmbf.de/de/6293.php, 2009. Abruf am 07.01.2010.

[BMF 1995]
Bundesministerium der Finanzen: Grundsätze ordnungsmäßiger DV-gestützter Buchführungssysteme (GoBS).
http://www.bundesfinanzministerium.de/Content/DE/Downloads/BMF_Schreiben/ Weitere_Steuerthemen/Betriebspruefung/015.pdf, 1995. Abruf am 26.11.2012.

[BMF 2001]
Bundesministerium der Finanzen: Grundsätze zum Datenzugriff und zur Prüfbarkeit digitaler Unterlagen (GDPdU).
http://www.bundesfinanzministerium.de/Content/DE/Downloads/BMF_Schreiben/Wei tere_Steuerthemen/Abgabenordnung/Datenzugriff_GDPdU/002_GDPdU_a.pdf? __blob=publicationFile&v=4, 2001. Abruf am 26.11.2012.

[BMI 2005]
Bundesministerium des Inneren: DOMEA–Konzept. Organisationskonzept 2.1. Dokumentenmanagement und elektronische Archivierung im IT-gestützten Geschäftsgang. Berlin 2005.

[BMJ 1990]
Bundesministerium der Justiz: Bundesdatenschutzgesetz (BDSG). Bonn 1990.

[BMJ 1998]
Bundesministerium der Justiz: Gesetz zur Kontrolle und Transparenz (KonTraG). Bonn 1998.

[BMJ 2001a]
Bundesministerium der Justiz: Gesetz über Rahmenbedingungen für elektronische Signaturen (SigG). Berlin 2001.

[BMJ 2001b]
Bundesministerium der Justiz: Verordnung zur elektronischen Signatur (SigV). Berlin 2001.

[BMJ 2012]
Bundesministerin der Justiz, Regierungskommission Deutscher Corporate Governance Kodex: Deutschen Corporate Governance Kodex (in der Fassung vom 15. Mai 2012). http://www.corporate-governance-code.de/ger/download/kodex_2012/D_CorGov_ Endfassung_Mai_2012.pdf, 2012. Abruf am 26.11.2012.

[BMJ 2013]
Bundesministerium der Justiz: Handelsgesetzbuch (HGB). Berlin 2013.

[Bolle et al. 2004]
Bolle, Ruud; Connell, Jonathan; Pankanti, Sharanth; Ratha, Nalini; Senior, Andrew: Guide to Biometrics. New York 2004.

[Boehm 1979]
Boehm, Barry W.: Guidelines for Verifying and Validating Software Requirements and Design Specifications. http://csse.usc.edu/csse/TECHRPTS/1979/usccse79-501/usccse79-501.pdf, 1979. Abruf am 18.10.2013. Ursprünglich in: Proceedings of the European Conference on Applied Information Technology (Euro IFIP), London 1979, S. 711-719.

[Breebaart et al. 2008]
Breebaart, Jeroen; Busch, Christoph; Grabe, Justine; Kindt, Els: A Reference Architecture for Biometric Template Protection based on Pseudo Identities. In: Brömme, Arslan; Busch, Christoph; Hühnlein, Detlef (Hrsg.): BIOSIG 2008: Biometrics and Electronic Signatures, GI-Edition Lecture Notes in Informatics 137 (LNI) 2008, S. 25-37.

[Breebaart et al. 2009]
Breebaart, Jeoren; Yang, Bian; Buhan, Ileana; Busch, Christopher: Biometric template protection – the need for open standards. In: Datenschutz und Datensicherheit (DuD) 33 (2009) 5, S. 299–304.

[Breitenstein 2002]
Breitenstein, Marco: Überblick über biometrische Verfahren. In: Nolde, Veronika; Leger, Lothar (Hrsg.): Biometrische Verfahren. Körpermerkmale als Passwort. Grundlagen, Sicherheit und Einsatzgebiete biometrischer Identifikation. Köln 2002, S. 35-82.

[Brenner 1994]
Brenner, Walter: Grundzüge des Informationsmanagements. Berlin 1994.

[BRG 2012]
Biometric Research Group: Biometric Research Note: Commercial Applications for Biometrics Growing. http://www.biometricupdate.com/201208/biometric-research-note-commercial-applications-for-biometrics-growing, 2012. Abruf am 19.08.2013.

[Bringer et al. 2008]
Bringer, Julien; Chabanne, Hervé; Kindarji, Bruno: The best of both worlds: Applying secure sketches to cancelable biometrics. In: Science of Computer Programming 74 (2008), S. 43-51.

[Brinkkemper et al. 1999]
Brinkkemper, Sjaak; Saeki, Motoshi; Harmsen, Frank: Meta-Modelling based Assembly Techniques for Situational Method Engineering. In: Information Systems 24 (1999) 3, S. 209-228.

[Bromba 2007a]
Bromba, Manfred: Die 14 Märchen der Biometrie. In: Zeitschrift für Sicherheit der Wirtschaft (WIK) 29 (2007) 1, S. 36-38.

[Bromba 2007b]
Bromba, Manfred: Ein biometrisches Bezahlsystem für Kaufhäuser. Herausforderungen für Entwickler und Datenschützer. In: Datenschutz und Datensicherheit (DuD) 31 (2007) 3, S. 194-198.

[Bromba 2013a]
Bromba, Manfred: Bioidentifikation. Fragen und Antworten.
http://www.bromba.com/faq/biofaqd.htm, 2013. Abruf am 06.03.2013.

[Bromba 2013b]
Bromba, Manfred: On the reconstruction of biometric raw data from template data.
http://www.bromba.com/knowhow/temppriv.htm, 2013. Abruf am 07.02.2013.

[Brown/Stallings 2008]
Brown, Lawrie; Stallings, William: Computer Security. Principles and Practice. New Jersey 2008.

[BSI 2003]
Bundesamt für Sicherheit in der Informationstechnik: Bioface. Vergleichende Untersuchung von Gesichtserkennungssystemen. Öffentlicher Abschlussbericht BioFace I & II. Bonn 2003. https://www.bsi.bund.de/ContentBSI/Publikationen/Studien/BioFace/bioface.html, 2003. Abruf am 20.03.2013.

[BSI 2004a]
Bundesamt für Sicherheit in der Informationstechnik: Einführung in die technischen Grundlagen der biometrischen Authentisierung. Bonn 2004.
https://www.bsi.bund.de/SharedDocs/Downloads/DE/BSI/Biometrie/Technische_Grundlagen_pdf.pdf?__blob=publicationFile, 2004. Abruf am 17.04.2013.

[BSI 2004b]
Bundesamt für Sicherheit in der Informationstechnik: Evaluierung biometrischer Systeme Fingerabdruckstechnologien – BioFinger. Öffentlicher Abschlussbericht. Bonn 2004. https://www.bsi.bund.de/DE/Publikationen/Studien/weitereStudien/BioFinger/biofinger_node.html, 2004. Abruf am 20.03.2013.

[BSI 2005a]
Bundesamt für Sicherheit in der Informationstechnik: Authentisierung im E-Government. https://www.bsi.bund.de/cae/servlet/contentblob/476836/publicationFile/28054/4_Authen_pdf.pdf, 2005. Abruf am 07.01.2010.

[BSI 2005b]
Bundesamt für Sicherheit in der Informationstechnik: Untersuchung der Leistungsfähigkeit von biometrischen Verifikationssystemen – BioP II.
https://www.bsi.bund.de/cae/servlet/contentblob/486330/publicationFile/30717/biopabschluss2_pdf.pdf, 2005. Abruf am 07.01.2010.

[BSI 2005c]
Bundesamt für Sicherheit in der Informationstechnik: ITIL und Informationssicherheit. Möglichkeiten und Chancen des Zusammenwirkens von IT-Sicherheit und IT-Service-Management.
https://www.bsi.bund.de/SharedDocs/Downloads/DE/BSI/Publikationen/Studien/ITIL/itil_pdf.pdf?__blob=publicationFile, 2005. Abruf am 02.04.2013.

[BSI 2008a]
Bundesamt für Sicherheit in der Informationstechnik: IT-Grundschutz-Kataloge 10. Ergänzungslieferung - Oktober 2008. https://www.bsi.bund.de/cae/servlet/contentblob/478418/publicationFile/31084/it-grundschutz-kataloge_2008_EL10_de_pdf.pdf, 2008. Abruf am 25.10.2009.

[BSI 2008b]
Bundesamt für Sicherheit in der Informationstechnik: BSI-Standard 100-1. Managementsysteme für Informationssicherheit (ISMS). https://www.bsi.bund.de/cae/servlet/contentblob/471450/publicationFile/30749/standard_1001.pdf, 2008. Abruf am 01.03.2010.

[BSI 2008c]
Bundesamt für Sicherheit in der Informationstechnik: BSI-Standard 100-2. IT-Grundschutz Vorgehensweise. https://www.bsi.bund.de/SharedDocs/Downloads/DE/BSI/Publikationen/ITGrundschutzstandards/standard_1002_pdf.pdf?__blob=publicationFile, 2008. Abruf am 15.04.2013.

[BSI 2009a]
Bundesamt für Sicherheit in der Informationstechnik: IT-Sicherheitskriterien. https://www.bsi.bund.de/DE/Themen/ZertifizierungundAnerkennung/ZertifizierungnachzertifizierungnachCCundITSEC/ITSicherheitskriterien/itsicherheitskriterien_node.html, 2009. Abruf am 07.01.2013.

[BSI 2009b]
Bundesamt für Sicherheit in der Informationstechnik: Projekt BioKeyS-Multi: Implementierung eines Fuzzy Fingerprint Vault. https://www.bsi.bund.de/SharedDocs/Downloads/DE/BSI/Publikationen/Studien/BioKeys/ProjektBioKeyS-Multi.pdf?__blob=publicationFile, 2009. Abruf am 07.02.2013.

[BSI 2009c]
Bundesamt für Sicherheit in der Informationstechnik: Informationssicherheit. Ein Vergleich von Standards und Rahmenwerken. https://www.bsi.bund.de/SharedDocs/Downloads/DE/BSI/Grundschutz/Hilfsmittel/Doku/studie_ueberblick-standards.pdf?__blob=publicationFile, 2009. Abruf am 15.04.2013.

[BSI 2010]
Bundesamt für Sicherheit in der Informationstechnik: Projekt BioKeyS-PilotDB-Teil1: Optimierungen des Fuzzy Fingerprint Vault. Projektbericht Version 1.1 https://www.bsi.bund.de/SharedDocs/Downloads/DE/BSI/Publikationen/Studien/BioKeys/ProjektBioKeyS-PilotDB-Teil1.pdf?__blob=publicationFile, 2010. Abruf am 07.02.2013.

[BSI 2011a]
Bundesamt für Sicherheit in der Informationstechnik: IT-Grundschutz-Kataloge, 12. Ergänzungslieferung - September 2011. https://gsb.download.bva.bund.de/BSI/ITGSK12EL/IT-Grundschutz-Kataloge-12-EL.pdf, 2011. Abruf am 26.11.2012.

[BSI 2011b]
Bundesamt für Sicherheit in der Informationstechnik: BioKeyS Pilot-DB Teil 2 (Projekt Template Protection) Abschlussbericht.
https://www.bsi.bund.de/SharedDocs/Downloads/DE/BSI/Publikationen/Studien/BioK eys/BioKeyS-Abschlussbericht.pdf?__blob=publicationFile, 2011. Abruf am 07.02.2013.

[BSI 2011c]
Bundesamt für Sicherheit in der Informationstechnik: Study of the Privacy and Accuracy of the Fuzzy Commitment Scheme BioKeyS III-Final Report.
https://www.bsi.bund.de/SharedDocs/Downloads/DE/BSI/Publikationen/Studien/BioK eys/BioKeyS_III-Final_Report.pdf?__blob= publicationFile, 2011. Abruf am 07.02.2013.

[BSI 2011d]
Bundesamt für Sicherheit in der Informationstechnik: Zuordnungstabelle ISO 27001 sowie ISO 27002 und IT-Grundschutz.
https://www.bsi.bund.de/SharedDocs/Downloads/DE/BSI/Grundschutz/Hilfsmittel/Do ku/Vergleich_ISO27001_GS.pdf?__blob=publicationFile, 2012. Abruf am 23.04.2013.

[BSI 2013]
Bundesamt für Sicherheit in der Informationstechnik: IT-Grundschutz-Standards.
https://www.bsi.bund.de/DE/Themen/ITGrundschutz/ITGrundschutzStandards/ITGrun dschutzStandards_node.html, 2013. Abruf am 15.04.2013.

[Bucher et al. 2008]
Bucher, Tobias; Riege, Christian; Saat, Jan: Evaluation in der gestaltungsorientierten Wirtschaftsinformatik – Systematisierung nach Erkenntnisziel und Gestaltungsziel. In: Becker, Jörg et al. (Hrsg.): Proceedings der Multikonferenz Wirtschaftsinformatik (MKWI), München 2008, S. 69-86.

[Buchta et al. 2004]
Buchta Dieter; Eul, Marcus; Schulte-Cronenberg, Helmut: Strategisches IT-Management. Wert steigern, Leistung steuern, Kosten senken. Wiesbaden 2004.

[Buhan et al. 2010]
Buhan, Ileana; Kelkboom, Emile; Simoens, Koen: A Survey of the Security and Privacy Measures for Anonymous Biometric Authentication Systems. In: International Conference on Intelligent Information Hiding and Multimedia Signal Processing (IIH-MSP), Darmstadt 2010, S. 346-351.

[Bundesregierung 2000]
Bundesregierung: Entwurf eines Gesetzes über Rahmenbedingungen für elektronische Signaturen und zur Änderung weiterer Vorschriften. Deutscher Bundestag, Drucksache 14/4662. Berlin 2000.

[Bundesregierung 2006]
Bundesregierung: Entwurf eines Gesetzes über elektronische Handelsregister und Genossenschaftsregister sowie das Unternehmensregister (EHUG). Deutscher Bundestag, Drucksache 16/960. Berlin 2006.

[Busch 2006]
Busch, Christoph: Biometrische Verfahren – Chancen, Stolpersteine und Perspektiven. In: Schaar, Peter (Hrsg.): Biometrie und Datenschutz – Der vermessene Mensch. Bonn 2006, S. 28-53.

[Busch 2007]
Busch, Christoph: Biometrie: Standards und Referenzdaten. Status der Standardisierung und technische Möglichkeiten zum Datenschutz in biometrischen Systemen. In: Datenschutz und Datensicherheit (DuD) 31 (2007) 3, S. 160-165.

[Busch 2010]
Busch, Christoph: Status and Trends for Biometric Data Interchange Formats Standardization. Tampa 2010.

[Busch et al. 2010]
Busch, Christoph; Abt, Sebastian; Nickel, Claudia; Korte, Ulrike; Zhou, Xuebing: Biometrische Template-Protection-Verfahren und Interoperabilitätsstrategien. In: Proceeding of: Sicherheit 2010: Sicherheit, Schutz und Zuverlässigkeit, Beiträge der 5. Jahrestagung des Fachbereichs Sicherheit der Gesellschaft für Informatik e.V. (GI). Berlin 2010, S. 1-12.

[Busch et al. 2011]
Busch, Christoph; Korte, Ulrike; Abt, Sebastian; Böhm, Christian; Färber, Ines; Fries, Sergej; Merkle, Johannes; Nickel, Claudia; Nouak, Alexander; Opel, Alexander; Oswald, Annahita; Seidl, Thomas; Wackersreuther, Bianca; Wackersreuther, Peter; Zhou, Xuebing: Biometric Template Protection - Ein Bericht über das Projekt BioKeyS. In: Datenschutz und Datensicherheit (DuD) 35 (2011) 9, S. 183-191.

[BW 2009]
Business Wissen: Wie IT hilft, den Anforderungen des Gesetzgebers gerecht zu werden. Webartikel. http://www.business-wissen.de/unternehmensfuehrung/compliance-wie-it-hilft-den-anforderungen-des-gesetzgebers-gerecht-zu-werden/, 2009. Abruf am 30.03.2013.

[Capelli et al. 2007]
Cappeli, Raffaele; Lumini, Alessandra; Maio, Dario; Maltoni, Davide: Fingerprint Image Reconstruction from Standard Templates. In: IEEE Transactions on pattern analysis and machine intelligence 29 (2007) 9, S. 1489-1503.

[Cavaye 1996]
Cavaye, Angèle: Case study research: A multi-faceted research approach for IS. In: Information Systems Journal 6 (1996) 3, S. 227-242.

[Cavoukian 1999]
Cavoukian, Ann: Privacy and Biometrics. Information and Privacy Commissioner Ontario. 1999.

[Cavoukian/Stoianov 2007]
Cavoukian, Ann; Stoianov, Alex: Biometric Encryption: A Positive-Sum Technology that Achieves Strong Authentication, Security and Privacy, Office of the Information and Privacy Commissioner of Ontario 2007.

[Cavoukian/Stoianov 2009]
Cavoukian, Ann; Stoianov, Alex: Biometric Encryption: The New Breed of Untraceable Biometrics. In: Boulgouris, Nikolaos V.; Plataniotis, Konstantinos N.; Micheli-Tzanakou, Evangelia (Hrsg.): Biometrics: Theory, Methods, and Applications. Hoboken 2009, S. 655-710.

[CCBEMWG 2002]
Common Criteria Biometric Evaluation Methodology Working Group: Biometric Evaluation Methodology. http://www.cesg.gov.uk/publications/Documents/bem_10.pdf, 2002. Abruf am 18.02.2013.

[Cleven et al. 2009]
Cleven, Ann; Gubler, Philipp; Hüner, Kai M.: Design Alternatives for the Evaluation of Design Science Research Artifacts. In: Proceedings of the 4th International Conference on Design Science Research in Information Systems and Technology (DESRIST), Philadelphia 2009, Article No. 19.

[Cleven/Winter 2008]
Cleven, Anne; Winter, Robert: Regulatory Compliance in Information Systems Research – Literature Analysis und Research Agenda. In: Halpin, Terry; Krogstie, John; Nurcan, Selmin; Proper, Erik; Schmidt, Rainer; Soffer, Pnina; Ukor, Roland (Hrsg.): Enterprise, Business-Process and Information Systems Modeling. Lecture Notes in Business Information Processing Volume 29 (2009), S. 174-186.

[Common Criteria 2012]
Common Criteria: Common Criteria for Information Technology Security Evaluation - Part 1: Introduction and general model. Version 3.1, Revision 4. http://www.commoncriteriaportal.org/files/ccfiles/CCPART1V3.1R4.pdf, 2012. Abruf am 06.06.2013.

[Darke et al. 1998]
Darke, Peta; Shanks, Graeme; Broadbent, Marianne: Successfully completing case study research: combining rigour, relevance, pragmatism. In: Information Systems Journal 8 (1998) 4, S. 273-289.

[Daugman 1999]
Daugman, John: Recognizing Persons by their Iris Patterns. In: Jain, Anil K.; Bolle, Ruud; Pankanti, Sharath (Hrsg.): Biometrics: Personal Identification in Networked Society. Boston 1999, S. 103-121.

[Daugman 2006]
Daugman, John: Probing the uniqueness and randomness of IrisCodes: Results from 200 billion iris pair comparisons. In: Proceedings of the IEEE 94 (2006) 11, S. 1927-1935.

[Davis et al. 1993]
Davis, Alan; Overmyer, Scott; Jordan, Kathleen; Caruso, Joseph; Dandashi, Fatma; Dinh, Anhtum; Kincaid, Gary; Ledeboer, Glen; Reynolds, Patricia; Sitaran, Pradip; Ta, Anh; Theofanos, Mary: Identifying and Measuring Quality in a Software Requirements Specification. In: Proceedings of the First International Software Metrics Symposium (METRICS), Balimore 1993, S. 141-152.

[DeLuccia 2008]
DeLuccia, James: IT Compliance and Controls: Best Practices for Implementation. Hoboken 2008.

[Delvaux et al. 2008]
Delvaux, Nicolas; Chabanne, Herve; Bringer, Julien; Kindarji, Bruno; Lindeberg, Patrik; Midgren, Johannes; Breebaart, Jeroen; Akkermans, Ton; Veen van der, M.; Veldhuis, R.; Kindt, Els; Simoens, Koen; Busch, Christoph; Bours, Patrick; Gafurov, Davrondzhon; Yang, Bian; Stern, Julien; Rust, Carsten; Cucinelli, Bruno; Skepastianos, Dimitrios: Pseudo Identities Based on Fingerprint Characteristics. In: International Conference on Intelligent Information Hiding and Multimedia Signal Processing (IIH-MSP), Harbin 2008, S. 15-17.

[Deutscher Bundestag 2009]
Deutscher Bundestag: Gesetz zur Modernisierung des Bilanzrechts (Bilanzrechtsmodernisierungsgesetz – BilMoG). Berlin 2009.

[Dierlamm 2010]
Dierlamm, Jürgen: Welche Regeln und Gesetze sind für die IT wichtig? http://www.computerwoche.de/a/welche-regeln-und-gesetze-sind-fuer-die-it-wichtig,1905088, 2010. Abruf am 19.4.2013.

[Dittmann et al. 2002]
Dittmann, Jana; Mayerhöfer, Astrid; Vielhauer, Claus: Praktische Angriffsmöglichkeiten auf biometrische Systeme. In: Nolde, Veronika; Leger, Lothar (Hrsg.): Biometrische Verfahren. Körpermerkmale als Passwort. Grundlagen, Sicherheit und Einsatzgebiete biometrischer Identifikation. Köln 2002, S. 192-200.

[Doolin 1996]
Doolin, B: Alternative views of case study research in information systems. In: Australian Journal of Information Systems 3 (1996), S. 21-29.

[Dorfner 2012]
Dorfner, Matthias: Evaluation und Weiterentwicklung von zertifizierungsverfahren für biometrische Systeme – Eine exemplarische Betrachtung von Zertifizierungsverfahren mit dem Schwerpunkt IT-Sicherheit. Dissertation. Hamburg 2012.

[Dotzler 2010]
Dotzler, Florian: Datenschutzrechtliche Aspekte und der Einsatz biometrischer Systeme in Unternehmen – Eine exemplarische Betrachtung von Systemen auf der Grundlage des biometrischen Merkmals Tippverhalten. Dissertation. Köln 2010.

[DPWP 2012]
Data Protection Working Party under Article 29 of Directive 95/46/EC: Opinion 3/2012 on developments in biometric technologies. Brüssel 2012.

[Dunstone/Yager 2009]
Dunstone, Ted; Yager, Neil: Biometric System and Data Analysis: Design, Evaluation, and Data Mining. Eveleigh 2009.

[Eckert 2012]
Eckert, Claudia: IT-Sicherheit. Konzepte–Verfahren–Protokolle. München 2012.

[ECJRC 2005]
European Commission Joint Research Centre. Institute for Prospective Technological Studies: Biometrics at the Frontiers: Assessing the Impact on Society. For the European Parliamanet Committee on Citizens' Freedoms and Rights, Justice and Home Affairs (LIBE). EUR 21585 EN. Brüssel 2005.

[EG 1999]
EG: Europäisches Parlament und Europäischer Rat: Richtlinie 1999/93/EG über gemeinschaftliche Rahmenbedingungen für elektronische Signaturen, Amtsblatt EG 2000 Nr. L13. Berlin 1999.

[Eisenhardt 1989]
Eisenhardt, Kathleen: Bulding Theories from Case Study Research. In: Academy of Management Review 14 (1989) 4, S. 532-550.

[Europäische Kommission 2011]
Europäische Kommission: Pressemitteilung - Neue Vorschriften für effizientere, widerstandsfähigere und transparentere Finanzmärkte in Europa. http://europa.eu/rapid/pressReleasesAction.do? reference=IP/11/1219&format=PDF& aged=0&language=DE&guiLanguage=en, 2011. Abruf am 20.08.2013.

[Europäisches Parlament 2004]
Das Europäische Parlament und der Rat der europäischen Union: Richtlinie 2004/39/EG des Europäischen Parlaments und des Rates vom 21. April 2004 über Märkte für Finanzinstrumente, zur Änderung der Richtlinien 85/611/EWG und 93/6/EWG des Rates und der Richtlinie 2000/12/EG des Europäischen Parlaments und des Rates und zur Aufhebung der Richtlinie 93/22/EWG des Rates. Straßburg 2004.

[Europäisches Parlament 2005]
Das Europäische Parlament und der Rat der europäischen Union: Richtlinie 95/46/EG des Europäischen Parlaments und des Rates vom 24. Oktober 1995 zum Schutz natürlicher Personen bei der Verarbeitung personenbezogener Daten und zum freien Datenverkehr. Straßburg 2005.

[Europäisches Parlament 2006a]
Das Europäische Parlament und der Rat der europäischen Union: Richtlinie 2006/43/EG des Europäischen Parlaments und des Rates vom 17. Mai 2006 über Abschlussprüfungen von Jahresabschlüssen und konsolidierten Abschlüssen, zur Änderung der Richtlinien 78/660/EWG und 83/349/EWG des Rates und zur Aufhebung der Richtlinie 84/253/EWG des Rates. Straßburg 2006.

[Europäisches Parlament 2006b]
Das Europäische Parlament und der Rat der europäischen Union: Richtlinie 2006/48/EG des Europäischen Parlaments und des Rates vom 14. Juni 2006 über die Aufnahme und Ausübung der Tätigkeit der Kreditinstitute (Neufassung). Straßburg 2006.

[Europäisches Parlament 2006c]
Das Europäische Parlament und der Rat der europäischen Union: Richtliniie 2006/49/EG des Europäischen Parlaments und des Rates vom 14. Juni 2006 über die angemessene Eigenkapitalausstattung von Wertpapierfirmen und Kreditinstituten (Neufassung). Straßburg 2006.

[Europäisches Parlament 2006d]
Das Europäische Parlament und der Rat der europäischen Union: Verordnung (EG) Nr. 1287/2006 der Kommission vom 10. August 2006 zur Durchführung der Richtlinie 2004/39/EG des Europäischen Parlaments und des Rates betreffend die Aufzeichnungspflichten für Wertpapierfirmen, die Meldung von Geschäften, die Markttransparenz, die Zulassung von Finanzinstrumenten zum Handel und bestimmte Begriffe im Sinne dieser Richtlinie. Straßburg 2006.

[Europäisches Parlament 2006e]
Das Europäische Parlament und der Rat der europäischen Union: Richtlinie 2006/73/EG der Kommission vom 10. August 2006 zur Durchführung der Richtlinie 2004/39/EG des Europäischen Parlaments und des Rates in Bezug auf die organisatorischen Anforderungen an Wertpapierfirmen und die Bedingungen für die Ausübung ihrer Tätigkeit sowie in Bezug auf die Definition bestimmter Begriffe für die Zwecke der genannten Richtlinie. Straßburg 2006.

[Falk 2012]
Falk, Michael: IT-Compliance in der Corporate Governance. Anforderungen und Umsetzung. Dissertation. Wiesbaden 2012.

[Fenker/Bowyer 2012]
Fenker, Samuel P.; Bowyer, Kevin W.: Analysis of Template Aging in Iris Biometrics. In: IEEE Computer Society Conference on Computer Vision and Pattern Recognition Workshops (CVPRW), Providence 2012, 45-51.

[Fettke/Loos 2004]
Fettke, Peter; Loos, Peter: Entwicklung eines Bezugsrahmens zur Evaluierung von Referenzmodellen – Langfassung eines Beitrages. Working Papers of the Research Group Information Systems & Management, Paper 20. Mainz 2004.

[FIOS 2003]
Fios Inc.: Total Cost of Compliance (TCC)? – They ruined everyone else's fun. Supplement to KMWorld Knowledge Management. 2003.

[Frank 2000]
Frank, Ulrich: Evaluation von Artefakten in der Wirtschaftsinformatik. In: Häntschel, Irene; Heinrich, Lutz J. (Hrsg.): Evaluation und Evaluationsforschung in der Wirtschaftsinformatik. München/Wien/Oldenburg 2000, S. 35-48.

[Fröhlich/Glasner 2007]
Fröhlich, Martin; Glasner, Kurt: IT-Governance. Leitfaden für eine praxisgerechte Implementierung. Wiesbaden 2007.

[Fujitsu 2012]
Fujitsu Frontech North America Inc: PalmSecure® Palm Vein Authentication System – Datasheet. http://www.fujitsu.com/downloads/COMP/ffna/palm-vein/palmsecure_datasheet.pdf, 2012. Abruf am 23.03.2013.

[Gabler 2013]
Gabler Wirtschaftslexikon. Online Ausgabe. http://wirtschaftslexikon.gabler.de, 2013. Abruf am 29.03.2013.

[Galton 1892]
Galton, Francis: Finger prints. London 1892.

[Gericke/Winter 2009]
Gericke, Anke; Winter, Robert: Entwicklung eines Bezugsrahmens für Konstruktionsforschung und Artefaktkonstruktion in der gestaltungsorientierten Wirtschaftsinformatik. In: Becker, Jörg; Krcmar, Helmut; Niehaves, Björn (Hrsg.): Wissenschaftstheorie und gestaltungsorientierte Wirtschaftsinformatik. Heidelberg 2009, S. 195-210.

[Geschonneck 2010]
Geschonneck, Alexander: KPMG e-Crime-Studie 2010. Computerkriminalität in der deutschen Wirtschaft. Risk & Compliance. Berlin 2010.

[Graevenitz 2006]
Graevenitz, Gerik von: Erfolgsfaktoren und Absatzchancen biometrischer Identifikationsverfahren. Dissertation. Kassel 2006.

[Greiffenberg 2003]
Greiffenberg, Steffen: Methodenentwicklung in Wirtschaft und Verwaltung. Dissertation. Hamburg 2003.

[Griese 1990]
Griese, Joachim: Ziele und Aufgaben des Informationsmanagements. In: Kurbel, Karl; Strunz, Horst (Hrsg): Handbuch Wirtschaftsinformatik. Stuttgart 1990, S. 641-657.

[Grother 2008]
Grother, Patrick: Biometrics Standards. In: Jain, Anil K.; Flynn, Patrick; Ross, Arun A. (Hrsg.): Handbook of Biometrics. New York 2008, S. 509-528.

[Gruhn et al. 2007]
Gruhn, Volker; Wolff-Marting, Vincent; Köhler, André; Haase, Christian; Kresse, Torsten: Elektronische Signaturen in modernen Geschäftsprozessen – Schlanke und effiziente Prozesse mit der eigenhändigen elektronischen Unterschrift realisieren. Wiesbaden 2007.

[Gruner 2005]
Grunder, Alexander: Biometrie und informationelle Selbstbestimmung. Rechtfragen biometrischer Merkmale in Pass und Personalausweis. Dresden 2005.

[Grünendahl/Steinbacher/Will 2009]
Grünendahl, Ralf-T.; Steinbacher, Andreas; Will, Peter: Das IT-Gesetz: Compliance in der IT-Sicherheit: Leitfaden für ein Regelwerk zur IT-Sicherheit im Unternehmen. Wiesbaden 2009.

[Gunetti/Picardi 2005]
Gunetti, Danielle; Picardi, Claudia: Keystroke Analysis of Free Text. In: ACM Transactions on Information and System Security (TISSEC) 8 (2005) 3, S. 312-347.

[Günterberg/Wolter 2003]
Günterberg, Brigitte; Wolter, Hans-Jürgen: Unternehmensgrössenstatistik 2001/2002 - Daten und Fakten. In: Institut für Mittelstandsforschung Bonn (Hrsg.): IfM-Materialien Nr. 157. Bonn 2003.

[Haas/Schreck 2009]
Haas, Marcus; Schreck, Jörg: Kriterien für IT-Compliance-Tools. In: <kes> Die Zeitschrift für Informations-Sicherheit 25 (2009) 3, S. 88-94.

[Hamilton/Chervany 1981]
Hamilton, Scott; Chervany, Norman: Evaluating Information System Effectiveness – Part I: Comparing Evaluation Approaches. In: MIS Quarterly 5 (1981) 3, S. 55-69.

[Hartlieb et al. 2009]
Hartlieb, Bernd; Kiehl, Peter; Müller, Norbert: Normung und Standardisierung – Grundlagen. Berlin 2009.

[Hauschka 2007]
Hauschka, Günter: Corporate Compliance. Handbuch der Haftungsvermeidung im Unternehmen. München 2007.

[Hechenblaikner]
Hechenblaikner, Anja: Operational Risk in Banken. Eine methodenkritische Analyse der Messung von IT-Risiken. Dissertation. Wiesbaden 2006.

[Heinrich 1995]
Heinrich, Lutz J.: Forschungsziele und Forschungsmethoden der Wirtschaftsinformatik. In: Wächter, Hartmut (Hrsg.): Selbstverständnis betriebswirtschaftlicher Forschung und Lehre: Tagung der Kommission Wissenschaftstheorie. Wiesbaden 1995, S. 27-54.

[Heinrich/Stelzer 2011]
Heinrich, Lutz J.; Stelzer, Dirk: Informationsmanagement – Grundlagen, Aufgaben, Methoden München 2011.

[Henninger/Waldmann 2005]
Henniger, Olaf; Waldmann, Ulrich: ISO/IEC 19794 - Austauschformate für biometrische Daten In: Tagungsband des 15. SIT-Smartcard-Workshops. Darmstadt 2005.

[Herrmann 2003]
Herrmann, Debra S.: Using the Common Criteria for IT Security Evaluation. New York 2003.

[Hes/Borking 1998]
Hes, Ronald; Borking, John J.: Privacy Enhancing Technologies: The path to anonymity. Den Haag 1998.

[Hevner et al. 2004]
Hevner, Alan R.; March, Salvatore T.; Park, Jinsoo; Ram, Sudha: Design science in Information Systems research. In: MIS Quarterly 28 (2004) 1, S. 75-105.

[Hindel et al. 2009]
Hindel, Bernd; Hörmann, Klaus; Müller, Markus, Schmied, Jürgen: Basiswissen Software-Projektmanagement. Heidelberg 2009.

[Hoffmann/Schmidt 2010]
Hoffmann, Jürgen; Schmidt, Werner (Hrsg): Masterkurs IT-Management - Grundlagen, Umsetzung und erfolgreiche Praxis für Studenten und Praktiker. Wiesbaden 2010.

[Hornung 2004]
Hornung, Gerrit: Der Personenbezug biometrischer Daten. In: Datenschutz und Datensicherheit (DuD) 28 (2004) 7, S. 429-431.

[Hornung 2006]
Hornung, Gerrit: Biometrische Verfahren. Sicherheits- und Effizienzgewinne versus Datenschutz. Votrag auf der Tagung Hamburger ASJ „Datenschutz auf dem Weg vom 20. Ins 21. Jahrhundert. Vom Abwehrrecht zum Gewährleistungsauftrag des Staates?". Hamburg 2006.

[Hornung/Steidle 2005]
Hornung, Gerrit; Steidle, Roland: Biometrie am Arbeitsplatz – sichere Kontrollverfahren versus ausuferndes Kontrollpotential. In: Arbeit und Recht 53 (2005) 6, S. 201-207.

[Hyppönen et al. 2008]
Hyppönen, Konstantin; Hassinen, Marko; Trichina, Elena: Combining Biometric Authentication with Privacy-Enhancing Technologies. In: LNCS 4968 (2009), S. 155-165.

[IBG 2009a]
International Biometric Group: Biometrics Market and Industry Report 2009-2014. https://ibgweb.com/products/reports/bmir-2009-2014, 2009. Abruf am 19.11.2012.

[IBG 2009b] International Biometric Group: Biometrics Testing and Certification. http://www.biometricgroup.com/testing_and_evaluation.html, 2009. Abruf am 07.01.2010.

[IDW 2002a]
Das Institut der Wirtschaftsprüfer in Deutschland e.V.: IDW Stellungnahme zur Rechnungslegung: Grundsätze ordnungsgemäßer Buchführung bei Einsatz von Informationstechnologie (IDW RS FAIT 1). In: Die Wirtschaftsprüfung 21 (2002), S. 1157-1166.

[IDW 2002b]
Das Institut der Wirtschaftsprüfer in Deutschland e.V.: IDW Prüfungsstandard: Abschlussprüfung bei Einsatz von Informationstechnologie (IDW PS 330). In: Die Wirtschaftsprüfung 21 (2002), S. 1167-1179.

[IDW 2003]
Das Institut der Wirtschaftsprüfer in Deutschland e.V.: IDW Stellungnahme zur Rechnungslegung: Grundsätze ordnungsmäßiger Buchführung bei Einsatz von Electronic Commerce (IDW RS FAIT 2). In: Die Wirtschaftsprüfung 22 (2003), S. 1258-1276.

[IDW 2006]
Das Institut der Wirtschaftsprüfer in Deutschland e.V.: IDW Stellungnahme zur Rechnungslegung: Grundsätze ordnungsmäßiger Buchführung beim Einsatz elektronischer Archivierungsverfahren (IDW RS FAIT 3). In: Die Wirtschaftsprüfung 22 (2006), S. 1465-1476.

[IDW 2011]
Das Institut der Wirtschaftsprüfer in Deutschland e.V.: IDW Prüfungshinweis: Einsatz von Datenanalysen im Rahmen der Abschlussprüfung (IDW PH 9.330.3). In: WPg Supplement (2011) 1, S. 35-54.

[IEEE 1998]
Institute of Electrical and Electronics Engineers: IEEE Recommended Practice for Software Requirements Specifications (IEEE Std. 830-1998). New York 1998.

[IFM 2012]
Institut für Mittelstandsforschung Bonn: KMU-Definition des IfM Bonn. http://www.ifm-bonn.org/mittelstandsdefinition/definition-kmu-des-ifm-bonn/, 2012. Abruf am 25.11.2012.

[IrisID 2012]
Iris ID Inc.: IrisAccess 7000. http://www.irisid.com/irisaccess7000, 2012. Abruf am 25.11.2012.

[ISACA 2000]
Information Systems Audit and Control Association: CobiT – Management Guidelines, 4. Auflage. http://www.isaca.org/Knowledge-Center/cobit/Pages/Downloads.aspx, 2000. Abruf am 07.01.2010 (nur für geschlossene Benutzergruppe zugänglich).

[ISACA 2006]
Information Systems Audit and Control Association: IT Control Objectives for Sarbanes-Oxley: The Role of IT in the Design and Implementation of Internal Control Over Financial Reporting, 2nd Edition. http://www.isaca.org/Knowledge-Center/Research/ResearchDeliverables/Pages/IT-Control-Objectives-for-Sarbanes-Oxley-2nd-Edition.aspx, 2006. Abruf am 06.06.2013 (nur für geschlossene Benutzergruppe zugänglich).

[ISACA 2008]
Information Systems Audit and Control Association: Aligning CobiT® 4.1, ITIL® V3 and ISO/IEC 27002 for Business Benefit: A Management Briefing From ITGI and OGC. http://www.isaca.org/Knowledge-Center/Research/Documents/Aligning-COBIT,ITILV3,ISO27002-Bus-Benefit-12Nov08-Research.pdf, 2008. Abruf am 07.06.2013.

[ISACA 2012]
Information Systems Audit and Control Association: CobiT 5.0 – A Business Framework for the Governance and Management of Enterprise IT.
http://www.isaca.org/COBIT/Pages/Product-Family.aspx, 2012. Abruf am 26.11.2012 (nur für geschlossene Benutzergruppe zugänglich).

[ISACA 2012a]
Information Systems Audit and Control Association: CobiT 5.0 – Enabling Processes.
http://www.isaca.org/COBIT/Pages/COBIT-5-Enabling-Processes-product-page.aspx, 2012. Abruf am 22.04.2013 (nur für geschlossene Benutzergruppe zugänglich).

[ISO 2004]
ISO/IEC 17000:2004: Conformity assessment -- Vocabulary and general principles.
http://www.iso.org/iso/catalogue_detail.htm?csnumber=29316, 2004. Abruf am 15.04.2013.

[ISO 2005a]
ISO/IEC 27001:2005: Information technology -- Security techniques -- Information security management systems –Requirements.
http://www.iso.org/iso/catalogue_detail?csnumber=42103, 2005. Abruf am 15.04.2013.

[ISO 2005b]
ISO/IEC 27002:2005: Information technology -- Security techniques -- Code of practice for information security management.
http://www.iso.org/iso/home/store/catalogue_tc/catalogue_detail.htm?csnumber=5029 7, 2005. Abruf am 15.04.2013.

[ISO 2006a]
ISO: ISO/IEC 19785-1:2006: Information technology -- Common Biometric Exchange Formats Framework -- Part 1: Data element specification.
http://www.iso.org/iso/catalogue_detail.htm?csnumber=41047, 2006. Abruf am 18.02.2013.

[ISO 2006b]
ISO: ISO/IEC 19784-1:2006: Information technology -- Biometric application programming interface -- Part 1: BioAPI specification.
http://www.iso.org/iso/home/store/catalogue_tc/catalogue_detail.htm?csnumber=3392 2, 2006. Abruf am 18.02.2013.

[ISO 2006c]
ISO: ISO/IEC 19795-1:2006: Information technology -- Biometric performance testing and reporting -- Part 1: Principles and framework.
http://www.iso.org/iso/home/store/catalogue_tc/catalogue_detail.htm?csnumber=4144 7, 2006. Abruf am 18.02.2013.

[ISO 2007]
ISO: ISO/IEC 24709-1:2007: Information technology -- Conformance testing for the biometric application programming interface (BioAPI) -- Part 1: Methods and procedures.
http://www.iso.org/iso/home/store/catalogue_tc/catalogue_detail.htm?csnumber=3881 9, 2007. Abruf am 18.02.2013.

[ISO 2008]
ISO: ISO/IEC 38500:2008: Corporate governance of information technology.
http://www.iso.org/iso/catalogue_detail?csnumber=51639, 2008. Abruf am 20.08.2013.

[ISO 2009a]
ISO: ISO/IEC 29109-1:2009: Information technology -- Conformance testing methodology for biometric data interchange formats defined in ISO/IEC 19794 -- Part 1: Generalized conformance testing methodology.
http://www.iso.org/iso/home/store/catalogue_tc/catalogue_detail.htm?csnumber=4513 2, 2009. Abruf am 18.02.2013.

[ISO 2009b]
ISO/IEC 19792:2009: Information technology -- Security techniques -- Security evaluation of biometrics.
http://www.iso.org/iso/home/store/catalogue_tc/catalogue_detail.htm?csnumber=5152 1, 2009. Abruf am 22.04.2013.

[ISO 2011a]
ISO: ISO/IEC 24745:2011. Information technology - Security techniques - Biometric template protection.
http://www.iso.org/iso/home/store/catalogue_tc/catalogue_detail.htm?csnumber=5294 6, 2011. Abruf am 13.02.2013.

[ISO 2011b]
ISO: ISO/IEC 19794-1:2011: Information technology -- Biometric data interchange formats -- Part 1: Framework.
http://www.iso.org/iso/catalogue_detail.htm?csnumber=50862, 2011. Abruf am 18.02.2013.

[ISO 2012]
ISO: ISO/IEC 2382-37:2012: Information technology -- Vocabulary -- Part 37: Biometrics.
http://www.iso.org/iso/home/store/catalogue_tc/catalogue_detail.htm?csnumber=5519 4, 2012. Abruf am 28.09.2013.

[ITGI 2011]
IT Governance Institute: About IT Governance.
http://www.itgi.org/template_ITGIa166.html?Setion=About_IT_Governance1& Template=/ContentManagement/HTMLDisplay.cfm&ContentID=19657, 2011. Abruf am 14.04.2013.

[Ives et al. 1983]
Ives, Blake; Olson, Margrethe H.; Baraoudi, Jack J.: The measurement of User Information Satisfaction. In: Communications of the ACM 26 (1983) 10, S. 785–793.

[Jäger et al. 2009]
Jäger, Axel; Rödl, Christian; Nave, José: Praxishandbuch Corporate Compliance: Grundlagen - Checklisten – Implementierung. Weinheim 2009.

[Jain et al. 2008]
Jain, Anil K.; Nandakumar, Karthik; Nagar, Abishek: Biometric template security. In: EURASIP: Journal on Advances in Signal Processing, Special Issue on Advanced Signal Processing and Pattern Recognition Methods for Biometrics (2008) 34, S. 1-20.

[Jain et al. 2011]
Jain, Anil; Ross, Arun; Nandakumar, Karthik (Hrsg.): Introduction to Biometrics. New York 2011.

[Janakiraman/Sim 2007]
Janakiraman, Rajkumar; Sim, Terence: Keytsroke Dynamics in a General Setting. In: Lee, Seong-Whan; Li, Stan Z. (Hrsg.): Advances in Biometrics: International Conference (ICB), Seoul 2007, S. 584-593.

[Jin et al. 2004]
Jin, Andrew Teoh Beng; Ling, David Ngo Chek; Goh, Alwyn: Biohashing: Two Factor Authentication featuring fingerprint data and tokenized random number. In: Pattern Recognition 37 (2004), S. 2245-2255.

[Johannsen 2012]
Johannsen, Florian: Konzeption und Evaluation eines Ansatzes zur Methodenintegration im Qualitätsmanagement. Dissertation. Berlin 2012.

[Johannsen/Goeken 2007]
Johannsen, Wolfgang; Goeken, Matthias: Referenzmodelle für IT-Governance. Strategische Effektivität und Effizienz mit COBIT, ITIL & Co. Heidelberg 2007.

[Johnson-Laird/Byrne 2012]
Johnson-Laird, Phil; Byrne, Ruth: Mental models: a gentle introduction. http://mentalmodelsblog.wordpress.com/mental-models-a-gentle-introduction/, 2012. Abruf am 17.10.2013.

[Juels/Wattenberg 1999]
Juels, Ari; Wattenberg, Martin: A fuzzy commitment scheme. ACM Conference on Computer and Communications Security (CCS), Singapore 1999, S. 28–36.

[Juels/Sudan 2006]
Juels, Ari; Sudan, Madhu: A fuzzy vault scheme. In: Designs, Codes and Cryptography 38 (2006) 2, S. 237-257.

[Kampffmeyer 2007]
Kampffmeyer, Ulrich: Information Management Compliance - PROJECT CONSULT Whitepaper. Hamburg 2007.

[Kersten et al. 2011]
Kersten, Heinrich; Reuter, Jürgen; Schröder, Klaus-Werner: IT-Sicherheitsmanagement nach ISO 27001 und Grundschutz: Der Weg zur Zertifizierung. Wiesbaden 2011.

[Kindt 2007]
Kindt, Els: Biometric applications and the data protection legislation. The legal review and the proportionality test. In: Datenschutz und Datensicherheit (DuD) 31 (2007) 3, S. 166-170.

[Klotz 2007]
Klotz, Michael: IT-Compliance - auf den Kern reduziert. In: IT-Governance 1 (2007) 1, S. 14-18.

[Klotz 2009]
Klotz, Michael: IT-Compliance. Ein Überblick. Heidelberg 2009.

[Klotz/Dorn 2008]
Klotz, Michael; Dorn, Dietrich-W.: IT-Compliance – Begriff, Umfang und relevante Regelwerke. In: HMD – Praxis der Wirtschaftsinformatik 45 (2008) 263, S. 5-14.

[Korte et al. 2009]
Korte, Ulrike; Merkle, Johannes; Niesing, Matthias: Datenschutzfreundliche Authentisierung mit Fingerabdrücken - Konzeption und Implementierung eines Template Protection Verfahrens - ein Erfahrungsbericht. In: Datenschutz und Datensicherheit (DuD) 33 (2009) 5, S. 289-294.

[Kranawetter 2009]
Kranawetter, Michael: Nutzenpotentiale regulatorischer Anforderungen zur Geschäftsoptimierung. IT-Infrastruktur Compliance Reifegradmodell für Geschäftsführung, Compliance- und IT-Verantwortliche. Microsoft Corporation. Experton Group 2009.

[Krause 2005]
Krause, Rudolf: Bewertungskriterien für biometrische Identifikationssysteme im Vergleich zu bisherigen Identifikationsverfahren. Freiburg 2005.

[Krcmar 2010]
Krcmar, Helmut: Informationsmanagement. Heidelberg 2010.

[Kronschnabl 2008]
Kronschnabl, Stefan: IT-Security Governance. Dissertation. Regensburg 2008.

[Kühling et al. 2008]
Kühling, Jürgen; Seidel, Christian; Sividis, Anastasios: Datenschutzrecht. Frankfurt 2008.

[Kuthe et al. 2008]
Kuthe, Thorsten; Sickinger, Mirko; Rückert, Susanne (Hrsg.): Compliance-Handbuch Kapitalmarktrecht: Publizitäts- und Verhaltenspflichten für Aktiengesellschaften. Frankfurt 2008.

[Lahti/Peterson 2007]
Lahti, Christian B.; Peterson, Roderick: Sarbanes-Oxley IT Compliance Using Open Source Tools. Burlington 2007.

[Lanitis 2010]
Lanitis, Andreas: A survey of the effects of aging on biometric identity verification. In: International Journal of Biometrics 2 (2010) 1, S. 34 -52.

[Lensdorf 2007]
Lensdorf, Lars: IT-Compliance - Maßnahmen zur Reduzierung von Haftungsrisiken für IT Verantwortliche. In: CR - Zeitschrift für die Praxis des Rechts der Informationstechnologien o. J. (2007) 7, S. 413-418.

[Leist-Galanos 2006]
Leist-Galanos, Susanne: Methoden zur Unternehmensmodellierung: Vergleich, Anwendungen und Integrationspotentiale. Berlin 2006.

[Li/Jain 2009]
Li, Stan Z.; Jain, Anil K.: Encyclopedia of Biometrics. New York 2009.

[Li et al. 2006]
Li, Qiming; Sutcu, Yagiz; Memon, Nasir: Secure sketch for biometric templates. In: Advances in Cryptology - ASIACRYPT 2006, Lecture Notes in Computer Science Vol. 4284, S. 99–113.

[Maltoni et al. 2009]
Maltoni, Davide; Maio, Dario; Jain, Anil K; Prabhakar, Salil: Handbook of Fingerprint Recognition. New York 2009.

[Mansfield/Wayman 2002]
Mansfield, Anthony J.; Wayman, James L.: Best Practices in Testing and Reporting Performances of Biometric Devices. Middlesex 2002.

[March/Smith 1995]
March, Salvatore T.; Smith, Gerald F.: Design and natural science research on information technology. In: Decision Support Systems 15 (1995) 4, S. 251-266.

[Meints 2007]
Meints, Martin: Implementierung großer biometrischer Systeme. Kriterien und deren Anwendung am Beispiel des ePasses. In: Datenschutz und Datensicherheit (DuD) 31 (2007) 3, S. 189-193.

[Meints 2008]
Meints, Martin: Biometrie – Datenschutz und Datensicherheitsaskpekte. Vortrag im Rahmen des Heise Forums „Sicherheit und IT-Recht" auf der CeBIT 2008. Hannover 2008.

[Meints et al. 2008]
Meints, Martin: Biermann, Heinz; Bromba, Manfred; Busch, Christoph; Hornung, Gerrit; Quiring-Kock, Gisela: Biometric Systems and Data Protection Legislation in Germany. In: Pan, Jeng-Shyang; Niu, Xia-Mu; Huang, Hsiang-Cheh; Jain, Lakhmi, C. (Hrsg.): International Conference on Intelligent Information Hiding and Multimedia Signal Processing (IIH-MSP-2008), Harbin 2008, S. 1088-1093.

[Melone 1990]
Melone, Nancy: A theoretical Assessment of the User-Satisfaction Contruct in Information Systems Research. In: Management Science 36 (1990) 1, S. 76-92.

[Merkle 2008]
Merkle, Johannes: Biometrie-Daten-Schutz – Funktionsprinzip und Chancen biometrischer Kryptosysteme. In: <kes> Die Zeitschrift für Informations-Sicherheit 24 (2008) 6, S. 52.

[Moon et al. 2007]
Moon, Daesung; Lee, Sungju; Jung, Seunghwan; Chung, Yongwha; Yi, Okeyeon; Lee, Namil; Moon, Kiyoung: Privacy-Enhancing Fingerprint Authentication Using Cancelable Templates with Passwords. In: LNCS 4298 (2007), S. 100-109.

[Müller/Guth 2001]
Müller, Rudolf A.; Guth, Birgit Thomsen: Corporate Governance – wirtschaftspolitische Relevanz in der Welt und in der Schweiz. In: Die Volkswirtschaft – Das Magazin für Wirtschaftspolitik 74 (2001) 8, S. 52-56.

[Müller/Supatgiat 2007]
Müller, Samuel; Supatgiat, Chonawee: A quantitative optimization model for dynamic risk-based compliance-management. In: IBM Journal of Research & Development 51 (2007) 3/4, S. 295-307.

[Müller/Terzidis 2008]
Müller, Günter; Terzidis, Orestis: IT-Compliance und IT-Governance. In: Wirtschaftsinformatik 50 (2008) 5, S. 341-342.

[Myers 1997]
Myers, Michael: Qualitative Research in Information Systems. In: MIS Quarterly 21 (1997) 2, S. 241-242.

[Meyer et al. 2003]
Meyer, Matthias; Zarnekow, Rüdiger; Kolbe, Lutz M.: IT-Governance. Begriff, Status quo und Bedeutung. In: Wirtschaftsinformatik 45 (2003) 4, S. 445-448.

[Nanavati et al. 2002]
Nanavati, Samir; Thieme, Michael; Nanavati, Ray: Biometrics: Identity Verification in a Networked World. A Wiley Tech Brief. Canada 2002.

[Nandakumar et al. 2007]
Nandakumar, Karthik; Jain, Anil K.; Pankanti, Sharath: Fingerprintbased fuzzy vault: Implementation and performance. In: IEEE Transactions on Information Forensics and Security 2 (2007) 4, S. 744-757.

[Nixon et al. 2008]
Nixon, Kristin A.; Aimale, Valerio; Rowe, Robert K.: Spoof Detection Schemes. In: Jain, Anil K.; Flynn, Patrick; Ross, Arun A. (Hrsg.): Handbook of Biometrics. New York 2008, S. 403-423.

[Nolde 2002]
Nolde, Veronika: Grundlegende Aspekte biometrischer Verfahren. In: Nolde, Veronika; Leger, Lothar (Hrsg.): Biometrische Verfahren. Körpermerkmale als Passwort. Grundlagen, Sicherheit und Einsatzgebiete biometrischer Identifikation. Köln 2002, S. 20-34.

[NTSC 2006]
National Science and Technology Councol (NTSC), Committee on Technology, Committee on Homeland and National Security, Subcommittee on Biometrics: Privacy & Biometrics. Building a Conceptual Foundation. Washington D.C. 2006.

[Nunamaker et al. 1991]
Nunamaker, Jay F.; Chen, Minder; Purdin, Titus D. M.: Systems Development in Information Systems Research. In: Journal of Management Information Systems 7 (1991) 3, S. 89-106.

[Nuppeney et al 2007]
Nuppeney, Markus; Breitenstein, Marco; Steffens, Frank: Biometrische Middleware basierend auf BioAPI 2.0. In: Proceedings of BIOSIG, Darmstadt 2007, S. 105-116.

[NYSSCPA 2009]
NYSSCPA: Compliance with Sarbanes-Oxley and SAS 94.
http://www.nysscpa.org/committees/ emergingtech/sarbanes_act.htm, 2009. Abruf am 02.04.2013.

[Orlikowski/Braoudi 1991]
Orlikowski, Wanda; Baraoudi Jack: Studying Information Technology in Organizations: Research Approaches and Assumptions. In: Information Systems Research 2 (1991) 1, S. 1-28.

[Österle 1987]
Österle, Hubert: Erfolgsfaktor Informatik – Umsetzung der Informationstechnik in Unternehmensführung. In: Information Management 2 (1987) 3, S. 24-31.

[Pankanti et al. 2002]
Pankanti, Sharath; Prabhakar, Salil; Jain, Anil K.: On the individuality of finger prints. In: IEEE Transactions on Pattern Analysis and Machine Intelligence 24 (2002) 8, S. 1010-1025.

[PCI 2010]
Payment Card Industry (PCI): Data Security Standard. Requirements and Security Asessment Procedures. Version 2.0. 2010.

[Peffers et al. 2007]
Peffers, Ken; Tuunanen, Tuure; Rotenberger, Marcus; Chatterjee, Samir: A Design Science Research Methodology for Information Systems Research. In: Journal of Management Information Systems 24 (2007) 3, S. 45-77.

[Petermann/Sauter 2002]
Petermann, Thomas; Sauter, Arnold: Biometrische Identifikationssysteme. Sachstandsbericht. TAB Arbeitsbericht Nr. 76. Berlin 2002.

[Pfeiffer/Niehaves 2005]
Pfeiffer, Daniel; Niehaves, Björn: Evaluation of conceptual models – a structuralist approach. In: Proceedings of the 13th European Conference on Information Systems (ECIS), Regensburg 2005, S. 459-470.

[Pfitzmann 2006]
Pfitzmann, Andreas: Biometrie – wie einsetzen und wie keinesfalls?. In: Informatik Spektrum 29 (2006) 5, S. 353-356.

[Pfitzmann 2008]
Pfitzmann, Andreas: Biometrics – How to Put to Use and How Not at All? In: Furnell, Steven, M.; Katsikas, Sokratis, K.; Lioy, Antonio (Hrsg.): Proceedings Trust, Privacy and Security in Digital Business: 5th International Conference (TrustBus), Turin 2008, S. 1-7.

[Pfitzmann/Rost 2009]
Pfitzmann, Andreas; Rost, Martin: Datenschutz-Schutzziele - revisited. In: Datenschutz und Datensicherheit (DuD) 33 (2009) 6, S. 353-358.

[Phillips et al. 2000]
Phillips, Jonathon P.; Moon, Hyeonjoon; Rizvi, Syed A.; Rauss, Patrick J: The FERET Evaluation Methodology for Face-Recognition Algorithms. In: IEEE Transactions on Pattern Analysis and Machine Intelligence 22 (2000) 10, S. 1090-1104.

[Phillips et al. 2003]
Phillips, Jonathon P.; Grother, Patrick; Micheals, Ross J.; Blackburn, Duane M.; Tabassi, Elham; Bone, Mike: Face Recognition Vendor Test 2002: Overview and Summary. March 2003.

[Pohlmann/Blumberg 2006]
Pohlmann, Norbert; Blumberg, Hartmut: Der IT-Sicherheitsleitfaden. Heidelberg 2006.

[Prabhakar et al. 2003]
Prabhakar, Salil; Pankanti, Sharath; Jain, Anil: Biometric Recognition: Security and Privacy Concerns. In: IEEE Security & Privacy 1 (2003) 2, S. 33-42.

[Pries-Heje et al. 2008]
Pries-Heje, Jan; Baskerville, Richard; Venable, John: Strategies for design science research evaluation. In: Proceedings of the 16th European Conference on Information Systems (ECIS), Galway 2008, S. 255-266.

[Probst 2000]
Probst, Thomas: Biometrie und SmartCards. Wie kann Datenschutz technisch sichergestellt werden? In: Datenschutz und Datensicherheit (DuD) 24 (2000) 6, S. 322-326.

[Probst 2002]
Probst, Thomas: Biometrie aus datenschutzrechtlicher Sicht. In: Nolde, Veronika; Leger, Lothar (Hrsg.): Biometrische Verfahren. Körpermerkmale als Passwort. Grundlagen, Sicherheit und Einsatzgebiete biometrischer Identifikation. Köln 2002, S. 115-128.

[Probst/Köhntopp 1999]
Probst, Thomas; Köhntopp, Marit: Datenschutzgerechter und datenschutzfördernder Einsatz biometrischer Verfahren. Potential biometrischer Systeme als Privacy-Enhancing Technologies. Beitrag zum „Potential biometrischer Verfahren als datenschutzfreundliche Technologien". Expertenpanel des BSI. Bonn 1999.

[Quan et al. 2008]
Quan, Feng; Fei, Su; Anni, Cai; Feifei, Zhao: Cracking Cancelable Fingerprint Template of Ratha. In: International Symposium on Computer Science and Computational Technology (ISCSCT), Shanghai 2008, S. 572 – 575.

[Rach 2004]
Rach, Andreas: Einsatz von RFID-technologie in der Biometrie zur Identifikation, Verifikation und Authentifikation. Berlin 2004.

[Rasiel 1999]
Rasiel, Ethan: The McKinsey Way. New York 1999.

[Rassmussen 2006]
Rassmussen, Michael: Overcoming Risk And Compliance Myopia. Forrester Research 2006.

[Rath 2007]
Rath, Michael: Law and Order: Was ist IT-Compliance. In: Computerwoche 34 (2007) 11, S. 54.

[Rath/Sponholz 2009]
Rath, Michael; Sponholz, Rainer: IT-Compliance: Erfolgreiches Management regulatorischer Anforderungen. Berlin 2009.

[Ratha et al. 2001]
Ratha, Nalini K.; Connell, Jonathan H.; Bolle, Ruud M.: Enhancing Security and Privacy in Biometrics-Based Authentication Systems. In: IBM Systems Journal 40 (2001) 3, S. 614-634.

[Ratha et al. 2006]
Ratha, Nalini K.; Chikkerur, Sharat; Connell, Jonathan H.; Bolle, Ruud M.: Cancelable Biometrics: A Case Study in Fingerprints. In: Proceedings of the 18th International Conference on Pattern Recognition (ICPR), Hong Kong 2006, S. 370-373.

[Ratha et al. 2007]
Ratha, Nalini K.; Chikkerur, Sharat; Connell, Jonathan H.; Bolle, Ruud M.: Generating Cancelable fingerprint templates. In: IEEE Transactions on Pattern analysis and machine intelligence 29 (2007) 4, S. 561-572.

[Rosen 2001]
Rosen, Rüdiger von: Corporate Governance: Eine Bilanz. In: Die Bank o. Jg. (2001) 4, S. 283–287.

[Ross et al. 2007]
Ross, Arun; Shah, Jindnya; Jain, Anil K.: From Template to Image: Reconstructing Fingerprints from Minutiae Points. In: IEEE Transactions on pattern analysis and machine intelligence 29 (2007) 4, S. 544-560.

[Roßnagel 2003]
Roßnagel, Alexander (Hrsg.): Handbuch Datenschutzrecht. Die nuen Grundlagen für Wirtschaft und Verwaltung. München 2003.

[Röder et al. 2009]
Röder, Holger; Franke, Stefan; Müller, Cristoph; Przybylski, Diana: Ein Kriterienkatalog zur Bewertung von Anforderungsspezifikationen. In: Softwaretechnik-Trends 29 (2009) 4.

[Rupp 2007]
Rupp, Christine: Requirements Engineering und Management. München 2007.

[RWB 2013]
Rechtswörterbuch. Online Ausgabe. http://www.rechtswoerterbuch.de/, 2013. Abruf am 29.03.2013.

[Sackmann 2008]
Sackmann, Stefan: Automatisierung von Compliance. In: HMD – Praxis der Wirtschaftsinformatik 45 (2008) 263, S. 39-46.

[Saeltzer 2004]
Saeltzer, Gerhard: Sind diese Daten personenbezogen oder nicht? Wie der Personenbezug von Daten, auch biometrischer, sich fundiert prüfen lässt... In: Datenschutz und Datensicherheit (DuD) 28 (2004) 4, S. 218-227.

[Sahai/Waters 2005]
Sahai, Amit; Waters, Brent: Fuzzy Identity-Based Encryption. In: Proceedings 24th Annual International Conference on the Theory and Applications of Cryptographic Techniques (EUROCRYPT), Aarhus 2005, S. 457-473.

[Scheirer/Boult 2007]
Scheirer, Walter J.; Boult, Terrance E.: Cracking fuzzy vaults and biometric encryption. In: IEEE Biometrics Research Symposium at the National Biometrics Consortium Conference, Baltimore 2007, S. 1-6.

[Scherer/Fruth 2009]
Scherer, Josef; Fruth, Klaus (Hrsg.): Geschäftsführer-Compliance: Praxiswissen zu Pflichten, Haftungsrisiken und Vermeidungsstrategien. Berlin 2009.

[Schubert 2008]
Schubert, Marco: Konzeption und Implementierung eines Compliance-Systems: Kernelemente und Handlungsempfehlungen. Dissertation. Saarbrücken 2008.

[Schütte 1998]
Schütte, Reinhard: Grundsätze ordnungsgemäßer Referenzmodellierung. Wiesbaden 1998.

[Schwarze 1990]
Schwarze, Jochen: Betriebswirtschaftliche Aufgaben und Bedeutung des Informationsmanagements. In: Wirtschaftsinformatik 32 (1990) 2, S. 104-115.

[Seibold 2006]
Seibold, Holger: IT-Risikomanagement. Oldenbourg 2006.

[Shen et al. 1997]
Shen, Weicheng; Surette, Marc; Khanna, Rajiv: Evaluation of Automated Biometrics-Based Identification and Verification Systems. In: Proceedings of the IEEE 85 (1997) 9, S. 1464-1478.

[Shirey 2007]
Shirey, Robert W.: Internet Security Glossary, Version 2. http://tools.ietf.org/pdf/rfc4949.pdf, 2007. Abruf am 17.10.2013.

[Siau/Rossi 1998]
Siau, Keng; Rossi, Matti: Evaluation of Information Modeling Methods – A Review. In: Proceedings of the Thirty-First Annual Hawaii International Conference on System Sciences (HICSS), Kohala Coast 1998, S. 314-322.

[Siemens 2009]
Siemens AG. Siemens IT Solutions and Services: Biometrie Lösungen. Sicher, komfortabel und wirtschaftlich. München 2009.

[Siemens 2010]
Siemens AG. Siemens IT Solutions and Services: Identity and Access Management. Cut costs. Increase Security. Support Compliance. München 2010.

[Silverman 2008]
Silverman, Michael: Compliance Management. Columbus 2008.

[Soni/Gupta 2012]
Soni, Mohit; Gupta, Phalguni: A Robust Vein Pattern-based Recognition System. In: Journal of Computers 7 (2012) 11, S. 2711-2718.

[Sonnenreich et al. 2006]
Sonnenreich, Wes; Albanese, Jason; Stout, Bruce: Return on Security Investment (ROSI) – A Practical Quantitative Model. In: Journal of Research and Practice in Information Technology 38 (2006) 1, S. 55-66.

[Sowa 2007]
Sowa, Aleksandra: IT-Sicherheitsprüfung durch Interne Revision. In: Datenschutz und Datensicherheit (DuD) 31 (2007) 6, S. 441-445.

[Sowa 2010]
Sowa, Aleksandra: IT-relevante Aspekte einer Prüfung von Datenschutz-Compliance. IN: Datenschutz und Datensicherheit (DuD) 34 (2010) 2, S. 104-107.

[Speichert 2007]
Speicher, Horst: Praxis des IT-Rechts – Praktische Rechtsfragen der IT-Sicherheit und Internetnutzung. Wiesbaden 2007.

[Stults 2004]
Stults, Greg: an overview of sarbanes-oxley for the information security professional. http://www.sans.org/reading_room/whitepapers/legal/overview-sarbanes-oxley-information-security-professional_1426, 2004. Abruf am 29.03.2013.

[Sutcu et al. 2005]
Sutcu, Yagiz; Sencar, Husrev Taha; Memon, Nasir: A Secure Biometric Authentication Scheme Based on Robust Hashing. In: Proceedings of the 7th workshop on Multimedia and security, New York 2005, S. 111-116.

[Taeger/Rath 2007]
Taeger, Jürgen; Rath, Michael: IT-Compliance als Risikomanagment-Instrument. Edewecht 2007.

[Tekampe/Leidner 2008]
Tekampe, Nils; Leidner, Boris: Protection Profile for Biometric Verification Mechanisms (BVMPP). http://www.commoncriteriaportal.org/files/ppfiles/pp0043b.pdf, 2008. Abruf am 28.11.2012.

[TeleTrusT 2006]
TeleTrusT Deutschland e. V., Arbeitsgruppe 6: Kriterienkatalog - Bewertungskriterien zur Vergleichbarkeit biometrischer Verfahren. Erfurt 2006.

[TeleTrusT 2008]
TeleTrust Deutschland e.V., Arbeitsgruppe Biometrie: White Paper zum Datenschutz in der Biometrie. Berlin 2008.

[Teubner/Feller 2008]
Teubner, Alexander; Feller, Tom: Informationstechnologie, Governance und Compliance. In: Wirtschaftsinformatik 50 (2008) 5, S. 400-407.

[Thelemann 2009]
Thelemann, Karin: Vortrag: IT-Governance: Sichtweise und Ausblick des Berufsverbandes ISACA. CIBI 2009. München 2009.

[Tilton 2003]
Tilton, Catherine J.: Vortrag: Developing BioAPI and CBEFF-Compliant Biometric Authentication Systems. Reston 2003.

[Tuyls et al. 2007]
Tuyls, Pim; Skoric, Boris; Kevenaar, Tom (Hrsg.): Security with Noisy Data: Private Biometrics, Secure Key Storage and Anti-Counterfeiting. London 2007.

[Uludag et al. 2004]
Uludag, Umut; Ross, Arun, Jain, Anil: Biometric template selection and update: a case study in fingerprints. In: Pattern Recognition 37 (2004) 7, S. 1533–1542.

[USC 2002]
107th United States Congress: Public Law 107–204, 116 Stat. 745: H.R.3763 -- Sarbanes-Oxley Act of 2002. An Act To protect investors by improving the accuracy and reliability of corporate disclosures made pursuant to the securities laws, and for other purposes. Washington D. C. 2002.

[USC 1996]
104th United States Congress: Public Law 104–191, 110 STAT. 1936: Health Insurance Portability and Accountability Act of 1996. Washington D. C. 1996.

[Vaishnavi/Kuechler 2004]
Vaishnavi, Vijay; Kuechler, William: Design Research in Information Systems. http://ais.affiniscape.com/displaycommon.cfm?an=1&subarticlenbr=279, 2004. Abruf am 01.03.2010.

[Van Grembergen/Haes 2009]
Van Grembergen, Wim; Haes, Steven de: Enterprise Governance of Information Technology - Achieving Strategic Alignment and Value. New York 2009.

[VDI/VDE 2009]
VDI/VDE Innovation + Technik GmbH: Marktpotenzial von Sicherheitstechnologien und Sicherheitsdienstleistungen. Berlin 2009.

[Vielhauer 2006]
Vielhauer, Claus: Biometric User Authentication für IT Security. From Fundamentals to Handwriting. New York 2006.

[Wallace et al. 2011]
Wallace, Linda; Lin, Hui; Cefaratti, Meghann Abell: Information Security and Sarbanes-Oxley Compliance: An Exploratory Study. In: Journal of Information Systems 25 (2011) 1, S. 185-211.

[Walser et al. 2007]
Walser, Marina; Amberg, Michael; Mossanen, Kian: Vorteile und Herausforderungen IT-gestützter Compliance-Erfüllung. Studie. http://www.wi3.uni-erlangen.de /fileadmin/Dateien/Forschung/Studie_Compliance_Print_Version.pdf, 2007. Abruf am 07.01.2010.

[Watson 1999]
Watson, Richard T: Data Managaement: Databases and Organizations. New York 1999.

[Wayman 2002]
Wayman, James L: Technical Testing and Evaluation of biometric identification devices. In: Jain, Anil K.; Bolle, Ruud; Pankanti, Sharath (Hrsg.): Biometrics: Personal Identification in Networked Society. New York 2002, S. 345-368.

[Wayman et al. 2004]
Wayman, James; Jain, Anil; Maltoni, Davide; Maio, Dario: An introduction to Biometric Authentication Systems. In: Wayman, James; Jain, Anil; Maltoni, Davide; Maio, Dario (Hrsg.): Biometric Systems: Technology, Design and Performance Evaluation. London 2004, S. 1-20.

[Wecker/Van Laak 2008]
Wecker, Gregor; van Laak, Hendrik: Compliance in der Unternehmerpraxis: Grundlagen, Organisation und Umsetzung. Wiesbaden 2008.

[Weghaus 2002]
Weghaus, Berthold: Die sicherheitstechnische Beurteilung biometrischer Produkte – Wird eine Science-Fiction Vision zur Alltagsanwendung? In: Nolde, Veronika; Leger, Lothar (Hrsg.): Biometrische Verfahren. Körpermerkmale als Passwort. Grundlagen, Sicherheit und Einsatzgebiete biometrischer Identifikation. Köln 2002, S. 167-182.

[Weill/Ross 2004]
Weill, Peter; Ross, Jeanne W.: IT Governance: How Top Performers Manage IT Decision Rights for Superior Results. Boston 2004.

[Wilde/Hess 2007]
Wilde, Thomas; Hess, Thomas: Forschungsmethoden der Wirtschaftsinformatik – Eine empirische Untersuchung. In: Wirtschaftsinformatik 49 (2007) 4, S. 280-287.

[Wischki 2008]
Wischki, Christian: ITIL V2, ITIL V3 und ISO/IEC 20000.Gegenüberstellung und Praxisleitfaden für die Einführung oder den Umstieg. München 2009.

[Witt 2000]
Witt, Peter: Corporate Governance im Wandel. In: Zeitschrift Führung und Organisation 69 (2000) 3, S. 159–163.

[Witt/Heimann 2009]
Witt, Berhnard C.; Heimann, Holger: Tool-Verbund für GRC und Sicherheit. Ansatz zur toolunterstützten Steuerung ganzheitlicher Informationssicherheit. In: <kes> Die Zeitschrift für Informations-Sicherheit 25 (2009) 2, S. 72-77.

[Wolter/Hauser 2001]
Wolter, Hans-Jürgen; Hauser, Hans-Eduard: Die Bedeutung des Eigentümerunternehmens in Deutschland - Eine Auseinandersetzung mit der qualitativen und quantitativen Definition des Mittelstands. In: Institut für Mittelstandsforschung Bonn (Hrsg.): Jahrbuch zur Mittelstandsforschung 1/2001, Schriften zur Mittelstandsforschung Nr. 90 NF. Wiesbaden 2001.

[Woodward et al. 2003]
Woodward, John D.; Orlans, Nicholas M.; Higgins, Peter T.: Biometrics. Berkeley 2003.

[Wright 2008]
Wright, Craig S.: The IT Regulatory and Standards Compliance Handbook: How to Survive Information Systems Audit and Assessments. Burlington 2008.

[Zelewski 1995]
Zelewski, Stephan: Petrinetzbasierte Modellierung komplexer Produktionsprobleme. Arbeitsbericht des Instituts für Produktionswirtschaft und Industrielle Informationswirtschaft – Band 9. Leipzig 1995.

[Zorkadis/Donos 2004]
Zorkadis, Vasilios; Donos, P.: On biometrics-based authentication and identification from a privacy-protecting perspective – Deriving privacy-enhancing requirements. In: Information Management & Computer Security 12 (2004) 1, S. 125-137.

The manufacturer's authorised representative in the EU is Springer
Nature Customer Service Centre GmbH, Europaplatz 3, 69115 Heidelberg,
Germany. If you have any concerns regarding our products, please
contact ProductSafety@springernature.com

Printed and bound by CPI Group (UK) Ltd, Croydon, CR0 4YY
27/04/2026
02097655-0015